Die Einkommenssituation der Beamtenhaushalte in den unteren Besoldungsgruppen

von

Lutz Rodermond

KSV Medien

Zugl.: Speyer, Univ., Diss., 2025
Dissertation zur Erlangung des Grades eines Doktors der Verwaltungswissenschaften (Dr. rer. publ.) der Deutschen Universität für Verwaltungswissenschaften Speyer
Erstgutachterin: Prof. Dr. Gisela Färber
Zweitgutachter: Prof. Dr. Carsten Kühl
Tag der mündlichen Prüfung: 24.6.2025

MIX
Papier | Fördert gute Waldnutzung
FSC® C019821
www.fsc.org

Die Herstellung bei KSV Medien erfolgt weitgehend digital und in dem Bewusstsein, eine möglichst ressourcenschonende Produktion zu gewährleisten.

Bibliografische Information der Deutschen Nationalbibliothek
Die Deutsche Nationalbibliothek verzeichnet diese Publikation in der Deutschen Nationalbibliografie; detaillierte bibliografische Daten sind im Internet über http://dnb.dnb.de abrufbar.

Konrad-Adenauer-Ring 13 • 65187 Wiesbaden
info@ksv-medien.de • www.ksv-medien.de

Satz: Kumpernatz + Bromann • Schenefeld b. Hamburg
Druck: Druckerei C.H.Beck • Nördlingen

ISBN 978-3-8293-2101-3

Meinen Eltern

Vorwort

Die vorliegende Arbeit wurde im Januar 2025 als Dissertation von der Deutschen Universität für Verwaltungswissenschaften Speyer angenommen. Sie soll durch die empirische Untersuchung der wirtschaftlichen Verhältnisse von Beamt*innen in den unteren Besoldungsgruppen einen Beitrag zur Debatte um die amtsangemessene Alimentation liefern. Vor dem Hintergrund der Entscheidung des Bundesverfassungsgerichts im September 2025 bietet sie empirisch fundierte Einblicke in alimentationsrelevante Aspekte wie beispielsweise die Einverdienst-Annahme oder weitere Einkommen der Haushalte.

Mein herzlicher Dank gilt meiner Doktormutter, Frau Prof. Dr. Gisela Färber, für ihre Unterstützung auf meinem akademischen Werdegang. Jederzeit stand sie mir mit Rat und Tat zur Seite, ohne welche die Arbeit in dieser Form nicht entstanden wäre.

Auch danke ich Herrn Prof. Carsten Kühl für seine Unterstützung und die Bereitschaft, diese Arbeit als Zweitgutachter zu betreuen.

Weiterhin möchte ich mich bei meiner Familie bedanken, welche mich während des Entstehungsprozesses dieser Arbeit stets auf vielfältige Weise unterstützt hat. Insbesondere danke ich meiner Frau, Dr. Clara Bülow Rodermond, für ihren beständigen Einsatz vor allem in der Endphase der Arbeit.

Zuletzt möchte ich allen übrigen Personen danken, welche mich in vielerlei Hinsicht unterstützt haben: Sei es beispielsweise durch Pre-Tests, die Bereitstellung von Daten oder den informellen Austausch, welcher meine Zeit in Speyer zu einer derart bereichernden Erfahrung gemacht hat.

Speyer, im Dezember 2025

Inhalt

Vorwort ... 7

Abbildungsverzeichnis ... 12

Tabellenverzeichnis ... 16

1. Einleitung ... 21

2. Entscheidungen des Bundesverfassungsgerichts zum Mindestabstand der Besoldung vom sozialhilferechtlichen Existenzminimum ... 29

3. Das Alimentationsprinzip im Kontext veränderlicher Rahmenbedingungen ... 40
3.1 Gegenstand und Ziele im Kontext der hergebrachten Grundsätze ... 40
3.1.1 Historische Entwicklung des Alimentationsprinzips bis in die Weimarer Republik ... 40
3.1.2 Das Alimentationsprinzip aus juristischer Sicht ... 44
3.1.3 Das Alimentationsprinzip aus ökonomischer Sicht ... 46
3.2 Was bedeutet es, das Alimentationsprinzip „in die Zeit zu stellen"? ... 49
3.3 Veränderungen von Familienstrukturen und Arbeitswelt seit den 1970er Jahren ... 53
3.3.1 Familienstruktur ... 53
3.3.2 Arbeitsmarkt und Erwerbsbeteiligung ... 58
3.3.3 Steuer- und Sozialsystem ... 61
3.3.4 Armutsrisiko von Haushaltstypen ... 71
3.3.5 Konsequenzen für das Alimentationsprinzip ... 73

4. Die Beamt*innen in den unteren Besoldungsgruppen – Karrieren, Anzahl, Struktur und finanzielle Aspekte des Amtes ... 75
4.1 Zugang zum Amt und Ausgestaltung der Karrieren ... 75
4.2 Anzahl und Struktur der Beamt*innen in den unteren Besoldungsgruppen ... 79
4.2.1 Anzahl der Beamt*innen in den unteren Besoldungsgruppen seit 2000 ... 79
4.2.2 Anteil der Beamt*innen in den Laufbahnen ... 84

4.3 Die finanzielle Seite des Amtsverhältnisses 87
4.3.1 Die Besoldung 87
4.3.2 Vergünstigter Wohnraum für Beamt*innen 91
4.3.3 Die Gesundheitsversorgung der Beamt*innen 93
4.4 Zusammenfassung 95

5. Die Einkommenssituation der Beamt*innen in den unteren Besoldungsgruppen 97
5.1 Eingrenzung des empirischen Forschungsgegenstandes, Datengrundlagen und Fragebogen 98
5.1.1 Die Beamtenhaushalte als Forschungsobjekt 98
5.1.2 Verfügbare Datengrundlage, Erhebung und Aufbereitung eigener Daten 102
5.1.3 Der Aufbau des Fragebogens 104
5.1.4 Der Besoldungsrahmen der untersuchten Gruppe 108
5.2 Struktur und Erwerbstätigkeit der antwortenden Haushalte 116
5.2.1 Systematik der Haushaltsstruktur 117
5.2.2 Erwerbstätigkeit in den Haushalten der untersuchten Beamt*innen 124
5.2.2.1 Erwerbsumfang der Beamt*innen der Befragung 124
5.2.2.2 Erwerbsbeteiligung der Partner*innen 125
5.3 Die Einkommenssituation der untersuchten Haushalte 128
5.4 Analyse ausgewählter Haushaltstypen 134
5.4.1 Alleinstehende 134
5.4.1.1 Die Einkommenssituation alleinstehender Beamt*innen 134
5.4.1.1.1 Erwerbs- und Gesamteinkommen 134
5.4.1.1.2 Sozial- und andere staatliche Leistungen 137
5.4.1.2 Ausgewählte Ausgaben der Haushalte alleinstehender Beamt*innen 138
5.4.2 Alleinerziehende 142
5.4.2.1 Die Einkommenssituation alleinerziehender Beamt*innen 142
5.4.2.2 Ausgewählte Ausgaben der Haushalte alleinerziehender Beamt*innen 146
5.4.3 Paare ohne Kinder 148
5.4.3.1 Die Einkommenssituation der Paare ohne Kinder 148
5.4.3.1.1 Erwerbs- und Gesamteinkommen 148
5.4.3.1.2 Sozial- und andere staatliche Leistungen 152
5.4.3.2 Ausgewählte Ausgaben der Haushalte der Paare ohne Kinder 153

5.4.4 Paare mit Kindern ... 156
5.4.4.1 Die Einkommenssituation der Paare mit Kindern ... 156
5.4.4.1.1 Erwerbs- und Gesamteinkommen ... 156
5.4.4.1.2 Sozial- und andere staatliche Leistungen ... 160
5.4.4.2 Ausgewählte Ausgaben der Haushalte der Paare mit Kindern ... 164
5.5 Besondere Aspekte der Einkommenssituation ... 167
5.5.1 Unterhaltsverpflichtungen ... 167
5.5.2 Ausgaben für Wohnung und Arbeitsweg ... 170
5.5.3 Nebentätigkeiten ... 174
5.6 Zufriedenheit mit der Besoldung ... 176
5.7 Armutsgefährdung ... 186
5.7.1 Armutsgefährdung und Mindestabstandsgebot ... 187
5.7.2 Armutsgefährdete Haushalte in der Stichprobe ... 192
5.8 Zusammenfassung der Einkommenssituation der untersuchten Haushalte ... 197

6. Reformvorschläge und Fortentwicklungsbedarf der Auslegung des Alimentationsprinzips ... 206
6.1 Reformvorschläge ... 207
6.2 Fortentwicklung der Auslegung des Alimentationsprinzips? ... 217

7. Zusammenfassung und Ausblick ... 222

Literaturverzeichnis ... 227

Gerichtsentscheidung ... 247

Rechtsnormen ... 249

Anhang
Anhang 1 – Struktur der Stichprobe ... 257
Anhang 2 – Fragebogen ... 258
Anhang 3 – Kodierung der in den Regressionen verwendeten Variablen ... 266

Abbildungsverzeichnis

Abbildung 1: Eheschließungen und Scheidungen nach Jahren (je 1.000 Personen) ... 54
Abbildung 2: Erwerbstätigenquote in Deutschland im Zeitverlauf (in %) ... 59
Abbildung 3: Teilzeitquote seit 1985 (in %) ... 61
Abbildung 4: Kinderbezogene Freibeträge in der Einkommensteuer (pro Kind und Jahr, nominal, in Euro) ... 62
Abbildung 5: Durchschnittliche Belastung durch die Einkommensteuer eines Alleinstehenden (in %) nach zu versteuerndem Einkommen (in Euro, nominal) ... 63
Abbildung 6: Durchschnittlicher Einkommensteuersatz (in %) bei einem Jahreseinkommen von 50.000 Euro (inflationsbereinigt, Basisjahr 2015) ... 64
Abbildung 7: Veränderung des Anteils der Beamt*innen in Teilzeit in den unteren Besoldungsgruppen ... 82
Abbildung 8: Veränderung des Anteils weiblicher Beamtinnen in den unteren Besoldungsgruppen (in %) zwischen 2000 und 2022 nach Besoldungsgruppen ... 83
Abbildung 9: Anzahl der Beamt*innen in den unteren Besoldungsgruppen nach Besoldungsgruppe, Geschlecht und Stellenanteil (in 1.000) im Jahr 2021 ... 84
Abbildung 10: Entwicklung der monatlichen Grundbesoldung nach Dienstjahren im Bund und in Rheinland-Pfalz (A5 und A7) ... 110
Abbildung 11: Brutto- und Netto-Einkommen lediger und verheirateter Beamt*innen mit vier Kindern (Bund, A3, ES 1, 2022) ... 115
Abbildung 12: Durchschnittliches Einkommen der Haushalte (in Euro) nach Besoldungsgruppe der Beamt*innen ... 132
Abbildung 13: Verteilung der Äquivalenzeinkommen der Alleinstehenden nach Anzahl weiterer Personen im Haushalt ... 135
Abbildung 14: Anteil der Besoldung am verfügbaren Einkommen des Haushalts (in %), ... 136

Abbildung 15: Durchschnittliches Haushaltseinkommen der Alleinstehenden nach Besoldungsgruppe und Alter 136
Abbildung 16: Teilzeitquote der Alleinerziehenden nach Bezug von Unterhalt, Zahl der Kinder und weiterer Personen und Besoldungsgruppe 142
Abbildung 17: Haushalts- und Äquivalenzeinkommen der Alleinerziehenden nach weiteren Personen, Kinderzahl, Erwerbsumfang und Bezug von Unterhaltszahlungen........ 143
Abbildung 18: Anteil der Besoldung am Haushaltseinkommen der Alleinerziehenden nach dem Bezug von Unterhalt, Anzahl der Kinder und weiterer Personen und Besoldungsgruppe 145
Abbildung 19: Durchschnittliches Äquivalenzeinkommen der Paare ohne Kinder nach Haushaltstyp und Erwerbsumfang der Partner*innen.. 150
Abbildung 20: Anteil der Besoldung der Paare am Haushaltseinkommen nach weiteren Personen und Erwerbsumfang der Partner*innen 151
Abbildung 21: Anteil der Haushalte von Paaren nach Anteil der Besoldung am Haushaltseinkommen und Bezug von Kurzarbeitergeld... 152
Abbildung 22: Anteil der Paare mit monatlichen Aufwendungen für Wohnen von 1.000 Euro und mehr nach Alter und Erwerbsumfang der Partner*innen 155
Abbildung 23: Anteil der Besoldung am Haushaltseinkommen nach Erwerbsumfang der Befragten und Kinderzahl 159
Abbildung 24: Äquivalenzeinkommen der Haushalte mit Beamt*innen in Vollzeit nach Erwerbsumfang der Partner*innen und Kinderzahl 160
Abbildung 25: Anzahl der Paare mit Kindern und nichterwerbstätigen Partner*innen nach Alter und Bezug von Sozial- und anderen staatlichen Leistungen.......................... 163
Abbildung 26: Anteil der Haushalte mit Ausgaben fürs Wohnen ab 1.250 Euro monatlich (in %) nach Erwerbsumfang der Partner*innen und Kinderzahl......................... 164

Abbildung 27: Anteil der Paarhaushalte mit Kindern nach Erwerbsumfang der Partner*innen und Ausgaben für Urlaubsreisen pro Jahr ... 166
Abbildung 28: Anteil der Haushalte mit Unterhaltsverpflichtungen (in %) nach Höhe der Unterhaltszahlung ... 167
Abbildung 29: Anteil der Haushalte nach Ausgaben für Urlaubsreisen (in Spaltenprozent) nach Partner*innen im Haushalt und Vorliegen von Unterhaltsverpflichtungen ... 169
Abbildung 30: Anteil der Befragten mit Unterhaltsverpflichtung (in %) nach Höhe des Unterhalts und Alter ... 170
Abbildung 31: Anteil der Alleinstehenden nach Ausgaben für Wohnung und Ausgaben des Arbeitswegs ... 171
Abbildung 32: Anteil der Paare nach Ausgaben für Wohnung und Ausgaben für den Arbeitsweg ... 172
Abbildung 33: Anteil der Paare mit Kindern nach Ausgaben für Wohnung und Ausgaben für den Arbeitsweg ... 173
Abbildung 34: Zufriedenheit der Beamt*innen mit ihrer Besoldung, Vergleich mit der Gesamtgesellschaft ... 177
Abbildung 35: Anteil der mit dem Beitrag ihrer Besoldung am Haushaltseinkommen unzufriedenen Beamt*innen (in %) nach Besoldungsgruppe und Kinderzahl ... 178
Abbildung 36: Anteil der mit der Angemessenheit ihrer Besoldung für die ausgeübte Tätigkeit unzufriedenen Beamt*innen (in %) nach Besoldungsgruppe und Kinderzahl ... 178
Abbildung 37: Anteil der Beamt*innen mit mehr als zwei Kindern (in Spaltenprozent) nach Besoldungsgruppe und Zufriedenheit mit dem Beitrag ihrer Besoldung zum Haushaltseinkommen ... 179
Abbildung 38: Anteil der Beamt*innen mit mehr als zwei Kindern (in Spaltenprozent) nach Besoldungsgruppe und Zufriedenheit mit der Angemessenheit ihrer Besoldung für die ausgeübte Tätigkeit ... 180
Abbildung 39: Anteil der Beamt*innen nach Nebentätigkeit und Zufriedenheit (in Zeilenprozent) ... 181
Abbildung 40: Anteil der Befragten nach der Zufriedenheit mit dem Beitrag ihrer Besoldung zum Haushaltseinkommen und Erwerbsumfang der Partner*innen ... 181

Abbildung 41: Anteil der Befragten nach der Zufriedenheit mit der Besoldung im Hinblick auf die ausgeübte Tätigkeit und Erwerbsumfang der Partner*innen 182

Abbildung 42: Anteil der Befragten nach der Zufriedenheit mit dem Beitrag ihrer Besoldung zum Haushaltseinkommen und Anteil der Besoldung am Haushaltseinkommen.......... 183

Abbildung 43: Anteil der Befragten nach der Zufriedenheit mit der Besoldung im Hinblick auf die ausgeübte Tätigkeit und Alter.. 183

Abbildung 44: Anteil der Haushalte unterhalb der Armutsgefährdungsschwelle nach 194

Tabellenverzeichnis

Tabelle 1: Deutsche Bevölkerung nach Familienstand (in %) ... 55
Tabelle 2: Alleinerziehende nach Familienstand ... 57
Tabelle 3: Erwerbsquote von Müttern nach Alter des jüngsten Kindes 1996 und 2019 (in %) ... 60
Tabelle 4: Haushalte mit Wohngeldbezug 1968, 2021, 2023 und 2025 ... 65
Tabelle 5: Durchschnittliche Wohngeld-Höhe nach Haushaltsgröße 1968 und 2024 (in Euro, real in 2024) ... 66
Tabelle 6: Anteil der Gemeinden und Kreise nach Mietenstufen des WoGG, 1986 und 2023 (in %) ... 68
Tabelle 7: Übersicht der Bedarfe der Bildung und Teilhabe ... 69
Tabelle 8: Monatliche Bedarfe nach Bürgergeld zzgl. Bildungs- und Teilhabeleistungen 2024, Abweichung von der Armutsgefährdungsschwelle gemäß OECD-Äquivalenzeinkommen (in Euro) ... 72
Tabelle 9: Laufbahngruppenstruktur des nichttechnischen Bundesdienstes ... 76
Tabelle 10: Niedrigstmögliche Besoldungsgruppen der Eingangsämter verschiedener Laufbahnen in ausgewählten Gebietskörperschaften ... 78
Tabelle 11: Regelaltersgrenzen in verschiedenen Laufbahnen ... 79
Tabelle 12: Veränderung der Anzahl der Beamt*innen in den unteren Besoldungsgruppen zwischen 2000 und 2022 nach Besoldungsgruppen ... 80
Tabelle 13: Veränderung der Anzahl der Beamt*innen in den unteren Besoldungsgruppen zwischen 2000 und 2022 nach Ebene ... 81
Tabelle 14: Anteile des Personals nach Beschäftigungsbereich am gesamten Personal (A8 und niedriger, in %) ausgewählter Landesverwaltungen ... 85
Tabelle 15: Stellenumfang ausgewählter Bereiche im Bundeshaushalt 2022 ... 86

Tabelle 16: Ausschnitt aus der Besoldungsordnung A des Bundes in den untersuchten Besoldungsgruppen im Mai 2022 (Monatsbeträge in Euro) ... 88
Tabelle 17: Beihilfesätze des Bundes und ausgewählter Länder im Jahr 2022 (in %) ... 93
Tabelle 18: Monatliche Besoldung des Bundes in der niedrigsten und höchsten Erfahrungsstufe im Jahr 2022 (in Euro) ... 108
Tabelle 19: Höchste und niedrigste monatliche Grundbesoldung der untersuchten Gruppe (in Euro) nach ausgewählten Dienstherren im Jahr 2022 ... 111
Tabelle 20: Durchschnittliche Monatsbruttobesoldung ausgewählter Dienstherren im Jahr 2022 (in Euro) ... 112
Tabelle 21: Brutto- und Nettomonatseinkommen typisierter Beamtenhaushalte (Bund, A3, ES 1, 2022, in Euro) ... 114
Tabelle 22: Fragen zur Haushaltsstruktur ... 117
Tabelle 23: Häufigkeit bestimmter Merkmale der Haushalte ... 118
Tabelle 24: Systematik der Haushaltsstruktur – Abgrenzung und Größe der Gruppen gemäß Stichprobe und SOEP (in %) ... 119
Tabelle 25: Beamt*innen der Stichprobe nach Alter und Besoldungsgruppe ... 120
Tabelle 26: Anzahl der Befragten nach Haushaltsstruktur und Altersgruppe ... 121
Tabelle 27: Alleinstehende nach Anzahl weiterer verwandter und nichtverwandter Personen im Haushalt ... 121
Tabelle 28: Alleinerziehende nach Kinderzahl und Anzahl weiterer Personen ... 122
Tabelle 29: Paare mit Kindern nach Kinderzahl und Anzahl weiterer Personen ... 123
Tabelle 30: Anteil der Befragten nach Geschlecht, Wochenarbeitszeit und Haushaltskonstellation ... 124
Tabelle 31: Anteil der Befragten nach Erwerbstätigkeit der Partner*innen, Kinderzahl und Geschlecht (in Spaltenprozent) ... 126
Tabelle 32: Anteil der Haushalte nach Haushaltsstruktur und Einkommensgruppen (in Zeilenprozent) ... 128

Tabelle 33: Durchschnittliches Haushaltseinkommen (in Euro) nach Anzahl erwachsener Haushaltsmitglieder ... 129
Tabelle 34: Monatliches Haushaltseinkommen, verschiedene Maßzahlen (in Euro) ... 131
Tabelle 35: Multiple lineare Regression zur Modellierung der Höhe des monatlichen Einkommens (in Euro; SPSS-Output) ... 133
Tabelle 36: Anteil der Bezieher*innen von Sozial- und anderen staatlichen Leistungen an den Alleinstehenden mit und ohne weitere Personen (in %) ... 137
Tabelle 37: Anteil der Höhe der monatlichen Ausgaben von Allein-stehenden (in Euro, in Zeilenprozent) ... 139
Tabelle 38: Verteilung der Ausgaben fürs Wohnen von Ein-Personen-Haushalten in der Umfrage und der Gesamtgesellschaft (in %) ... 140
Tabelle 39: Anteil der Beamt*innen mit zwei und mehr weiteren Personen ohne Ausgaben fürs Wohnen (in %) ... 141
Tabelle 40: Anteil der Bezieher*innen von Sozial- und anderen staatlichen Leistungen an den Alleinerziehenden mit und ohne weitere Personen (in %) ... 145
Tabelle 41: Anteil der Höhe der monatlichen Ausgaben von Alleinerziehenden (in Euro, in Zeilenprozent) ... 147
Tabelle 42: Erwerbsumfang der Beamt*innen und ihrer Partner*innen (in Zeilenprozent) nach Alter, Anzahl weiterer Personen und Besoldungsgruppe ... 149
Tabelle 43: Anteil der Bezieher*innen von Sozial- und anderen staatlichen Leistungen an den Paaren ohne Kinder mit und ohne weitere Personen (in %) ... 153
Tabelle 44: Anteil der Höhe der monatlichen Ausgaben von Paaren nach Erwerbsumfang der Partner*innen (in Euro, in Zeilenprozent) ... 154
Tabelle 45: Durchschnittliches monatliches Einkommen von Paaren nach Erwerbsumfang der Partner*innen und jährlichen Ausgaben für Urlaubsreisen (in Euro) ... 156
Tabelle 46: Erwerbsumfang der Beamt*innen nach Alter, Anzahl weiterer Personen und Besoldungsgruppe ... 157

Tabelle 47: Anteil der Paare mit Kindern (in Zeilenprozent) nach Erwerbsumfang der Partner*innen sowie Alter, Anzahl weiterer Personen und Besoldungsgruppe 158
Tabelle 48: Anteil der Bezieher*innen von Sozial- und anderen staatlichen Leistungen an den Paaren mit Kindern nach der Präsenz weiterer Personen im Haushalt und nach Erwerbsumfang der Partner*innen (in %) 161
Tabelle 49: Anzahl der Paare mit Kindern und nichterwerbstätigen Partner*innen nach Alter und Bezug von Sozial- und anderen staatlichen Leistungen 163
Tabelle 50: Anteil der Höhe der monatlichen Ausgaben von Paaren mit Kindern (in Euro, in Zeilenprozent) 165
Tabelle 51: Monatliche Unterhaltszahlungen nach Haushaltstyp 168
Tabelle 52: Anteil der Befragten mit Nebentätigkeit nach Haushaltskonstellation (in %) 174
Tabelle 53: Anteil der Befragten mit Nebentätigkeit nach Haushaltstyp und Erwerbsumfang 175
Tabelle 54: Anteil der Beamt*innen mit Nebentätigkeit nach Alter und Besoldungsgruppe (in %) 176
Tabelle 55: Multiple lineare Regression zur Modellierung der Zufriedenheit mit der Angemessenheit der Besoldung für die ausgeübte Tätigkeit (SPSS-Output) 184
Tabelle 56: Multiple lineare Regression zur Modellierung der Zufriedenheit mit dem Beitrag der Besoldung zum Haushaltseinkommen (SPSS-Output) 185
Tabelle 57: Medianeinkommen verschiedener Haushaltstypen in Deutschland und ausgewählten Ländern (2022, in Euro) 187
Tabelle 58: Höhe des Mindestniveaus der Alimentation und der Armutsgefährdungsschwelle deutschlandweit und in ausgewählten Ländern im Mai 2022 (in Euro) 189
Tabelle 59: Höhe des Mindestniveaus der Alimentation inklusive Werbungskosten und der Armutsgefährdungsschwelle deutschlandweit und in ausgewählten Ländern im Mai 2022 (in Euro) 191
Tabelle 60: Logistische Regression zur Unterschreitung der Armutsgefährdungsschwelle von 60% des Medianeinkommens (SPSS-Output) 196

1. Einleitung

Das Alimentationsprinzip besagt, dass der Dienstherr seinen Beamt*innen sowie deren Familien und Hinterbliebenen ein amtsangemessenes finanzielles Auskommen garantieren muss. Hierdurch soll gewährleistet werden, dass die Beamt*innen ihre Amtsgeschäfte unabhängig von äußeren Einflüssen und gemäß rechtsstaatlichen Prinzipien führen (vgl. Hebeler et al. 2015: Rn. 12). Das Alimentationsprinzip gliedert sich in mehrere Teilaspekte, von denen einige zuletzt durch eine Reihe von Entscheidungen des Bundesverfassungsgerichts konkretisiert und sogar in mathematisch berechenbare Parameter überführt wurden (vgl. Bundesverfassungsgericht 2015b; 2015a; 2017; 2020a; 2020b).

Den **Anlass** zum Forschungsprojekt gibt vor allem die Forderung des Gerichts, dass die Besoldung einen Mindestabstand von 15% zum sozialhilferechtlichen Existenzminimum haben muss. Die Anforderungen an die Berechnung der Wohnkosten und der kinderbezogenen Bestandteile des Existenzminimums wurden 2020 noch einmal konkretisiert (vgl. Bundesverfassungsgericht 2020a: Rn. 48). Bislang haben sich die Entscheidungen des Bundesverfassungsgerichts mangels empirischer Daten auf modellhafte Kalkulationen gestützt, denen ein bestimmter Haushaltstyp, der sogenannte Einverdiensthaushalt, zugrunde gelegt wurde. Bislang ist nirgends überprüft worden, ob diese und andere der getroffenen Annahmen tatsächlich geeignet sind, um die Lebenswirklichkeit der Beamt*innen abzubilden.

Die hieraus erwachsenden Probleme lassen sich am Beispiel der Annahme einer Einverdienstehe[1] verdeutlichen. Diese wurde im Jahr 1937 im Beamtenrecht dergestalt kodifiziert, dass Beamtinnen entlassen wurden, sofern ihr Ehemann sie wirtschaftlich versorgen konnte (vgl. § 63 Abs. 1 DBG i.d.F. vom 26.1.1937). Mit der Übernahme des Deutschen Beamtengesetzes in bundesdeutsches Recht im Jahre 1950, wurde dieses Institut in leicht abgeschwächter Form als Kann-Vorschrift übernommen (vgl. § 63 Abs. 1 DBG i.d.F. vom 30.6.1950). Im bundesdeutschen Recht dient die Einverdienstehe nun als Bezugsgröße zur Bemessung der Alimentation (vgl. Bundesverfassungsgericht 1977: Rn. 45; 2020a: Rn. 47), obwohl die Möglichkeit zur Entlassung verheirateter Beamtinnen kurz nach Einführung wieder abgeschafft und 1957 sogar für verfassungswidrig befunden wurde (vgl. Bundesarbeitsgericht 1957). Seit den 1950er Jahren ist zudem die Frauen- beziehungsweise Müttererwerbstätigkeit stark angestiegen (vgl. Geißler 2014: 382).

1 Hier und im weiteren Verlauf der Arbeit schließt die Verwendung des Begriffs „Ehe“ auch eingetragene Lebenspartnerschaften mit ein.

Auch nimmt die Bedeutung der Ehe im Vergleich zu nicht formalisierten Formen des Zusammenlebens ab (vgl. Hochgürtel/Sommer 2021: 52). Andere Haushaltstypen wie beispielsweise Alleinerziehende oder Beamt*innen mit Unterhaltsverpflichtungen werden nicht berücksichtigt.

Die Einkommenssituation der Beamt*innen wird folglich anhand von Annahmen eingeschätzt, von denen nicht klar ist, ob beziehungsweise wie stark sie auf die Lebensrealität der Beamt*innen zutreffen. Darauf basierende Maßnahmen zur Sicherstellung des Mindestniveaus der Alimentation könnten folglich ineffektiv sein. Somit scheint eine Prüfung Annahmen angezeigt, anhand derer das Mindestniveau der Alimentation errechnet wird, um einer Aushöhlung des Schutzes des Alimentationsprinzips entgegenzuwirken. Insbesondere ergibt sich die Frage, ob und gegebenenfalls wie die konkrete Auslegung des Alimentationsprinzips und damit die Beamtenbesoldung einer Anpassung an die heutigen Lebensverhältnisse bedürfen.

Vor diesem Hintergrund ist es das **Ziel der Arbeit**, eine empirische Fundierung für den Maßstab des Mindestniveaus der Alimentation der Beamt*innen zu erarbeiten. Zunächst sind hierzu die insbesondere seit den 1970er Jahren veränderten Rahmenbedingungen aufzuarbeiten, innerhalb derer die Alimentation das Auskommen der Beamt*innen sicherstellen muss. Daran anschließend ist die wirtschaftliche Situation der Beamt*innen empirisch zu untersuchen. Abschließend sollen die Maßstäbe zur Beurteilung des (angemessenen) Alimentationsniveaus mit den gewonnenen Erkenntnissen abgeglichen werden. Dadurch soll ein Beitrag dazu geleistet werden, die Besoldung „von den tatsächlichen Lebensverhältnissen abhängig zu machen“, wie es das Bundesverfassungsgericht (2020a: Rn. 47) dem Gesetzgeber ausdrücklich freistellt, wenn nicht gar aufgibt.

Das Mindestabstandsgebot betrifft mittelbar zwar alle Besoldungsgruppen jeder Besoldungsordnung, da eine Anhebung der untersten Besoldungsgruppe eine Anhebung der übrigen Besoldungsgruppen nach sich ziehen muss (vgl. ebenda: Rn. 48). Unmittelbar davon betroffen, also von einer Unterschreitung des genannten 115%-Niveaus bedroht, waren bislang lediglich die unteren Besoldungsgruppen der Besoldungsordnung A in verschiedenen familiären Konstellationen. Die Unterschreitung konnte in der jüngeren Vergangenheit mitunter bis hinauf zur Besoldungsgruppe A8 reichen (vgl. Färber 2018: 234), manche Stimmen schließen sogar die Besoldungsgruppen bis hoch zu A11 nicht aus (vgl. Stuttmann 2020: 87). Aus diesem Grund ist die Einkommenssituation der Beamt*innen in den Besoldungsgruppen bis einschließlich A8 Gegenstand der vorliegenden Arbeit. Dies scheint sinnvoll, da in A9 bereits der gehobene Dienst beginnt, deren Angehörige durch ihren höheren

Bildungsabschluss und die damit einhergehenden Aufstiegschancen die Heterogenität der untersuchten Gruppe verstärken würden.

Das Alimentationsprinzip bezieht ausdrücklich die Familie der Beamt*innen mit ein. Auch tatsächlich wird ein Teil der Beamt*innen in den unteren Besoldungsgruppen mit anderen Personen in einem gemeinsamen Haushalt leben und somit bis zu einem gewissen Grad in der wirtschaftlichen Einheit dieses Haushalts aufgehen. In diesem Rahmen bestehen sowohl rechtliche Regeln als auch individuelle Vereinbarungen zur Verwendung und zur Bewirtschaftung der Einkommen der Haushaltsmitglieder. Eine isolierte Betrachtung solcher Beamt*innen ist somit nicht zielführend, vielmehr müssen die Haushalte und deren wirtschaftliche Gesamtsituation Gegenstand der Untersuchung sein. Auf der Einnahmenseite sind somit nicht nur unmittelbare Arbeitsentgelte einzubeziehen, sondern auch die Einkommen etwaiger Partner*-innen, Lohnersatzleistungen und Nebeneinkünfte. Ohne Bezug zur Fragestellung bleiben Einkünfte aus Kapitalvermögen, Vermietung und Verpachtung.

Des Weiteren werden nur Beamt*innen im aktiven Dienst betrachtet. Beurlaubte oder pensionierte Beamt*innen unterscheiden sich hinsichtlich ihrer Alimentation zu stark von diesen, als dass eine gemeinsame Betrachtung sinnvoll wäre. Anders verhält es sich mit der Struktur der Besoldungsordnungen des Bundes und der Länder. Diese weisen trotzt der seit 2006 zunehmenden Divergenzen hinreichende Ähnlichkeit auf, um alle Beamt*innen deutschlandweit unabhängig von ihren Dienstherren zu betrachten.

Der **Forschungsstand**[2] zur Einkommenssituation der Beamt*innen in den unteren Besoldungsgruppen lässt kaum Rückschlüsse auf die tatsächliche wirtschaftliche und soziale Lage der entsprechenden Haushalte zu, in deren Kontext die Wirkung des Alimentationsprinzips zu sehen ist. In der Literatur existiert zwar eine Vielzahl von Beiträgen, welche sich mit den jüngeren Entscheidungen des Bundesverfassungsgerichts zum Alimentationsprinzip befassen. Hierbei wird die Situation eines Einverdienstbeamtenhaushalts in den unteren Besoldungsgruppen ausschließlich im Hinblick auf die Unterschreitung des Mindestabstandsgebots behandelt. So nimmt beispielsweise Stuttmann (vgl. 2020: 83) aufgrund eigener Berechnungen an, dass die Besoldung von Beamt*innen in Ballungsräumen unterhalb der Besoldungsgruppe A10 beziehungsweise A11 nicht den notwendigen Abstand zum sozialhilferechtlichen Existenzminimum aufweist. Schwan (vgl. 2022a: 198) geht sogar davon aus,

2 Literatur, Rechtsprechung und Gesetzgebung wurden bis zum Dezember 2024 berücksichtigt.

dass die Besoldung der unteren Besoldungsgruppen seit 2008 nicht einmal mehr das Niveau der Grundsicherung erreicht.

In anderen Publikationen werden die konkreten Annahmen diskutiert, aufgrund derer das Bundesverfassungsgericht seine Entscheidungen gefällt hat, womit zumindest ein erster Schritt hin zu einer Untersuchung der tatsächlichen Verhältnisse der Beamt*innen unternommen wird. In den meisten Fällen betrifft dies ausschließlich den Aspekt der unterstellten Einverdienstehe. So kritisieren Füßer/Nowak (vgl. 2018: 447f, 452f), dass der Besoldung einzelner verheirateter Beamt*innen die Ansprüche zweier Grundsicherungsempfänger*innen gegenübergestellt werden und sehen entsprechend keine Pflicht zur Alimentierung der Ehepartner*innen. Leisner-Egensperger (vgl. 2019: 777ff) mahnt ebenfalls die Verwendung eines moderneren Familienmodells an und verweist in diesem Zusammenhang auch auf historische Entwicklungen wie Teilzeitbeschäftigung, Gleichbehandlung und den Ausbau der Kinderbetreuung. Letztendlich fordert sie jedoch, dass auch Beamt*innen in den unteren Besoldungsgruppen eine Familie als Alleinverdiener*in unterhalten können müssen. Angesichts des sozialen Wandels und der verbesserten Vereinbarkeit von Familie und Beruf sieht Krää (2023: 101; 104) das Festhalten an der Einverdienstehe als realitätsfremd an und spricht sich für eine Reform des Familienzuschlags aus. Die umfassendste Kritik äußert Färber (vgl. 2023: 83f), wenn sie die Einverdienstehe – vor allem in den unteren Besoldungsgruppen – nur als Randerscheinung identifiziert und obendrein die Frage aufwirft, ob die Alimentation aureichend an den Ausbau des Sozialsystems und die einkommensteuerrechtlichen Begünstigungen in den letzten Jahrezehnten angepasst wurde.[3] Weiterhin macht sie darauf aufmerksam, dass bei der Prüfung des Mindestniveaus der Alimentation häufig auftretende weitere Einkommen der Haushalte, beispielsweise Erwerbseinkommen der Partner*innen, außeracht gelassen werden (vgl. Färber 2025: 17).

In der jüngsten Besoldungsgesetzgebung ist bereits eine – sehr vorsichtige – Abkehr von der Einverdienst-Annahme zu beobachten, was teilweise mit empirischen Erhebungen begründet wird: So verweist beispielsweise Thüringen auf die entsprechenden landesspezifischen Daten des Mikrozensus zur Erwerbstätigkeit von Ehefrauen. Besoldungsrechtlicher Änderungbedarf wird jedoch mit Blick auf eine mögliche Verletzung des grundgesetzlichen Schutzes der Ehe nicht gesehen (vgl. Landesregierung Thüringen 2023: 31). Rheinland-Pfalz hat darüberhinaus Daten zu den eigenen Beamt*innen ausgewertet und herausgefunden, dass eine Einverdienstehe nur in rund 1%

3 Hierzu siehe auch Färber/Rodermond 2021: 186.

der Fälle vorliegt. Vor allem findet sich diese bei alten Beamt*innen und in hohen Besoldungsgruppen (vgl. Landesregierung Rheinland-Pfalz 2022: 41). Rheinland-Pfalz rechnet deshalb bei dem Mindestniveau der Alimentation eine geringfügige Beschäftigung der Ehepartner*innen mit ein, welche die Geringfügigkeitsgrenze zur Gänze ausreizt (vgl. Landesregierung Rheinland-Pfalz 2024: 60). Bayern stellte fest, dass der Anteil der Beamt*innen, deren Ehepartner*innen Anspruch auf Beihilfeleistungen haben, insgesamt bei nur 4% liegt. Bei aktiven Beamt*innen fällt der Anteil noch einmal deutlich niedriger aus, weshalb den Ehepartner*innen von nun an ein Einkommen in Höhe von 20.000 Euro pro Jahr unterstellt wird, was der Beihilfeberechtigungsgerenze entspricht (vgl. Staatsregierung Bayern 2022: 21).

Empirische wissenschaftliche Untersuchungen, welche explizit auf die wirtschaftliche Situation von Beamt*innen abstellen, finden sich indes kaum. Einer indirekten Fragestellung gehen Färber/Hermanowski (2021) nach: Sie fanden mit einer Umfrage unter rund 6.800 Beamt*innen (vgl. ebenda: 220) heraus, dass vor allem in den unteren Besoldungsgruppen die Zufriedenheit mit der Besoldung geringer ist als in den oberen Besoldungsgruppen (vgl. ebenda: 186). Popp (2017: 369f) erhob die wahrgenommene Einkommensspreizung zwischen Beamt*innen und Tarifbeschäftigten im Bildungssektor und erfragte dabei auch den Familienstand und den Erwerbsumfang von 250 verbeamteten Lehrer*innen, welche jedoch nicht in den unteren Besoldungsgruppen angesiedelt sind. Franzke führte – teilweise mit Co-Autor*innen – Umfragen unter einer noch kleineren Anzahl an Verwaltungsbeschäftigten und -studierenden durch, wobei ebenfalls Aspekte wie Familienstand, Erwerbsumfang und Kinderzahl erhoben wurden (vgl. Franzke/Axmann 2017; Franzke/Plum 2020; Franzke 2024). Alle hier genannten Erhebungen verfolgten nicht das Ziel der Untersuchung der wirtschaftlichen Situation der Beamt*innen. Entsprechende Daten finden sich somit nur vereinzelt und meist auch in ungenügender Fallzahl für repräsentative Analysen.

Die wirtschaftliche Situation der Beamt*innen ist ergo in empirischer Sicht unterbelichtet. Dies bezieht sich einerseits auf die Zusammensetzung der Beamtenfamilien, die bis dato noch nicht Gegenstand weitergehender empirischer Untersuchungen gewesen sind. Andererseits gilt dies auch für die Frage, ob möglicherweise weitere Personen in den Haushalten leben, welche aber nicht zur sogenannten „Kernfamilie" zählen. Insbesondere gibt es aber auch keine Untersuchungen bezüglich der Höhe und der Struktur der Einkommen der Beamtenhaushalte, welche sich neben der Besoldung auch noch aus anderen Quellen speisen können. Etwaige andere Einkommensarten des Haushalts – beispielsweise Einkommen erwerbstätiger Partner*innen, Lohnersatzeinkommen oder Einkünfte aus Nebentätigkeit – und das Ausgabeverhalten bilden bis heute eine „Black Box".

Vor diesem Hintergrund stehen die folgenden **Forschungsfragen** im Fokus der vorliegenden Arbeit:

1. Forschungsfrage:	*Wie haben sich die gesellschaftlichen, wirtschaftlichen und sozialstaatlichen Verhältnisse insbesondere seit den 1970er Jahren, in denen die bis heute dominierende Auslegung zur (Familien-)Alimentation forciert wurde (vgl. Bundesverfassungsgericht 1977), entwickelt?*
2. Forschungsfrage:	*Welche Haushaltstypen gibt es innerhalb der Gruppe der Beamt*innen in den unteren Besoldungsgruppen? In welcher Höhe und aus welchen Quellen beziehen diese Haushalte Erwerbseinkommen? In welcher Höhe wird dieses für ausgewählte Zwecke verwendet, vor allem für solche, die zu den Lebensgrundlagen von Haushalten zählen oder für ihre Erwerbstätigkeit fundamental sind? Gibt es für Beamtenhaushalte ein identifizierbares Armutsgefährdungsrisiko?*
3. Forschungsfrage:	*Entspricht die aktuelle Auslegung des Alimentationsprinzips – insbesondere zur Mindestbesoldung – der Einkommensrealität der heutigen Beamtenhaushalte? Muss möglicherweise vor allem für mit dem Amt selbst nicht korrespondierende Besoldungsbestandteile nachjustiert werden? Worin besteht gegebenenfalls konkreter Bedarf zur Fortentwicklung der Auslegung des Alimentationsprinzips beziehungsweise der zur Beurteilung einer amtsangemessenen Besoldung verwendeten Annahmen?*

Zur Beantwortung der Forschungsfragen ist die Arbeit in sieben Kapitel aufgeteilt. Nach der Einleitung ordnet das zweite Kapitel zunächst die Fragestellungen in den Kontext der verfassungsgerichtlichen Rechtsprechung ein: Die Vorgeschichte und Entwicklung der Kriterien zur Prüfung des Alimentationsprinzips durch das Bundesverfassungsgericht, zu welchen auch das Mindestabstandsgebot zählt, wird dabei nachgezeichnet.

Im dritten Kapitel werden die wirtschaftlichen und die gesellschaftspolitischen Rahmenbedingungen erörtert, innerhalb derer die Alimentation das Auskommen der Beamt*innen sicherstellen soll. Eingangs wird das Alimentationsprinzip in historischer, juristischer und ökonomischer Sicht beleuchtet.

Anschließend wird reflektiert, was es bedeutet, das Alimentationsprinzip „in die Zeit zu stellen". Dabei wird auf bereits erfolgte Anpassungen der Auslegung des Alimentationsprinzips verwiesen. Zuletzt werden die veränderten Rahmenbedingungen des Alimentationsprinzips seit den 1970er Jahren nachgezeichnet, nämlich die Veränderungen

- der Familienstruktur,
- der Erwerbsbeteiligung und
- des einschlägigen Steuer- und Sozialsystems.

Zuletzt wird das sozialhilferechtliche Existenzminimum, welches der Ausgangspunkt des Mindestabstandsgebots ist, im Hinblick auf eine Armutsgefährdung entsprechender Haushalte untersucht und die Armutsgefährdung der befragten Haushalte ermittelt.

Das vierte Kapitel gibt einen Überblick über die Gruppe der Beamt*innen in den unteren Besoldungsgruppen und legt damit auch die Grundlagen zum Verständnis der darauffolgenden empirischen Untersuchung. Der Überblick umfasst

- die beamtenrechtlichen Rahmenbedingungen einer Karriere in den unteren Besoldungsgruppen,
- die Struktur der Gruppe der Beamt*innen in den unteren Besoldungsgruppen im Hinblick auf dienstliche Aspekte, insbesondere die verschiedenen Laufbahnen und Besoldungsgruppen, und
- die Besoldung sowie die weiteren finanziellen Aspekte des Amtes.

Das fünfte Kapitel widmet sich der empirischen Untersuchung der Beamtenhaushalte. Einleitend erfolgt die Abgrenzung der Haushalte als Forschungsgegenstand, die Erörterung der Datenlage und der eigenen Datenerhebung sowie eine Analyse des Besoldungsrahmens der untersuchten Gruppe. Die Befragungsdaten ermöglichen – anders als die amtliche Statistik des öffentlichen Dienstes – Einblicke in die tatsächliche Haushaltsstruktur und erfassen nicht nur besoldungsrechtlich relevante Merkmale. Zudem zielt der Fokus auf die Ökonomie des Gesamthaushaltes nicht nur auf die Messung der Heterogenität der tatsächlichen Haushaltstypen, sondern auch auf mit diesen verbundene Einnahmen- und Ausgabenstrukturen ab. Auf diese Weise soll eine fundierte(re) Beurteilung der wirtschaftlichen Situation von den Haushalten erfolgen, die mindestens ein Einkommen aus einem Beamtenverhältnis in den Besoldungsgruppen bis A8 erzielen.

Im sechsten Kapitel werden Reformvorschläge entwickelt, wie die Besoldung besser an die aktuellen Umstände angepasst werden kann und die Fortentwicklung der Auslegung des Alimentationsprinzips vor dem Hintergrund der gewonnenen Erkenntnisse erörtert.

Abschließend erfolgt in Kapitel sieben eine Zusammenfassung der gewonnenen Erkenntnisse und ein Ausblick.

2. Entscheidungen des Bundesverfassungsgerichts zum Mindestabstand der Besoldung vom sozialhilferechtlichen Existenzminimum

Anders als im Falle von Arbeitnehmer*innen, welche ihr Entgelt durch Verhandlung und gegebenenfalls Arbeitskampf mitbeeinflussen können, ist Beamt*innen diese Möglichkeit verwehrt (vgl. Leppek 2019: 121f). Dies ist Teil des besonderen Dienst- und Treueverhältnisses, in welchem sie zu ihrem Dienstherren stehen. Ihre Besoldung wird stattdessen durch Gesetz festgelegt. Dabei kann der Dienstherr jedoch nicht, beispielsweise aus Erwägungen der Haushaltskonsolidierung, nach Belieben Einsparungen vornehmen. Das Alimentationsprinzip, welches als hergebrachter Grundsatz des Berufsbeamtentums in Artikel 33 Absatz 5 GG geschützt ist, garantiert den Beamt*innen eine „amtsangemessene" Besoldung (vgl. Kersten 2015: Rn. 47ff).

Gegen als zu niedrig empfundene Bezüge können Beamt*innen gerichtlich vorgehen: Ihre Bezügemitteilung stellt einen Verwaltungsakt dar, ergo ist der Rechtsweg vor der Verwaltungsgerichtsbarkeit eröffnet. Hierbei ist es nicht unüblich, dass Rechtsfragen letztlich vom Bundesverfassungsgericht entschieden werden, dessen Entscheidungen in der Folge für die Besoldungsgesetzgebung wegweisend sind (vgl. ebenda: Rn. 30ff). Derartige Entscheidungen haben in den letzten Jahren einen Mindestabstand der Besoldung vom sozialhilferechtlichen Existenzminimum postuliert und damit ein Schlaglicht auf die Alimentation vor allem der Beamt*innen in den unteren Besoldungsgruppen geworfen. Die Entwicklung dieser Rechtsprechung des Bundesverfassungsgerichts wird im folgenden Kapitel aufgezeigt.

Zum besseren Verständnis der Entwicklungen sei zunächst erwähnt, dass Besoldung, Versorgung und Beihilfe der Beamt*innen bis kurz nach der Jahrtausendwende noch in den Kompetenzbereich des Bundes fielen und damit deutschlandweit einheitlich geregelt waren. 2003 erhielten die Länder zunächst die Möglichkeit, ihren Beamt*innen sowie Richter*innen eine Sonderzahlung zu gewähren (vgl. Art. 18 Abs. 1 i.V.m. Art. 13 Nr. 7 BBVAnpG 2003/2004), bevor dann 2006 mit der Föderalismusreform[4] auch die gesamte Gesetzgebungskompetenz betreffend die Besoldung, Versorgung und Beihilfe der Beamt*innen an die Länder fiel (vgl. Art. 1 Nr. 8 GesÄndGG). Eingedenk des großen Anteils, welchen Personalausgaben an den Landeshaushalten

4 Zu den beamtenrechtlichen Hintergründen der Föderalismusreform siehe vgl. Deja 2012: 31ff.

ausmachen[5] und dem immerwährenden, durch die Einführung der Schuldenbremse noch verstärkten Druck, Sparpotentiale ausfindig zu machen, verwundert es nicht, dass Anstrengungen der Dienstherren zu beobachten waren, ihre neu gewonnenen Kompetenzen auch für Einsparungen bei der Alimentation zu nutzen (vgl. Böhm 2018: 227; Schübel-Pfister 2014: 283; Schwan 2022b: 154; Bundesverfassungsgericht 2012b: Rn. 5). Konflikte mit dem Alimentationsprinzip waren entsprechend vorprogrammiert und bedurften nicht selten (höchst-)richterlicher Klärung.

Die Reaktion des Bundesverfassungsgerichts auf die zunehmenden Einsparungen bei der Besoldung wird von Lindner (vgl. 2016: 111) in drei Phasen zunehmender Intensität unterteilt.

In der **ersten Phase** wurden Einschnitte in die Alimentation vom Bundesverfassungsgericht noch weitgehend hingenommen, was den späteren Präsidenten des Bundesverfassungsgerichts, Andreas Voßkuhle, 2005 zu der Äußerung veranlasste, das Alimentationsprinzip bleibe ein „zahnloser Tiger" (Voßkuhle 2008: 487). Jedoch erfolgten auch in dieser Phase schon erste Präzisierungen:

Im Jahr 2005 entschied das Bundesverfassungsgericht, dass die 2001 noch im Bundesrecht erfolgte Absenkung der Versorgungsbezüge rechtmäßig ist (vgl. Bundesverfassungsgericht 2005: Rn. 149). Um den Gestaltungsspielraum des Gesetzgebers zu begrenzen, welcher sich durch die Unsicherheit der Rahmenbedingungen noch verstärkt, muss dieser jedoch beobachten, ob diese Reform auch unter möglicherweise veränderten Rahmenbedingungen noch angemessen ist (vgl. ebenda: Rn. 138). Weiterhin wurde festgestellt, dass Sparanstrengungen für sich genommen keine ausreichende Begründung für eine Kürzung der Alimentation darstellen (vgl. ebenda: Rn. 122).

2007 entschied das Bundesverfassungsgericht wieder zu Gunsten der Besoldungsgesetzgeber, dass diese unter den damals geltenden Umständen nicht verpflichtet seien, die höheren Kosten der Lebenshaltung in Ballungsräumen (im vorliegenden Fall: München) zu kompensieren (vgl. Bundesverfassungsgericht 2007a: Rn. 59). Es verwies stattdessen auf die Kompensation durch die mit den höheren Kosten einhergehende gesteigerte Lebensqualität (vgl. ebenda: Rn. 67), erlegte dem Dienstherr aber auch hier die Beobachtung der Lebenshaltungskosten auf (vgl. ebenda: Rn. 71). Die Entscheidung erging mit zwei Gegenstimmen (vgl. ebenda: Rn. 76).

---

5 Für das Jahr 2006 beziffert das Statistische Bundesamt den Anteil der Personalausgaben aller Länder auf insgesamt 95,334 Milliarden Euro. Dies entspricht knapp 36% der gesamten Ausgaben der Landesebene (Statistisches Bundesamt 2008, Tabelle 4.2, eigene Berechnung).

Im selben Jahr wurde auch eine Reduzierung der Besoldung in Höhe von damals noch 0,6% zum Aufbau einer Rücklage für absehbar steigende Pensionszahlungen für rechtmäßig erklärt (vgl. Bundesverfassungsgericht 2007b: Rn. 33, 36). Jedoch schloß das Gericht nun nicht mehr aus, dass einzelne Gruppen oder gar alle Beamt*innen unteralimentiert sind (vgl. ebenda: Rn. 34). Um derlei Fälle verlässlich prüfen zu können, forderte es Berechnungen, aus welchen die genaue Höhe der Minderung der Alimentation hervorgeht und nennt als Parameter zur Orientierung an der wirtschaftlichen Gesamtsituation die Entgelte von Arbeitnehmer*innen im öffentlichen Dienst und in vergleichbaren Positionen in der Privatwirtschaft (vgl. ebenda: Rn. 35).

Die **zweite Phase** begann nach Lindner (vgl. 2016: 111) im Jahr 2012, als das Bundesverfassungsgericht erstmals eine Besoldungsordnung für verfassungswidrig erklärte, indem es die Bezüge hessischer Hochschullehrer*innen in der Besoldungsgruppe W2 für zu niedrig erachtete (vgl. Bundesverfassungsgericht 2012a: Rn. 184). Nach wie vor wurden dem Besoldungsgesetzgeber bei der Bemessung der Bezüge große Freiheiten zugestanden und die Kontrolle des Bundesverfassungsgerichts auf evident sachwidrige Regelungen begrenzt (vgl. ebenda: Rn. 149). Jedoch wurden dem Besoldungsgesetzgeber Anforderungen bei der Bemessung der Besoldungshöhe aufgegeben. Auf diese Weise soll eine verfassungsgerichtliche Kontrolle einfacher und auch unter mit Erwartungsunsicherheit behafteten Umständen – beispielsweise einer Besoldungsreform – gewährleistet, dabei aber der erwähnte weite Gestaltungsspielraum des Besoldungsgesetzgebers geschont werden (vgl. Bundesverfassungsgericht 2012a: Rn. 163f). Hierzu zählen prozedurale Pflichten, nämlich Änderungen der Besoldung zu begründen, zu überprüfen, zu beobachten und gegebenenfalls nachzubessern (vgl. ebenda: Rn. 165). Als Maßstab der Beurteilung verweist das Bundesverfassungsgericht auf den Vergleich mit entsprechenden Ämtern anderer Besoldungsordnungen (vgl. ebenda: Rn. 168ff) sowie einen Vergleich mit Gehältern äquivalenter Arbeitnehmer*innen aus der Privatwirtschaft (vgl. ebenda: Rn. 176).

Die **dritte Phase** wurde nach Lindner im **Mai 2015** eingeläutet, als das Bundesverfassungsgericht in einer „bahnbrechenden“ (Lindner 2016: 111) Entscheidung erneut eine Besoldungsordnung (R-Besoldung in Sachsen-Anhalt) für nicht mit dem Grundgesetz vereinbar einstufte und dies durch ein aus dem Alimentationsprinzip abgeleitetes, mehrstufiges Prüfungsschema begründete (vgl. Bundesverfassungsgericht 2015a: Rn. 97ff). Dieses ermöglicht die Amtsangemessenheit der Besoldung zu einem großen Teil anhand konkreter, mathematisch berechenbarer Parameter zu beurteilen, wenngleich diese nur der Orientierung dienen. Es stellt damit eine Möglichkeit dar, zu überprüfen, ob der Gesetzgeber seiner Pflicht der fortlaufenden Anpassung der

Alimentation an finanziellen und wirtschaftlichen Umstände nachkommt (vgl. ebenda: Rn. 98). Das Prüfungsschema umfasst folgende Schritte:

Erste Prüfungsstufe

Parameter 1: Vergleich mit den Tarifabschlüssen im öffentlichen Dienst
Der Parameter ist verletzt, wenn die Anpassung der Besoldung in den 15 vorhergehenden Jahren insgesamt um mehr als 5% hinter der Entwicklung der Tarifabschlüsse im öffentlichen Dienst zurückbleibt. Gegebenenfalls kann ein weiterer, gleichlanger Zeitraum betrachtet werden, welcher fünf Jahre vor dem ersten Zeitraum beginnt (vgl. ebenda: Rn. 102f).

Parameter 2: Vergleich mit dem Nominallohnindex
Der Parameter ist verletzt, wenn die Anpassung der Besoldung in einem Zeitraum von 15 Jahren „sowie in einen überlappenden Zeitraum“ (ebenda: Rn. 105) jeweils insgesamt um mehr als 5% hinter der Entwicklung der Nominallöhne zurückbleibt.

Parameter 3: Vergleich mit der Entwicklung der Verbraucherpreise
Der Parameter ist verletzt, wenn die Anpassung der Besoldung in den 15 vorhergehenden Jahren „und in einen weiteren gleichlangen überlappenden Zeitraum“ (ebenda: Rn. 108) jeweils insgesamt um mehr als 5% hinter der Entwicklung der Verbraucherpreise zurückbleibt.

Parameter 4: Abstandsgebot (intern)
Der Parameter ist verletzt, wenn sich der Abstand zweier vergleichbarer Besoldungsgruppen – innerhalb derselben oder in verschiedenen Besoldungsordnungen – in einem Zeitraum von fünf Jahren um 10% verringert (vgl. Bundesverfassungsgericht 2015a: Rn. 112).

Parameter 5: Quervergleich mit den Besoldungsordnungen anderer Länder
Der Parameter ist verletzt, wenn das Jahresbruttoeinkommen mehr als 10% unter dem Mittelwert der entsprechenden Besoldungsgruppen der anderen Länder liegt (vgl. ebenda: Rn. 115).

Die Verletzung von mindestens drei der oben genannten Parameter lässt vermuten, dass der Lebensstandard der Richter*innen hinter dem der übrigen Gesellschaft zurückbleibt und damit nicht amtsangemessen ist (vgl. ebenda: Rn. 116).

Zweite Prüfungsstufe

Einem solchen Verdacht muss im Rahmen einer Gesamtabwägung nachgegangen werden. Hierzu sind die folgenden Kriterien in die Bewertung miteinzubeziehen (vgl. ebenda):

- Das gesellschaftliche Ansehen des Amtes,
- die Ausbildung und Beanspruchung der Amtsführung,
- die Entwicklung der Qualifikation der eingestellten Bewerber*innen,
- die besondere Qualität der Tätigkeit und Verantwortung,
- das Niveau der Beihilfe,
- das Niveau der Versorgung und
- der Vergleich mit den mittleren Bruttoverdiensten in sozialversicherungspflichtigen Beschäftigungsverhältnissen mit einem ähnlichen Grad an Qualifikation und Verantwortung.

Dritte Prüfungsstufe

Sollte sich die Alimentation nach der Prüfung der obenstehenden Aspekte als zu niedrig erweisen, so sind abschließend bestimmte Gründe zu würdigen, welche dies ausnahmsweise rechtfertigen könnten.

- Zuvorderst ist hier das Verbot der Nettoneuverschuldung zu nennen, welches ebenso wie das Alimentationsprinzip verfassungsmäßig geschützt ist (Art. 9 Abs. 3 GG). Beim Versuch, beide Prinzipien miteinander in Ausgleich zu bringen, darf das Alimentationsprinzip eingeschränkt werden, sofern die entsprechenden Einsparungen Teil eines umfassenden Konzepts zur Konsolidierung des Staatshaushalts sind (vgl. Bundesverfassungsgericht 2015a: Rn. 126f).
- Weiterhin lässt das Bundesverfassungsgericht auch sachlich gerechtfertigte Gründe zu, welche dem System der Besoldung immanent sind (vgl. Bundesverfassungsgericht 2015a: Rn. 128).
- Dabei betont das Bundesverfassungsgericht noch einmal die prozeduralen Pflichten des Besoldungsgesetzgebers. Diese äußern sich insbesondere durch die Pflicht, entsprechende Kürzungen bereits im Rahmen des Gesetzgebungsprozesses zu begründen (vgl. ebenda: Rn. 129f).

Im **November 2015** folgte eine weitere Entscheidung des Bundesverfassungsgerichts: Die vorher für die R-Besoldung entwickelte Dogmatik wurde nun auf die A-Besoldung übertragen, was zur Feststellung der Verfassungswidrigkeit der sächsischen Besoldung in 2011 führte (vgl. Bundesverfassungsgericht 2015b: Rn. 139). Im Gegensatz zur R-Besoldung, deren Empfänger*innen ihrem obligatorischen Hochschulabschluss gemäß in hohen Besoldungsgruppen zu finden sind, deckt die Besoldungsordnung A auch Tätigkeiten ab, welche niedriger besoldet sind. Folglich findet sich erst in dieser Entscheidung eine weitere Neuerung, welche die unteren Besoldungsgruppen betrifft. So erweitert das Bundesverfassungsgericht den vierten Parameter der ersten Prüfungsstufe um einen zweiten Aspekt, der erstmals den absoluten Wert der Besoldung in den Blick nimmt, nämlich einen Mindestabstand zum sozialhilferechtlichen Existenzminimum (vgl. ebenda: Rn. 93). Zur Operationalisierung dieser Anforderung erweitert es quasi den vierten Parameter der ersten Prüfungsstufe wie folgt.

Parameter 4b: Abstandsgebot (extern)
Falls die Höhe der Besoldung weniger als 15% über dem sozialhilferechtlichen Existenzminimum liegt, ist zu prüfen, ob dieser Abstand noch angemessen ist (vgl. ebenda: Rn. 94).

Aus der Tatsache, dass das Bundesverfassungsgericht dieses Mindestniveau der Besoldung im gegenständlichen Verfahren nicht gefährdet sah (vgl. ebenda: Rn. 95), aber dennoch erwähnt, ließe sich folgern, wie wichtig ihm die Festsetzung dieses Grundsatzes war (vgl. Lindner 2016: 111). Bei der Überprüfung ist auf die Netto-Besoldung der Beamt*innen abzustellen, abzüglich der Mindestbeiträge einer privaten Kranken- und Pflegeversicherung, da Grundsicherungsempfänger*innen keine äquivalenten Kosten entstehen (vgl. Bundesverfassungsgericht 2015b: Rn. 94).

Mit Verweis auf Stuttmann (vgl. 2015: 1014), welcher in seinen Berechnungen zum Mindestniveau der Alimentation von einer Einverdienstehe ausgeht, merkt das Bundesverfassungsgericht an, dass es weiterhin auch für die Beurteilung relevant sein kann, ob die Dienstbezüge allein ausreichen, um eine vierköpfige Familie amtsangemessen zu unterhalten (vgl. Bundesverfassungsgericht 2015b: Rn. 94). Die Bezugsgröße der Einverdienstehe in der deutschen Gesetzgebung findet sich in abgewandelter Form bereits in den 1930er Jahren. § 63 Abs. 1 DBG i.d.F. vom 26.1.1937 sah die Entlassung weiblicher Beamt*innen dann gerechtfertigt, wenn ihr Ehemann verbeamtet war. Diese Bezugsgröße fand anschließend auch ihren Weg in die bundesdeutsche Rechtsprechung (vgl. Bundesverfassungsgericht 1977: Rn. 45).

Der Abstand in Höhe von 15% geht letztlich auf Entscheidungen des Bundesverfassungsgerichts aus dem Jahr 1990 zurück (vgl. Bundesverfassungsgericht 2015b: Rn. 94; 1998b: Rn. 57), welche sich mit der Alimentation von Beamt*innen mit mehr als zwei Kindern befassen. Hier wurden die Bedarfe des dritten und jedes weiteren Kindes von Beamt*innen unter Rückgriff auf eine Untersuchung des Statistischen Bundesamtes für das Jahr 1976 mit einem Betrag von gut 305 Deutschen Mark beziffert. Dieser lag damit gut 15% über dem entsprechenden Sozialhilfesatz, was dem Bundesverfassungsgericht noch als ein angemessener Abstand erschien (vgl. Bundesverfassungsgericht 1990: Rn. 60f).

Im Jahr **2017** erfuhr das Abstandsgebot eine Aufwertung, als es vom Bundesverfassungsgericht explizit als ein eigenständiger hergebrachter Grundsatz des Berufsbeamtentums bezeichnet wurde, wenngleich dieser „in enger Anbindung" zu den beiden anderen hergebrachten Grundsätzen des Leistungs- und des Alimentationsprinzips steht (Bundesverfassungsgericht 2017). Dies erfolgte im Zuge eines Beschlusses des Bundesverfassungsgerichts zur nun für verfassungswidrig erklärten Praxis, neue Besoldungsabschlüsse erst zeitverzögert auf höhere Besoldungsgruppen zu übertragen (vgl. ebenda: Rn. 87). Entsprechend vollzog sich die genannte Aufwertung in einem Kontext, welcher vordergründig auf das interne Abstandsgebot abstellte, also die Abstände zwischen zwei Besoldungsgruppen betrifft. Der Abstand in Höhe von 15% zum sozialhilferechtlichen Existenzminimum wurde nicht explizit erwähnt.

2018 verschärfte das Bundesverfassungsgericht die Prozeduralisierungspflichten noch einmal, welche der baden-württembergische Besoldungsgesetzgeber bei der Absenkung der Bezüge bestimmter Besoldungsgruppen für die Dauer von drei Jahren nicht beachtet hatte (vgl. Bundesverfassungsgericht 2018b: Rn. 38). So wird die Pflicht herausgestellt, zur sachgerechten Begründung von Besoldungsanpassungen im Vorfeld die hierfür nötigen Daten zu erheben (vgl. ebenda: Rn. 21) und die Notwendigkeit betont, die Auswirkungen von Einsparungen auf die Beamt*innen zu beobachten (vgl. ebenda: Rn. 22).

Im Mai **2020** wird vom Bundesverfassungsgericht nun auch der Abstand in Höhe von 15% vom sozialhilferechtlichen Existenzminimum ausdrücklich gestärkt: Wird in einer Besoldungsgruppe ein Verstoß gegen dieses „Mindestabstandsgebot" festgestellt, so handelt es sich bereits dabei um eine Verletzung des Alimentationsprinzips, ohne dass die übrigen Parameter oder Stufen des seit 2015 entwickelten Prüfschemas betrachtet werden müssen (vgl. Bundesverfassungsgericht 2020a: Rn. 48). Neben dieser Aufwertung konkretisiert das Bundesverfassungsgericht weiterhin die Berechnung des 15%-Niveaus durch detaillierte Berechnungsvorgaben. Es eröffnet dem Gesetzgeber aber auch das Recht, eigene sachgerechte Berechnungen anzustellen. In jedem Fall trifft diesen die Pflicht, die veränderlichen Lebensverhältnisse zu beobachten und die Höhe der Besoldung entsprechend daran anzupassen (vgl. ebenda: Rn. 53). Dies stellt für das Bundesverfassungsgericht eine Möglichkeit dar, zu überprüfen, ob der Gesetzgeber die nicht quantifizierbaren Anforderungen des Alimentationsprinzips erfüllt (vgl. ebenda: Rn. 97). Laut dem Bundesverfassungsgericht ist der Ausgangspunkt des Mindestabstandsgebots, das sozialhilferechtliche Existenzminimum, anhand folgender Punkte zu berechnen:

- Die grundsicherungsrechtlichen Regelbedarfssätze
  Diese richten sich nach der Haushaltskonstellation der Empfänger*innen. Bei Kindern sind je nach Lebensalter unterschiedliche Beträge festgelegt. Diese werden entsprechend der hierauf entfallenden Lebensjahre gewichtet und können somit als einheitlicher Betrag in die Berechnung eingehen. (vgl. Bundesverfassungsgericht 2020a: Rn. 54).
- Wohnkosten
  Das Bundesverfassungsgericht wendet sich gegen die deutschlandweit pauschale Bemessung der Wohnkosten[6], wie sie bis dato anhand des Existenzminimumberichts der Bundesregierung vorgenommen wurde (vgl. ebenda: Rn. 56). Stattdessen muss sich die Kalkulation an den tatsächlich von den Grundsicherungsbehörden gewährten Bedarfen orientieren und auch regional unterschiedliche Wohnkosten-Niveaus erfassen (vgl. ebenda: Rn. 57). Hierzu ist auf die Daten über tatsächlich anerkannte Bedarfe der Bundesagentur für Arbeit abzustellen, welche nach Ländern aufgeschlüsselt erhoben werden. Einschlägig sind die Wohnkosten des 95%-Perzentils, also derjenige Wert, welcher größer als 95% und kleiner als 5% aller vorhandenen Werte ist. Das Bundesverfassungsgericht sieht hierin einen Kompromiss aus der Erfassung aller nötigen Bedarfe und dem Ausschließen statistischer Ausreißer, welche untypisch hohe Wohnkosten aufweisen (vgl. ebenda: Rn. 59).
- Heizkosten
  Zur Berechnung der Heizkosten verweist das Bundesverfassungsgericht explizit auf die bundesweit einheitlichen Werte des Heizspiegels. Der hieraus entnommene Höchstwert muss dabei für eine dem Sozialhilferecht nach angemessene Wohnung veranschlagt werden (vgl. ebenda: Rn. 62f).
- Bildung und Teilhabe von Kindern
  Hierunter fallen bestimmte im Sozialrecht verankerte Bedarfe, welche nicht von den Regelsätzen erfasst werden. Dem Grunde nach zu berücksichtigen sind die Kosten für
  - den Schulbedarf,
  - Klassenfahrten und Schulausflüge,
  - gemeinsame Mittagessen in Schule und Kita sowie
  - soziale, sportliche und kulturelle Aktivitäten.

---

6 Auf derartige Pauschalierungen griffen bis dato alle Besoldungsgesetzgeber mehr oder weniger stark zurück (vgl. Schwan 2021: 368).

Hierbei muss jedoch beachtet werden, dass diese Leistungen nicht von allen Berechtigten in Anspruch genommen werden, sodass sie bei der Veranschlagung entsprechend gewichtet werden müssen. Eine Gewichtung ist ferner vorzunehmen, wenn bestimmte Bedarfe nur in bestimmten Altersstufen anfallen (vgl. ebenda: Rn. 67).

- „Sozialtarife"
  Neben den direkt von der öffentlichen Hand geleisteten Zahlungen berücksichtigt das Bundesverfassungsgericht weiterhin Vergünstigungen, welche Empfänger*innen von Grundsicherung bei bestimmten Gelegenheiten erhalten. Neben Preisnachlässen für beispielsweise Museen oder den öffentlichen Nahverkehr, wie sie vielerorts angeboten werden, ist hier besonders der Wegfall der Kosten der Kinderbetreuung von Bedeutung, wie sie beispielsweise durch den Besuch einer Kindertagesstätte oder eines Kindergartens anfallen würden (vgl. Bundesverfassungsgericht 2020a: Rn. 69). Bezüglich der nicht trivialen Erhebung hierfür notwendiger Daten betont das Bundesverfassungsgericht noch einmal ausdrücklich die Prozeduralisierungspflicht des Gesetzgebers (vgl. ebenda: Rn. 71).

Anders als in der ersten Stufe des Prüfungsschemas üblich, ist für die Überprüfung die Netto-Alimentation heranzuziehen. Diese berechnet sich anhand folgender Positionen:

- Die gesamte Besoldung, also die Grundbezüge und alle weiteren Besoldungsbestandteile, welche gewährt werden. Es ist die niedrigste Besoldungsgruppe zugrunde zu legen, welche noch mit aktiven Beamt*innen besetzt ist und auf die niedrigste Erfahrungsstufe abzustellen (vgl. ebenda: Rn. 73ff).
- Etwaige Kindergeldzahlungen, welche sich in der untersuchten, niedrigsten Besoldungsgruppe günstiger auswirken als der alternative steuerliche Freibetrag (vgl. ebenda: Rn. 79). Da Kindergeld die steuerliche Belastung des Existenzminimums eines Kindes ausschließen soll, grenzen die Karlsruher Richter*innen es von Sozialleistungen ab, welche grundsätzlich nicht zur Besoldung hinzugerechnet werden dürfen (vgl. ebenda: Rn. 52).

Hiervon abzuziehen sind,

- die Kosten einer privaten Kranken- und Pflegeversicherung, sofern die Beamt*innen nicht der freien Heilfürsorge unterliegen (vgl. ebenda: Rn. 76ff) und
- Steuern, wobei zu berücksichtigen ist, dass die Beiträge einer privaten Kranken- und Pflegeversicherung die Steuerlast mindern (vgl. ebenda: Rn. 79).

Das Bundesverfassungsgericht stellte weiterhin fest, dass die Abstufungen der Besoldungsgruppen gemäß dem Abstandsgebot einem Gesamtkonzept folgen müssen. Eine Verletzung des Mindestabstandes in Höhe von 15% vom sozialhilferechtlichen Existenzminimum stellt somit den Ausgangspunkt des gesamten Besoldungssystems in Frage (vgl. ebenda: Rn. 48). Bezogen auf höhere Besoldungsgruppen bedeutet eine solche Unterschreitung zwar nicht, dass dort zwingend von einer Verletzung des Alimentationsprinzips auszugehen ist. Jedoch ist dies umso wahrscheinlicher, je näher die untersuchte Besoldungsgruppe selbst an der 15%-Schwelle liegt, was auch in die Gesamtabwägung des Prüfungsschemas einfließen muss (vgl. ebenda: Rn. 49). Somit erklärt sich auch, dass das Mindestabstandsgebot in einer Entscheidung betreffend die R-Besoldung des Landes Berlin entwickelt wurde, welche – wie oben bereits angemerkt – naturgemäß ausreichend weit von der 15%-Schwelle entfernt ist. Am Ende seiner Entscheidung kommt das Bundesverfassungsgericht in einer solchen Gesamtabwägung zu dem Schluss, dass die verfahrensgegenständliche R-Besoldung das Alimentationsprinzip verletzt (vgl. Bundesverfassungsgericht 2020a: Rn. 176f). Diese Verletzung führt es auch auf eine deutliche Verletzung des Mindestabstands zu sozialhilferechtlichen Existenzminimum zurück (vgl. ebenda: Rn. 162f).

Zusammenfassend lässt sich sagen, dass die Entwicklung des Mindestabstandsgebots auf ähnliche Entscheidungen des Bundesverfassungsgerichts zur Familienalimentation in den 1970er Jahren zurückgeht, der Besoldungsrechtsprechung also nicht neu ist. Dass das Bundesverfassungsgericht sich genötigt sah, dieses Prinzip auch auf die Gesamtheit der Dienstbezüge zu beziehen, ist auf die Einsparungen nach der Föderalisierung des Besoldungsrechts Mitte der 2000er-Jahre zurückzuführen (vgl. Pilniok 2015: 361; Stuttmann 2015: 1007). Nachdem prozedurale Pflichten und leisere Mahnungen des Bundesverfassungsgerichts nicht die gewünschte Wirkung zeigten, hat das Bundesverfassungsgericht Kontrolle und Schutz des Alimentationsprinzips durch die Entwicklung konkret messbarer Kriterien merklich verschärft. Das Mindestabstandsgebot hat sich dabei nach der Übertragung auf die gesamte Besoldung von einem Parameter unter vielen zu einem eigenständigen Grundsatz entwickelt.

Die Entscheidungen werden meist als außerordentlich großer Schritt in der Entwicklung der Besoldungsrechtsprechung eingeschätzt (vgl. Hebeler 2015: 289; Lindner 2016: 111; Schwan 2021: 379; Stuttmann 2020: 83; Färber 2023: 73). Kritisch merkt Wieckhorst (vgl. 2021: 368) an, die detaillierten Anforderungen des Bundesverfassungsgerichts hätten den Gesetzgebern die Möglichkeit genommen, im Rahmen der prozeduralen Pflichten ihren Ermessensspielraum zu nutzen. Hebeler (vgl. 2015: 294) sieht in den Entscheidungen gar handwerklich schlecht umgesetzte Klientelpolitik für Beamt*innen.

Die Entscheidungen des Bundesverfassungsgerichts konfrontieren die Gesetzgebung in Bund und Ländern mit bisher nie dagewesenen Anforderungen, was die Bemessung der Besoldung der Beamt*innen in den unteren Besoldungsgruppen angeht. Dies zeigt sich nicht nur daran, dass die Unterschreitung des Mindestabstands zur Grundsicherung mittlerweile eine eigenständige Verletzung des Alimentationsprinzips darstellt, sondern auch daran, dass eine (erhöhte) Besoldung in den unteren Besoldungsgruppen aufgrund des Abstandsgebots die übrigen Besoldungsgruppen „vor sich hertreiben“ kann. Mit den verfassungsrechtlichen Anforderungen auf der einen und den fiskalischen Sachzwängen auf der anderen Seite wird es für die Dienstherren in Zukunft sehr viel wichtiger, die Bezüge in den unteren Besoldungsgruppen passgenau bemessen zu können.

3. Das Alimentationsprinzip im Kontext veränderlicher Rahmenbedingungen

Die vorliegende Arbeit behandelt mit dem Alimentationsprinzip ein vielschichtiges Konstrukt des deutschen Besoldungsrechts. Diese komplexe Materie soll deshalb zunächst im Hinblick auf die historische Entwicklung sowie aus juristischer und ökonomischer Perspektive aufbereitet werden (Abschnitt 3.1). Anschließend wird ausgeführt, wie das Alimentationsprinzip an veränderte Rahmenbedingungen angepasst werden kann (Abschnitt 3.2). Abschließend werden die veränderten Rahmenbedingungen seit den 1970er Jahren aufgezeigt, vor deren Hintergrund das Alimentationsprinzip wirkt (Abschnitt 3.3).

3.1 Gegenstand und Ziele im Kontext der hergebrachten Grundsätze

3.1.1 Historische Entwicklung des Alimentationsprinzips bis in die Weimarer Republik

Dass diejenigen, welche öffentliche Dienstleistungen erbrachten, in sicheren Dienstverhältnissen alimentiert wurden, war nicht immer der Fall. Die öffentliche Verwaltung im Deutschland des Mittelalters war stark durch das feudalistische Lehnswesen geprägt: Der Lehnsherr verlieh einem Vasallen ein sogenanntes Lehen, in der Regel ein Amt, welches mit Privilegien zum Zwecke der Selbstversorgung einherging. So standen beispielsweise einem eingesetzten Gutsverwalter Teile der landwirtschaftlichen Erträge des Gutes oder einem Richter Anteile an den Gerichtsgebühren („Sporteln") zu. Im Gegenzug waren die Vasallen ihrem Lehnsgeber zu Treue und Dienstleistungen verpflichtet. Oberster Lehnsherr war der König, seine Vasallen waren Fürsten und hohe Geistliche. Vasallen konnten ihrerseits die Rolle eines Lehnsherrn einnehmen, indem sie Teile ihres Lehens an ihnen unterstehende Vasallen verliehen (vgl. Thiemer 1992: 18; Till 1979: 139). In der Praxis konnten sich die Lehen zu unentziehbaren, vererblichen Rechten entwickeln und damit zu eigenständigen, dezentralen Machtzentren, welchen der Zentralmacht entgegenstanden. Die gegenseitige Treuepflicht sowie die Versorgung der Vasallen durch die Erträge der Lehen mögen bereits an das heutige Alimentationsprinzip erinnern, jedoch ist die ideelle und rechtliche Grundlage eine andere (vgl. ebenda: 148).

Vom 13. bis zum 17. Jahrhundert nahmen jedoch Entwicklungen ihren Lauf, welche das Lehnswesen ablösen und den Beginn des Weges in Richtung des heutigen Beamtentums markieren sollten. So wurde die öffentliche Verwaltung dahingehend professionalisiert, dass statt kurzfristig eingesetzter adeliger und geistlicher Verwalter vermehrt besser qualifizierte Bürgerliche in Dienst gestellt wurden. Die aufkommende Geldwirtschaft, fortschreitende Marktwirtschaft sowie Anforderungen an die merkantilistische Wirtschaftspolitik, Bereitstellung von Infrastruktur und Verwaltung stehender Heere machten dies nötig (vgl. Thiemer 1992: 19f). Die Struktur von Verwaltungseinheiten wurde verstetigt und arbeitsteilige Spezialisierung setzte ein (vgl. Till 1979: 133). Trotz aller Professionalisierung wurden die Bediensteten lange Zeit in Naturalien bezahlt, gegebenenfalls traten ergänzend Geldleistungen in Form von Sporteln hinzu. Ab etwa 1650 sind stetige Geldbezüge nachzuweisen, welche jedoch neben den üblichen Naturalien gewährt wurden und deren Höhe und Erhalt nicht sicher waren (vgl. Thiemer 1992: 20). Die Fehlanreize, durch Machtmissbrauch die eigenen Einnahmen in Form von Sporteln und Ähnlichem auf Kosten der Bevölkerung zu erhöhen, waren aus diesem System nicht hinwegzudenken (vgl. Lindner 2015: Rn. 2). Rechtsphilosophisch kann hier noch nicht von einer Alimentation die Rede sein. Landesherren und Bedienstete befanden sich in einem „normalen" privatrechtlichen Verhältnis des Austausches von Verwaltungsdienstleistungen gegen Entlohnung. Der Dienst wurde dem Landesherren persönlich geschuldet und nicht dem Staat als Ganzen (vgl. Till 1979: 150f).

Die eigentliche Entstehung des Alimentationsprinzips begann im 18. Jahrhundert, als sich das Verständnis von Staat und Verwaltung in Europa wandelte und letztere ideell dem Dienst am Gemeinwohl verpflichtet wurde. Im aufgeklärten Absolutismus begriffen sich die Fürsten nun als Staatsorgan, deren Beamtenschaft ihnen und dem Staat ergeben zu sein und als ihre Repräsentanten zu fungieren hatten (vgl. ebenda: 151). Mit Beginn des Absolutismus war es den Herrschenden ohnehin ein Anliegen, ihren Verwaltungsapparaten die oben genannte Fähigkeit zum Opponieren zu nehmen (vgl. Roth 1906: 7). Dieses neue „öffentliche" Dienstverhältnis brachte auch eine Abkehr von der bloßen Entlohnung von Dienstleistungen und eine Hinwendung zur Alimentation mit sich (vgl. Till 1979: 151).

In Preußen beispielsweise postulierte Friedrich Wilhelm I. im Jahr 1722, dass der Beamtenschaft die Pflichterfüllung wichtiger zu sein habe als der finanzielle Gewinn aus dieser Tätigkeit. Er flankierte diesen Anspruch, indem er der Beamtenschaft Pflichten und Verbote auferlegte, wie beispielsweise das Verbot Nebentätigkeiten nachzugehen, Sporteln einzuziehen oder Geschenke anzunehmen. Zur Kompensation wurden geregelte Gehaltszahlungen eingeführt, wenngleich deren geringe Höhe den oben genannten Beschränkungen entgegenstand (vgl. Thiemer 1992: 21f). Friedrich der Große setzte in Preußen anschließend die Prinzipien des aufgeklärten Absolutismus in Staat und Verwaltung durch. Die Beamtenschaft wurde aus den privatrechtlichen Beziehungen herausgelöst und trat stattdessen nicht zu ihm persönlich, sondern zu seiner Funktion als Staatsoberhaupt in ein öffentliches Rechtsverhältnis. Weiterhin wurden die einzelnen Beamt*innen mit einem gewissen Grad an Unabhängigkeit versehen und ihre Aufgabenerfüllung stärker abgegrenzt und verselbstständigt. Eine zwar nicht rechtlich garantierte aber de facto doch recht großen Sicherheit, das einmal verliehene Amt lebenslang ausüben zu können, begünstigte dabei sachgerechte und neutrale Amtsführung. Gehälter in Geldform nahmen in dieser Zeit weiter zu, das Sportelwesen verschwand fast vollständig (vgl. ebenda: 22f).

Rechtsphilosophisch war diese Alimentation jedoch noch nicht dem öffentlichen Recht zuzuordnen, wenngleich bereits vor dem Hintergrund des großen staatsrechtlichen Umbruchs, welchen die gewandelte Wahrnehmung von Staat und Verwaltung darstellte, der Versuch unternommen wurde, diese dem reinen Privatrecht zu entziehen. So ging Seuffert (1793) davon aus, dass der Staatsdienst Ausdruck der Verpflichtung jedes Bürgers sei, sich für das Gemeinwohl einzusetzen. Der entsprechende Anspruch des Regenten gegenüber den Bürger*innen münde in der Übertragung eines unentziehbaren Amtes. Die hiermit verbundenen Bezüge dienten der Entschädigung der auserwählten Person, zielten aber nicht auf deren Bedarfe oder Familien ab. Andere Aspekte von Seufferts Überlegungen finden sich dagegen im modernen Beamtenrecht wieder, beispielsweise die Fortzahlung der Bezüge im Falle der Entbindung von den Amtsgeschäften oder die prominente Rolle der Staatsangehörigkeit der in den Staatsdienst Berufenen. Dem Vertrag, welcher dieses Dienstverhältnis begründete, schrieb er besondere Eigenschaften zu, welche diesen dem reinen Privatrecht enthoben (vgl. Till 1979: 155f; Thiemer 1992: 24ff).

Von der Becke (1797) leitete bereits ein Jahr vorher das Dienstverhältnis anders ab und verortete dessen vertragliche Grundlage noch im reinen Privatrecht. Jedoch forderte er, dass die Bezüge aus dem Dienstverhältnis den Unterhalt der Betroffenen sichern und sich somit an deren Bedarfen sowie den Bedarfen ihrer Familie orientieren sollten. Die Bezüge sollten regelmäßig über die notwendigsten Bedürfnisse hinausgehen und somit zu einem standesgemäßen Lebensunterhalt beitragen. Sie stellen somit keine Gegenleistung dar, um deren Willen der Dienst geleistet wird, sondern sie werden hiervon unabhängig gewährt (vgl. Till 1979: 156f).

Schließlich war es von Gönner (1808), welcher 1808 das Alimentationsprinzip begründete, als er das Dienstverhältnis ausschließlich im öffentlichen Recht verortete, also nicht mehr in einem privatrechtlichen Vertragsverhältnis begründet sieht, sondern als Inanspruchnahme der Dienstpflicht aller Bürger*innen gegenüber dem Staat (vgl. ebenda: 56f). Die erhaltenen Bezüge sind demnach als Entschädigung der Beamt*innen zu verstehen, da sie dem Staat ihre Arbeitskraft über das übliche Maß der allgemeinen Dienstleistungspflicht hinaus zur Verfügung stellen und somit nicht wie der Rest der Bevölkerung einer anderen Erwerbstätigkeit nachgehen können (vgl. ebenda: 101; 104f). Durch den Charakter als Entschädigung liegt hier ebenfalls kein Austausch von Leistung gegen Entlohnung vor. Abgesehen von einfachen Arbeiten müssen die erhaltenen Bezüge angesichts des Humankapitals den Staatsbediensteten über den einfachen Lebensstandards hinausgehen und auch dazu geeignet sein, dessen Familie zu versorgen (vgl. ebenda: 107ff).

Das durch von Gönner dergestalt aus der Taufe gehobene Alimentationsprinzip beeinflusste Gesetzgebung und Literatur nachhaltig, wenngleich es sich in letzterer nicht sofort als herrschende Meinung etablieren konnte. Theorien, welche den Staatsdienst zwar im öffentlichen, die hieraus entstehenden Verpflichtungen zum Unterhalt der Staatsbediensteten aber im privaten Recht verorteten, bestanden noch bis zum Ende des 19. Jahrhunderts (vgl. Till 1979: 161ff). Dann führte die Theorie des öffentlichen Gewaltverhältnisses schließlich den Durchbruch der öffentlich-rechtlichen Sichtweise herbei (vgl. Thiemer 1992: 30). Diese vereinbarte die besonderen Rechte und Pflichten des Beamtentums miteinander, beispielsweise dass einerseits die Berufung ins Beamtenverhältnis ein hoheitlicher Akt ist, andererseits aber nicht gegen den Willen der Berufenen erfolgen kann (vgl. Till 1979: 165ff). In diesem Zuge greift vor allem Laband (1911) die Gönnerschen Gedanken im ausgehenden 19. Jahrhundert wieder auf (vgl. Till 1979: 169; Thiemer 1992: 30).

Die **Gesetzgebung** übernahm das Alimentationsprinzip dagegen schon früher. Als erste umfassende Regelung der Rechtverhältnisse von Beamt*innen gilt die Bayerische Hauptlandespragmatik von 1805[7], welche stark durch von Gönner beeinflusst wurde und ausführliche die Rechtsverhältnisse der Beamtenschaft im Zusammenhang mit der Alimentation kodifiziert: Unkündbarkeit, Verbot einer Nebentätigkeit, Laufbahnen, die Höhe der Besoldung

---

7 Das Preußische allgemeine Landrecht von 1794 behandelte seinem Anspruch als allumfassendes Gesetzbuch gemäß auch die Rechtsverhältnisse der Beamtenschaft. Hier wurden bereits der Schutz vor willkürlicher Entlassung und der Anspruch auf ein regelmäßiges Gehalt in ausreichender Höhe festgelegt. Die neutrale Amtsführung wurde jedoch zuvorderst durch die Auferlegung von Pflichten zu erreichen versucht, nicht durch Privilegien der Staatsbediensteten (vgl. Beilke 2011: 34; Thiemer 1992: 31ff).

und die davon abhängige Höhe von Ruhegehalt sowie Witwen- und Waisengeld, Bedingungen einer Fortzahlung der Besoldung in besonderen Fällen und disziplinarrechtliche Aberkennung der Bezüge (vgl. Thiemer 1992: 33ff; Beilke 2011: 37) – diese Aspekte prägen das Beamtenrecht bis heute. 1818 erhielten diese Prinzipien in Bayern sogar Verfassungsrang (vgl. Voitl 2016: 101f).

Die Übernahme dieser Prinzipien durch andere Länder ließ mitunter noch Jahrzehnte auf sich warten (vgl. Thiemer 1992: 35). Der Reichsgesetzgeber verankert 1873 mit dem Reichsbeamtengesetz die Alimentation für seine Beamt*innen, die Landesgesetzgeber orientierten sich meist daran (vgl. Beilke 2011: 39). Der einfachgesetzliche Schutz, welchen das Alimentationsprinzip nun genoss, erwies sich jedoch nicht immer als ausreichend, um die Bezüge der Beamt*innen in Zeiten schlechter Haushaltslagen vor Kürzungen zu bewahren (vgl. Till 1979: 212ff). Erst in der Weimarer Republik erhielten die „wohlerworbenen Rechte" der Beamt*innen deutschlandweit Verfassungsrang, indem Artikel 129 Absatz 1 Satz 3 der Weimarer Reichsverfassung (WRV) sie für „unverletzlich" erklärte. Im Gegensatz zu anderen Gesichtspunkten waren die vom Alimentationsprinzip umfassten Aspekte nach herrschender Meinung hiervon erfasst (vgl. Thiemer 1992: 38). Die verfassungsmäßige Absicherung vermochte die Bezüge der Beamt*innen dennoch zunächst nicht vor tatsächlichen Einschnitten zu schützen (vgl. Till 1979: 231f), erst recht nicht, nachdem sie in der Zeit des Nationalsozialismus durch das Ermächtigungsgesetz weitgehend ihre Wirkung verliert (vgl. Beilke 2011: 44f).

3.1.2 Das Alimentationsprinzip aus juristischer Sicht

Dass das Alimentationsprinzip seinen Weg in die Weimarer Reichsverfassung gefunden hat, sollte seinen Schutz jedoch auf lange Sicht entscheidend stärken: Artikel 33 Absatz 5 GG legt fest, dass das „Recht des öffentlichen Dienstes […] unter Berücksichtigung der hergebrachten Grundsätze des Berufsbeamtentums zu regeln und fortzuentwickeln" ist. Dies ist dann der Fall, wenn die fraglichen Prinzipien „allgemein oder doch ganz überwiegend und während eines längeren, Tradition bildenden Zeitraums, mindestens unter der Reichsverfassung von Weimar, als verbindlich anerkannt und gewahrt worden sind" (Bundesverfassungsgericht 1958b: Rn. 35). Kersten (2015: Rn. 13) fasst die hergebrachten Grundsätze, welche im Zusammenhang mit der Alimentation stehen, in drei Punkten zusammen:

1. Der Staat hat den Beamt*innen sowie ihren Familien und Hinterbliebenen angemessenen, lebenslangen Unterhalt zu gewähren.

2. Die Alimentation wird einseitig durch Gesetz festgelegt, geht also nicht aus Verhandlungen oder dem Arbeitskampf hervor.
3. Die Versorgung richtet sich nach den letzten ruhegehaltfähigen Dienstbezügen in Verbindung mit den geleisteten Dienstjahren.

Nach herrschender Meinung sind die Dienstherren somit verpflichtet ihre Beamt*innen lebenslang zu alimentieren. Gleiches gilt für deren Familien, auch über den Tod der Beamt*innen hinaus. Die Höhe der Bezüge hat sich dabei vor dem Hintergrund des allgemeinen Lebensstandards nach dem Dienstrang, der mit dem Amt verbundenen Verantwortung, Ausbildung und Beanspruchung sowie dem gesellschaftlichen Ansehen des Amtes zu richten. Weiterhin muss sichergestellt sein, dass das Amt für überdurchschnittlich qualifizierte Bewerber*innen attraktiv bleibt („Amtsangemessenheit").

Aus der im Zuge der Föderalismusreform 2006 eingeführten Fortentwicklungsklausel des Artikels 33 Absatz 5 GG („und fortzuentwickeln") ergibt sich die Notwendigkeit, die beamtenrechtliche Ausgestaltung des Alimentationsprinzips an veränderte Rahmenbedingungen anzupassen. Das Alimentationsprinzip selbst unterliegt nach wie vor grundgesetzlichem Schutz (vgl. Jarass 2022: Rn. 56; Beilke 2011: 21). In der Praxis ist die Fortentwicklungsklausel bis dato ohne Wirkung geblieben (vgl. Domgörgen 2022: Rn. 17). Bezüglich der Berechnung des Mindestabstandsgebots verweist das Bundesverfassungsgericht explizit auf die Verpflichtung des Gesetzgebers, die sich entwickelnden Lebensverhältnisse zu beobachten und nötigenfalls die Höhe der Besoldung entsprechend anzupassen (vgl. Bundesverfassungsgericht 2020a: Rn. 53).

Durch die Alimentation soll den Beamt*innen die Sorge um das eigene Auskommen und das ihrer Familie genommen werden, sodass sie sich vollständig dem Staatsdienst widmen können (vgl. Bundesverfassungsgericht 1967: Rn. 34). In Verbindung mit dem Prinzip der lebenslangen Anstellung ergibt sich damit für die Beamt*innen eine Situation persönlicher Unabhängigkeit. Somit ist sichergestellt, dass diese ihre Arbeit unparteiisch und nur dem Recht bzw. dem Gemeinwohl verpflichtet wahrnehmen können (vgl. Lindner 2013: 147ff; Domgörgen 2022: Rn. 19). Dies trägt zu einer loyalen, stabilen und korruptionsresistenten Verwaltung bei (vgl. Hebeler et al. 2015: Rn. 52)

Ob Alimentation und Dienstleistungspflicht im Sinne eines quid pro quo ausgetauscht werden, wie es bei „normalen" Arbeitsverhältnissen der Fall ist, war bis in die 1960er Jahre umstritten. Zunächst dominierte die Lehre der Ganzheitstheorie, welche die Alimentation nicht als Gegenleistung der erbrachten Arbeit ansah. Vielmehr wurde den Beamt*innen eine rein altruistische Gesinnung unterstellt, gemäß derer sie sich ohne Erwartung einer Gegenleistung für das Gemeinwohl einsetzen. Für ihren selbstlosen Einsatz würden die Beamt*innen von der Fürsorge des Staates profitieren, jedoch wurde zwischen beiden Umständen bestenfalls ein loser Zusammenhang gesehen (vgl. Thiemer 1992: 97f; Summer/Rometsch 1981: 6). 1967 schloss sich das Bundesverfassungsgericht der Entschädigungstheorie an, welche der Alimentation – wohlgemerkt *zusätzlich* – eine Funktion als Entschädigung für den Dienst der Beamt*innen bzw. deren Verzicht auf andere Erwerbsmöglichkeiten zuspricht und seit dem die herrschende Meinung in der Literatur darstellt (ebenda: 6f; Thiemer 1992: 98ff; Lindner 2016: 110). Abweichend hiervon sieht die Gegenleistungstheorie in der Alimentation ausschließlich eine Gegenleistung für die erbrachte Arbeit, auf die die Beamt*innen einen Anspruch haben (vgl. Leppek 2019: 155).

Die Gewährung der Alimentation erfolgt also aufgrund des besonderen „Dienst- und Treueverhältnisses" (vgl. Art. 33 IV GG), welches zwischen Beamt*innen sowie ihren Dienstherren besteht und von ersteren verlangt, sich mit der ganzen Persönlichkeit der Amtsführung zu widmen (vgl. Hebeler et al. 2015: Rn. 55). Die Alimentation liegt somit darin begründet, *dass* eine Leistung erbracht wird und ist zunächst unabhängig von deren Qualität[8] (vgl. Schmidt 2015: Rn. 95). Sonstige Einkommen oder Vermögen sind bei der Bemessung der Alimentation nicht von Belang (vgl. Jarass 2022: Rn. 69).

3.1.3 Das Alimentationsprinzip aus ökonomischer Sicht

Die finanzwissenschaftliche Literatur zu den Personalausgaben der öffentlichen Dienstes hielt sich bis kurz vor der Jahrtausendwende in engen Grenzen (vgl. Andel 1998: 199) und wird seitdem thematisch von der bevorstehenden „Pensionierungswelle" dominiert wird (vgl. bereits Färber 1988; Kohlstruck 2023: 34). Jedoch bietet auch die Ökonomie Erklärungsansätze zum Alimentationsprinzip: Thiemer (1992) macht auf vorhergehenden Forschungsergebnissen aufbauend vier Funktionen der Alimentation aus:

1. Surrogat einer marktmäßigen Entlohnung: Die durch den Staat produzierten öffentlichen Güter haben meist eine große Bedeutung für die Bürger*innen und lassen sich nicht durch andere Güter substituieren, sodass die entsprechende Nachfrage unelastisch ist. Gleichfalls unelastisch ist somit die Nachfrage der öffentlichen Hand nach Arbeitskräften, welche entlohnt werden müssen. Normalerweise – das heißt: in der Privatwirtschaft – ergibt

8 Besonders gute Leistungen können jedoch zusätzlich durch leistungsorientierte Besoldungsbestandteile honoriert werden. Dieses Leistungsprinzip ist ebenfalls ein hergebrachter Grundsatz (vgl. Schmidt 2015: 95).

sich die Lohnhöhe aus dem Grenzprodukt des Faktors Arbeit. Dies ist der zusätzliche Output, welcher durch den Einsatz einer zusätzlichen Einheit Arbeit erwirtschaftet wird. Der Lohn ist also abhängig von der Arbeitsleistung (vgl. Krugman 2017: 581ff). Der öffentliche Sektor stellt hingegen vornehmlich öffentliche Güter her. Dabei handelt es sich um Güter, welche von allen Personen genutzt werden können (Nichtausschließbarkeit), ohne dass der Konsum einer Person den Konsum einer anderen Person ausschließen würde (Nichtrivalität des Konsums), beispielsweise innere und äußere Sicherheit. Ohne den funktionierenden Ausschluss nicht zahlungswilliger Konsument*innen lassen sich durch die Bereitstellung dieser durchaus wichtigen Güter keine Erlöse erzielen. Statt der gewinnorientierten Unternehmen produziert also der Staat diese Güter, ohne dass für diese jemals Marktpreise entstehen würden. Somit lässt sich auch das Grenzprodukt des Faktors Arbeit nicht messen (vgl. Brunner/Kehrle 2009: 285f; 393). Eine Lohnfindung wie in der Privatwirtschaft ist im öffentlichen Dienst folglich nicht möglich (vgl. Färber 2023: 74; Mettelsiefen et al. 1988: 37; Rürup/Körner 1985: 113; siehe auch bereits Gönner 1808: 39), sodass mit der Alimentation eine weitgehend vom Leistungsergebnis unabhängige Form der Vergütung den Lohn ersetzt.

Im besten Fall wird die Alimentation von der Bevölkerung und den Entlohnten als gerecht angesehen und nähert sich der unter marktlichen Bedingungen festgesetzten – also idealiter: allokations-effizienten – Entlohnung an (vgl. Thiemer 1992: 121ff). Vor allem für die Bereiche der hoheitlichen Verwaltung gibt es dabei keine entsprechenden Pendants in der Privatwirtschaft, auf deren Entlohnung sich die Alimentation beziehen könnte. Die öffentliche Hand und der private Sektor konkurrieren jedoch um Arbeitskräfte, sodass das private Lohnniveau in der Praxis auch hier als Orientierung herangezogen werden kann (vgl. Günther 1987: 107f).

2. Erhöhung der individuellen Produktivität: Die Entlohnung von Arbeitskräften aufgrund ihrer Arbeitsleistung erfordert, dass diese messbar ist. Dies ist jedoch, je nach Aufgabenbereich, mit größeren Schwierigkeiten verbunden oder gar unmöglich (vgl. Thiemer 1992: 116; Demmke 2005: 134f; Organisation für wirtschaftliche Zusammenarbeit und Entwicklung 2005: 68). Weiterhin haben Arbeitskräfte gemäß der Principal-Agent-Theorie durch Informationsvorsprünge gegenüber ihren Vorgesetzten und unklare Auswirkungen ihrer Arbeit auf das Endergebnis die Möglichkeit, weniger Arbeitseinsatz zu zeigen als vertraglich vereinbart wurde. Dies soll durch die Einbindung in die Hierarchie verhindert werden, welche die Funktionen von Kontrolle, Selektion und Leistungsanreiz übernimmt. Die Alimentation ist somit Gegenleistung für diese Einbindung.

Auch dient die Alimentation als Anreiz. Liegt sie über dem (angenommenen) Marktpreis kann sie zu einem besonders hohen Arbeitseinsatz motivieren. Auch steigt die Alimentation mit der Dauer der Tätigkeit im öffentlichen Dienst („Senioritätslohn"), wirkt sich also durch ihre Wahrnehmung als gerecht förderlich auf die Motivation aus. Die Möglichkeit einer (Nicht-)Beförderung gewinnt damit eine zusätzliche Motivationswirkung, da sie zu langfristigen finanziellen Einbußen führt, vor allem da sich die Pension an den letzten Bezügen bemisst (vgl. Thiemer 1992: 116ff).

3. Absicherung spezifischen Humankapitals: Viele Bereiche des öffentlichen Dienstes erfordern spezifische Qualifikationen, beispielsweise der Polizeidienst oder die Rechtspflege (vgl. Günther 1987: 107). Entscheiden sich Beschäftigte für eine derartige Qualifikation, bringen sie sich damit in eine hohe Abhängigkeit vom Staat, welcher als monopsonistischer Nachfrager nach den entsprechenden Dienstleistungen auftritt. Die (amtsangemessene) Alimentation in Verbindung mit der Unkündbarkeit schützt die Beamt*innen vor den negativen Implikationen, welche sich aus einer derart schlechten Verhandlungsposition ergeben würden. Umgekehrt ist der Staat genau daran interessiert, dass potentielle Beamt*innen diese spezifischen Investitionen vornehmen. Durch die Absicherung handelt er also auch im eigenen Interesse. Obendrein bindet er das Personal langfristig an sich und sichert sich so die Produktivitätsgewinne aus der von ihm finanzierten Ausbildung der Beamt*innen (vgl. Thiemer 1992: 130f).

4. Sicherung von Loyalität: Beamt*innen unterliegen im Rahmen des besonderen Dienst- und Treueverhältnisses bestimmten Pflichten, beispielsweise der Treuepflicht gegenüber dem Dienstherren und dem Streikverbot. Die Alimentation hat die Aufgabe, diese über normale Arbeitsverhältnisse hinausgehenden Pflichten zu kompensieren und somit die Loyalität der Beamt*innen sicherzustellen. Auch zeigt sie bereits Auswirkungen bei der (Selbst-)Selektion potentieller Bewerber*innen: Die Alimentation verspricht eine hohe Sicherheit der eigenen finanziellen Situation, erfordert aber im Gegenzug den Verzicht auf höhere Verdienstmöglichkeiten im privaten Sektor. Diese Eigenschaften werden risikoaversen Personen eher zusagen und für diese einen Anreiz zu einer entsprechenden Karriere darstellen. Bei der Abwägung einer potentiellen Pflichtverletzung werden der Gewinn (beispielsweise die Höhe des Bestechungsgeldes) und die Risiken (beispielsweise disziplinar- und strafrechtliche Maßnahmen) gegeneinander abgewogen. Letztere wiegen umso schwerer, je höher das Risiko der Entdeckung ist. Risikoaverse Personen werden sich in einer solchen Situation mit überdurchschnittlich hoher Wahrscheinlichkeit gegen eine Pflichtverletzung entscheiden, also loyal handeln (vgl. Thiemer 1992: 110ff).

Mit der Entwicklung des modernen Staatswesens hat sich auch das Alimentationsprinzip entwickelt. Es mindert Fehlanreize der Beamt*innen, mindert die Anfälligkeit für Korruption und trägt damit seinen Anteil zu einer effektiven und rechtssicheren Verwaltung bei. Ökonomisch betrachtet liefert es Lösungen für die Entlohnung im sich den üblichen marktlichen Logiken entziehenden öffentlichen Dienst. Das Alimentationsprinzip ist somit ein wichtiger Baustein im deutschen Verwaltungsgefüge und unterliegt berechtigterweise grundgesetzlichem Schutz.

3.2 Was bedeutet es, das Alimentationsprinzip „in die Zeit zu stellen"?

Die hergebrachten Grundsätze des Berufsbeamtentums, zu denen auch das Alimentationsprinzip zählt, sollen Effektivität, Stabilität, Neutralität, Loyalität und Gesetztestreue der öffentlichen Verwaltung sicherstellen (vgl. Hebeler et al. 2015: Rn. 52). Das Bundesverfassungsgericht führt hierzu aus: „Das Berufsbeamtentum als Institution gründet auf Sachwissen, fachlicher Leistung und loyaler Pflichterfüllung. Es soll eine stabile Verwaltung sichern und damit einen ausgleichenden Faktor gegenüber den das Staatswesen gestaltenden politischen Kräften bilden" (Bundesverfassungsgericht 2018a: Rn. 118). Reformen des Beamtenrechts müssen die hergebrachten Grundsätze in jedem Fall beachten und berücksichtigen und dürfen keine strukturellen Veränderungen an deren wesentlichen Vorgaben vornehmen (vgl. Jarass 2022: Rn. 56). Da die hergebrachten Grundsätze definitionsgemäß mindestens auf die Zeit der Weimarer Republik zurückgehen (vgl. ebenda: Rn. 53), konfrontiert der Schutz dieser Grundsätze durch Art. 33 Abs. 5 GG den Gesetzgeber der 2020er Jahre mit Grundsätzen der 1920er (vgl. Summer 1992: 1), also zwei unter Umständen schwer zu vereinbarende Lebensrealitäten (vgl. Beilke 2011: 20).

Angesichts der in der Zwischenzeit teilweise massiv veränderten Rahmenbedingungen – beispielsweise Veränderungen der Arbeitswelt, Verwaltungsmodernisierung, Globalisierung, demografischer Wandel – ist eine fortwährende Anpassung der Auslegung des Alimentationsprinzips, also des Beamtenrechts schlicht notwendig, um das neutrale, gemeinwohlorientierte Beamtentum zu erhalten (vgl. ebenda: 24). Auch die 2006 eingeführte Fortentwicklungsklausel des Art. 33 Abs. 5 GG verlangt, das Beamtenrecht an sich verändernde Verhältnisse anzupassen (vgl. Jarass 2022: Rn. 56). Hierbei verfügt der Gesetzgeber über einen großen Ermessenspielraum (vgl. Bundesverfassungsgericht 1958a: Rn. 44). Das Bundesverfassungsgericht erlaubt durchaus, das Beamtenrecht „in die Zeit zu stellen" (Bundesverfassungsgericht

2007a: Rn. 54), also einzelne Aspekte stetig der Entwicklung des Staates und der Funktion, welche das Beamtentum in diesem erfüllen soll, anzupassen, dabei aber die grundlegenden Prinzipien nicht zu verletzen (vgl. Bundesverfassungsgericht 2007a: Rn. 54). Dies ist in der Geschichte der Bundesrepublik Deutschland bereits geschehen, wie die folgenden Beispiele verdeutlichen:

- Die Möglichkeit zur **Teilzeitbeschäftigung** widersprach zunächst dem hergebrachten Grundsatz der vollständigen Hingabe der Schaffenskraft an den Dienstherren. Aspekte der Gleichberechtigung (vor allem Frauen sind in Teilzeit tätig) und die Erwartungshaltung potentieller Bewerber*innen, welche im Nichterfüllungsfall den Anspruch der Bestenauslese konterkariert hätten, machten diese Reform nötig. (vgl. Konrad 2015: Rn. 79). Das Beamtenrecht wurde dahingehend fortentwickelt, dass sich die volle Hingabe nun nur noch auf die vereinbarte Dienstzeit bezieht (vgl. ebenda: Rn. 77f).
- Mitte der 1980er Jahre wurde die Möglichkeit der Beamt*innen eingeschränkt, einer **Nebentätigkeit** nachzugehen (vgl. Art. 1 und 2 6. GesÄndDV). Neben den Bestrebungen, Missbräuche zu verhindern, wurde dies auch mit der sich verschärfenden Lage auf dem Arbeitsmarkt begründet, auf welchem die Konkurrenz durch Beamt*innen vermindert werden sollte (vgl. Deutscher Bundestag 1984: 1).
- Vor dem Hintergrund des demografischen Wandels hob der Gesetzgeber die **Regelaltersgrenze auf 67 Jahre** an (vgl. Deutscher Bundestag 2007: 208) und führte die sogenannte Pflegezeit ein, welche die Vereinbarkeit der Pflege Angehöriger und des Berufs verbessern sollen (vgl. Deutscher Bundestag 2016: 1).
- Die Einführung der **Altersteizeit** widerspricht dem Bestreben, die Lebensarbeitszeit der Beamt*innen zu verlängern. Sie ist auf den Einfluss des privatwirtschaftlichen Arbeitsrechts auf das Beamtenrecht zurückzuführen (vgl. Battis 2022b: Rn. 3).
- Nach dem zweiten Weltkrieg sah sich der Gesetzgeber durch die innerhalb Deutschlands divergierenden Lebenshaltungskosten[9] veranlasst, diese durch einen vom Wohnort abhängigen **Ortszuschlag** auszugleichen (vgl. Wurster/Gohla 1965: 20; 326f). 1973 entfiel die örtliche Staffelung, weil sich die Lebensverhältnisse in Deutschland wieder angenähert hatten – so bestand für Angehörige des öffentlichen Dienstes die Möglichkeit, staat-

9 In die 1960er Jahre fällt auch die Einführung der Wohnungsbeihilfen, dem Vorgängermodell des Wohngelds, welches Wohnkosten subventioniert, die in Relation zum Haushaltseinkommen als zu hoch angesehen werde. Der Anspruch galt auch für Beamtenhaushalte (vgl. GüWb).

lich finanzierten Wohnraum unterhalb des Marktpreises anzumieten (vgl. Heer 1975: 28).

Nachdem die Beamt*innen in den letzten Jahren nun wieder mit teilweise massiv steigenden Wohnkosten konfrontiert sind (vgl. Färber/Rodermond 2021: 184), entschied das Bundesverfassungsgericht – nachdem es dies 2007 noch nicht für nötig befand (vgl. Bundesverfassungsgericht 2007a: Rn. 59) – die Wohnkosten wieder in die Bemessung der amtsangemessenen Alimentation einzubeziehen (vgl. Bundesverfassungsgericht 2020a: Rn. 59). Einige Länder haben daraufhin wieder vom Wohnort abhängige Besoldungsbestandteile eingeführt (vgl. Färber 2023: 78f).

Der Gesetzgeber hat bewiesen, dass er durchaus das Beamtenrecht den obwaltenden Umständen anpassen kann. Nötigenfalls werden dabei hergebrachte Grundsätze wie das Lebenszeitprinzip oder die volle Hingabe an den Beruf neu interpretiert. Bei der Untersuchung der Alimentation der Beamt*innen in den unteren Besoldungsgruppen stellt sich somit die Frage, ob diese allen Umständen der modernen Gesellschaftsordnung ausreichend Rechnung trägt. Hieran können durchaus Zweifel geäußert werden. In den jüngsten Entscheidungen des Bundesverfassungsgerichts, welche die Alimentation der Beamt*innen in den unteren Besoldungsgruppen in den letzten Jahren am stärksten geprägt haben, geben manche Annahmen Anlass zu weitergehender Prüfung:

- In den Entscheidungen des Bundesverfassungsgerichts wird auf teilweise Jahrzehnte zurückliegende Entscheidungen verwiesen, um dort aufgestellte Annahmen zu übernehmen – so beispielsweise bezüglich der angemessenen Alimentation einer vierköpfigen Familie (vgl. Bundesverfassungsgericht 2020a: Rn. 47; 1977: Rn. 61). Allen Berechnungen liegt außerdem eine Einverdienstehe zugrunde – das Bundesverfassungsgericht spricht von einer „aus der bisherigen Besoldungspraxis abgeleitete(n) Bezugsgröße" (Bundesverfassungsgericht 2020a: Rn. 47). Jedoch haben sich die Rahmenbedingungen, unter welchen diese Entscheidungen gefällt wurden, bis heute mitunter stark geändert. Beispielsweise wurden das Kindergeld und der steuerliche Grundfreibetrag im Laufe der Zeit erhöht. Die Möglichkeiten zur (kostenlosen) Kinderbetreuung, welche die Erwerbstätigkeit beider Elternteile ermöglicht, wurden ausgebaut (vgl. Färber 2023: 83f) und die Frauenerwerbstätigkeit ist gestiegen (vgl. Geißler 2014: 382). Auch nimmt die Bedeutung der Ehe im Vergleich zu nicht formalisierten Formen des Zusammenlebens ab (vgl. Hochgürtel/Sommer 2021: 52). Andere Fallkonstellationen werden hingegen vernachlässigt, beispielsweise die Lebenssituationen von geschiedenen oder alleinerziehenden Beamt*innen. Gerade in diesen Lebenssituationen ist das Armutsrisiko jedoch überdurchschnittlich hoch (vgl. Geißler 2014: 249).

- Das Bundesverfassungsgericht fordert ausdrücklich, dass die Mindestbesoldung so hoch sein soll (vgl. Bundesverfassungsgericht 2020a: Rn. 52), dass Beamt*innen nicht auf den Bezug von Sozialleistungen angewiesen sein sollen. In besonderen Fällen – genauer: in der Abfallwirtschaft – kommt es vor, dass *Tarifbeschäftigte* im öffentlichen Dienst trotzt Vollzeittätigkeit ihr Gehalt mit Sozialleistungen ergänzen (vgl. May, Philipp 2023: ab 26:39 Minuten). Wenngleich dies für Beamt*innen unwahrscheinlicher ist, dürfte es von großem Interesse sein zu überprüfen, ob beziehungsweise welche Sozialleistungen Beamt*innen in den unteren Besoldungsgruppen beziehen. Gerade vor dem Hintergrund der Ausweitung sozialstaatlicher Leistungen in den letzten Jahrzehnten – beispielsweise der Anhebung der Regelsätze und der Ausweitung des Anspruchs auf das 2023 eingeführte „Bürgergeld" – hat sich die Wahrscheinlichkeit noch einmal erhöht, dass Beamt*innen Sozialleistungen beziehen. Daran anschließend stellt sich die Frage, ob nach wie vor die Notwendigkeit besteht, die Beamt*innen vor dem Bezug von Sozialleistungen zu „schützen", wenn diese doch in der Lebensrealität wachsender Teile der Bevölkerung Verbreitung finden.
- Zur Berechnung der Wohnkosten erachtet es das Bundesverfassungsgericht als zulässig, auf Werte des Wohngeldgesetzes zurückzugreifen (vgl. Bundesverfassungsgericht 2020b: Rn. 50ff). Ob dies allerdings die tatsächlichen Ausgaben fürs Wohnen der Beamt*innen in den unteren Besoldungsgruppen abdeckt, die in den Ballungsräumen, vor allem den (Landes-)Hauptstädten tätig sind, bleibt ungeprüft. Auch wird nicht berücksichtigt, ob Beamtenhaushalte in der Realität möglicherweise Wohngeld beziehen.

Bereits mehrfach zeigte der Gesetzgeber, dass er in der Lage ist, die modernen Anforderungen an das Beamtenrecht mit den historischen hergebrachten Grundsätzen zu vereinbaren. Bezüglich des Mindestabstandsgebots scheint es sinnvoll, die zugrundeliegenden Annahmen dahingehend zu überprüfen, ob sie die Lebensrealität der Beamt*innen in den unteren Besoldungsgruppen (noch) adäquat wiedergeben. Welche Veränderungen der letzten Jahre – möglicherweise auch Jahrzehnte – müssen hierzu berücksichtigt werden?

3.3 Veränderungen von Familienstrukturen und Arbeitswelt seit den 1970er Jahren

Seitdem das Bundesverfassungsgericht im Jahr 1977 die Anforderungen an die Untergrenze der Besoldung im Sinne des Alimentationsprinzips bestimmt hat, haben sich Familienstrukturen, Arbeitswelt und das Steuer- und Sozialsystem massiv verändert. Da diese faktischen Veränderungen im Zweifel auch in Beamtenhaushalten zu finden sein sollten, erscheint eine Aufarbeitung dieser Veränderungen erforderlich. Beispielsweise legte das Bundesverfassungsgericht fest, dass die damals noch sehr viel geringer ausgeprägten allgemein gewährten Sozialleistungen – begrenzt – auf die Bezüge der Beamt*innen angerechnet werden dürfen. Nicht jedoch dürfen sie an deren Stellen treten, sodass das Auskommen der Beamt*innen nicht ausschließlich durch die Alimentation gedeckt wäre (vgl. Bundesverfassungsgericht 1977: Rn. 50f). Auch wurden den Beamt*innen Bedarfe unterstellt, welche möglicherweise nicht (mehr) einschlägig sind und einer Aktualisierung bedürfen, so beispielsweise der Besuch eines Theaters, Zeitschriftenabonnements oder die Kosten eines Radios (vgl. ebenda: Rn. 43). Mit Blick auf die Untergrenzen der Besoldung ist es außerdem notwendig, die Veränderungen der Armutsdebatte aufzuarbeiten. Denn neben der festen Vorgabe, dass die Besoldung nicht unter das um 15% erhöhte sozialrechtliche Existenzminimum fallen soll, erscheint auch die Diskussion um Armutsgefährdung, Berechnungsmethoden zu deren Grenzen und die tatsächlichen Daten zu armutsgefährdeten Haushalten es wert, aufgearbeitet zu werden.

Die Festsetzung des 15%-Niveaus, des Kernstücks des Mindestabstandsgebots, geht bis auf das Jahr 1976 zurück (vgl. Bundesverfassungsgericht 1990: Rn. 61). Die betreffende Entscheidung behandelte das BBesG in der Fassung des Jahres 1971 (Bundesverfassungsgericht 1977), sodass sich aus praktischen Gründen die Zeit ab dem Jahr 1970 als Untersuchungszeitraum anbietet.

3.3.1 Familienstruktur

In den 1960er Jahren existierte in weiten Teilen der Bevölkerung noch ein klares Familienbild: Die Einverdienstehe, in welcher der Mann einer Erwerbstätigkeit nachging und die Frau zu Hause den Haushalt führte und die Kinder erzog, war das vorherrschende Familienmodell (vgl. Meyer 2014: 415f). Seitdem hat sich die Situation in weiten Teilen geändert. So war in der Zwischenzeit ein **Bedeutungsverlust der Ehe** zu beobachten. Heirateten in den 1960er Jahren noch 95% der Deutschen mindestens einmal in ihrem

Leben, ist dieser Anteil Anfang der 2010er Jahre auf zwei Drittel der Bevölkerung abgesunken (vgl. ebenda: 421). Auch das Heiratsalter hat sich mittlerweile erhöht und nach Scheidung oder Verwitwung heiraten weniger Betroffene erneut (vgl. ebenda: 421f). Die Ehe gilt mittlerweile nicht mehr als einzig akzeptable Form des partnerschaftlichen Zusammenlebens und der Familiengründung (vgl. Schneider 2015: 26), sodass mit den potentiellen sozialen Sanktionen auch ein gewichtiger Anreiz zur Eheschließung verloren geht. Außerdem hat die Ehe in dem Maße ihre Funktion zur sozialen Sicherung der (Ehe-)Frauen verloren, wie deren Teilhabe im Bildungssystem und im Beruf gestiegen ist (vgl. Meyer 2014: 423).

Abbildung 1: Eheschließungen und Scheidungen nach Jahren (je 1.000 Personen)

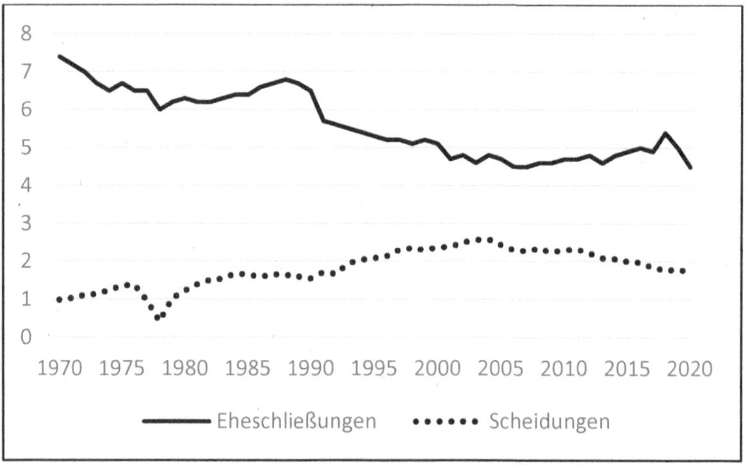

Quelle: Statistisches Bundesamt 2024f; 2024g.

Entsprechend ist die Zahl der jährlichen Ehescheidungen bis Anfang der 2000er Jahre kontinuierlich gestiegen (vgl. Abbildung 1). Die punktuelle Abweichungen nach unten Ende der 1970er erklärt sich durch eine Reform des Eherechts der alten Länder im Jahr 1977 und den damit einhergehenden Verzögerungen durch Änderungen des Verfahrensrechts. Ähnlich verhielt es sich bei der Einführung des bundesdeutschen Scheidungsrechts in den neuen Ländern. Erschwerend kam noch die Arbeitsumstellung der Familiengerichtsbarkeit zu Beginn der 1990er Jahre hinzu (vgl. Arránz Becker 2015: 529; Bundesinstitut für Bevölkerungsforschung 2023).

Angesichts des beschriebenen Wertewandels werden Scheidungen mittlerweile durchaus sozial akzeptiert (vgl. Meyer 2014: 426). Dieser zeigt sich eindrücklich in der Reform des Jahres 2007, welche das Prinzip des lebenslangen Einstehens der geschiedenen Ehepaare füreinander abschaffte. Nunmehr hat man nach der Scheidung grundsätzlich selbst den eigenen Lebensunterhalt zu erwirtschaften (vgl. Art. 1 Nr. 3 GzAdU). Durch den Wertewandel stieg auch die Wahrscheinlichkeit, nach einer Scheidung wieder eine Partnerschaft eingehen zu können (vgl. Meyer 2014: 427f). Die gestiegenen (emotionalen) Erwartungen an eine Ehe, deren Enttäuschung damit auch wahrscheinlicher wird sowie Tendenzen, dass die Scheidung als legitime Lösung ehelicher Krisen durchaus vererblich erscheint, stellen weitere Gründe für deren Zunahme dar (vgl. ebenda). Für den Rückgang der Scheidungsrate seit der Jahrtausendwende könnten das gestiegene Bildungsniveau und das gestiegene Heiratsalter verantwortlich sein (vgl. Arránz Becker 2015: 529). Zudem liegen aufgrund der gesunkenen Heiratshäufigkeit schlicht weniger Ehe vor, welche geschieden werden können (vgl. Bundesinstitut für Bevölkerungsforschung 2023). Seit den 1990er Jahren nimmt auch die Rate der Scheidungen mehrere Jahrzehnte nach Eheschließung zu. So hat sich das Scheidungsrisiko zwischen dem 20. und dem 30. Ehejahr im Vergleich zu den 1970er Jahren fast verdreifacht. Die Gründe sind in der steigenden Lebenserwartung zu suchen, welche auch die Dauer der durchschnittlichen Ehe verlängert, wie auch in der gestiegenen wirtschaftlichen Unabhängigkeit von Frauen (vgl. Meyer 2014: 424).

Tabelle 1: Deutsche Bevölkerung nach Familienstand (in %)

	1972	2023	Veränderung
ledig	39%	45%	+6%
verheiratet	50%	40%	-9%
geschieden/getrennt lebend	3%	7%	+5%
verwitwet	8%	7%	-2%

1972: Früheres Bundesgebiet

Quelle: Statistisches Bundesamt 2023b; 2024e und eigene Berechnungen.

Während die Ehe mit den Jahren einen Bedeutungsverlust erfahren hat, wurden **alternative Formen des Zusammenlebens** wichtiger (vgl. Tabelle 1). Die am weitesten Verbreiteten seien hier kurz aufgeführt, ohne dass diese Auflistung vollständig sein kann.

- Die Zahl **nichtehelicher Lebensgemeinschaften** ist seit den 1970er Jahren rapide angewachsen (vgl. Meyer 2014: 430). Zwischen 1996 und 2022 stieg der Anteil der nichtehelichen Lebensgemeinschaften an allen Partnerschaften von 8,6 auf 16,3% an (vgl. Statistisches Bundesamt 2023i). Vor allem jüngere Menschen mit hohem Bildungsabschluss wählen diese Form des Zusammenlebens (vgl. Meyer 2014: 430f; Pollmann-Schult 2015: 621), jedoch lassen sich nichteheliche Lebensgemeinschaften ebenfalls vermehrt bei geschiedenen Menschen mittleren Alters oder bei älteren Witwen und Witwern finden. Sie tritt somit zeitlich begrenzt im Leben vieler Menschen auf (vgl. Meyer 2014: 431). In bestimmten Fällen sind nichteheliche Lebensgemeinschaften einer Ehe sogar gleichgestellt (vgl. § 1626a und 1766aBGB).

- In den 1970er Jahren litten **Alleinerziehende** unter starker Stigmatisierung (vgl. Meyer 2014: 433) und waren überwiegend durch Verwitwung alleinerziehend geworden (vgl. Tabelle 1 und Tabelle 2). Bis ins Jahr 2021 hat sich die Zahl der Alleinerziehenden um zwei Drittel erhöht und ihre Gruppenstruktur änderte sich stark: Den größten Teil machen nun Geschiedene und getrennt Lebende aus (52%), gefolgt von Ledigen (30%), während Witwen und Witwer (18%) die kleinste Gruppe bilden. In den letzten Jahren lag der Anteil weiblicher Alleinerziehender stabil über 80% (vgl. Statistische Ämter des Bundes und der Länder 2024c), meist haben sie nur eine kleine Familie (vgl. Meyer 2014: 432f).
- Als Resultat der oben genannten Tendenzen nehmen sogenannte **„Patchworkfamilien“** zu, welche aus den (Ehe-)Partnerinnen sowie ihren Kindern aus vorherigen Beziehungen und gegebenenfalls gemeinsamen Kindern bestehen (vgl. Meyer 2014: 434f; Steinbach 2015: 563).
- Der Anteil der **Alleinwohnenden** hat sich stark erhöht: Zwischen 1970 und 2023 wuchs er von 25 auf 41% an (plus 16 Prozentpunkte, vgl. Statistisches Bundesamt 2024p; 2024i) und betrifft alle Altersgruppen (vgl. Meyer 2014: 435f). Die Gründe hierfür sind vielfältig und liegen unter anderem im höheren Wohlstand und den bereits genannten Veränderungen bezüglich Heirat, Scheidung und dem damit einhergehenden Wertewandel (vgl. ebenda: 436; Schneider 2015: 32)

Paarbeziehungen jedweder Art sind jedoch nach wie vor von traditionellen Geschlechterrollen geprägt, wenn es um die Zuweisung der Verantwortung von einerseits Erwerbsarbeit und andererseits Heim- und Sorgearbeit geht. Erstere wird nach wie vor eher den Männern, letztere eher den Frauen zugewiesen. Nach der Geburt von Kindern unterbrechen meiste die Frauen ihre Berufstätigkeit. Selbst wenn sie anschließend wieder ins Arbeitsleben zurückkehren, wirkt die Unterbrechung durch Defizite in Entlohnung und Karriere nach. Die Väter unterbrechen ihre Erwerbstätigkeit hingegen selten und können tendenziell sogar finanziell von der Elternschaft profitieren (vgl. Pollmann-Schult 2015: 613). Dennoch haben die letzten Jahrzehnte einen **Wandel in der Situation von Paaren mit Kindern** mit sich gebracht und traditionelle Geschlechterrollen aufgeweicht. Hauptursächlich hierfür ist die zunehmende Erwerbstätigkeit von Frauen, vor allem von Müttern (vgl. Meyer 2014: 439). In der DDR war dies ideologisch sowie ökonomisch erwünscht und obendrein notwendig, um den Familien einen gewissen Lebensstandard zu sichern (vgl. Geißler 2014: 382). Die Möglichkeiten der institutionellen Kinderbetreuung war flächendeckend gegeben und die Möglichkeiten einer kinderbedingten beruflichen Auszeit war stark eingeschränkt (vgl. Drasch 2011: 171). Die Berufstätigkeit von Frauen wurde somit zur Norm: 1990 waren 92% der Frauen im erwerbsfähigen Alter berufstätig. Aber auch in den alten Ländern wuchs die Frauenerwerbstätigkeit von 25% in den 1950er Jahren auf mittlerweile etwa 60% (vgl. Geißler 2014: 382).

Tabelle 2: Alleinerziehende nach Familienstand

	1970	1995	2023
Anzahl (in 1.000)	1.562	2.736	2.966
ledig	9%	24%	30%
geschieden, getrennt lebend	31%	49%	52%
verwitwet	60%	28%	18%

Quelle: Statistisches Bundesamt 2024t.

Die Erwerbstätigkeit von Müttern wird umso wahrscheinlicher, je älter die zu betreuenden Kinder sind: Über 70% der Mütter, deren Kinder eine weiterführende Schule besuchen, sind erwerbstätig. Bei Kindern unter zwei Jahren halbiert sich dieser Anteil nahezu (vgl. Meyer 2014: 439f). Wenngleich der Anteil der vollzeittätigen Mütter in den neuen Ländern seit der Wiedervereinigung stark gesunken ist (vgl. ebenda: 440), liegt der durchschnittliche Arbeitsumfang dort noch höher als in den alten Ländern (vgl. Geißler 2014: 382). Die Müttererwerbstätigkeit wird stark durch das Angebot an institutioneller Kinderbetreuung beeinflusst (vgl. Pollmann-Schult 2015: 622). Diese wurde in Deutschland in den vergangenen Jahrzehnten stark verbessert (vgl. Abschnitt 0). Im Jahr 2006, in welchem die Betreuungsquote von Kindern erstmalig erfasst wurde (vgl. Pflugmann-Hohlstein 2012: 47), betrug diese bei Kindern zwischen drei und fünf Jahren 87%. Im Jahr 2022 waren es 92%, was einem Wachstum von 5 Prozentpunkten entspricht. Bei der U3-Betreuung wuchs die Betreuungsquote im gleichen Zeitraum sogar von 14 auf 36%, also auf mehr als das Doppelte (vgl. Bundesministerium für Familie, Senioren, Frauen und Jugend 2023a: 14 u. 29) Als Nachwirkungen der DDR existieren in den neuen Ländern jedoch nach wie vor mehr Betreuungsmöglichkeiten und deren Inanspruchnahme wird von der Gesellschaft stärker befürwortet, während sie in den alten Ländern teilweise noch stigmatisiert ist (vgl. Meyer 2014: 440). Weiterhin profitieren Familien von den in den letzten Jahrzehnten stark ausgeweiteten (Sozial-)Leistungen für Kinder (vgl. Abschnitt 3.3.3).

Einen weiteren Beitrag leistete die Reform des Ehe- und Scheidungsrechts, welche im Jahr 1977 in Kraft trat. Das 1. EheRG stärkte die Rechte der Ehefrauen, indem es die eheliche Aufgabenverteilung auf eine gleichberechtigte, partnerschaftliche Grundlage stellte. So war es Ehefrauen von nun an ebenso wie ihren Ehemännern möglich, einer Erwerbstätigkeit nachzugehen (vgl. Art. 1 Nr. 3 1. EheRG) und nicht nur „soweit dies mit ihren Pflichten in Ehe und Familie vereinbar" (vgl. § 1356 BGB i.d.F. vom 18.6.1957) war. Außerdem wurde nun ein Versorgungsausgleich im Scheidungsfall eingeführt: Während der Ehezeit erworbene Anwartschaften unter anderem auf Altersversorgung wurden nun zu gleichen Teilen zwischen den Ehegatten aufgeteilt (vgl. § 1587 BGB i.d.F. vom 14.6.1976), was eine Verbesserung für die zuvor auf die Haushaltsführung verwiesenen Ehefrauen darstellte.

Mit der steigenden Akzeptanz der Berufstätigkeit von (Ehe-)Frauen verlor ein gänzlicher Verzicht auf Erwerbstätigkeit zugunsten der Haus- und Sorgearbeit dagegen an Attraktivität (vgl. Meyer 2014: 439). Analog nehmen Väter eine zunehmend stärkere Rolle in der Kindererziehung und Betreuung war. Jedoch bleibt meist die Erwerbstätigkeit die wichtigste Aufgabe der Väter, sodass sich die Kinderbetreuung eher auf die Zeiten nach Feierabend und am Wochenende beschränkt (vgl. Pollmann-Schult 2015: 620f). Die Zuständigkeit für Heim- und Sorgearbeit wird meist zuvorderst bei den Frauen gesehen, auch wenn diese berufstätig sind (vgl. Meyer 2014: 442; Klärner/Keim 2011: 123f). Neben der Kinderbetreuung schließt dies auch die häusliche Pflege von Angehörigen ein, deren Häufigkeit in den letzten Jahrzehnten nicht abgenommen hat (vgl. Meyer 2014: 439).

3.3.2 Arbeitsmarkt und Erwerbsbeteiligung

Der **Anteil der Erwerbstätigen an der Gesamtbevölkerung** (Erwerbstätigenquote) zeigt seit Beginn des Beobachtungszeitraums einen Anstieg von 69 auf 77% (vgl. Abbildung 2). Während der Anteil der erwerbstätigen Männer von 93% in 1970 zunächst auf 78% in 1991 absank, um bis 2023 wieder auf 81% zu steigen, ist bei den Frauen seit 1970 ein kontinuierlicher Anstieg zu beobachten. War 1970 nur knapp jede zweite (48%) Frau im erwerbsfähigen Alter zwischen 15 und 65 Jahren auch tatsächlich erwerbstätig, lag der Anteil im Jahr 2023 schon bei knapp drei Vierteln (74%).

Die gestiegene Erwerbsbeteiligung von Frauen ist vor allem darauf zurückzuführen, dass verheiratete Frauen und Mütter ihre Berufstätigkeit seltener zugunsten von Haus- und Sorgearbeit aufgeben bzw. nach einer vorübergehenden Unterbrechung der Erwerbstätigkeit, beispielsweise zur Kinderbetreuung, wieder ins Arbeitsleben zurückkehren[10]. Anders als früher ist Erwerbstätigkeit mittlerweile fester Bestandteil der Lebensplanung moderner Frauen (vgl. Geißler 2014: 382). So haben vor allem die Mütter deren jüngstes Kind im Kindergartenalter ist, ihre Erwerbsbeteiligung seit 1996 stark erhöht (bis 2019 um gut 16 Prozentpunkte). In den übrigen Altersgruppen betrug die Steigerung zwischen 6 und 9 Prozentpunkten (vgl. Tabelle 3). Als erwerbstätig gelten Mütter, sofern sie in der Woche vor der Datenerhebung gearbeitet haben („aktive Erwerbstätigkeit"). Personen in Elternzeit werden auf diese Weise nicht mitgezählt (Statistisches Bundesamt 2023e).

Abbildung 2: Erwerbstätigenquote in Deutschland im Zeitverlauf (in %)

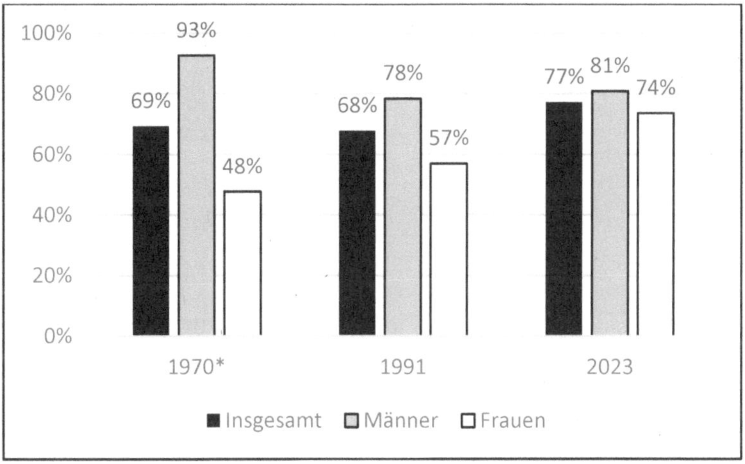

*Basierend auf der Zahl der Erwerbstätigen des Jahres 1969.

Quelle: vgl. Statistisches Bundesamt 1970: 336; 1974; 2024h
und eigene Berechnungen.

Vor allem die vermehrte Teilzeitbeschäftigung der Frauen hat dieser seit den 1980er Jahren eine zunehmend größere Bedeutung verschafft (vgl. Abbildung 3). Von 12% im Jahr 1985, als die Teilzeitquote erstmals erhoben wurde, stieg der Anteil der Erwerbstätigen in Teilzeit nahezu kontinuierlich auf 31% im Jahr 2023 an, wobei sich das Wachstum ab 2006 stark verlangsamt

10 Näheres siehe Abschnitt 3.3.1 Familienstruktur.

hat. Der Anteil der Frauen stieg besonders schnell an, nämlich von 29 (1985) auf 50% (2023). Der ungewöhnlich hohe Wert im Jahr 1990 geht vermutlich auf die Erweiterung der Zahl untersuchter Personen im Zuge der Wiedervereinigung zurück. Männer arbeiten seltener in Teilzeit. 1985 betrug der Anteil männlicher Erwerbstätiger in Teilzeit nur rund 1%. In den folgenden Jahren erhöhte er sich stetig auf 13% (2023).

Tabelle 3: Erwerbsquote von Müttern nach Alter des jüngsten Kindes 1996 und 2019 (in %)

	unter 3	**3 bis 5**	**6 bis 9**	**10 bis 14**	**15 bis 18**
1996	26,6	50,0	63,2	69,0	69,6
2019	32,8	66,3	72,4	74,7	75,7
Differenz	+6,2	+16,3	+9,2	+5,7	+6,1

Quelle: Statistisches Bundesamt 2022a.

Das Wachstum der Teilzeitquote seit Beginn der 1990er Jahre ist auf viele Entwicklungen zurückzuführen: So sahen und sehen sich Unternehmen mit der Problemlage konfrontiert, zunehmend flexibel agieren zu müssen. Teilzeitarbeit erweist sich dabei als eine oft genutzte Lösung, die Menge der Arbeitskräfte an die schwankende Nachfrage anzupassen, dabei die Arbeitskräfte aber besser langfristig halten zu können, als es mit Befristungen oder Zeitarbeit möglich wäre. Außerdem nutzen vor allem Frauen Teilzeit, in den meisten Fällen um damit Familie und Beruf vereinbaren zu können (vgl. Klinger/Wolf 2008: 11f), sodass ihre steigende Erwerbsbeteiligung die Teilzeitquote erhöht. Der Rechtsanspruch auf einen Kindergartenplatz für Kinder ab dem vollendeten dritten Lebensjahr trat 1996 in Kraft und verbesserte diese Vereinbarkeit und damit die Möglichkeit zur (Teilzeit-)Erwerbstätigkeit weiter (vgl. Art. 5 SFG). Ebenfalls verstärkend wird sich die gesetzliche Stärkung eines Rechts auf Teilzeitarbeit im Jahr 2001 und die Flexibilisierung der „Minijobs“ (hierzu sogleich) ausgewirkt haben. Der sektorale Wandel[11] der deutschen Wirtschaft leistet ebenfalls einen Beitrag, da Teilzeit vor allem im wachsenden Dienstleistungsbereich vorkommt (vgl. Klinger/Wolf 2008: 11f). Der sprunghafte Anstieg zwischen den Jahren 2012 und 2013, der sich vor allem bei den Frauen bemerkbar machte, ist vermutlich auf den im August 2013 wirksam

11 Die Volkswirtschaftslehre gliedert eine Wirtschaft in drei Sektoren. Grob umrissen sind dies die Land- und Forstwirtschaft (Primärer Sektor), das warenproduzierende Gewerbe (Sekundärer Sektor) und der Dienstleistungsbereich (Tertiärer Sektor). Als Resultat ihrer wirtschaftlichen Entwicklung wird die Wirtschaft der Industrieländer vom tertiären Sektor dominiert (vgl. Brunner/Kehrle 2009: 463f).

gewordenen Rechtsanspruch auf einen Kita-Platz für Kinder ab dem vollendeten ersten Lebensjahr zurückzuführen (vgl. Nr. 7 KiföG). Hierzu mehr in Abschnitt 3.3.3.

Abbildung 3: Teilzeitquote seit 1985 (in %)

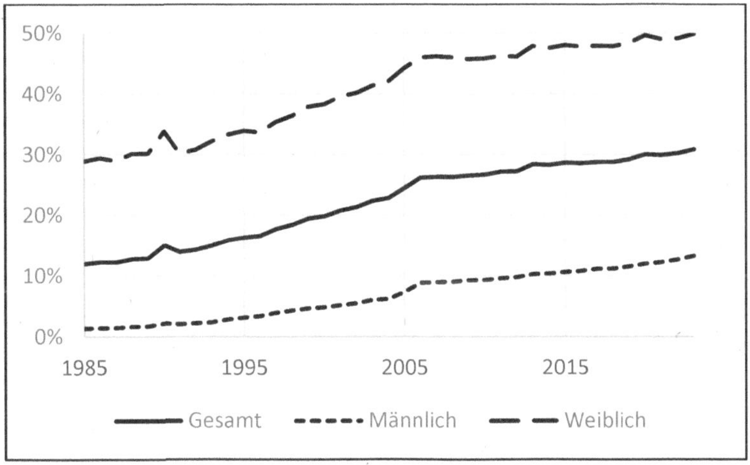

Quelle: Statistisches Bundesamt 2024a; 2024b.

3.3.3 Steuer- und Sozialsystem

Die staatlich gelenkten Belastungen und Transferleistungen für Haushalte haben sich in den letzten 50 Jahren erheblich verändert. Dabei sollen lediglich solche Transferleistungen untersucht werden, auf welche Erwerbstätige Anspruch haben, da die Alimentation erwerbstätiger Beamt*innen den Untersuchungsgegenstand dieser Arbeit darstellen. Belastungen umfassen Steuern und Sozialabgaben. Letztere werden nicht untersucht, da Beamt*innen keine Beiträge zur gesetzlichen Renten- und Arbeitslosenversicherung zahlen. Ihre Kranken- und Pflegeversicherungen basieren auf privatrechtlichen Verträgen, welche sich also nach den persönlichen Lebensumständen, Versicherungstarifen und -anbietern richten und somit eine zu große Heterogenität für eine weitere Betrachtung aufweisen.

Im Laufe des Betrachtungszeitraums sank die Belastung durch die **Einkommensteuer**. Mitte der 1970er Jahre verharrte die Steuer- und Abgabenlast zunächst auf relativ hohem Niveau und ging nur langsam zurück (vgl. Bach 2018: 14): Ab 1975 wurde auch die Progressionswirkung des Einkommensteuertarifs verstärkt und der Spitzensteuersatz von 53 auf 56% erhöht (vgl.

ebenda: 15; Bundesministerium der Finanzen 2024: 3). Mittlerweile beträgt er jedoch wieder 45% (vgl. ebenda: 31). Der Eingangssteuersatz betrug im Jahr 1970 noch 19% (vgl. ebenda: 2), liegt seit 2009 jedoch auf dem bis dato niedrigsten Stand von 14% (vgl. ebenda: 28). Der jährliche Grundfreibetrag, welcher zur Sicherstellung eines gewissen materiellen Existenzminimums von einer Besteuerung ausgenommen ist, wurde zwischen 1975 und 1995 schrittweise in etwa im selben Maße wie Löhne und Preise angehoben (vgl. Arens 2009: 57). Einer Vorgabe des Bundesverfassungsgerichts entsprechend wurde er 1996 massiv von 2.871 auf 6.184 Euro[12] erhöht (vgl. Bach 2018: 17). 2024 liegt er bei 11.784 Euro (vgl. § 32a Abs. 1 S. 1 Nr. 1 EStG), 2025 wird er 12.096 Euro betragen (vgl. Art. 1 Nr. 2 SteFeG). Als Reaktion auf die Kosten der deutschen Einheit wurde 1991 der Solidaritätszuschlag eingeführt (vgl. Bach 2018: 16f), jedoch fiel er durch die starke Anhebung der entsprechenden Freigrenzen im Jahr 2021 für 90% der Steuerzahler*innen weg (vgl. Bundesministerium der Finanzen 2021: 20).

Abbildung 4: Kinderbezogene Freibeträge in der Einkommensteuer (pro Kind und Jahr, nominal, in Euro)

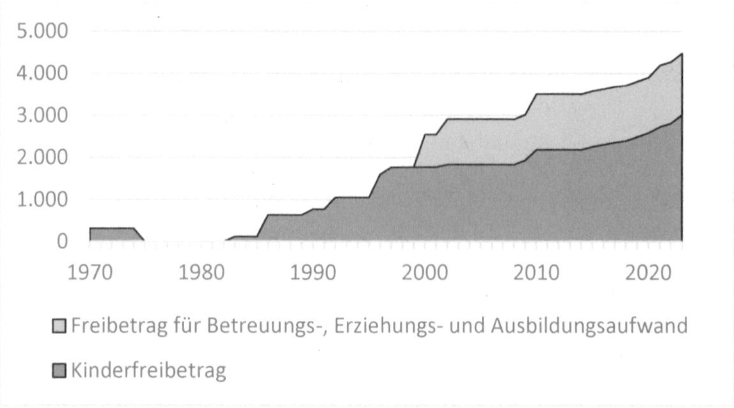

*In den Jahren 1970-1974 war der Kinderfreibetrag nach Kinderzahl gestaffelt. Ausgewiesen ist der Wert für das erste Kind (614€).
**In den Jahren 2000 und 2001 galt der Freibetrag für Betreuungs-, Erziehungs- und Ausbildungsaufwand nur für Kinder unter 16.

Quelle: Bundesministerium der Finanzen 2003: 44; ab 2003: § 32 Abs. 6 EStG in den jeweils geltenden Fassungen.

12 Sofern Geldbeträge in Deutscher Mark ausgewiesen sind, werden diese in Euro umgerechnet abgebildet.

Die **steuerliche Entlastung von Familien** wird im Einkommensteuerrecht durch zusätzliche Maßnahmen sichergestellt, die in den letzten Jahrzehnten ebenfalls zugenommen haben. Zuvorderst ist der Kinderfreibetrag zu nennen, welcher seit 1970 zwar zeitweise verschwand, jedoch später wieder eingeführt und im Zuge der Entscheidung des Bundesverfassungsgerichts im Jahre 1996 ebenfalls stark erhöht wurde (vgl. Abbildung 4). Im Jahr 2000 wurde ein weiterer Freibetrag für den Aufwand der Betreuung, Erziehung von Kindern eingeführt, welcher abermals auf eine Entscheidung des Bundesverfassungsgerichts zurückgeht (vgl. Deutscher Bundesrat 1999: 1; Bundesverfassungsgericht 1998a). 2002 wurde dieser auf den Ausbildungsbedarf erweitert und auf 1.080 Euro angehoben (vgl. Art. 1 Nr. 7 Buchst. b 2. FaFöG). Die kinderbezogenen Freibeträge belaufen sich aktuell auf insgesamt 4.770 Euro (vgl. § 32 Abs. 6 S. 1 EStG) Für Alleinerziehende bestand 1970 ein Freibetrag in Höhe von 614 Euro (vgl. Arens 2009: 84-85; 354). Auch durch massive Anhebung des Betrages im Zuge der Corona-Pandemie (vgl. Bundesministerium der Finanzen 2022: 16) liegt er mittlerweile bei 4.260 Euro und erhöht sich mit jedem weiteren zu berücksichtigendem Kind um 240 Euro (vgl. § 24b Abs. 2 EStG). Aktuell gelten weiterhin zwei Drittel sämtlicher Kinderbetreuungskosten (maximal 4.000 Euro) als abzugsfähige Sonderausgaben (vgl. § 10 Abs. 1 Nr. 5 S. 1 EStG).

Abbildung 5: Durchschnittliche Belastung durch die Einkommensteuer eines Alleinstehenden (in %) nach zu versteuerndem Einkommen (in Euro, nominal)

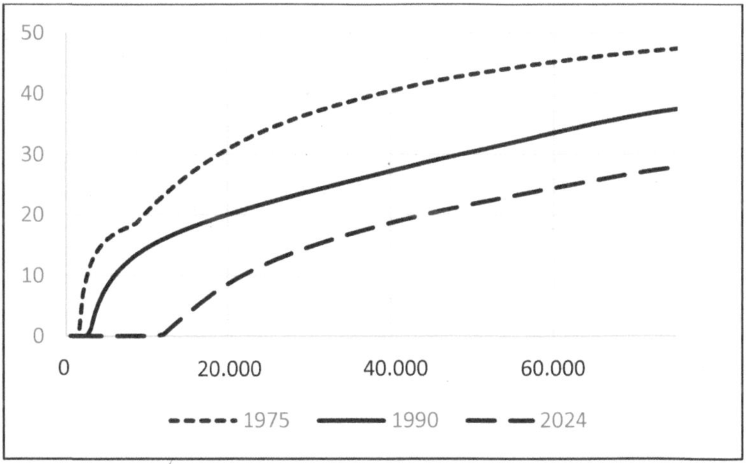

Quelle: Bundesministerium der Finanzen 2024.

Das Ausmaß der steuerlichen Entlastungen der letzten Jahrzehnte ist in Abbildung 5 dargestellt. Wenngleich die Angaben hier nominal sind, ergibt sich unter Berücksichtigung der Inflation dennoch ein klares Bild: Bei einem Jahreseinkommen in Höhe von 50.000 Euro beträgt die durchschnittliche Steuerbelastung bei Einzelveranlagung im Jahr 2023 circa 23%. Im Jahr 1975[13] entspräche dies circa 28.400 Euro (vgl. Statistisches Bundesamt 2024v, eigene Berechnungen), welche mit einer durchschnittlichen Einkommensteuer in Höhe von 38% belegt wären (vgl. Bundesministerium der Finanzen 2024: 3). Vor allem profitierten Familien von der Erhöhung der Grundfreibeträge. Blömer et al. (2021: 30ff) rechneten aus, dass vierköpfige Familien mit einem bestimmten Einkommen ihren Steuersatz allein in den 25 Jahren zwischen 1996 und 2021 mehr als halbieren konnten (3,6 statt 8%, vgl. Abbildung 6).

Abbildung 6: Durchschnittlicher Einkommensteuersatz (in %) bei einem Jahreseinkommen von 50.000 Euro (inflationsbereinigt, Basisjahr 2015)

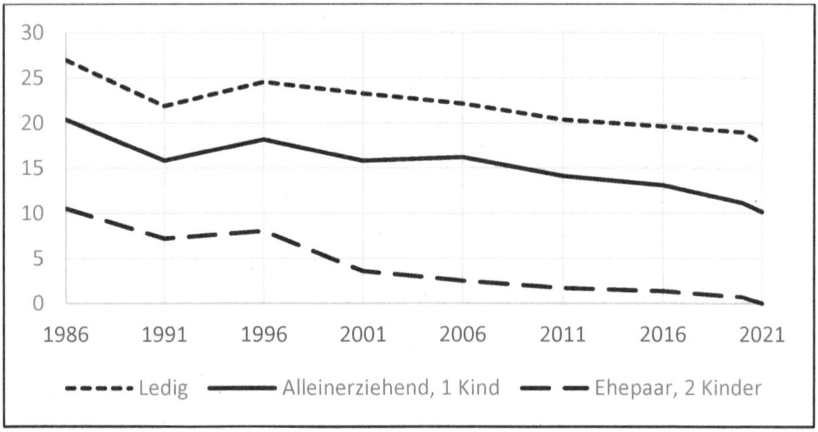

Quelle: Blömer et al. 2021: 30ff.

Zuletzt sind noch **weitere staatliche Leistungen** zu betrachten, welche die Einnahmen- und Ausgabensituation der Haushalte unter normalen Umständen, also abseits von Arbeitslosigkeit oder gravierenden gesundheitlichen Beeinträchtigungen, beeinflussen können. Kurzfristige Leistungen, welche ausschließlich auf die speziellen Situationen zugeschnitten wurden, welche durch

13 Da der Verbraucherpreisindex erst seit 1991 erhoben wird, wird für die Werte von 1968 bis 1990 der Index der Einzelhandelspreise verwendet. Dieser basiert auf der gleichen Datenbasis wie der Verbraucherpreisindex, umfasst jedoch keine Dienstleistungen (vgl. Statistisches Bundesamt 2024m).

die Corona-Pandemie oder den Krieg in der Ukraine ausgelöst wurden, sollen wegen ihres Ausnahmecharakters ebenfalls außer Acht bleiben. Da das Erkenntnisinteresse der Arbeit Beamt*innen im aktiven Dienst gilt, werden auch Leistungen der Renten- und Pflegeversicherung vernachlässigt.

Haushalte mit geringem Einkommen können **Wohngeld** beantragen, um die Kosten, welche durch die eigene Wohnung entstehen, zu dämpfen. Die Parameter zur Bemessung der Leistungshöhe und des Empfängerkreises wurden im Laufe der Jahre in unregelmäßigen Abständen durch Gesetzesänderungen angepasst. Aufgrund der schlechten Datenlage ist ein Vergleich der Situationen im Jahre 1970 und heute mit Schwierigkeiten verbunden. So stammen die Daten, die am besten geeignet sind, die Anzahl der Haushalte mit Wohngeldbezug am Anfang des Untersuchungszeitraums abzubilden, vom 31. Dezember 1968. Der Anteil der Haushalte mit Wohngeldbezug betrug in diesem Jahr 3,5% (vgl. Tabelle 4).

Tabelle 4: Haushalte mit Wohngeldbezug 1968, 2021, 2023 und 2025

	1968	**2021**	**2023**	**2025****
Anzahl	810.870	572.535	1.148.095	2.000.000
Anteil an allen Haushalten	3,8*	1,4	2,8	4,8***
Anteil der Haushalte mit Wohngeldbezug nach Haushaltsmitgliedern (in %)				
	1968	**2021**	**Differenz**	
1 Person	46,5	56,4	+8,4	
2 Personen	17,4	14,3	-6,1	
3 Personen	9,7	7,5	-2,6	
4 Personen	11,8	9,8	-0,9	
5 und mehr Personen	14,6	12,0	+1,2	

*Gesamtzahl der Haushalte anhand der Werte der Jahre 1961 und 1972 interpoliert.
**Prognose der Bundesregierung
***Gemessen an der Zahl der Haushalte in 2023

Anmerkung: Werte aus 1968 beinhalten nicht die Haushalte, welche den Lastenzuschuss beziehen.

Quelle: Deutscher Bundestag 1970: 21; Statistisches Bundesamt 1963; 1974; 2024r; 2024k; Bundesregierung 2024.

Durch die letzte Ausweitung des Empfängerkreises zum 1.1.2023 im Rahmen des Wohngeld-Plus liegt die Zahl der Bezieher*innen von Wohngeld aktuell bei etwa 1,15 Millionen Haushalten, was einem Anteil von rund 2,8% der Haushalte entspricht. Mit der Anpassung des Wohngelds zum 1.1.2025 rechnet die Bundesregierung mit einer Ausweitung des Anspruchs auf rund zwei Millionen Haushalte (vgl. Bundesregierung 2024), was einen Anstieg des

Anteils der Haushalte mit Wohngeldbezug auf etwa 4,8% bedeuten würde. Innerhalb der Haushalte mit Wohngeldbezug ist der Anteil der Ein-Personen-Haushalte bis 2021[14] um 8,4 Prozentpunkte gestiegen, der der Zwei-Personen-Haushalt dagegen um 6,1 Prozentpunkte gefallen. Der Anteil der Haushalte mit drei und mehr Personen veränderte sich jeweils nur um wenige Prozentpunkte.

Um die durchschnittliche Höhe der Wohngeld-Leistungen nach Größe der Haushalte in 2024 zu ermitteln, muss auf die Werte des Wohngeld- und Mietenberichts 2021/2022 der Bundesregierung zurückgegriffen werden (vgl. Deutscher Bundestag 2023: 72f). Die dort angegeben Werte für 2024 wurden anhand der Vorjahreswerte und der Inflation geschätzt. Für das Jahr 1968 hingegen liegen keine durchschnittlichen Wohngeld-Werte vor, stattdessen wird ausgewiesen, welcher Anteil der Haushalte mit Wohngeldbezug innerhalb eines Intervalls zweier DM-Werte liegt (vgl. Deutscher Bundestag 1970: 21). Näherungsweise wurde angenommen, dass das Wohngeld aller dieser Haushalte dem Durchschnitt der Ober- und Untergrenze ihres jeweiligen Intervalls entspricht. Die Werte des Jahres 1968 wurden auf Euro-Werte des Jahres 2024 umgerechnet. Nach Berücksichtigung einer derart berechneten Inflationsrate in Höhe von 288% zwischen 1968 und 2024 (vgl. Statistisches Bundesamt 2024v, eigene Berechnungen), wobei die Inflation für 2024 anhand des Durchschnitts der Monatswerte bis einschließlich Oktober geschätzt wurde, ergeben sich die in Tabelle 5 abgebildeten Werte.

Tabelle 5: Durchschnittliche Wohngeld-Höhe nach Haushaltsgröße 1968 und 2024 (in Euro, real in 2024)

Anzahl Personen	**1968**	**2024**	**Differenz**	
			abs.	**rel. (%)**
1	74,8	257	+180	+241
2	89,9	348	+255	+284
3	98,8	368	+266	+269
4	110,7	459	+344	+311
5 und mehr	139,9	580	+435	+311

Anmerkung: Die Werte für 1968 beinhalten nicht die Bezieher des Lastenzuschusses. Die Werte für 2024 wurden anhand der Werte für 2023 und der mittleren Inflationsrate von Januar bis Oktober 2024 geschätzt.

Quelle: Deutscher Bundestag 1970: 21; 2023: 73;
Statistisches Bundesamt 2024v, eigene Berechnungen.

14 Die Daten zur Anzahl der Haushaltsmitglieder in Haushalten mit Wohngeldbezug ergeben sich aus dem Wohngeld- und Mietenbericht der Bundesregierung. Zum Zeitpunkt der Fertigstellung der vorliegenden Arbeit stammten die aktuellsten Zahlen aus dem Jahr 2021.

Im Betrachtungszeitraum hat sich die Höhe des durchschnittlichen Wohngelds je nach Haushaltsgröße um etwa 250 bis 300% erhöht.

Diese Entwicklung muss noch mit der Entwicklung der Wohnkosten ins Verhältnis gesetzt werden. Eine Berücksichtigung der Durchschnittsmieten würde dabei verkennen, dass die Qualität der Wohnungen und die steigenden Einkommen mit der Zeit unweigerlich zu einem Anstieg dieses Indikators führen. Für die Betrachtung eignen sich die Quadratmetermieten am besten, da diese die genannten Faktoren zumindest teilweise miteinbeziehen (vgl. Statistisches Bundesamt 2000a: 100). Das Statistische Bundesamt (vgl. 2000a: 102; 2023g) liefert Daten für die durchschnittliche Bruttokaltmiete pro Quadratmeter für die Zeiträume 1972 bis 1998 und „vor 1999“ bis „2019 und später“. Wenngleich letzterer Zeitraum nicht klar abgegrenzt ist und sich beide Zeiträume auf eine größtenteils, jedoch nicht vollständig deckungsgleiche Grundgesamtheit beziehen, reicht der Gesamteindruck zum Zwecke dieser Betrachtung aus. Indexiert man die <<jeweiligen, realen Euro-Werte auf das Jahr 1998 (=100%), so ergeben sich für das Jahr 1972 ein Wert von 42% und für das Jahr 2019 ein Wert von 119%. Die Quadratmetermieten wuchsen also innerhalb des Betrachtungszeitraums um rund 184% (vgl. eigene Berechnungen). Der Anstieg der Höhe des ausgezahlten Wohngelds geht somit nur begrenzt auf den Anstieg der Quadratmetermieten zurück. Es verbleibt ein restlicher Anstieg des Wohngelds in Höhe von etwa 70 bis 120%. Die hier genutzte Quadratmetermiete vermag nicht alle Faktoren, welche ebenfalls einen Preisanstieg bewirken können, restlos auszuklammern. Dennoch kann bei derartig hohen Anstiegsraten davon ausgegangen werden, dass die übrigen Faktoren nicht vollumfänglich für den verbleibenden Anstieg verantwortlich sind.

Die Entwicklung der Wohnkosten verlief regional differenziert, was sich an der Entwicklung der Mietenstufen des Wohngelds nachvollziehen lässt. Seit 1986 werden die deutschen Gemeinden und Kreise entsprechend der durchschnittlichen Quadratmetermieten einer Mietenstufe zugeordnet. Die Abstufung richtet sich dabei nach der Abweichung vom Bundesdurchschnitt (vgl. § 12 Abs. 2 S. 2 WoGG). Durch einen starken Anstieg der Wohnkosten in den Ballungsräumen sah sich der Gesetzgeber mittlerweile dazu veranlasst, zwei weitere Mietenstufen (VI und VII) am oberen Ende der Skala einzuführen (vgl. Deutscher Bundestag 1989: 18; 2019: 69). Seit Einführung der Mietenstufen hat die Streuung der Wohnkosten rund um den Bundesdurchschnitt zugenommen: Die unteren Stufen I und II wuchsen an, erstere mit einem Plus von 8 Prozentpunkten besonders stark. Die mittlere Stufe III sowie Stufe IV verloren hingegen stark (7 bzw. 10 Prozentpunkte). In den neu geschaffenen Stufen VI und VII findet sich mittlerweile ein Anteil von 6% aller

Fälle, deren Quadratmetermieten den Bundesdurchschnitt um mindestens ein Viertel übertreffen (vgl. Tabelle 6).

Tabelle 6: Anteil der Gemeinden und Kreise nach Mietenstufen des WoGG, 1986 und 2023 (in %)

Mietenstufe	Abw. vom Durchschn.	1986	2023	Differenz
I	Weniger als – 15%	23	31	+8
II	-15% bis unter -5%	30	32	+2
III	-5% bis unter 5%	28	21	-7
IV	5% bis unter 15%	14	4	-10
V	15% bis unter 25%	5	7	+2
VI	25% bis unter 35%	-	4	+4
VII	35% und mehr	-	2	+2
Gesamt		100	100	0

Quelle: Art. 1 Abs. 1 4. VOÄndWoGVO; § 1 Abs. 3 WoGV und eigene Berechnungen.

Besonders **Familien** profitieren von weiteren staatlichen Leistungen. Bereits die ersten Lebensmonate eines Kindes werden mit finanziellen Transfers begleitet, welche die durch die Kinderbetreuung ausfallenden Erwerbseinnahmen kompensieren sollen. Im Jahr 1979 wurde das – über das lediglich kurzfristig gezahlte Mutterschaftsgeld[15] hinausgehende – Mutterschaftsurlaubsgeld eingeführt. In der Regel wurde der Maximalbetrag von monatlich 383 Euro gezahlt (vgl. Arens 2009: 87f). 1986 wurde das Mutterschaftsurlaubsgeld durch das umfassendere Erziehungsgeld (vgl. ebenda: 88f) und 2007 dieses wiederum durch das **Elterngeld** abgelöst. Die Gesamthöhe der höchstmöglichen Bezüge hat sich im Vergleich zum Erziehungsgeld (7.200 vs. 25.200 Euro) nochmal erhöht, nämlich um den Faktor 3,5 (vgl. ebenda: 92f; § 2 Abs. 1 u. 2 BEEG).

Zu Beginn der 1970er Jahre hatten Eltern wesentlich geringere Ansprüche auf **Kindergeld** als heute: Ein Anspruch für erste Kinder bestand nicht, für zweite Kinder betrug er 13 Euro monatlich, ab dem dritten Kind 31 Euro (vgl. Arens 2009: 73f; Bundesministerium der Finanzen 2003: 42). Wie die Kinderfreibeträge wurde auch das Kindergeld nach den oben genannten Entscheidungen des Bundesverfassungsgerichts zum Existenzminimum massiv angehoben (vgl. Arens 2009: 75; Bundesministerium der Finanzen 2003: 42). Als eine Reaktion auf die hohe Inflation wurde 2023 die bis dahin bestehende Staffe-

15 Mutterschaftsleistungen kompensieren die akuten Auswirkungen, welche sich für Mütter aus der Geburt eines Kindes und dem damit verbundenen mehrwöchigen Ausfall der Erwerbstätigkeit ergeben (vgl. Bundesministerium für Familie, Senioren, Frauen und Jugend 2023b) und sollen deshalb ebenfalls nicht in die Betrachtung einbezogen werden.

lung nach Kinderzahl aufgehoben und ein einheitlicher Betrag von 250 Euro pro Kind festgelegt, was dem vormaligen Betrag für vierte und weitere Kinder entspricht (vgl. § 6 Abs. 1 BKGG i.d.F. vom 1.1.2023). 2025 wird das Kindergeld auf 255 Euro je Kind steigen (vgl. Art. 5 Nr. 1 SteFeG).

Tabelle 7: Übersicht der Bedarfe der Bildung und Teilhabe

Bedarfe	**§ 28 SGB II**	**Durchschnittlicher Bedarf pro Kind (Sept. 2024)**
Tatsächliche Aufwendungen für eintägige Schul-/ Kita-Ausflüge	Abs. 2	21€
Tatsächliche Aufwendungen für mehrtägige Klassen-/Kita-Fahrten		169€
Persönlicher Schulbedarf	Abs. 3	129€
(Notwendige) Schülerbeförderung	Abs. 4	58€
Lernförderung zur Erreichung der wesentlichen Lernziele des Schulrechts	Abs. 5	174€
Aufwendungen für eine gemeinsame Mittagsverpflegung in Schule oder Kita	Abs. 6	85€
Teilhabe am sozialen und kulturellen Leben, z.B. Sportverein oder Musikunterricht	Art. 7	20€

Anmerkung: Der durchschnittliche Bedarf berechnet sich aus der Gesamtheit der angemeldeten Bedarfe.

Quelle: Statistisches Bundesamt 2024s.

Neben dem Kindergeld wurde im Jahr 2005 noch der **Kinderzuschlag** eingeführt, welcher zunächst längstes für insgesamt drei Jahre bezogen werden konnte (vgl. Art. 46 Nr. 3 des 4. GmDA). Er wird jenen Eltern gewährt, welche zwar über ausreichend Erwerbseinkommen für sich selbst, aber nicht für ihre Kinder verfügen (vgl. Böhmer/Steiner 2008: 4). 2008 wurde die maximale Bezugsdauer abgeschafft (vgl. § 6a Abs. 2 SGB II i.d.F. vom 18.12.2007). Der Kinderzuschlag beträgt im Jahr 2024 maximal 272 Euro (vgl. Bundesagentur für Arbeit 2024a). Auch wurden im Zeitverlauf die Anrechnungsregelungen für Einkommen des Kindes und der Eltern gemildert (vgl. Art. 1 Nr. 3 StaFamG). Seit Mitte 2022 erhöht sich der Kinderzuschlag in jedem Fall um einen Sofortzuschlag in Höhe von 20 Euro (vgl. § 6a Abs. 2 S. 5 BKGG), welcher ab Januar 2025 um weitere 5 Euro erhöht wird (vgl. Art. 5 Nr. 1 SteFeG).

Im Jahr 2011 wurde der § 6b BKGG eingeführt, um ergänzend noch die Bedarfe der Kinder für **Bildung und Teilhabe** abzudecken (vgl. Henkel/ Haumann 2012: 8). Er ist an den Kinderzuschlag- oder Wohngeldbezug geknüpft (vgl. § 6b Abs. 1 S. 1 BKGG). Die einschlägigen Bedarfe werden gemäß

§ 6b Abs. 2 BKGG im § 28 SGB II festgelegt (vgl. Tabelle 7). Seit August 2019 können die mit der Umsetzung betrauten kommunalen Trägern die Leistung gänzlich in Geldform auszahlen (vgl. § 29 Abs. 1 S. 2 SGB II). Sofern Aufwendungen für die Teilhabe am sozialen und kulturellen Leben entstehen, werden mittlerweile monatlich pauschal 15 Euro berücksichtigt. Weitere tatsächliche Ausgaben können berücksichtigt werden (vgl. § 34 Abs. 7 SGB XII).

Leistungen im Zusammenhang mit der Ausbildung von Kindern entlasten deren Eltern seit 1957 indirekt. Im Jahr 1971 wurde das **Berufsausbildungsförderungsgesetz (BAföG)** beschlossen, welches die Förderung von Studierenden nach den bisherigen Modellen ablöste (vgl. Arens 2009: 98). Der Bezug der Leistung stellt seitdem einen Rechtsanspruch dar (vgl. ebenda: 98f). Aktuell setzt sich BAföG aus den folgenden monatlichen Zahlungen zusammen (vgl. §§ 13 u. 13a BAföG):

- Grundbedarf (475 Euro für Studierende)
- Unterkunft (380 Euro für außerhalb des Elternhauses Wohnende)
- Beitrag zur gesetzlichen Krankenversicherung (102 Euro)
- Beitrag zur gesetzlichen Pflegeversicherung (35Euro)

Seit 2008 bestehen darüber hinaus Zuschläge für die Kinderbetreuung (vgl. Deutsches Studierendenwerk o. J.). Zum Bezug von BAföG ist jedoch nur berechtigt, wer die Kosten der Ausbildung nicht durch eigenes Einkommen oder das Einkommen der Eltern oder der Ehepartnerin bzw. des Ehepartners bestreiten kann. Bei der Anrechnung gelten bestimmte Freibeträge (vgl. Arens 2009: 358; §§ 23-25 BAföG). Teilweise müssen die Leistungen im Anschluss an das Studium zurückgezahlt werden. Unter bestimmten Umständen ist das Aussetzen oder sogar der Erlass von Zahlungen möglich (vgl. Arens 2009: 105; vgl. §§ 18-18b BAföG).

Im Zusammenhang mit der Betreuung, Erziehung und Ausbildung von Kindern profitieren diese bzw. ihre Eltern zudem von (zum Teil kostenlosen) **Dienstleistungen der öffentlichen Hand**.

- Die **Möglichkeiten der Kinderbetreuung** wurden seit den 1970er Jahren stark verbessert (vgl. Meyer 2014: 442) und ermöglichen Eltern eine Ausweitung ihrer Erwerbstätigkeit und damit ihres Einkommens. In Westdeutschland stand 1965 nur für 25% der Kinder ein Kindergartenplatz zur Verfügung, mittlerweile ist dieser Werte auf über 90% gestiegen (vgl. Meyer 2014: 442). Seit 1996 besteht obendrein ein Rechtsanspruch auf einen Kindergartenplatz für Kinder ab dem dritten Lebensjahr (vgl. Art. 5 SFG). Der Anteil der Kinder in U3-Betreuung nahm in den alten Ländern von 4% im Jahr 1980 auf 20% im Jahr 2011 zu (vgl. Meyer 2014: 442).

Seit 2013 gilt auch hier ein Anspruch auf einen Kita-Platz für Kinder zwischen einem und drei Jahren. Für Kinder unter einem Jahr gilt auch ein Anspruch, wenn die Eltern berufstätig oder arbeitssuchend sind (vgl. Art. 1 Nr. 7 KiföG). Seit den 1990er Jahren ist ein kontinuierlicher Ausbau der Ganztagsschulen festzustellen (vgl. Meyer 2014: 442f). Für ab 2026 neu eingeschulte Kinder besteht deutschlandweit ein Anspruch auf Ganztagsbetreuung während der Grundschulzeit (vgl. Art. 1 Nr. 3 GaFöG). Teilweise gelten entsprechende Rechtsansprüche bereits (vgl. z.B. § 10 Abs. 2 ThürSchulG). Generell ist für Schulkinder ein an den Bedarf angepasstes Angebot an Ganztagsbetreuungsplätzen zu gewährleisten (vgl. § 24 IV SGB VIII).

- Eltern, welche den Kinderzuschlag oder Wohngeld beziehen, sind seit 2019 von der Zahlung **von Kita-Beiträgen befreit** (vgl. Art. 2 Nr. 2 Buchst. c GWK). Einige Länder befreien alle Eltern von (großen Teilen der) Kosten der Kinderbetreuung (vgl. z.B. § 50 Abs. 1. Kinderbildungsgesetz NRW; § 29 Abs. 1 Kinderförderungsgesetz MV). So waren 2020 in Berlin und Rheinland-Pfalz die Eltern vierer von fünf Kindern von jeglicher Beitragszahlung befreit, in Mecklenburg-Vorpommern traf dies sogar auf 97% der Fälle zu (vgl. Bundesministerium für Familie, Senioren, Frauen und Jugend 2021: 770).
- Mit dem Wintersemester 1970/71 ereignete sich deutschlandweit der **Wegfall der Studiengebühren** (vgl. Arens 2009: 111). 2005 wurden von einigen Ländern zwar erneut Studiengebühren eingeführt, jedoch nach zum Teil massiven Protesten wieder zurückgenommen, zuletzt von Niedersachsen zum Wintersemester 2014/15 (vgl. Schleicher 2015).

3.3.4 Armutsrisiko von Haushaltstypen

Das sozialhilferechtliche Existenzminimum ist der Ausgangspunkt des Mindestabstandsgebots. Mit der am 1.1.2023 in Kraft getretenen Neuregelung wurden die entsprechenden Regelbedarfe gegenüber dem vormaligen Arbeitslosengeld II um 33 bis 53 Euro erhöht (vgl. Art. 5 Nr. 17 Bürgergeld-Gesetz). Doch auch nach dieser Anpassung bestand Kritik, die Regelsätze seien unzureichend (vgl. Aust/Schabram 2022: 3). Aus diesem Grund werden im Folgenden die sozialhilferechtlichen Existenzminima verschiedener Haushaltskonstellationen dahingehend überprüft, ob sie die Haushalte vor einer Unterschreitung der Armutsgefährdungsschwelle schützen.

Das Bundesministerium für Arbeit und Soziales (2024a) veröffentlicht auf seiner Website die addierten Bedarfe des Bürgergeldes, welche ausgewählten

Haushaltskonstellationen zustehen. Falls Kinder im Haushalt wohnen, sind noch die Bedarfe des Bildungs- und Teilhabe-Pakets hinzuzurechnen (vgl. Tabelle 8). Diese werden meist nicht pauschal gewährt, sondern decken auf Antrag tatsächlich entstandene Kosten ab (vgl. § 28 SGB II), sodass eine Veranschlagung typisierter Kosten mit Restunsicherheit behaftet ist: Ein durchschnittlicher Wert aller potentiell leistungsberechtigter Personen läge niedriger, da nicht alle Leistungsberechtigten einen Antrag auf Kostenübernahme stellen (vgl. Momotow 2022: 10). Das Statistische Bundesamt (2023d) gibt den durchschnittlichen monatlichen Auszahlungsbetrag für Bildung und Teilhabe-Leistungen in den ersten drei Quartalen 2024 mit 107 Euro pro Monat und Kind an. In Ermangelung besserer Alternativen wird dieser Wert für die Berechnungen verwendet.

Tabelle 8: Monatliche Bedarfe nach Bürgergeld zzgl. Bildungs- und Teilhabeleistungen 2024, Abweichung von der Armutsgefährdungsschwelle gemäß OECD-Äquivalenzeinkommen (in Euro)

Haushalts-konstellation (Alter der Kinder)	Bedarfs-berechn. BMAS	Bildung und Teilhabe	Gesamt	AGS 2024	Abweichung
Alleinstehend	954	-	954	1.317	-363
Paar	1.528	-	1.528	1.975	-447
Paar, 1 Kind (4)	2.081	107	2.188	2.370	-182
Paar, 2 Kinder (4, 12)	2.579	214	2.793	2.765	28
Paar, 3 Kinder (4, 12, 15)	3.243	321	3.564	3.424	140
Alleinerziehend, 1 Kind (4)	1.691	107	1.798	1.712	86

Anmerkung: Die Werte der Armutsgefährdungsschwelle wurden anhand der Werte für 2024 und dem durchschnittlichen Nominallohnindex der ersten drei Quartale 2024 geschätzt.

Quellen: Bundesministerium für Arbeit und Soziales 2024a; Statistische Ämter des Bundes und der Länder 2023; Statistisches Bundesamt 2024q, eigene Berechnungen.

Die Armutsgefährdungsschwelle (AGS) bezeichnet den monatlichen Geldbetrag, bei dessen Unterschreitung ein Haushalt als armutsgefährdet gilt. Sie liegt bei 60% des mittleren Einkommens vergleichbarer Haushalte. Skaleneffekte bei der Versorgung zusätzlicher Mitglieder im Haushalt werden dergestalt berücksichtigt, dass Personen ab dem zweiten Haushaltsmitglied rechnerisch nicht als „vollständige“ Person gelten, sondern Personen ab 14 Jahren lediglich mit dem Faktor 0,5 und Personen unter 14 Jahren mit dem Faktor 0,3 einfließen. Anhand dieser „Äquivalenzeinkommen" wird die Armutsgefährdungsschwelle berechnet (vgl. Geißler 2014: 72; 234).

Die berechneten Bedarfe des Jahres 2024 reichen nur in drei von sechs der kalkulierten Fälle aus, die zugrundeliegenden Haushaltskonstellationen vor einer Unterschreitung der Armutsgefährdungsschwelle zu schützen. Über der Armutsgefährdungsschwelle liegen diejenigen Familien, in welchen Kinder einen größeren Anteil ausmachen. Dies geht auch auf die großzügig kalkulierten Leistungen für Bildung und Teilhabe zurück. Ob diese Leistungen jedoch tatsächlich in diesem Umfang von den Familien abgerufen werden, ist zu bezweifeln. Entsprechend kann für keinen der kalkulierten Familientypen sicher ausgeschlossen werden, dass diese tatsächlich die Armutsgefährdungsschwelle unterschreiten.

3.3.5 Konsequenzen für das Alimentationsprinzip

Die Untersuchungen zeigen, dass sich die Rahmenbedingungen der bundesdeutschen Gesellschaft seit Beginn der 1970er Jahre stark verändert haben. Diese stellen auch die Auslegung des Alimentationsprinzips vor neue Herausforderungen.

- Die Struktur der Familien gestaltet sich heute sehr viel heterogener als noch Anfang der 1970er Jahre. Die Ehe ist nicht mehr das einzig akzeptierte Modell partnerschaftlichen Zusammenlebens oder sogar der Familiengründung. Scheidungen sind häufiger als noch vor 50 Jahren. Alternative Haushalts- und Familienformen wie nichteheliche Lebensgemeinschaften oder alleinerziehende Mütter und Väter haben an Akzeptanz gewonnen. Werden diese neuen Formen adäquat von der Alimentation erfasst, die nach wie vor auch die Familie der Beamt*innen einschließt?
- Auch die Rolle der Frau hat sich gewandelt. Im Betrachtungszeitraum stieg ihre Erwerbstätigkeit und näherte sich derjenigen der Männer immer weiter an. Vor allem ist dies auf die Gruppe der verheirateten Frauen und Mütter zurückzuführen. Bei der Betreuung gemeinsamer Kinder nehmen die Väter eine wachsende Rolle ein. Nach wie vor scheinen bezüglich Erwerbstätigkeit bzw. Kinderbetreuung die klassischen Rollenbilder jedoch in Teilen präsent zu sein. Wie verhält sich die Alimentation bzgl. dieses Wandels hin zu einer egalitären Rollenverteilung in Familien? Unterstützt sie diesen oder setzt sie durch den Zuschnitt auf klassische Familienstrukturen eher Anreize, welche dieser Entwicklung im Wege stehen?

- Das finanzielle Auskommen von Beamtenhaushalten wird im Vergleich zum Beginn des betrachteten Zeitraums nun sehr viel schwächer durch die Einkommensteuer gemindert. Am größten war der begünstigende Einfluss der massiv gestiegenen Grundfreibeträge, welche das Existenzminimum jeder Person eines Haushalts steuerfrei stellen sollen. Vor allem durch die zusätzlichen (und höheren) Freibeträge ihrer Kinder und weitere Begünstigungen profitieren Familien massiv von diesen Entwicklungen. Gleichfalls verhält es sich mit sonstigen Leistungen des Staates, welche allen Bürger*innen zugutekommen. Besonders profitieren jedoch Familien von verbesserten oder neu eingeführten Leistungen – sei es in Form von Transfer- oder (kostenlosen) Dienstleistungen wie der Kinderbetreuung. Lässt sich anhand dieser Befunde der Grundsatz aufrechterhalten, dass die Alimentation in keinem Fall durch solche allgemein gewährten Leistungen des Staates ersetzt werden darf?
- Die aktuellen Wohnkosten sind gegenüber der Situation in den 1970er Jahren von einer größeren Divergenz gekennzeichnet. Zwischen den Ballungsräumen und der Peripherie findet sich ein deutlicheres Preisgefälle. Sollte sich die Alimentation deshalb (wieder) an den Wohnkosten der Beamt*innen orientieren?
- Das sozialhilferechtliche Existenzminimum – und damit auch der Ausgangspunkt des Mindestabstandsgebots – liegt aktuell bei vielen Familientypen unterhalb der Armutsgefährdungsschwelle oder dies kann zumindest nicht ausgeschlossen werden. Welche Konsequenzen ergeben sich daraus für das Mindestniveau der Alimentation und ihre Funktion, das materielle Auskommen der Beamt*innen in jedem Fall amtsangemessen sicherzustellen?

4. Die Beamt*innen in den unteren Besoldungsgruppen – Karrieren, Anzahl, Struktur und finanzielle Aspekte des Amtes

Erkenntnisse zur wirtschaftlichen Situation der Beamt*innen in den unteren Besoldungsgruppen lassen sich nur vor dem Hintergrund des beamtlichen Dienstverhältnisses sinnvoll interpretieren. Somit ist es notwendig, die Situation der Beamt*innen zum Zeitpunkt der Datenerhebung näher zu betrachten. Bildungsvoraussetzungen und die Struktur von Laufbahngruppen geben Aufschluss über Humankapital und berufliche Aufstiegschancen der untersuchten Gruppe, welche wichtige Determinanten der wirtschaftlichen Situation darstellen. Selbiges gilt für Besonderheiten bestimmter Laufbahnen wie zum Beispiel angehobene Eingangsämter. Wie häufig die herausgearbeiteten Aspekte in der untersuchten Gruppe vorkommen, lässt sich nur durch eine zahlenmäßige Betrachtung, etwa im Hinblick auf Dienstherren, Besoldungsgruppe und Laufbahn beziehungsweise Tätigkeit feststellen. Zudem ist das System der Besoldung zu beleuchten, durch welche sich die zuvor genannten Aspekte der Beamt*innen finanziell auswirken. In diesem Zusammenhang können sich auch die Überlassung vergünstigten Wohnraums an Beamt*innen und die Ausgestaltung der Gesundheitsversorgung begünstigend auf die wirtschaftliche Situation auswirken, sodass auch diese zu betrachten sind.

4.1 Zugang zum Amt und Ausgestaltung der Karrieren

Mit dem Begriff der Laufbahn werden Ämter der gleichen Fachrichtung zusammengefasst, beispielsweise der nichttechnische Verwaltungsdienst oder der naturwissenschaftliche Dienst (vgl. § 6 Abs. 2 BLV). Laufbahngruppen umfassen die Ämter verschiedener Laufbahnen, welche ähnliche formelle Bildungsvoraussetzungen erfordern (vgl. § 6 Abs. 1 BLV i.V.m. § 17 BBG). Der Bundesdienst gliedert sich nach den „klassischen“ Laufbahngruppen in den einfachen, mittleren, gehobenen und den höheren Dienst. Um Zugang zu einer Laufbahngruppe zu erhalten,[16] müssen jeweils eine Bildungsvoraussetzung und eine sonstige Voraussetzung erfüllt sein (vgl. Tabelle 9). Bei der Berufung

16 Neben den Anforderungen an die Qualifikation der Bewerber*innen gelten auch weiterhin grundlegende Anforderungen wie beispielsweise die deutsche oder eine andere bestimmte Staatsbürgerschaft (vgl. § 7 Abs. 1 S. 1 Nr. 1 BBG; § 7 Abs. 1 S. 1 Nr. 1 BeamtStG) oder die jederzeitige Unterstützung der freiheitlich demokratischen Grundordnung (vgl. § 7 Abs. 1 S. 1 Nr. 2 BBG; § 7 Abs. 1 S. 1 Nr. 2 BeamtStG).

ins Beamtenverhältnis ist den Beamt*innen im „normalen" nichttechnischen Dienst grundsätzlich ein Amt mit der niedrigsten Besoldungsgruppe der jeweiligen Laufbahngruppe zuzuweisen („Eingangsamt"), im einfachen Dienst gegebenenfalls zusätzlich Besoldungsgruppe A4 (vgl. § 23 Abs. 1 BBesG). Beamt*innen, welche die nötigen Voraussetzungen dafür aufweisen, können in ein höheres Amt derselben Laufbahngruppe befördert werden (vgl. § 31 BLV) – sofern eine entsprechende Planstelle zur Verfügung steht.

Tabelle 9: Laufbahngruppenstruktur des nichttechnischen Bundesdienstes

Laufbahngruppe	Ämter	Bildungsvoraussetzung	Sonstige Voraussetzung
Einfacher Dienst	A3 bis A6	Hauptschulabschluss Gleichwertiger Bildungsstand	Vorbereitungsdienst abgeschlossene Berufsausbildung
Mittlerer Dienst	A6 bis A9	Realschulabschluss Hauptschulabschluss und Berufsausbildung Hauptschulabschluss und öffentlich-rechtliches Ausbildungsverhältnis gleichwertiger Bildungsstand	Vorbereitungsdienst mit Laufbahnprüfung Einschlägige Berufsausbildung Abgeschlossene Berufsausbildung und hauptberufliche Tätigkeit
Gehobener Dienst	A9 bis A13	Hochschulreife gleichwertiger Bildungsstand	Vorbereitungsdienst mit Laufbahnprüfung Einschlägiger Bachelor- oder gleichwertiger Abschluss Bachelor- oder gleichwertiger Abschluss und hauptberufliche Tätigkeit
Höherer Dienst	A13 bis A16, B-Besoldung	Masterabschluss Gleichwertiger Abschluss	Vorbereitungsdienst mit Laufbahnprüfung Dem Vorbereitungsdienst entsprechende Ausbildung und der Laufbahnprüfung entsprechende Prüfung Hauptberufliche Tätigkeit

Quelle: § 17 BBG; § 9 Abs. 1 BLV

Die Voraussetzungen zum Erlangen der **Laufbahnbefähigung** wurden gegenüber der bundeseinheitlichen Regelung im Jahr 2000 erweitert: So war in den unteren Besoldungsgruppen der Vorbereitungsdienst – im Falle des mittleren Dienstes inklusive Laufbahnprüfung – unumgänglich (vgl. §§ 16 u. 17 BBG i.d.F vom 31.3.1999). Wie in Tabelle 9 dargestellt, können nun privatwirtschaftliche Bildungsabschlüsse und Berufserfahrung ebenfalls zu den genannten Laufbahngruppen befähigen, sodass der wachsende Personalbedarf des öffentlichen Dienstes nun besser durch Quereinstiege aus der Privatwirtschaft gedeckt werden kann (vgl. Leppek 2019: 52). Auch auf der Landesebene wurden entsprechende Neuerungen umgesetzt (vgl. zum Beispiel § 2 Abs. 2 LVO-IM; § 21 SächsBG).

Bezüglich der **Struktur der Laufbahngruppen** gab es in den letzten Jahren ebenfalls Reformen, in deren Zuge Laufbahngruppen zusammengelegt wurden. Innerhalb dieser sind Beförderungen in neue Ämter, welche vormals in höheren Laufbahngruppen lagen, weniger stark von formaler Qualifikation abhängig und somit einfacher möglich (vgl. beispielsweise Staatsregierung Bayern 2010: 538). Im Falle der Beamt*innen im einfachen Dienst gilt dies für eine Beförderung über die Besoldungsgruppe A6 hinaus. Aktuell befinden sich die Beamt*innen in den unteren Besoldungsgruppen in 15 von 16 Ländern in einer durchgehenden Laufbahngruppe. Nachdem die Gesetzgebungskompetenz für das Beamtenrecht 2006 an die Länder übergegangen ist (vgl. Art. 1 Nr. 8 GesÄndGG), weist mittlerweile nur noch das Saarland eine viergliedrige Laufbahngruppenstruktur wie der Bund auf (vgl. §§ 13ff SBG). Die Länder Baden-Württemberg (vgl. § 14 Abs. 2 LBG BW), Brandenburg (vgl. § 9 Abs. 2 S. 1 LBG BB), Hessen (vgl. § 13 Abs. 3 S. 1 HBG) und Thüringen (vgl. § 10 ThürLaufbG) haben ihre Laufbahngruppenstruktur dahingehend modifiziert, dass sie den einfachen Dienst abgeschafft haben.

In den meisten Ländern existiert nunmehr ein Modell, welches die norddeutschen Küstenländer in enger Absprache entwickelt und dem sich hernach weitere Länder angeschlossen haben (vgl. Koehler/Kahlen 2019: 109): So bestehen nunmehr lediglich zwei Laufbahngruppen, davon die höhere (ehemals gehobener und höherer Dienst) mit der Zugangsvoraussetzung eines Hochschulabschlusses. Je nach Qualifikation erfolgt der Einstieg in die Laufbahngruppen in unterschiedlichen Ämtern (vgl. Wissenschaftlicher Dienst des Bundestages 2018: 16f), welche sich an den Eingangsämtern des vormaligen mittleren und höheren Dienstes orientieren (vgl. Schrapper 2016: 398). Zu diesen Ländern zählen Bremen (vgl. § 13 Abs. 3 BremBG), Berlin (vgl. § 2 Abs. 4 LfbG), Hamburg (vgl. § 13 Abs. 3 HmbBG), Mecklenburg-Vorpommern (vgl. § 13 Abs. 3 LBG M-V), Niedersachsen (vgl. § 13 Abs. 3 NBG),

Nordrhein-Westfalen (vgl. § 5 Abs. 2 S. 1 LBG NRW), Sachsen (vgl. § 15 Abs. 2 SächsBG) Sachsen-Anhalt (vgl. 13 Abs. 2 LBG LSA) und Schleswig-Holstein (vgl. § 13 Abs. 3 LBG SH). Bayern (vgl. Art. 5 Abs. 1 LlbG) und Rheinland-Pfalz (vgl. § 14 Abs. 4 LBG RP) haben alle Ämter in einer einheitlichen Laufbahngruppe zusammengefasst, welche über vier verschiedene Einstiegsämter verfügt, die sich ebenfalls nach der Qualifikation bemessen. Auch hier orientieren sich die Einstiegsämter an den alten Laufbahngruppen (vgl. Schrapper 2016: 398; Koehler/Kahlen 2019: 122).

Tabelle 10: Niedrigstmögliche Besoldungsgruppen der Eingangsämter verschiedener Laufbahnen in ausgewählten Gebietskörperschaften[17]

	Bund	**Baden-Württemberg**	**Bayern**	**Rheinland-Pfalz**
Allgemeine Verwaltung	A3	A6	A3	A5
Polizei	A7	A8	A7	A7
Justiz(vollzugs)-dienst	A3	A6	A3	A5
Feuerwehr	A7	A7	A7	A7
Zoll	A7	x	x	x

Quelle: Bund § 23 Abs. 1 u. Anlage 1 BBesG, § 12 Abs. 1 MStDVDV, Anlage 1 BPolLV, § 1 Abs. 2 LAP-mftDBwV; Baden-Württemberg §§ 24 u. 25 i.V.m. Anlage 1 LBesG BW vom 18. Juni 2024; Bayern Anlage 1 BayBesG; Rheinland-Pfalz Anlage 1 LBesG RP.

Weitere Flexibilisierung erfuhr das System der Laufbahngruppen seit der Föderalismusreform darüber hinaus durch ausgedehnte Möglichkeiten zum Aufstieg in höhere Laufbahngruppen (vgl. Koehler/Kahlen 2019). Außerdem bestehen mittlerweile Tendenzen, bei Neueinstellungen unter bestimmten Voraussetzungen von der Eingruppierung in die niedrigen Einstiegsämter abzurücken (vgl. zum Beispiel § 20 BBG; § 18 Abs. 2 LBG BW; § 25 Abs. 2 SächsBG).

Die besonderen Anforderungen bestimmter Bereiche des öffentlichen Dienstes werden durch verschiedene Laufbahnen berücksichtigt (vgl. Leppek 2019: 49). Zu diesen Besonderheiten zählt auch, dass die **Eingangsämter bestimmter Laufbahnen** höheren Besoldungsgruppen zugeordnet sind als im allgemeinen nichttechnischen Verwaltungsdienst. Bei der Berufsfeuerwehr, der Polizei und dem Zoll war das Eingangsamt zum Erhebungszeitpunkt

17 Aufgrund der Vielzahl der bestehenden Regelungen werden hier die Bundesebene und die drei am stärksten in den Befragungsergebnissen vertretenen Länder abgebildet.

mindestens der Besoldungsgruppe A7 zugeordnet, im baden-württembergischen Polizeidienst sogar A8 (vgl. Tabelle 10).

Tabelle 11: Regelaltersgrenzen in verschiedenen Laufbahnen

	Bund	Baden-Württemberg	Bayern	Rheinland-Pfalz
Allgemeine und Finanzverwaltung, Justizdienst (nur Länder) und Zoll (nur Bund)	67	67	67	67
Polizeivollzugdienst	62	62	62	60-62*
Justizvollzugdienst	x	62	62	60
Feuerwehr	62	60	62	60

*Gilt nur bei einer Tätigkeit in „Funktionen des Wechselschichtdienstes, in der Abteilung Spezialeinheiten oder in der Polizeihubschrauberstaffel“. Je nach Dienstzeit Altersgrenze zwischen 60 Jahren und 61 Jahren und 8 Monaten.

Quelle: § 51 Abs. 1 S. 2 u. Abs. 3 S. 1 BBG; BPolG; § 36 Abs. 1, 3 u. 3a LBG BW ; Art. 62 Abs. 1 S. 1, Art. 129 S. 1, Art. 130 u. 132 BayBG; § 37 Abs. 1 S. 1, § 111 Abs. 1 S. 1, § 117 Abs. 1 S. 1 u. § 118 Abs. 1 S. 1 LBG RP

Für die Beamt*innen der Finanzverwaltung, des Zolls und der allgemeinen Verwaltung gilt analog zur gesetzlichen Rentenversicherung die **Regelaltersgrenze** von 67 Jahren (vgl. Tabelle 11). Zur Kompensation der größeren körperlichen Herausforderungen liegt die Regelaltersgrenze des Polizei- und Justizvollzugsdienstes sowie der Berufsfeuerwehr hingegen zwischen 60 und 62 Jahren.

4.2 Anzahl und Struktur der Beamt*innen in den unteren Besoldungsgruppen

4.2.1 Anzahl der Beamt*innen in den unteren Besoldungsgruppen seit 2000

Die Gesamtzahl der Beamt*innen in den unteren Besoldungsgruppen deutschlandweit geht aus den Veröffentlichungen des Statistischen Bundesamtes hervor. Seit 2000 ist die Zahl der Beamt*innen in den unteren Besoldungsgruppen um ein Drittel zurückgegangen – von rund 450.000 auf knapp 300.000 Personen (vgl. Tabelle 12). Bereits 2000 fanden sich umso mehr

Beamt*innen in einer Besoldungsgruppe, je höher diese war[18]. Auf die höchste Besoldungsgruppe A8 entfielen rund 166.000 Beamt*innen, während sich in den Besoldungsgruppen A5 und niedriger nur 60.000 Beamt*innen befanden. In den folgenden 22 Jahren ging die Zahl der Beamt*innen in den unteren Besoldungsgruppen noch weiter zurück. Der aktuelle Stand von rund 294.000 Beamt*innen entspricht einem Rückgang von einem Drittel. Dabei war der Rückgang umso stärker, je niedriger die Besoldungsgruppe war. Die Besoldungsgruppe A8 büßte lediglich gut ein Viertel ihrer Zahlenstärke ein, während die Besoldungsgruppe A6 über die Hälfte ihrer Beamt*innen verlor. Der Rückgang in der Gruppe von A1 bis A5 fällt mit 20% scheinbar gering aus, jedoch ist auch innerhalb dieser Gruppe der massive Verlust unterer Besoldungsgruppen zu beobachten. Wie Zahlen aus dem Jahr 2021 zeigen, wuchs lediglich die Besoldungsgruppe A5 seit 2000 um 74% an. Die Besoldungsgruppen A4 und niedriger nahmen hingegen um 65% ab (vgl. Statistisches Bundesamt 2000b: 24, 26; 2022b: 29; eigene Berechnungen).

*Tabelle 12: Veränderung der Anzahl der Beamt*innen in den unteren Besoldungsgruppen zwischen 2000 und 2022 nach Besoldungsgruppen*

Bes.Gr.	**2000**	**2022**	**Differenz**	
			abs.	**rel.**
A8	166.429	121.100	-45.329	-27%
A7	158.167	93.100	-65.067	-41%
A6	66.478	31.100	-35.378	-53%
A5-A1	60.860	48.900	-11.960	-20%
Gesamt	451.934	294.200	-157.734	-35%

Quelle: Statistisches Bundesamt 2000b: 24, 26; 2024u: 74111-06; eigene Berechnungen.

Der allgemeine zahlenmäßige Rückgang der Beamt*innen in den unteren Besoldungsgruppen ist zum einen auf die steigenden Anforderungen im öffentlichen Dienst zurückzuführen, welche sich in der formalen Qualifikation der Beamt*innen niederschlagen (vgl. Färber 2023: 75; Bundesregierung 2019: 92f). Besonders in den untersten Besoldungsgruppen ist es auch nicht unüblich, die entsprechenden Tätigkeiten Tarifbeschäftigten zu übertragen (vgl. Landesregierung Schleswig-Holstein 2021: 3). Der Wegfall der untersten Besoldungsgruppen ist weiterhin eine Möglichkeit, die Einhaltung des Min-

18 Siehe hierzu auch die weniger stark aggregierten Daten zu den Vollzeitbeschäftigten des einfachen Dienstes im Jahr 2000 (vgl. Statistisches Bundesamt 2000b: 24).

destabstandsgebots sicherzustellen, ohne die Besoldung sämtlicher Beamt*innen anzuheben, was einen noch größeren finanziellen Mehrbedarf bedeuten würde (vgl. Färber 2023: 75). Die zum Zeitpunkt des Wegfalls in den entsprechenden Besoldungsgruppen befindlichen Beamt*innen werden sodann in die niedrigste verbleibende Besoldungsgruppe eingruppiert. So existiert mittlerweile nur noch in zwei Besoldungsordnungen die Besoldungsgruppe A3 (vgl. BBesG – Anlage I; BayBesG – Anlage 1). Diese Entwicklung erklärt auch das Wachstum der Besoldungsgruppe A5.

*Tabelle 13: Veränderung der Anzahl der Beamt*innen in den unteren Besoldungsgruppen zwischen 2000 und 2022 nach Ebene*

	2000	2022	Differenz	
			abs.	rel.
Bund	240.541	160.600	-79.941	-33%
Länder	165.315	100.000	-65.315	-40%
Kommunen	42.025	32.800	-9.225	-22%
Gesamt	447.881	293.400	-154.481	-34%

Quelle: Statistisches Bundesamt 2000b: 24, 26; 2024u: 74111-06; eigene Berechnungen.

Je nach Ebene fällt der Rückgang der Beamt*innen in den unteren Besoldungsgruppen unterschiedlich stark aus (vgl. Tabelle 13): Während der Rückgang auf Bundesebene von rund 241.000 auf 160.000[19] Beamt*innen einem Rückgang von 33% und damit fast dem Durchschnitt entspricht, fällt der Rückgang auf Landesebene stärker aus. Der Rückgang von rund 165.000 auf rund 100.000 Beamt*innen bedeutet einen Verlust von 40% der Beamt*innen in den unteren Besoldungsgruppen. Auf kommunaler Ebene fällt der Rückgang hingegen mit 22% nur etwa halb so groß aus (42.000 versus 33.000 Beamt*innen, entspricht 22%). Für das Jahr 2000 war noch der Bereich „Mittelbarer öffentlicher Dienst" ausgewiesen, welcher im Jahr 2022 in den drei abgebildeten Ebenen und dem neu aufgeführten Bereich „Sozialversicherungen" aufgegangen ist (vgl. Statistisches Bundesamt 2000b: 5; 2024u: 74111-06). Eine Betrachtung dieser beiden genannten Bereiche ist folglich im vorliegenden Zusammenhang nicht zielführend und unterbleibt. Da die Auflösung des Bereiches „Mittelbarer öffentlicher Dienst" zu einem Wachs-

19 Die einschlägigen Publikationen ermöglichen im Bundesbereich keine eindeutige Trennung zwischen Beamt*innen und Soldat*innen. Die Zahl der Beamt*innen liegt somit tatsächlich niedriger.

tum der drei abgebildeten Ebenen geführt hat, muss der Rückgang der Personalstärke ohne die genannte Verzerrung noch etwas höher liegen.

Der Rückgang der Zahl der Beamt*innen in den unteren Besoldungsgruppen ist auch nicht durch ein sinkendes Ausmaß der Teilzeitbeschäftigung zu erklären. Dies hätte zur Folge, dass eine unveränderte Anzahl an Planstellen durch eine geringere Zahl an Beamt*innen besetzt würde. Jedoch hat der Anteil der Beamt*innen in Teilzeit innerhalb des Betrachtungszeitraums sogar zugenommen (vgl. Abbildung 7), was sich mit den Befunden bezüglich der Gesamtgesellschaft aus Kapitel 3 deckt. Dabei weist die Besoldungsgruppe A8 den mit Abstand höchsten Anteil an Teilzeitbediensteten auf. Im Jahr 2000 lag der entsprechende Anteil mit 8% bereits vor allen anderen untersuchten Besoldungsgruppen. Mit einem Zuwachs in Höhe von neun Prozentpunkten entfiel auf sie zudem das mit Abstand größte Wachstum. In den übrigen Besoldungsgruppen lag es nur bei einem bis drei Prozentpunkten. Die Tendenz, dass Arbeiten in Teilzeit mit abnehmender Besoldungsgruppe unwahrscheinlicher wird, ist dadurch noch weiter verstärkt worden.

*Abbildung 7: Veränderung des Anteils der Beamt*innen in Teilzeit in den unteren Besoldungsgruppen (in %) zwischen 2000 und 2021[20] nach Besoldungsgruppe*

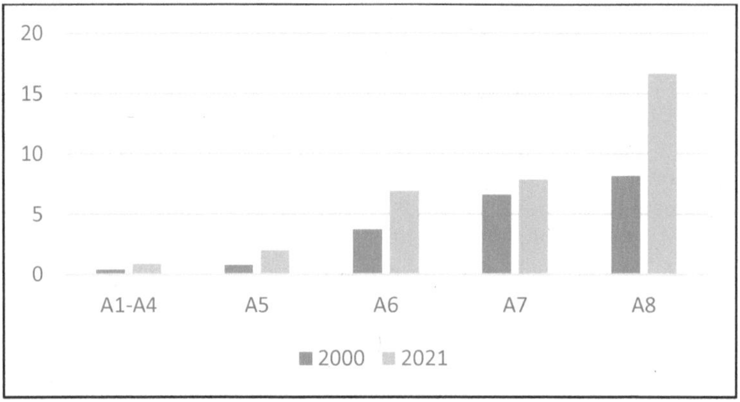

Quelle: Statistisches Bundesamt 2000b: 24, 26; 2022b: 29, 30; eigene Berechnungen.

20 Die aktuellen Daten des Statistischen Bundesamtes ermöglichen keine Aufschlüsselung der Teilzeitquote nach Besoldungsgruppen, weshalb hier näherungsweise Daten aus dem Jahr 2021 verwendet werden.

Der Anteil der Frauen an der Gruppe der Beamt*innen in den unteren Besoldungsgruppen ist seit dem Jahr 2000 ebenfalls in allen Besoldungsgruppen gewachsen (vgl. Abbildung 8). Zu Beginn des Betrachtungszeitraums lag der Anteil weiblicher Beamt*innen in den Besoldungsgruppen A5 und niedriger bei gerade einmal 4%. In der Besoldungsgruppe A6, in welcher der mittlere Dienst beginnt, liegt ihr Anteil mit 29% zwar deutlich höher, wenngleich immer noch unterhalb von 50%. In den folgenden Besoldungsgruppen nimmt der Anteil weiblicher Beamt*innen leicht ab (27% in A7, 21% in A8). Im Jahr 2022 arbeiteten mit 13% Anteil zwar mehr Frauen in den Besoldungsgruppen bis einschließlich A5, jedoch machen diese nach wie vor nur einen geringen Anteil aus. Nach wie vor besteht in der Besoldungsgruppe A6 mit nun 40% der größte Anteil an weiblichen Bediensteten. Der Anteil in A7 hat sich leicht um zwei Prozentpunkte auf 29% erhöht. In A8 fiel das Wachstum größer aus, sodass hier nun mit 36% anteilig mehr Frauen arbeiten als in A7 (vgl. Statistisches Bundesamt 2000b: 24, 26; 2024u: 74111-06 und eigene Berechnungen).

Abbildung 8: Veränderung des Anteils weiblicher Beamtinnen in den unteren Besoldungsgruppen (in %) zwischen 2000 und 2022 nach Besoldungsgruppen

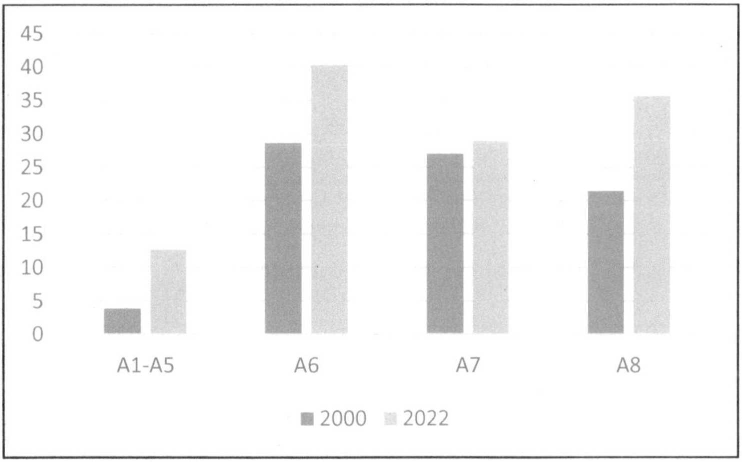

Quelle: Statistisches Bundesamt 2000b: 24, 26; 2024u: 74111-06; eigene Berechnungen.

Im Jahr 2021[21] kamen in den Besoldungsgruppen unterhalb von A6 auf 6.100 Frauen 45.100 Männer (vgl. Abbildung 9). Die weitaus größten Anteile der

21 Auch hier wird mangels aktuellerer Daten auf das Jahr 2021 abgestellt (vgl. Fußnote 20).

Gruppe entfallen auf die oberen Besoldungsgruppen A8 mit 123.000 Beamt*innen (42%) und A7 mit 92.000 Beamt*innen (31%). Die übrigen Besoldungsgruppen umfassen insgesamt nur 81.500 Personen, also 27% des Personals. Teilzeitbeschäftigung liegt nur in jedem zehnten Fall vor und ist am stärksten bei den Frauen in hohen Besoldungsgruppen ausgeprägt (A7 24%, A8 42%).

*Abbildung 9: Anzahl der Beamt*innen in den unteren Besoldungsgruppen nach Besoldungsgruppe, Geschlecht und Stellenanteil (in 1.000) im Jahr 2021*

Quelle: Statistisches Bundesamt 2022b: 30f, eigene Berechnungen.

4.2.2 Anteil der Beamt*innen in den Laufbahnen

Aus manchen **Daten, welche die Dienstherren** zu ihren Beamt*innen in den unteren Besoldungsgruppen zur Verfügung gestellt haben, gingen die Laufbahnen hervor (vgl. Tabelle 14). Die verschiedenen Datenquellen bedingen, dass die Laufbahnen nicht immer identisch abgegrenzt sind. Die Daten wurden zu unterschiedlichen Stichtagen zwischen Oktober 2020 und Oktober 2021 erhoben.

Ein Großteil der Beamt*innen in den unteren Besoldungsgruppen auf **Landesebene** ist im Bereich der Polizei, dem Justizvollzugsdienst oder dem Justizdienst bei Gericht beschäftigt. Soweit abgrenzbar macht dieser Bereich, welchen als „innere Sicherheit" definiert ist, 63 bis 72% der untersuchten Gruppe aus. Auch die Finanzverwaltung ist mit 21 bis 30% recht stark vertreten, der allgemeine nichttechnische Verwaltungsdienst weist lediglich einstellige

Prozentanteile auf. Weitere Laufbahnen wie der technische Dienst kommen vernachlässigbar selten vor.

Für den Blick auf die kommunale und die Bundesebene bieten sich Stellenpläne an, welche zwar nicht die tatsächliche Anzahl an Beamt*innen angeben, da eine ausgewiesene Stelle mit mehreren Beamt*innen in Teilzeit besetzt sein kann. Dennoch lassen sich so zumindest Tendenzen ausmachen. Außerdem ist das Ausmaß der Teilzeitbeschäftigung, wie oben angeführt, in der untersuchten Gruppe recht gering. München als größte **Kommune** in Deutschland – nicht berücksichtigt die Stadtstaaten – wies im Jahr 2022 rund 3.145 Vollzeitstellen in den Besoldungsgruppen A4 bis einschließlich A8 auf; niedrigere Besoldungsgruppen sind nicht besetzt (vgl. Stadt München 2022: 245). Darunter stellt die Berufsfeuerwehr mit rund 900 Stellen den mit Abstand größten Einzelposten dar, was einem Anteil von knapp 29% aller Beamt*innen in den unteren Besoldungsgruppen entspricht (vgl. ebenda: 257, eigene Berechnungen). Der Stellenplan der Stadt Köln, der zweitgrößten Kommune in Deutschland, weist in ihrem Stellenplan für das Jahr 2022 insgesamt 2.133 Stellen in den Besoldungsgruppen A6 bis A8 aus: Niedrigere Besoldungsgruppen sind nicht besetzt (vgl. Stadt Köln 2022: 155). Die mit Abstand größte Gruppe ist mit 636 Stellen ebenfalls die Berufsfeuerwehr, was einem Anteil in Höhe von 30% aller Beamt*innen in den unteren Besoldungsgruppen entspricht (vgl. ebenda: 136f, eigene Berechnungen). Trotz der genannten Ungenauigkeiten des Stellenplans kann man also davon ausgehen, dass auch die Berufsfeuerwehr – wenngleich auf größere Städte beschränkt (vgl. § 8 Abs. 1 S. 2 BHKG; Art. 14 Abs 1 BayFwG) – einen großen Teil der Beamt*innen in den unteren Besoldungsgruppen ausmacht.

Tabelle 14: Anteile des Personals nach Beschäftigungsbereich am gesamten Personal (A8 und niedriger, in %) ausgewählter Landesverwaltungen

<table>
<tr><th></th><th>Baden-Württemberg</th><th>Mecklenburg-Vorpommern</th><th>Nordrhein-Westfalen</th><th>Niedersachsen</th><th>Sachsen</th><th>Sachsen-Anhalt</th></tr>
<tr><td>Polizei</td><td rowspan="2">54</td><td>39</td><td>–</td><td>–</td><td rowspan="2">41</td><td>36</td></tr>
<tr><td>Justizvollzug</td><td>15</td><td rowspan="2">72</td><td rowspan="2">63</td><td>14</td></tr>
<tr><td>Justiz</td><td>17</td><td rowspan="4">46</td><td>31</td><td rowspan="4">50</td></tr>
<tr><td>Steuer</td><td rowspan="2">28</td><td>21</td><td>30</td><td>26</td></tr>
<tr><td>Allg. VW</td><td>7</td><td>5</td><td>2</td></tr>
<tr><td>Sonstiges</td><td>2</td><td>–</td><td>2</td><td>1</td></tr>
</table>

Quelle: Von den Ländern zur Verfügung gestellte Daten, eigene Berechnungen.

Auf **Bundesebene** bestehen im Jahr 2022 ebenfalls große Häufungen bezüglich der Stellen in den unteren Besoldungsgruppen, nämlich in den nachgeordneten Bereichen des Bundesministeriums des Innern und für Heimat, des Bundesministeriums der Finanzen und des Bundesministeriums der Verteidigung. Deren jeweilige Stellenpläne werden wiederum von jeweils einer einzelnen Organisation dominiert, welche in Tabelle 15 aufgeführt sind. Auf die Bundespolizei entfallen damit 19, auf die Zollverwaltung 21 und auf die Bundeswehrverwaltung 15, insgesamt also 55% der Stellen in den unteren Besoldungsgruppen des Bundeshaushalts (eigene Berechnungen).

Im Landesbereich dominieren mit der Polizei, dem Justizvollzugsdienst und der Finanzverwaltung die Bereiche der Eingriffsverwaltung, welche – gegebenenfalls durch Zwang – in die Rechte und Freiheiten der Bürger*innen eingreifen (vgl. Weber 2023: 454). Auch auf der Bundesebene entfallen allein mit der Bundespolizei und dem Zoll 40% der Stellen auf diesen Bereich. Dies ist durch den Funktionsvorbehalt in Art. 33 Abs. 4 GG zu erklären, der besagt, dass hoheitsrechtliche Befugnisse grundsätzlich nur Personen in einem öffentlich-rechtlichen Dienst- und Treueverhältnis – also Beamt*innen – zu übertragen sind. Die Eingriffsverwaltung bildet den unumstrittenen Kern der hoheitsrechtlichen Befugnisse (vgl. Leppek 2019: 24) und ist im Bund und den Ländern vergleichsweise stark ausgeprägt (vgl. Bogumil/Jann 2020: 139). Anders als in anderen Bereichen, in welchen Beamtenstellen auch mit Tarifbeschäftigten besetzt werden können, wird hier also ein gewisser Grundstock an Beamt*innen benötigt. Für Berufsfeuerwehren mag dies nicht gelten, jedoch ist deren Personal von Gesetzes wegen in den Beamtenstatus zu berufen (Art. 14 Abs. 2 S. 1 BayFwG; vgl. § 8 Abs. 2 BHKG). Dies führt im eher von Tarifbeschäftigten dominierten kommunalen Bereich (Bogumil/Jann 2020: 139) zu der starken Stellung der Berufsfeuerwehren unter den Beamt*innen in den unteren Besoldungsgruppen.

Tabelle 15: Stellenumfang ausgewählter Bereiche im Bundeshaushalt 2022

	A8	**A7**	**A6m**	**A6e**	**A5**	**A4**	**A3**	**Gesamt**	**in % des Bereichs**
Bundespolizei	9.360	2.028	43	1	0	0	0	11.432	19,2
Zollverwaltung	7.262	4.637	0	258	257	0	1	12.414	20,8
Bundeswehr-verwaltung	6.242	2.321	203	200	147	49	4	9.166	15,4
Bundesebene insgesamt	28.185	28.185	1.109	1.052	901	140	11	59.583	

Quelle: Haushaltsgesetz 2022: 73; Personalhaushalt – Einzelplan 06, S. 295; Personalhaushalt – Einzelplan 08, S. 80; Personalhaushalt – Einzelplan 14, S. 163.

4.3 Die finanzielle Seite des Amtsverhältnisses

4.3.1 Die Besoldung

Die **Grundbezüge** bilden regelmäßig den Hauptbestandteil der Besoldung.[22] Die Beamt*innen in den unteren Besoldungsgruppen haben ausnahmslos Ämter inne, welche der Besoldungsordnung A zugeordnet sind. Die Höhe ihrer Grundbezüge bemessen sich somit zunächst nach der entsprechenden Besoldungsgruppe ihres Amtes (vgl. § 20 BBesG). Weiterhin steigen die Beamt*innen mit zunehmender Dienstzeit in den sogenannten „Erfahrungsstufen“ auf, welche innerhalb derselben Besoldungsgruppe mit höheren Grundgehältern verbunden sind (vgl. § 27 Abs. 1 BBesG; Tabelle 16). Die regelmäßige Erfahrungszeit, nach welcher eine höhere Erfahrungsstufe erreicht wird, beträgt zwischen zwei und vier Jahren (vgl. § 27 Abs. 3 BBesG). Da die Gesetzgebungskompetenz für die Besoldung seit 2006 nicht mehr allein in die Zuständigkeit des Bundes, sondern nun auch der jeweiligen Länder fällt, divergiert die Höhe der Besoldung mittlerweile zwischen den Dienstherren, auch wenn dieselbe Besoldungsgruppe und dieselbe Erfahrungsstufe betrachtet werden (vgl. beispielsweise Färber 2018: 234; Zinner 2016: 2ff).

Bereits zu Zeiten der Weimarer Republik wurden Besoldungsbestandteile eingeführt, welche den Beamt*innen zur Kompensation der zusätzlichen Aufwendungen für ihre Familien dienten[23]. Diese haben sich mittlerweile zum **Familienzuschlag** gewandelt, welcher gegebenenfalls die Grundbezüge ergänzt (vgl. Becker/Tepke 2016: 27). Dieser bemisst sich nach der Zusammensetzung der Familie und ist in Stufen aufgeteilt. Den Familienzuschlag der Stufe 1 erhalten Beamt*innen, welche verheiratet, verwitwet oder geschieden und ihren ehemaligen Partner*innen zu Unterhalt verpflichtet sind. Auch falls Kinder oder andere Personen, deren Hilfe die Beamt*innen bedürfen, nicht nur vorübergehend in der eigenen Wohnung aufgenommen wurden, wird der Familienzuschlag der Stufe 1 gezahlt (vgl. § 40 Abs. 1 S. 1 BBesG). Zum Erhebungszeitpunkt betrug dieser rund 154 Euro monatlich (vgl. BBVAnpÄndG 2021/2022, Anhang 6). Mit jedem zusätzlichen Kind, für welches ihnen Kindergeld zusteht, erreichen die Beamt*innen eine weitere Stufe des Familienzuschlags. Dies gilt auch, wenn der Kindergeldbezug durch bestimmte Anrechnungs- oder Vorrangregelungen des EStG oder des BKGG verhindert wird (vgl. § 40 Abs. 2 BBesG). Zum Erhebungszeitpunkt betrug der kinderbezogene Bestandteil des Familienzuschlags für das erste und das zweite Kind

22 Aufgrund der Vielzahl an Besoldungsordnungen wird, soweit nicht extra angemerkt, im Folgenden nur die Rechtslage des Bundes behandelt.

23 Vgl. hierzu Hartmann 2020: 6ff.

jeweils rund 132 Euro monatlich, ab dem dritten Kind rund 410 Euro pro Kind[24]. In den Besoldungsgruppen A3 bis A5 wird obendrein noch ein Erhöhungsbetrag ausgezahlt. Für das erste Kind beträgt er 5 Euro, für jedes weitere Kind – abhängig von der Besoldungsgruppe – zwischen 16 und 27 Euro (vgl. BBVAnpÄndG 2021/2022, Anhang 7). Als Reaktion auf Entscheidungen des Bundesverfassungsgerichts haben manche Länder die kinderbezogenen Bestandteile des Familienzuschlags massiv erhöht, teilweise rückwirkend bis zum Januar 2020 (vgl. Färber 2023: 75ff; Schwan 2023: 182f).

Tabelle 16: Ausschnitt aus der Besoldungsordnung A des Bundes in den untersuchten Besoldungsgruppen im Mai 2022 (Monatsbeträge in Euro)

Besoldungsgruppe	Stufe 1	Stufe 2	Stufe 3	Stufe 4	Stufe 5	Stufe 6	Stufe 7	Stufe 8
A3	2.370,74	2.424,23	2.477,74	2.520,81	2.563,87	2.606,95	2.650,03	2.693,09
A4	2.420,35	2.484,28	2.548,22	2.599,12	2.650,03	2.700,93	2.751,81	2.798,82
A5	2.438,59	2.518,20	2.582,14	2.644,81	2.707,47	2.771,42	2.834,04	2.895,40
A6	2.490,79	2.583,48	2.677,42	2.749,20	2.823,61	2.895,40	2.974,99	3.044,17
A7	2.614,79	2.697,03	2.805,37	2.916,26	3.024,59	3.134,23	3.216,46	3.298,67
A8	2.766,18	2.865,38	3.005,00	3.145,99	3.286,92	3.384,81	3.483,99	3.581,88

Quelle: vgl. BBVAnpÄndG 2021/2022, Anhang 6.

In den Besoldungsordnungen des Bundes und der Länder existieren zudem eine Vielzahl **verschiedener Zulagen** und anderer variabler Besoldungsbestandteile, welche in den letzten Jahren überdies weiter zugenommen haben (vgl. Färber/Rodermond 2021: 187). **Leistungszulagen** honorieren die dauerhafte Erbringung einer besonderen Leistung und werden über mehrere Monate mit den Bezügen ausgezahlt (vgl. § 5 BLBV). Die Zulagen sollen die Beamt*innen durch externe Anreize zu einer besseren Leistungserbringung motivieren (vgl. Schmidt 2015: Rn. 120). Deren Zuerkennung und genaue Höhe richtet sich nach dem Ermessen des Dienstherren (vgl. ebenda: Rn. 134; 139), jedoch dürfen die Zulagen eine Höhe von 7% der Grundbezüge der ersten Erfahrungsstufe der Besoldungsgruppe der entsprechenden Beamt*innen nicht übersteigen (vgl. § 5 BLBV). In der untersuchten Gruppe wäre dies maximal die Besoldungsgruppe A8, die Zulagen betragen in diesem Falle höchstens 190 Euro. Nicht unter die oben genannte Definition fallen die Leistungs*prämien*, welche

24 Es gilt der Grundsatz, dass sich kinderreiche Beamt*innen annähernd dasselbe leisten können müssen wie Beamt*innen ohne oder mit nur kleiner Familie (vgl. Bundesverfassungsgericht 1977: Rn. 46).

lediglich einmalige Zahlungen darstellen (vgl. § 4 Abs. 2 S. 1 BLBV) und somit keinen längerfristigen Effekt auf das Einkommen der Beamt*innen haben.

Erschwerniszulagen sind monatliche Zahlungen, welche mit der Diensterfüllung verbundene widrige Umstände abgelten sollen, die aufgrund ihrer Vielfältigkeit oder ihres unregelmäßigen Auftretens nicht in die Bewertung des ausgeübten Amtes eingeflossen sind (vgl. Schmidt 2015: Rn. 146f). Unter der Vielzahl an Zulagen – beispielsweise für Tauchertätigkeiten oder den Umgang mit Sprengstoffen – dürften in der untersuchten Gruppe die Zulagen für Dienst zu ungünstigen und zu wechselnden Zeiten am weitesten verbreitet sein. Als ungünstige Zeiten gelten beispielsweise Sonn- und Feiertage oder die Zeit zwischen 22 und 6 Uhr (vgl. § 3 Abs. 2 EZulV). Dienst zu ungünstigen Zeiten wird mit Zulagen zwischen 1,34 Euro und 5,67 Euro pro Stunde abgegolten (vgl. § 4 EZulV). Dienst zu wechselnden Zeiten liegt vor, wenn zwischen dessen Beginn und dem Beginn des vorherigen Dienstes mindestens viermal im Monat ein Abstand zwischen sieben und 17 Stunden liegt sowie mindestens fünf Stunden im Monat Nachtdienst geleistet wurde (vgl. § 17a EZulV). Die Zulage beträgt 2,40 Euro pro Nachtdienststunde (maximal 108 Euro monatlich) und wird durch nachmitternächtlichen Dienst sowie Dienst an Wochenenden und Feiertagen weiter erhöht (vgl. § 17b Abs. 1 EZulV). Die Höhe der Zulage bestimmt sich nach dem tatsächlichen Vorliegen der genannten Erschwernisse und kann somit monatlich variieren. Jedoch existieren auch Zulagen, welche feste Monatsbeträge vorsehen. Unter diesen dominiert jedoch der militärische Bereich, sodass auf die untersuchte Gruppe nur einige Zulagen für sogenannte „besondere Einsätze" (§ 22 EZulV) entfallen, beispielsweise als Flugsicherheitsbegleiter*in (325 Euro monatlich, vgl. § 22 Abs. 2 Nr. 6 EZulV).

Für die Wahrnehmung herausgehobener Funktionen können dauerhafte **Amtszulagen** oder nur an die tatsächliche Wahrnehmung einer Funktion geknüpfte **Stellenzulagen** vergeben werden (vgl. § 42 BBesG). Hierunter fallen beispielsweise eine Amtszulage für Beamt*innen des Justizdienstes in Höhe von rund 92 Euro monatlich (vgl. Anlage IX Nr. 127 BBesG) oder eine Stellenzulage für den Dienst bei obersten Behörden beziehungsweise Gerichtshöfen, welche in der untersuchten Gruppe 165 beziehungsweise 220 Euro monatlich beträgt (vgl. Anlage II Nr. 7 Abs. 1 i.V.m. Anlage IX Nr. 39 u. 40 BBesG).

Wenngleich der Anspruch der vollen Hingabe den Dienst als Beamt*in zunächst grundsätzlich als Vollzeitbeschäftigung vorsieht (vgl. Brinktrine 2015:

Rn. 23), besteht unter bestimmten Umständen die Möglichkeit, dass Beamt*innen in **Teilzeit** tätig sind[25]:

- Beamt*innen können beantragen, dass ihre regelmäßige Dienstzeit um bis zu 50% reduziert wird. Dem Antrag auf diese **voraussetzungslose Teilzeit** kann (in Bayern: soll) entsprochen werden, „sofern dienstliche Belange nicht entgegenstehen" (§ 92 BBG; § 69 Abs. 4 LBG BW; Art. 89 Abs. 1 Nr. 1 BayBG; § 75 Abs. 4 LBG RP).
- Zur Betreuung von Kindern beziehungsweise der Pflege von Angehörigen kann die **familienbedingte Pflegezeit** beantragt werden. Anders als die voraussetzungslose Teilzeit *ist* diese zu genehmigen, sofern keine *zwingenden* dienstlichen Belange entgegenstehen (§ 92 BBG; § 69 Abs. 1 LBG BW; Art. 89 Abs. 1 Nr. 1 BayBG; § 75 Abs. 4 LBG RP). Teilweise finden sich noch großzügigere Regelungen wie die Absenkung der Dienstzeit unter 50% der regelmäßigen Dienstzeit oder eine vorübergehende Kompensation des Verdienstausfalls (§§ 92a u. 92b BBG; § 76a LBG RP).
- In Baden-Württemberg kann zudem Teilzeit während der **Elternzeit** gewährt werden, „wenn dies im Interesse des Dienstherren liegt" (§ 69 Abs. 3 LBG BW). In Bayern ist diese sogar zu genehmigen, sofern „keine zwingenden dienstlichen Belange entgegenstehen" (Art. 89 Abs. 1 Nr. 2 BayBG).
- Auch kann **Altersteilzeit** in Anspruch genommen werden, sofern (in Bayern: dringende) dienstliche Belange dem nicht entgegenstehen (§ 93 Abs. 2 u. 3 BBG; § 70 LBG BW; Art. 91 BayBG). In Rheinland-Pfalz dagegen besteht diese Möglichkeit mittlerweile nur noch für Lehrkräfte, welche nicht Teil der untersuchten Gruppe sind (§§ 75a u. 75b LBG RP).

Grundsätzlich werden die in diesem Kapitel genannten Dienstbezüge im gleichen Maße wie die Arbeitszeit gekürzt (vgl. § 6 Abs. 1 S. 1 BBesG). Dies gilt jedoch nicht für die Vergütung von Mehrarbeit oder Stellen- beziehungsweise Erschwerniszulagen, sofern sie an die tatsächliche Tätigkeit in dem entsprechenden Bereich gebunden sind (vgl. § 6 Abs. 1a S. 1 BBesG).

Neben der Besoldung können Beamt*innen auch **Nebentätigkeiten** nachgehen, was im Beamtenrecht[26] jedoch besonders restriktiv geregelt ist (vgl. Zilsdorf 2022: 249). Um sicherzustellen, dass die Nebentätigkeiten ihre Amtsführung nicht negativ beeinflussen, benötigen Beamt*innen zur Ausübung der

---

25 Beispielhaft sind hier die Regelungen des Bundes und der drei in der Umfrage teilnehmerstärksten Länder – Baden-Württemberg, Bayern und Rheinland-Pfalz – aufgeführt.

26 Auch hier soll der Übersichtlichkeit halber nur die Rechtslage auf Bundesebene genauer beschrieben werden.

meisten Nebentätigkeiten die Genehmigung ihres Dienstherren (vgl. §§ 99-100 BBG; Leppek 2019: 149). Eine Genehmigung wird unter anderem dann grundsätzlich versagt, wenn die auf die Nebentätigkeit(en) entfallende Arbeitszeit mehr als ein Fünftel der wöchentlichen Dienstzeit beträgt oder die entsprechende Vergütung mehr als 40% der jährlichen Bezüge in der Endstufe der Besoldungsgruppe der Beamt*innen ausmacht (vgl. § 99 Abs. 3 S. 1 u. 3 BBG). Alle Regelungen gelten auch für Ehrenämter, ausgenommen öffentliche Ehrenämter wie beispielsweise Mitgliedschaften in Kommunalvertretungen (vgl. § 97 Abs. 4 BBG; Battis 2022c: Rn. 12).

4.3.2 Vergünstigter Wohnraum für Beamt*innen

Im Zusammenhang mit der materiellen Seite des Dienstverhältnisses stellt sich die Frage, ob und, wenn ja, inwieweit die Dienstherren ihren Beamt*innen vergünstigten Wohnraum zur Verfügung stellen. Das entsprechende Angebot gestaltet sich wie folgt:

- Der mit Abstand größte Anbieter von Wohnungen für seine Bediensteten ist der **Bund**. Die Bundesanstalt für Immobilienaufgaben (BImA) besitzt rund 62.000 Wohnungen deutschlandweit, welche sie Beamt*innen, Richter*innen, Soldat*innen sowie unbefristet Tarifbeschäftigten des Bundes zu Verfügung stellt. Nachrangig können auch Bedienstete der Länder berücksichtigt werden (vgl. Bundesanstalt für Immobilienaufgaben 2023).
- Für Staatsbedienstete im Süden **Bayerns** – in dem auch der Ballungsraum München liegt – existiert ein Bestand von gut 8.500 Wohnungen (vgl. Stadibau GmbH 2023b). Dieser wird von der Stadibau GmbH bewirtschaftet, welche ein Unternehmen des Freistaates Bayern ist (vgl. Stadibau GmbH 2023a).
- Im **Regierungsbezirk Darmstadt**, welcher den dicht besiedelten Süden Hessens umfasst, vergibt die Wohnungsfürsorgestelle des Regierungspräsidiums etwa 1.500 Wohnungen an die im unmittelbaren Landesdienst Beschäftigten beider Statusgruppen (vgl. Regierungspräsidium Darmstadt 2024).
- In **Nordrhein-Westfalen** vergeben Bezirksregierungen Wohnungen an aktive Beamt*innen sowie unbefristet Tarifbeschäftigte im Landesdienst. Die Wohnungen befinden sich im Besitz privater Anbieter*innen, jedoch fällt dem Land im Gegenzug für finanzielle Förderung ein Besetzungsrecht zu (vgl. Bezirksregierung Düsseldorf 2023; Bezirksregierung Münster 2023).

- In **Berlin** wurden im März 2022 die ersten Wohnungen fertiggestellt, welche ausschließlich an Anwärter*innen der Polizei und Feuerwehr vergeben werden. Die 134 Wohnungen wurden durch die Berlinovo Immobilien GmbH errichtet, welche eine Beteiligung des Landes ist (vgl. Berlinovo Immobilien GmbH 2023). Jedoch steht zu vermuten, dass der Erstbezug der Wohnungen durch Anwärter*innen erst zu Beginn des neuen Ausbildungszeitraums im Herbst 2022 erfolgt ist, also erst nach Beendigung der Umfrage.
- Weitere Möglichkeiten preiswerten Wohnens bestehen unter Umständen durch **Beamtenwohnungsvereine**, welche als Genossenschaften organisiert sind. So bietet der Gemeinnützige Beamtenwohnungsverein Bremen e.G. (2024a) seinen Mitgliedern 518 Wohnungen an. Sofern man nicht im öffentlichen Dienst tätig ist, ist eine Mitgliedschaft nur in Ausnahmefällen möglich (vgl. Gemeinnütziger Beamten-Wohnungsverein Bremen e.G. 2024b, § 3). Die Mitgliedschaft im Beamtenwohnungsverein Gelsenkirchen e.G. mit seinen etwa 125 Häusern (vgl. Beamtenwohnungsverein Gelsenkirchen e.G. 2024a) ist sogar ausschließlich Angehörigen des öffentlichen Dienstes beziehungsweise ihren Familienangehörigen vorbehalten (vgl. Beamtenwohnungsverein Gelsenkirchen e.G. 2024b, § 3). Im Regelfall haben die Beamtenwohnungsvereine jedoch die Verknüpfung von Mitgliedschaft mit einer Tätigkeit im öffentlichen Dienst aufgegeben, wie die Beispiele aus Berlin (vgl. Beamtenwohnungs-Verein zu Berlin 2024) und Frankfurt a. M. (vgl. Beamtenwohnungsverein Frankfurt am Main 2024, § 3) zeigen.

Den 5,2 Millionen Beschäftigten im öffentlichen Dienst beider Statusgruppen (Stand: 2022, vgl. Statistisches Bundesamt 2024d) stehen also gemäß den oben obenstehenden Ausführungen insgesamt etwa 70.500 Wohnungen der Dienstherren gegenüber (vgl. eigene Berechnung), was einem Anteil von etwa 1,4% entspricht. Hinzu kommt eine unbekannte Zahl an Wohnungen im Land Nordrhein-Westfalen sowie einige wenige genossenschaftlich organisierte und exklusiv an Angehörige des öffentlichen Dienstes vergebene Wohnungen. Und auch wenn die Vergabe, welche auch soziale Kriterien einbezieht (vgl. z.B. Bundesanstalt für Immobilienaufgaben 2024), die Erfolgschancen der Beamt*innen in den unteren Besoldungsgruppen tendenziell erhöht, so ist doch davon auszugehen, dass deren Chancen auf den Bezug einer solchen Wohnung überschaubar sind.

4.3.3 Die Gesundheitsversorgung der Beamt*innen

Bezüglich ihrer Gesundheitsversorgung profitieren die Beamt*innen in der Regel von der Beihilfe, in deren Rahmen der Dienstherr einen bestimmten Anteil der Kosten für Krankheits-, Geburts- und Todesfälle trägt (vgl. Leppek 2019: 160f). Selbiges gilt für die Ehepartner*innen und Kinder der Beamt*innen (vgl. § 80 Abs. 1 u. 2 BBG). Dabei sind erstere nur beihilfeberechtigt, falls ihr Bruttojahreseinkommen 20.000 Euro nicht übersteigt (vgl. § 6 Abs. 2 BBhV). Die Beihilfesätze für Beamt*innen im aktiven Dienst betragen in der Regel 50, nach Eintritt in den Ruhestand 70%. Für Ehepartner*innen galt im Erhebungsjahr ein Beihilfesatz von 50 beziehungsweise 70%, für Kinder betrug er 80% (vgl. Tabelle 17). Je nach Kinderzahl kann sich der Beihilfesatz der Beamt*innen ändern. Für das restliche Risiko wird in der Regel eine private Kranken- und Pflegeversicherung abgeschlossen (vgl. Hebeler et al. 2015: Rn. 18) und aus den Netto-Bezügen finanziert.

Tabelle 17: Beihilfesätze des Bundes und ausgewählter Länder im Jahr 2022 (in %)

	Bund	**Baden-Württemberg**	**Bayern**	**Rheinland-Pfalz**
Aktiver Dienst	50 70 ab 2 Kindern	50	50 70 während Elternzeit 70 ab 2 Kindern	50 70 ab 2 Kindern
Ruhestand	70	50	70	70
Ehepartner*innen	70 (Jahreseink. < 20.000 Euro)	50 (Jahreseink. < 20.000 Euro)	70 (Jahreseink. < 20.000 Euro)	70 (Jahreseink. < 17.000/ 20.450 Euro)
Kinder	80	80	80	80

Quelle: § 6 Abs. 2 S. 1, § 46 Abs. 2 u. Abs. 3 S. 1 BBhV; § 14 Abs. 1 S. 2 BVO BW; § 78 Abs. 1a S. 1 LBG BW; Art. 96 Abs. 1 S. 1, Abs. 3 S. 2 u. 3 BayBG; § 57 Abs. 1 BVO RP; §66 Abs. 2 Nr. 1 LBG RP.

Die Beiträge der **privaten Krankenversicherung** bemessen sich anhand der Risiken der jeweils versicherten Person (vgl. § 146 Abs. 1 Nr. 1 VAG). Zur Finanzierung höherer Gesundheitskosten im Alter müssen die Versicherungsbeiträge ab Versicherungsbeginn um entsprechende Anteile zum Aufbau von Alterungsrückstellungen erhöht werden. Mindestens ist ein entsprechender

Beitrag in Höhe von 10% der Versicherungsbeiträge ab dem 21. Lebensjahr der Versicherungsnehmer*innen zu erheben (vgl. § 149 S. 1 u. 2 VAG).

Beamt*innen mit höheren Risiken können sich durch einen Wechsel in die **Basistarife** der privaten Krankenversicherung vor höheren Beiträgen schützen (vgl. § 152 Abs. 2 S. 1 Nr. 3 VAG). Hier ist die Beitragshöhe auf den Höchstbetrag der gesetzlichen Krankenversicherung begrenzt, abzüglich des durch die Beihilfe gedeckten Anteils (vgl. § 152 Abs. 3 S. 3 VAG). Der Leistungsumfang ist mit dem der gesetzlichen Krankenversicherung vergleichbar (vgl. § 152 Abs. 1 S. 1 VAG) Zum Erhebungszeitpunkt betrug diese maximale Beitragshöhe für Beamt*innen mit einem Beihilfeanspruch in Höhe von 50% monatlich etwa 385 Euro (vgl. 2024).

Eine Kopplung der Beiträge an das Einkommen der Versicherten, wie sie in der gesetzlichen Krankenversicherung besteht, deren Beiträge sich als fester Prozentsatz des Bruttogehalts bemessen (vgl. § 241 SGB V), liegt nicht vor. Jedoch haben manche Dienstherren Mechanismen zur Entlastung der Beamt*innen in niedrigeren Besoldungsgruppen eingeführt:

- Im Bundesrecht könnten die Beamt*innen in den unteren Besoldungsgruppen bis einschließlich Besoldungsgruppe A3 und in den meisten Erfahrungsstufen der Besoldungsgruppe A4 mit einem monatlichen Versicherungsbeitrag von 400 Euro von einer Ausnahmeregelung profitieren. Der Dienstherr kann ihren Beihilfebemessungssatz von 50 auf 60% erhöhen, wenn sie nur über ein niedriges Einkommen verfügen, dabei aber Versicherungsbeiträge über 15% ihres Einkommens zahlen müssen. Diese Möglichkeit ist jedoch auf höchstens drei Jahre befristet (vgl. § 47 Abs. 2 BBhV).
- Baden-Württemberg nahm zum Erhebungszeitpunkt die Besoldungsgruppen unterhalb von A7 von der Kostendämpfungspauschale aus. Beamt*innen in der Besoldungsgruppe A7 mussten jährlich 90 Euro, Beamt*innen in der Besoldungsgruppe A8 jährlich 100 Euro ihrer Gesundheitskosten selbst tragen. In höheren Besoldungsgruppen steigt dieser Betrag auf bis zu 330 Euro an (vgl. § 15 Abs. 1 BVO BW i.d.F. vom 3.2.2021, GBl. S. 213).
- Ähnlich ist die Situation in Rheinland-Pfalz. Eine Kostendämpfungspauschale greift nicht bei den Besoldungsgruppen A5 und A6. Beamt*innen in A7 und A8 müssen jährlich 100 Euro ihrer Gesundheitskosten selbst tragen. In den höchsten Besoldungsgruppen liegt der Selbstbehalt bei 750 Euro jährlich (vgl. § 66 Abs. 5 S. 1 LBG RP).
- In Bayern gilt ein Selbstbehalt in Höhe von 3 Euro je Verordnung für alle Beamt*innen unabhängig von der Besoldungsgruppe (vgl. Art. 96 Abs. 3 S. 5 BayBG).

Beamt*innen können sich auch freiwillig in der **gesetzlichen Krankenversicherung** versichern (Roetteken 2022: 105). In diesen Fällen ist von den Beamt*innen allein sowohl der Arbeitnehmer- als auch der Arbeitgeberanteil des Versicherungsbeitrags zu tragen (vgl. § 250 Abs. 2 SGB V). Ihr Anspruch auf Beihilfe entfällt dabei (§ 8 Abs. 4 S. 1 Nr. 1 BBhV). Entsprechend sind nur wenige Beamt*innen Mitglieder in der gesetzlichen Krankenversicherung: Im Jahr 2022 traf dies auf nicht einmal 2% der Beamt*innen deutschlandweit zu (vgl. Bundesministerium für Gesundheit 2023: 4; Statistisches Bundesamt 2024d, eigene Berechnungen). Möglicherweise wird sich deren Zahl durch die zunehmende Verbreitung der „pauschalen Beihilfe" ändern. Bei dieser Form der Beihilfe übernimmt der Dienstherr pauschal die Hälfte der Beiträge, welche die Beamt*innen für eine freiwillige Mitgliedschaft in der gesetzlichen Krankenversicherung abführen müssen (vgl. Roetteken 2022: 404; Rieger 2023: 188f). Für die Beamt*innen in den unteren Besoldungsgruppen kann dies finanzielle Entlastungen mit sich bringen (vgl. Roetteken 2022: 404).

Aufgrund der höheren Beanspruchung, wie sie beispielsweise durch den Schichtdienst hervorgerufen wird, und die erhöhte Gefahr zu verunfallen oder sich zu verletzen, gewährt der Dienstherr den Beamt*innen im Polizeivollzugsdienst und der Berufsfeuerwehr – in Baden-Württemberg außerdem im Justizvollzugsdienst – **freie Heilfürsorge** (vgl. Wölke 2020: Rn. 3; Hommel 2022: Rn. 31). Ihnen entstehen keinerlei Kosten durch eine (private) Krankenversicherung. Familienmitglieder sind hiervon ausgenommen, sie unterliegen dem normalen Beihilfesystem (vgl. Wölke 2020: Rn. 4). Auch Aufwendungen für Pflegeleistungen der Beamt*innen werden nur bis zur Hälfte durch den Dienstherren getragen (vgl. § 16 Abs. 1 BPolHfV), sodass das Restrisiko durch eine private Pflegeversicherung abgesichert werden muss.

4.4 Zusammenfassung

Im Hinblick auf die Forschungsfragen lassen sich bereits jetzt erste Aspekte zusammenfassen: Der **Wandel in Gesellschaft und Arbeitsmarkt** betrifft auch die Gruppe der Beamt*innen in den unteren Besoldungsgruppen. So ist der Frauenanteil vor allem in den höheren untersuchten Besoldungsgruppen gestiegen. Da Beamtinnen öfter in Teilzeit tätig sind, hat sich so auch die durchschnittliche Teilzeitquote der untersuchten Gruppe erhöht.

Die **Einkommenssituation** der Beamt*innen in Vollzeit wird in vielen Fällen durch eine Besoldung beeinflusst, welche sich nach den höheren der untersuchten Besoldungsgruppen bemisst. Die untersten Besoldungsgruppen sind nur extrem schwach besetzt und teilweise bereits weggefallen. Steigende Anforderungen an den öffentlichen Dienst und Eingangsämter bestimmter Laufbahnen, welche hohen Besoldungsgruppen zugeordnet sind, sorgten für eine Verschiebung der Gruppenstruktur in Richtung der höheren Besoldungsgruppen.

Die **Ausgabensituation** ist durch den besonderen Umstand geprägt, dass im Rahmen der Beihilfe vom Nettoeinkommen regelmäßig noch der Beitrag für die private Kranken- und Pflegeversicherung abzuziehen ist. Da es sich dabei um einen festen Betrag handelt, welcher sich nach dem persönlichen Risiko bemisst, fällt der Anteil der Beiträge an den Nettobezügen umso größer aus, je niedriger die Besoldungsgruppe ist. Für die untersten Besoldungsgruppen bestehen teilweise begrenzte Entlastungen. In den oberen untersuchten Besoldungsgruppen sind dagegen diejenigen Ämter angesiedelt, in welchen aufgrund des Heilfürsorgeanspruchs keinerlei Krankenversicherungsbeiträge für die Beamt*innen selbst anfallen. In der untersuchten Gruppe kann somit die Art der Gesundheitsversorgung mit knapp 400 Euro netto Differenz einen bedeutenden Unterschied ausmachen.

Die Chancen der Beamt*innen, vergünstigten Wohnraum nutzen zu können, sind gering. Auch sie müssen folglich meist auf die steigenden Preise auf dem Wohnungsmarkt reagieren.

Aktuelle **Reformbemühungen** lassen sich einerseits in dem Wegfall der unteren Besoldungsgruppen ausmachen, welcher teilweise bereits zu einer gänzlichen Abschaffung des einfachen Dienstes führte. Weiterhin etablierten einige Länder bereits das System der pauschalen Beihilfe, welche vor allem für die untersten Besoldungsgruppen finanzielle Entlastungen durch die Möglichkeit einer Versicherung in der gesetzlichen Kranken- und Pflegeversicherung mit sich bringt.

5. Die Einkommenssituation der Beamt*innen in den unteren Besoldungsgruppen

Zielsetzung der Arbeit ist es, die wirtschaftliche Situation der Beamt*innen in den unteren Besoldungsgruppen zu analysieren. Dabei wird nicht auf das Individual-, sondern auf das Haushaltseinkommen abgestellt. Nicht wenige dieser Beamt*innen leben mit anderen – verwandten und nicht-verwandten – Personen zusammen. In diesen Mehrpersonen-Haushalten können weitere Einkommen neben der Besoldung erwirtschaftet werden. Die Zahl und die Art der Beziehungen der Haushaltsmitglieder untereinander beeinflussen zudem die Ausgaben für Steuern und Sozialabgaben sowie die Struktur der Ausgaben im Ganzen beziehungsweise je Person im Haushalt. Selbst alleinstehende Beamt*innen können mit anderen Haushalten wirtschaftlich verbunden sein, indem sie Unterhaltszahlungen leisten oder beziehen. Auch die Entscheidungen des Bundesverfassungsgerichts zur Beamtenbesoldung gehen davon aus, dass die Beamt*innen mit dem aus dem Beamtenverhältnis erzielten Einkommen mehr als den eigenen Lebensunterhalt finanzieren (vgl. Bundesverfassungsgericht 2020a: Rn. 47). Insoweit muss der Haushalt die Bezugsgröße der empirischen Analyse sein.

Vor diesem Hintergrund wird im nachfolgenden empirischen Kapitel zunächst

- in einem ersten Unterabschnitt der Haushaltsbegriff für die Untersuchung selbst näher eingegrenzt, bevor
- die möglichen Datengrundlagen vorgestellt und ihre Eignung zur Analyse der wirtschaftlichen Situation der Beamt*innen in den unteren Besoldungsgruppen diskutiert werden.
- Daran anschließend wird der eigene Datensatz vorgestellt.
- In einem vierten Unterabschnitt wird schließlich beleuchtet, in welchem Rahmen sich das Brutto- und Nettoeinkommen aus der Besoldung im Untersuchungszeitraum bewegt. Denn dieses ist das für die Analyse zentrale Einkommen der Haushalte, ohne dass es notwendigerweise auch den größten Teil des Haushaltseinkommens darstellt.

Im weiteren Teil dieses empirischen Kapitels werden die Ergebnisse der Befragung in drei großen Unterabschnitten präsentiert,

- zunächst die Größe und Struktur der Haushalte sowie die dort angegebene Erwerbstätigkeit,
- anschließend die Einkommensstruktur der befragten Haushalte insgesamt und schließlich

- sowohl die Einkommen und die Angaben zu wichtigen Ausgabenblöcken von verschiedenen identifizierten Haushaltstypen.

Das Kapitel schließt mit einer Zusammenfassung der Befragungsergebnisse ab.

5.1 Eingrenzung des empirischen Forschungsgegenstandes, Datengrundlagen und Fragebogen

Im Fokus der empirischen Analyse stehen die Haushalte der Beamt*innen. Abhängig von der Beziehung der Haushaltsmitglieder und dem Grad ihrer wirtschaftlichen Integration existieren verschiedene Definitionen, wie genau ein Haushalt abzugrenzen ist. Durch die zunehmende Heterogenität der Lebensformen gestaltet sich die Zusammensetzung der Haushalte auch immer vielfältiger. Somit ist es zunächst notwendig, eine für die Untersuchung einheitliche Abgrenzung zu entwickeln, welche Formen des Zusammenlebens als Haushalte gelten sollen. Daten zur wirtschaftlichen Situation der entsprechend abgegrenzten Haushalte der Beamt*innen in den unteren Besoldungsgruppen liegen nicht in einer für eine Analyse ausreichenden Quantität und Differenziertheit vor. Deshalb war es notwendig, eine eigene Umfrage unter diesen Beamt*innen durchzuführen.

Die Besoldung ist in allen untersuchten Fällen Teil des Haushaltseinkommens und hat theoretisch den Anspruch, für sich genommen das Auskommen des Haushalts sicherstellen zu können. Ihr kommt damit eine besondere Bedeutung innerhalb der Untersuchung zu. Um vor diesem Hintergrund die übrige Einkommens- und Ausgabensituation einschätzen zu können, muss weiterhin festgestellt werden, in welchem Rahmen sich die Besoldung unter welchen Umständen bewegt.

5.1.1 Die Beamtenhaushalte als Forschungsobjekt

Die Abgrenzung des Begriffs des Haushalts variiert zwischen der Rechtswissenschaft, der Volkswirtschaftslehre und der Soziologie:

- Das **Recht** legt den Fokus auf die wirtschaftliche Einheit innerhalb von Familien, aus welcher sich die Pflicht zur gegenseitigen (finanziellen) Unterstützung ergibt.

  Das Zivilrecht legt den Verwandten in gerader Linie die Verpflichtung auf, im Bedarfsfall einander Unterhalt zu gewähren (vgl. §§ 1601-1603 BGB), was jedoch nur in Ausnahmefällen an das Bestehen eines gemeinsamen Haushalts geknüpft ist (vgl. § 1603 Abs. 2 BGB).

Im Steuerrecht werden neben den Steuerpflichtigen selbst und ihren Ehegatten (hier besteht die Möglichkeit zur gemeinsamen Veranlagung, vgl. § 38b Abs. 1 Nr. 3 bis 5 und § 39f EStG) meist nur noch Eltern-Kind-Beziehungen berücksichtigt (Freibeträge für Kinder, vgl. § 32 EStG). Ehegatten obliegt es, finanziell und durch tatsächliche Verrichtung von Arbeiten zur Haushaltsführung beizutragen (vgl. Pückler 2022: Rn. 9ff).

Im Sozialrecht werden die Haushaltsmitglieder, welche zur subsidiären Sicherung des Auskommens von Antragsteller*innen herangezogen werden, unterschiedlich definiert, beschränken sich jedoch fast ausschließlich auf Ehepartner*innen oder Verwandte (vgl. z.B. § 43 Abs. 1 S. 2 SGB XII; § 9 Abs. 2 S. 1-2 SGB II; § 5 Abs. 1 Nr. 4 WoGG). Ausnahmsweise berücksichtigt § 7 Abs. 3 SGB II als Partner*in bereits diejenige Person, welche mit den Leistungsbezieher*innen „in einem gemeinsamen Haushalt so zusammenlebt, dass nach verständiger Würdigung der wechselseitige Wille anzunehmen ist, Verantwortung füreinander zu tragen und füreinander einzustehen".

Diese Definitionen verdeutlichen die große Bedeutung, welche die gegenseitige Solidarität der Haushaltsmitglieder untereinander und damit die gemeinschaftliche Sicherung des Haushaltseinkommens hat – wenngleich sie bei der genauen Definition der Haushaltsmitglieder abweichen und sich meist auf Ehepartner*innen und Verwandte beschränken. Die Haushaltsmitglieder zeichnen sich durch finanzielle Interdependenzen untereinander aus, verlieren sogar zu einem Teil ihre finanzielle Unabhängigkeit und gehen stattdessen in der wirtschaftlichen Einheit des Haushalts auf.

- In der **Ökonomie** ist ein Haushalt eine Gruppe von Menschen, welche ihr Einkommen teilen – unabhängig davon, ob familiäre Bindungen bestehen (vgl. Krugman 2017: 41). Im Haushalt müssen Entscheidungen getroffen werden, auf welche Weise Geld erwirtschaftet wird und ob beziehungsweise wie dieses verausgabt werden soll (vgl. Erlei 2019: 29). Die Wahl der konsumierten Güter richtet sich dabei nach den persönlichen Präferenzen der Haushaltsmitglieder (vgl. ebenda: 8). Außerdem liefert die Ökonomie mit Hilfe des Konzepts der Skaleneffekte (vgl. Krugman 2017: 43; siehe auch Hagenaars et al. 1994: 18) nähere Einblicke in die Entwicklung der Ausgabenstrukturen der Haushalte in Abhängigkeit von ihrer Größe: So können größere Haushalte durch die gemeinsame Nutzung bestimmter Haushaltsinfrastrukturen wie beispielsweise Küche, Waschmaschine oder Badezimmer Einspareffekte erzielen. Hierdurch ändern sich wiederum die Ansprüche beziehungsweise die finanziellen Spielräume der Haushalte. Diese Aussagen heben hervor, dass die Dimension der gemeinsamen

Verausgabung von zusammengelegtem Einkommen ebenfalls von Bedeutung ist. Außerdem verdeutlichen sie, dass die Einnahmen- und Ausgabensituation eng mit der Zusammensetzung des Haushalts zusammenhängen.

- Eine **soziologische** Definition des Haushalts liefert Steuerwald (2016: 89f). In Abgrenzung von Lebensformen, welche das bloße Zusammenleben der Menschen mit ihren Mitmenschen beschreiben, zeichnen sich Haushalte darüber hinaus durch gemeinsames Wohnen und Wirtschaften aus. Meist lassen sich Haushalte eindeutig als solche ausmachen, jedoch können beispielsweise bei Wohngemeinschaften Abgrenzungsschwierigkeiten auftreten, ob diese einen gemeinsamen Haushalt bilden oder aus mehreren Haushalten bestehen. Als Familie werden nur solche Haushalte angesehen, welche obendrein mit Kindern zusammenwohnen und diese sozialisieren. Auch in der **amtlichen Statistik** werden (private) Haushalte anhand des gemeinsamen Wohnens und Wirtschaftens abgegrenzt. Dies umfasst auch Haushalte, welche aus lediglich einer Person bestehen (vgl. Statistisches Bundesamt 2024j). Ob die Haushaltsmitglieder in einem verwandtschaftlichen Verhältnis zueinander stehen, ist nicht von Belang. Diese weiten Definitionen verdeutlichen, dass Haushalte mannigfaltige Strukturen annehmen können und nicht notwendigerweise durch verwandtschaftliche Beziehungen geprägt sein müssen. Somit können beispielsweise Wohngemeinschaften auch als Haushalt betrachtet werden. Dort läge die in rechtlicher Hinsicht postulierte Solidarität nicht vor und die wirtschaftliche Integration könnte sich auf basale Elemente wie die gemeinschaftliche Finanzierung der Wohnung oder Regeln zur Bewirtschaftung des Kühlschranks beschränken. Während Steuerwald (2016: 89f) mit Blick auf die zwischenmenschlichen Beziehungen das Vorliegen eines Haushalts in diesen Fällen nicht pauschal annehmen will, sieht das Statistische Bundesamt, vermutlich mit Blick auf die praktische Umsetzung der Datenerhebung, jede Wohngemeinschaft als Haushalt an.

Die wirtschaftliche Situation von Beamt*innen muss im Gesamtkontext des Haushalts gesehen werden. Denn die Haushaltsmitglieder sind im Hinblick auf ihre (1.) Einkommens- und (2.) Ausgabensituation in ihre jeweiligen Haushalte integriert, teilweise bestehen sogar Rechtspflichten den anderen Haushaltsmitgliedern gegenüber.[27] Die Einnahmen- und Ausgabensituation wird weiterhin stark durch (3.) die genaue Zusammensetzung der Haushalte

27 Dabei kann nicht angenommen werden, dass das Gesamteinkommen von allen Haushaltsmitgliedern zusammengelegt und dann auch gemeinschaftlich verwaltet wird. So könnten Partner*innen sich bei der Verwaltung ihrer Finanzen eng abstimmen, während im selben Haushalt lebende erwachsene Kinder weitgehend frei über ihr eigenes Einkommen verfügen können. Aber auch Paare könnten nur Teile ihrer Individualeinkommen in die gemeinsame Finanzierung des Haushalts einbringen.

beeinflusst. Für die vorliegende Analyse eignen sich sowohl die ökonomische als auch die soziologische Abgrenzung, während sich die juristische Abgrenzung eher für Antworten auf rechtliche Fragen bei der Interpretation von spezifischen Ergebnissen eignet. Für diese Arbeit soll eine weite Definition des Haushaltsbegriffs gelten, nämlich diejenigen Personen, welche allein oder gemeinsam wohnen und somit ein Mindestmaß wirtschaftlicher Integration aufweisen.

Gerade mit Blick auf die unterschiedliche Einnahmen-/Einkommens- und Ausgabensituation sind die verschiedenen Formen vom Beamtenhaushalten von Bedeutung. Das Statistische Bundesamt unterscheidet die vier folgenden Fälle von Haushalten (vgl. Statistisches Bundesamt 2024l):

- **Alleinstehende** führen ohne andere Personen einen eigenen Haushalt. Sie können alleinstehend sein oder in einer Partnerschaft beziehungsweise Ehe leben, in welcher beide Partner*innen einen eigenen Haushalt führen (vgl. Geißler 2014: 435). Auch Verheiratete, welche im Rahmen des Ehescheidungsprozesses von ihren Partner*innen getrennt leben (vgl. § 1567 BGB), fallen in diese Kategorie.
- **Alleinerziehende** leben ausschließlich mit Kindern unter 18 Jahren im Haushalt zusammen. Dazu zählen auch Pflege- und Adoptivkinder.
- **(Ehe-)Paare** führen gemeinschaftlich – ohne oder mit Kindern unter 18 Jahren – einen Haushalt. Unter diese Definition fallen auch Haushalte, in welchen lediglich ein*e Partner*in Elternteil eines Kindes ist. Eine formelle Ehe beziehungsweise Partnerschaft muss nicht notwendigerweise bestehen.
- **Sonstige Haushalte** sind alle jene Haushalte, welche den vorherigen drei Typen entsprechen und in welchen darüber hinaus weitere Personen – also keine Partner*innen oder Kinder unter 18 Jahren – leben.

Falls Beamt*innen in den Haushalten leben, lässt sich bei den drei ersten der genannten Haushaltskonstellation feststellen, in welcher Beziehung die Beamt*innen zu etwaigen anderen Haushaltsmitgliedern stehen. In Haushalten mit weiteren Personen bieten sich hingegen mannigfaltige Möglichkeiten, wie die Haushalte aufgebaut sein können und wie die Beamt*innen im Haushaltsverbund verortet sind. So können alleinstehende Beamt*innen beispielsweise in jungen Jahren noch im elterlichen Haushalt, möglicherweise noch mit Großeltern und weiteren Geschwistern zusammenwohnen, welche alle als weitere – verwandte – Personen gelten würden. Bei älteren Beamt*innen wäre es hingegen nicht ungewöhnlich, wenn die weiteren Personen im

Haushalt ihre erwachsenen Kinder wären. Auch eine Wohngemeinschaft fiele in diese Kategorie.

In den Haushalten der Alleinerziehenden und der (Ehe-)Paare können ebenfalls eine oder mehrere erwachsene Personen leben, welche häufig verwandtschaftliche Beziehungen zu mindestens einem der anderen Haushaltsmitglieder aufweisen. Je nachdem, ob es sich bei den Beamt*innen um den Haushaltsvorstand oder eine weitere Person handelt, variiert auch die Beziehung zu den anderen Haushaltsmitgliedern. So ist beispielsweise die Situation junger Beamtenanwärter*innen, welche noch im Haushalt eines Elternteils leben, eine andere als die Situation alleinerziehender Beamt*innen. Auch können in einem Haushalt neben einem Paar und dessen eigenen Kindern bzw. den Kindern der Beamt*in auch Kinder oder Enkel der Partner*in leben, die mit der Beamt*in aber nicht verwandt sind. Alle diese Konstellationen haben gegebenenfalls Einfluss auf die Einkommens- und Ausgabensituation, sodass die Grundstruktur der untersuchten Haushalte von großer Bedeutung für die Interpretation der Befragungsergebnisse ist.

5.1.2 Verfügbare Datengrundlage, Erhebung und Aufbereitung eigener Daten

Die Datenlage zur wirtschaftlichen Situation der Haushalte von Beamt*innen in den unteren Besoldungsgruppen ist beschränkt. Es lassen sich allenfalls kleinere Teilgruppen aus bestehenden Datensätzen isolieren, die ihrerseits keine oder nur wenig belastbare Hinweise auf die Situation ergeben.

- Zwar erhebt das Sozio-oekonomische Panel (SOEP) für die Untersuchung einschlägige Daten und im Zuge seiner Befragungen bei den Berufsmerkmalen nicht nur den Beamtenstatus, sondern auch die Laufbahngruppe (vgl. Deutsches Institut für Wirtschaftsforschung 2022: 113). Somit wäre auch eine Abgrenzung der untersuchten Gruppe in ausreichender Trennschärfe möglich. Jedoch finden sich hier nur gut 200 Fälle in der zu untersuchenden Gruppe (vgl. Sozio-oekonomisches Panel 2022); dies sind zu wenige Daten für belastbare Ergebnisse.
- Im Rahmen des Mikrozensus wird zwar der Beamtenstatus erhoben, die Laufbahn wird jedoch nicht explizit abgefragt. Zwar besteht die Möglichkeit, dass diese Angabe in einem Freitextfeld gemacht wird, jedoch ist dies nicht sicher (vgl. Statistisches Bundesamt 2023h: 29, 36 u. 42). Die Analyse nur der untersuchten Teilgruppe der Beamt*innen ist somit nicht möglich.

- Andere vom Statistischen Bundesamt veröffentlichte Daten zu Beamt*innen ermöglichen ebenfalls keine Abgrenzung nach Laufbahnen; zudem liegen keine Daten zu deren Haushaltsstrukturen oder gar der Einkommens- und Ausgabensituation dieser Haushalte vor (vgl. z.B. Statistisches Bundesamt 2022c, insb. S. 29ff u. 37).
- Einige Länder haben anonymisierte Daten zu Forschungszwecken bereitgestellt. Dabei handelte es sich ausschließlich um im Rahmen der Personalverwaltung erhobene Daten, die das Dienstverhältnis (beispielsweise Besoldungsgruppe, Erfahrungsstufe und Dienstalter) betreffen. Einzig für die Bemessung des Familienzuschlags erhobene Daten enthalten Informationen über den Familienstand und die Anzahl der zum Bezug von Kindergeld berechtigenden Kinder.

Aufgrund der unzureichenden Datenlage war die Erhebung eigener Daten die einzige zielführende Alternative. Zu diesem Zweck wurde ein **Online-Fragebogen** (siehe Anhang 2) entwickelt.[28] Er richtete sich an Beamt*innen in der Besoldungsgruppe A8 und niedriger. Dieser wurde über die Personalverantwortlichen in den Behörden des Bundes, der Länder und auf kommunaler Ebene sowie durch einige Gewerkschaften[29] an die Beamt*innen weitergeleitet. Die ausgemachten rund 6.150 Adressaten wurden aus technischen Gründen zwischen dem 6. und 16. Mai 2022 via E-Mail kontaktiert. Ab dem 30. Mai wurde derselbe Verteiler erneut kontaktiert, um sich für die Weiterleitung der Anschreiben zu bedanken beziehungsweise dies zu erbitten, sollte es noch nicht geschehen sein. Der Rücklauf betrug 4.242 Antworten, was einer Beteiligungsquote von 1,47% der Grundgesamtheit entspricht[30] und somit als durchaus zufriedenstellend anzusehen ist.

Der Datensatz wurde um die Fragebögen bereinigt, welche bereits auf der ersten Seite abgebrochen wurden (n = 222), und um jene, in denen eine Besoldungsgruppe von höher als A8 angegeben wurde (n = 425). Es liegen damit 3.595 auswertbare Fragebögen vor.

---

28 Mein Dank gilt meinen Kolleg*innen sowie den Personalräten der Deutschen Universität für Verwaltungswissenschaften Speyer und der Stadt Nürtingen für ihre Unterstützung der Konstruktion des Fragebogens im Rahmen eines Pre-Tests.

29 Dabei handelt es sich um den Deutschen Beamtenbund Tarifunion (DBB) und ver.di, sowie bestimmte Gewerkschaften, welche ausschließlich Beschäftigte in Bereichen vertreten, in welchen die Angehörigen der gesuchten Gruppe vermehrt tätig sind. Als Partner konnten die Deutsche Justiz-Gewerkschaft, die Deutsche Polizei-Gewerkschaft und die Gewerkschaft der Polizei gewonnen werden.

30 Deutschlandweit existierten zum Erhebungszeitpunkt etwa 297.000 Beamt*innen in den unteren Besoldungsgruppen (vgl. Statistisches Bundesamt 2022c: 29).

Vor allem bei den sensibleren Angaben zur Einkommenssituation des Haushalts und dessen Ausgaben waren nicht alle Fragebögen vollständig beantwortet; vielfach wurde auch die Antwort „keine Angabe“ (k.A.) gewählt. Weitere Bereinigungen der Fragebögen wurden nach dem Prinzip des listenweisen Ausschlusses vorgenommen: Fehlerhafte Werte wurden als solche kodiert, die übrigen korrekten Angaben aber weiter in die Analyse einbezogen, um die Fallzahl nicht noch stärker zu mindern (vgl. Engel/ Schmidt 2022: 464f). Extrem unplausible Fragebögen, deren Besoldungsgruppe nicht angegeben wurde (n = 214), wurden ebenfalls ausgeschlossen. Es verblieben somit 3.381 Fälle.

5.1.3 Der Aufbau des Fragebogens

Der Fragebogen steht vor der Herausforderung, einerseits die bisher genannten, für die Einnahmen- und Ausgabensituation als relevant eingestuften Informationen zu erheben. Andererseits darf er nur eine beschränkte Länge und einfache Fragen aufweisen, um einer hohen Teilnehmer*innenzahl nicht entgegenzustehen. Zunächst waren Angaben zur **Haushaltsstruktur** unabdingbar. Die Fragen nach den Haushaltsmitgliedern wurden bewusst umgangssprachlich gehalten, um auch die mittlerweile üblichen informellen Paarbeziehungen und Patchwork-Haushalte zu erkennen. So wurde in Frage B1 nur nach **Partner*innen**, nicht aber nach Ehepartner*innen gefragt. Rückschlüsse auf einen Bezug des Familienzuschlags der Stufe 1 sind somit nicht möglich. Frage B2 knüpft die Angabe zu **Kindern** an den Umstand, dass den Haushalten (nicht den antwortenden Beamt*innen) Kindergeld zufließt. Da somit auch Kinder nicht verheirateter Partner*innen gemeint sein können, kann auch nicht sicher auf den Bezug des kinderbezogenen Bestandteils des Familienzuschlags geschlossen werden (vgl. § 40 Abs. 2 BBesG). Weiterhin können noch Kinder, welche nicht mehr zum Bezug von Kindergeld berechtigen oder andere Personen mit eigenem Einkommen Teil des Haushalts sein. Diese werden durch die Fragen B3 und B4 erfasst. Hier werden **weitere Personen** auch ohne verwandtschaftliches Verhältnis zu den Befragten abgefragt, sodass auch Patchwork-Haushalte und Wohngemeinschaften erfasst werden können.

Anschließend wurden die wichtigsten Parameter der **Einkommenssituation** erhoben. Frage C1 erhob die **Wochenarbeitszeit** der Beamt*innen, da diese die Höhe der Besoldung maßgeblich beeinflusst, eine Tätigkeit in Vollzeit aber nicht (mehr) selbstverständlich ist. Die regelmäßige Wochenarbeitszeit von Beamt*innen in Bund und Ländern variiert in Abhängigkeit vom Dienstherren, in den meisten Fällen liegt sie jedoch zwischen 40 und 41 Wochenstunden (vgl. dbb Beamtenbund und Tarifunion 2019; Wissenschaftlicher Dienst des Bundestages 2019). Der Einfachheit halber und zum besseren Vergleich mit den allgemeinen Arbeitsmarktanalysen sollen im Folgenden alle Befragten mit mindestens 35 Wochenstunden als Vollzeitbeschäftigte gelten[31]. In Frage C2 wird mit dem Bezug einer **Zulage** für besondere Leistungen oder Erschwernisse (vgl. Abschnitt 4.3.1) der letzte große Besoldungsbestandteil neben dem Familienzuschlag abgefragt. Aufgrund der genannten eingeschränkten Möglichkeiten, innerhalb des Dienstverhältnisses ein höheres Einkommen zu erzielen (vgl. Abschnitt 5.1.4), muss mit der Möglichkeit gerechnet werden, dass Beamt*innen trotz der ebenfalls eingeschränkten Möglichkeiten hierzu (vgl. Abschnitt 4.3.1) eine **Nebentätigkeit** aufnehmen (C3). Weiterhin ist wahrscheinlich, dass auch die **Partner*innen erwerbstätig** sind (vgl. Abschnitt 3.3.2) und damit Einkommen in ähnlicher Größenordnung wie die Beamt*innen erzielen (Frage C4).

Mit Frage C5 wurde der Bezug weiterer Einkommensarten innerhalb der letzten zwölf Monate auf Ebene der Haushalte abgefragt. Die Einkommen können folglich auch von anderen Haushaltsmitgliedern bezogen worden sein. Zunächst ist **Unterhalt** zu nennen, dessen Bedeutung mit den steigenden Scheidungszahlen zugenommen haben dürfte. Weitere mögliche Einkommensquellen sind außerdem **Sozial- und andere staatliche Leistungen**. Manche der erhobenen Leistungen – wie z.B. Arbeitslosengeld – können nicht von den befragten aktiven Beamt*innen bezogen worden sein. Indes ist es durchaus im Interesse der Untersuchung, diese Sozialleistungen für die Haushaltsebene zu erfassen.

Die **Ausgabensituation der Haushalte** wurde durch intervall-skalierte Angaben erhoben, um den Befragten die Beantwortung zu erleichtern und den Datenschutz zu verbessern. Zunächst wurden die Aufwendungen für die **Wohnung** inklusive Nebenkosten (D1) erfasst. Diese sind in den letzten Jahren vor allem in den Ballungsräumen stark angestiegen (vgl. Färber 2018: 234; Färber/Rodermond 2021: 184). Die Ausgaben für den **Arbeitsweg** (D2) sind deshalb von Bedeutung, weil sie komplementär zu geringeren Ausgaben fürs Wohnen in der Peripherie von Ballungsräumen auftreten oder – bei Mehrpersonenhaushalten – die Ausgaben für Arbeitsplätze an verschiedenen Orten abbilden können.[32]

Für das Nettoeinkommen unmittelbar relevant sind die **Versicherungsbeiträge** des Haushalts zur Gesetzlichen Krankenversicherung und zu privaten

31 In anderen Branchen gelten 35 Wochenstunden bereits als Vollzeittätigkeit (vgl. zum Beispiel IG Metall Bezirk Baden-Württemberg 2021, § 6).

32 Die Erhebung der Postleitzahl des Wohnortes, welche in diesem Zusammenhang noch weitergehende Einblicke versprach, musste leider aus Datenschutzgründen unterbleiben.

Krankenversicherungen sowie zu Krankenzusatzversicherungen (D3). Zusätzlich können Belastungen durch **sonstige Ausgaben für Gesundheit** wie Zuzahlungen, Rezeptgebühren oder Kostendämpfungspauschalen entstehen (D4). Die Zahlung von **Unterhalt** (D5) kann ebenfalls große Belastungen für einen Haushalt bedeuten. Sie ist damit auch die spiegelbildliche Angabe zu empfangenen Unterhaltsleistungen bei den Daten zur Einkommenssituation in Block C.

An weiteren Ausgabepositionen kann recht gut abgelesen werden, welche finanziellen Spielräume den Haushalten nach Begleichung der quasi zwangsläufigen Ausgaben noch bleiben. Dabei handelt es sich zum ersten um die **Ausgaben pro Kind**, welche über deren Grundbedürfnisse hinausgehen, also beispielsweise Vereinsmitgliedschaften oder KiTa-Gebühren (D6). Zum zweiten wurden die Ausgaben des gesamten Haushalts für **Urlaubsreisen** erhoben (D7), wobei darum gebeten wurde, bei der Beantwortung der Frage von den entsprechenden Restriktionen aufgrund der Corona-Pandemie abzusehen.

Zentral für die Einnahmensituation ist das monatliche **Gesamteinkommen des Haushalts** nach Abzug von Steuern, Sozialabgaben und Beiträgen zur privaten Kranken- und Pflegeversicherung sowie inklusive Sozialleistungen (E1). Da in der Frage mehrfach vom „Gesamteinkommen" des Haushalts die Rede war, wird von den Befragten auch etwaiger Unterhalt als Einnahme berücksichtigt worden sein.

Die Fragen E2 bis E4 dienen dazu, den **Anteil der Besoldung am Haushaltseinkommen** und damit dessen Bedeutung vor dem Hintergrund etwaiger zusätzlicher Einnahmequellen zu bewerten. Diese rein quantitative Perspektive wird durch die subjektive Einschätzung der Befragten zur **Angemessenheit ihrer Besoldung** ergänzt (E5), was auch mit Blick auf die eingeschränkten Möglichkeiten zur Erhöhung der Besoldung relevant ist.

Abschließend werden einige Angaben erfasst, um die Befragten im Hinblick auf das Dienstverhältnis und ihre **persönlichen Merkmale** plastischer zu machen, sodass Befunde möglicherweise bestimmten Gruppen von Beamt*innen zugeordnet werden können. Darüber hinaus ergeben sich derart zusätzliche Informationen, welche Rückschlüsse auf Höhe und Struktur der Besoldung zulassen. So kann durch Erhebung der **Tätigkeitsebene** (Bund, Land, Kommune, Sonstige; Frage F1) und des **Landes** (F2) die für die Beamt*innen einschlägige Besoldungsordnung identifiziert werden. Aus Datenschutzgründen durfte die Postleitzahl der Dienststelle nicht abgefragt werden. Die Angabe der **Besoldungsgruppe** (F3) dient ebenfalls der genaueren Eingrenzung der Besoldungshöhe und der Laufbahn. Außerdem ist sie nötig, um die Zugehörigkeit der Befragten zur Gruppe der Beamt*innen in den unteren Besoldungsgruppen (A8 und niedriger) festzustellen. Durch die Erhebung des **Geschlechts** (F5) kann weiterhin dessen Einfluss auf die Einkommenssituation und die partnerschaftliche Aufgabenteilung festgestellt werden. Durch das **Alter** (F6) lassen sich Rückschlüsse auf die Erfahrungsstufe und den Karrierefortschritt ziehen. Außerdem lässt sich in diesem Kontext die Haushaltsstruktur besser interpretieren.

Bei der Interpretation der erhobenen Daten sind jedoch Einschränkungen zu beachten.

- Da die Angaben von den Befragten in der Regel nur subjektiv oder aus dem Gedächtnis beantwortet wurden, ist eine gewisse Fehlertoleranz nicht auszuschließen. Dies dürfte vor allem bei den Fragen zur Höhe von Einkommen und Ausgaben der Fall gewesen sein. So dürfte es beispielsweise den meisten Befragten schwergefallen sein, ein Haushaltseinkommen genau anzugeben, wenn weitere Einkommen beispielsweise der Partner*-innen vorliegen.
- Bezüglich der weiteren verwandten und nicht-verwandten Personen ist nicht klar, ob diese wirtschaftlich vollständig in die Haushalte der Befragten integriert sind. Die Untersuchung entsprechender Haushalte als Ganzes – beispielsweise durch das Konzept der Äquivalenzeinkommen – setzt dies jedoch voraus und ist folglich mit einer gewissen Restunsicherheit behaftet.
- Manche Teilgruppen der Stichprobe – beispielsweise höhere Altersgruppen, Alleinerziehende oder Haushalte mit vielen Kindern – liegen nur in geringer Fallzahl vor. Die gewonnenen Ergebnisse sind somit stärker anfällig für zufällige Schwankungen. Sofern Tabellen Gruppen mit weniger als fünf Fällen ausweisen, wird zur Einordnung der Ergebnisse die Fallzahl in Klammern angegeben.
- Die Umfrage wurde in den Monaten Mai und Juni 2022 durchgeführt. Kurz vorher beziehungsweise während der Umfrage sind die Preise für Energie aufgrund des Kriegsgeschehens in der Ukraine massiv angestiegen (vgl. Statistisches Bundesamt 2023c: 30). In Verbindung mit der Notwendigkeit, die entsprechenden Angaben zu schätzen, scheint es möglich, dass manche Befragte ihre Nebenkosten (und damit die Ausgaben fürs Wohnen) oder Ausgaben für Treibstoff (und damit die Ausgaben für den Arbeitsweg) zu hoch angaben.
- Bei der Interpretation der ausgewerteten Daten ist zu beachten, dass zum Zeitpunkt der Erhebung bereits seit Jahren von den Beamtenverbänden eine zu geringe Alimentation der Beamt*innen mit Kindern kritisiert wurde (vgl. z.B. Behörden Spiegel 2021: 3). Weiterhin hatten in der Folge der

Bundesverfassungsgerichtsentscheidungen des Jahres 2022 bereits zahlreiche Beamt*innen Widerspruch gegen ihre Bezügemitteilungen eingelegt (vgl. z.B. tbb Beamtenbund und Tarifunion Thüringen 2021). Entsprechend könnten Ergebnisse durch strategische Antworten verfälscht sein, beispielsweise durch zu gering angegebene Haushaltseinkommen oder zu hoch angegebene Ausgaben fürs Wohnen.

Trotz dieser Einschränkungen bieten die erhobenen Daten einen bisher nie dagewesenen Einblick in die wirtschaftliche Situation der Beamt*innen in den unteren Besoldungsgruppen.

Wenngleich der Konstruktion des Fragebogens der Versuch vorausging, das Themenfeld theoretisch bestmöglich zu durchdringen, erwiesen sich einzelne Variablen bei der Auswertung als weniger sachdienlich als gedacht. Gleichzeitig ergab sich an anderen Stellen weitergehendes Erkenntnisinteresse, welches im Rahmen der Umfrage noch nicht berücksichtig werden konnte.

5.1.4 Der Besoldungsrahmen der untersuchten Gruppe

Um die Einkommenssituation der untersuchten Haushalte besser vor allem auch im Hinblick auf die absolute und relative Bedeutung der Besoldung einschätzen zu können, sind weitere Determinanten zu betrachten, deren Höhe sich nicht nur nach Stellenanteil, Besoldungsgruppe, Erfahrungsstufe und Familienzuschlag richtet (Bruttoeinkommen), sondern auch vom Abzug der Lohnsteuer, den Kranken- und Pflegeversicherungsbeiträgen und gegebenenfalls Kindergeld (netto) sowie auch durch Unterhaltszahlungen und Sozialleistungen (verfügbares Einkommen) bestimmt wird.

Tabelle 18: Monatliche Besoldung des Bundes in der niedrigsten und höchsten Erfahrungsstufe im Jahr 2022 (in Euro)

Bes.gruppe	Erfahrungs-stufe 1	Erfahrungs-stufe 8	Spannweite ES 1 – ES 8	in % der Erfahrungsstufe 1
A3	2.360	2.681	321	13,6
A4	2.410	2.786	377	15,6
A5	2.452	2.906	455	18,6
A6	2.480	3.031	551	22,2
A7	2.603	3.284	681	26,2
A8	2.754	3.566	812	29,5
Spannweite von A3 bis A8	394	885		
A8 in % von A3	116,7	133,0		

Quelle: BBesG i.d.F. vom 1.4.2022, Anlage 4, eigene Berechnungen.

Seit der Föderalismusreform wurde das zuvor einheitliche Besoldungssystem aufgegeben. Der Bund und alle Länder legen die Höhe der Besoldung eigenständig fest. Diese Unterschiede haben auch auf die Höhe der Familienzuschläge durchgeschlagen, bevor hier Ende 2022 eine Welle der Erhöhungen eingesetzt hat (vgl. Färber 2023: 75ff). Weiterhin wurden beim Bund und in einigen norddeutschen Ländern neue Besoldungsordnungen verabschiedet, die nur noch acht Erfahrungsstufen aufweisen. Zudem werden seit einigen Jahren bei Bund und Ländern sukzessive die unteren Besoldungsgruppen und auch Erfahrungsstufen abgeschafft. Hieraus resultiert eine große Heterogenität der Besoldungen, deren Spannweite im Folgenden aufgezeigt wird.

Am Beispiel des Bundes lässt sich zunächst aufzeigen, wie groß die Spannweite der Grundbesoldung zwischen den Besoldungsgruppen A3 und A8 einerseits und zwischen den Erfahrungsstufen 1 und 8 andererseits ist (vgl. Tabelle 18). In A8 beträgt die Spanne der Erfahrungsstufen mit 816 Euro noch rund 30% der Erfahrungsstufe 1. In A3 hingegen trennen die höchste und die niedrigste Erfahrungsstufe lediglich 322 Euro, was nur knapp 14% der ersten Erfahrungsstufe ausmacht. Der Abstand von der Erfahrungsstufe 1 in A3 zur Erfahrungsstufe 1 in A8 beträgt 394 Euro, was einen Unterschied von knapp 17% entspricht. In der letzten Erfahrungsstufe beträgt der Abstand mit 885 Euro mehr als doppelt so viel, prozentual entspricht der Abstand 33%. Die Möglichkeiten, mit einem Aufstieg in den Erfahrungsstufen höhere Grundbezüge zu realisieren, sind in den ohnehin schlechter vergüteten niedrigen Besoldungsgruppen stärker eingeschränkt. Mit zunehmender Besoldungsgruppe nimmt diese Einschränkung ab.

Aufgrund der Reföderalisierung im Besoldungsrecht sind die Bezüge in derselben Besoldungsgruppe je nach Dienstherr nicht gleich hoch. Auch variiert der Abstand zwischen den Bezügen je nach Karrierefortschritt beziehungsweise Erfahrungsstufe (vgl. Abbildung 10). In der Besoldungsgruppe A5 liegen die Bezüge in Rheinland-Pfalz je nach Erfahrungsstufe zwischen 178 und 246 Euro über denjenigen auf Bundesebene. In der höchsten Erfahrungsstufe ist der Abstand am größten. In der Besoldungsgruppe A7 liegen die Bezüge in Rheinland-Pfalz ebenfalls bis zu 258 Euro höher als auf Bundesebene, in der jeweils höchsten Erfahrungsstufe ist der Abstand mit 90 Euro jedoch am geringsten. In den ersten Jahren der Stufenlaufzeit ist die Besoldung in Rheinland-Pfalz in A5 sogar höher als diejenige in A7 im Bund.

Die höchste Erfahrungsstufe wird im einfachen Bundesdienst durch verkürzte Stufenlaufzeiten bereits nach 21 Dienstjahren erreicht. Erfolgte eine Verbeamtung auf Lebenszeit beispielsweise in einem Alter von 20 Jahren, bedeutet dies das Erreichen der höchsten Erfahrungsstufe mit 41 Jahren, also noch vor der Hälfte der Lebensarbeitszeit. Rheinland-Pfalz weist noch die alte zwölfstufige Systematik auf. Hier ist die höchstmögliche Erfahrungsstufe (hier: A5 ES 11) im vormaligen einfachen Dienst[33] nur zwei Jahre später erreicht. Der (vormalige) mittlere Dienst (hier: A7) erreicht die höchstmögliche Erfahrungsstufe nur einige Jahre später, nämlich mit 24 beziehungsweise 27 Dienstjahren. Die Beamt*innen in den unteren Besoldungsgruppen können somit mitunter bereits in der Mitte ihrer Lebensarbeitszeit keine höheren Bezüge durch Aufstiege in Erfahrungsstufen realisieren. Stattdessen sind sie auf Beförderungen auf höherwertige Planstellen angewiesen. Es kann jedoch nicht sicher sein, ob freie Planstellen überhaupt vorhanden sind oder diese gegebenenfalls nicht mit Mitbewerber*innen besetzt werden.

Abbildung 10: Entwicklung der monatlichen Grundbesoldung nach Dienstjahren im Bund und in Rheinland-Pfalz (A5 und A7)

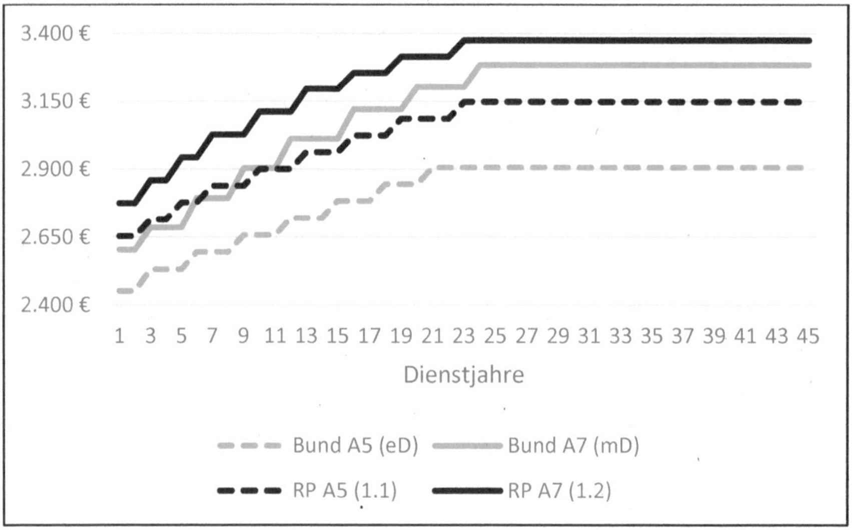

Quelle: § 27 Abs. 3 BBesG; § 29 Abs. 3 LBesG RP.

Sowohl im Bund als auch in Rheinland-Pfalz nimmt der Abstand zwischen den Besoldungsgruppen A5 und A7 mit ansteigender Erfahrungsstufe zu. Am Beginn der Stufenlaufzeit ist der Abstand in beiden Fällen noch ähnlich hoch: Im Bund beträgt er 152 und in Rheinland-Pfalz 121 Euro. In der höchstmöglichen Erfahrungsstufe jedoch beträgt er im Bund 378, in Rheinland-Pfalz lediglich 227 Euro. Trotz dieses Unterschieds ist beiden Fällen gemein, dass

33 Mittlerweile: Erste Laufbahngruppe, erstes Einstiegsamt, vgl. Abschnitt 4.1.

der mit Beförderungen verbundene finanzielle Zugewinn mit dem Fortschreiten der Karriere anwächst.

Tabelle 19: Höchste und niedrigste monatliche Grundbesoldung der untersuchten Gruppe (in Euro) nach ausgewählten Dienstherren im Jahr 2022

	Besoldungsgruppe und Erfahrungsstufe		**Durchschnittliche monatliche Besoldung***		**Spannweite**	**Höchste in % der niedrigsten Grundbes.**
	niedrigste	**höchste**	**niedrigste**	**höchste**		
Baden-Württemberg**	A6 ES 1	A8 ES 11	2.563	3.622	1.059	141,3
Bayern	A3 ES 2	A8 ES 10	2.633	3.728	1.095	141,6
Bremen**	A3 ES 1	A8 ES 11	2.477	3.592	1.115	145,0
Bund	A3 ES 1	A8 ES 8	2.360	3.566	1.206	151,1
Niedersachsen	A5 ES 1	A8 ES 11	2.540	3.579	1.038	140,9
Saarland	A4 ES 1	A8 ES 11	2.423	3.499	1.075	144,4
Thüringen	A6 ES 2	A8 ES 11	2.637	3.590	953	136,1

Quelle: Besoldungsgesetze des Bundes und der Länder, eigene Berechnungen.

*Durchschnittswerte aus eine Zwölftel der Jahresbruttobesoldung einschließlich (Corona-)Sonderzahlungen und allgemeiner Stellenzulagen.
** Wegfall der Besoldungsgruppe zum 1. Dezember. Dezember-Wert anhand des Vormonats fortgeschrieben.

Auch der maximale Zugewinn durch Beförderungen innerhalb der untersuchten Gruppe variiert zwischen dem Bund und den verschiedenen Ländern: Die Besoldungsspanne der untersuchten Gruppe wird in allen Gebietskörperschaften nach oben hin durch die Erfahrungsstufen 8 beziehungsweise 11 (in Bayern 10) in Besoldungsgruppe A8 begrenzt (vgl. Tabelle 19). Die Untergrenze hingegen variiert stärker. Der Bund und Bremen verfügten zum Erhebungszeitpunkt noch über die Erfahrungsstufe 1 in Besoldungsgruppe A3. Über die gesamte Gruppe hinweg weisen sie somit die höchsten Spannweiten auf (1.206 beziehungsweise 1.115 Euro[34]). Die höchstmöglichen Gehälter der untersuchten Gruppe entsprechen dort 51 beziehungsweise 45% der jeweils niedrigsten Gehälter. Bayern verfügt ebenfalls noch über die Besoldungsgruppe A3, jedoch beginnt diese mit der Erfahrungsstufe 2. Die Spannweite ist in Bayern ähnlich groß wie in Bremen (1.095 Euro), da jedoch die höchste und niedrigste Besoldung jeweils höher liegen als in Bremen, beträgt die

34 Die Werte setzen sich aus den Grundbezügen, dem Familienzuschlag und gegebenenfalls einer allgemein gewährten Stellen- oder Strukturzulage zusammen.

Spannweite in Bayern nur knapp 42% der niedrigsten Bezüge. In Baden-Württemberg und Thüringen ist die niedrigste Besoldungsgruppe A6. Diese beginnt in Baden-Württemberg in Erfahrungsstufe 1, in Thüringen in Erfahrungsstufe 2. In der Folge ist die Spannweite in Thüringen mit 953 Euro recht gering. Sie macht dort nur 36% der niedrigsten Besoldung aus. Baden-Württemberg dagegen weist eine für drei Besoldungsgruppen relativ große Spannweite auf (1.059 Euro), welche kaum hinter der des Saarlands zurückbleibt (1.075 Euro).

Tabelle 20: Durchschnittliche Monatsbruttobesoldung ausgewählter Dienstherren im Jahr 2022 (in Euro)

	Bund	**BY**	**HH**	**MV**	**RP**
Endstufe untersuchte Gruppe	A8 ES 8	A8 ES 10	A8 ES 8	A8 ES 11	A8 E 11
ledig	3.566	3.728	3.563	3.528	3.649
verheiratet	3.697	3.877	3.705	3.663	3.724
Spanne zu ledig	131	149	142	135	75
in % von ledig	3,7	4,0	4,0	3,8	2,1
verheiratet, zwei Kinder	3.981	4.148	3.999	3.921	4.146
Spanne zu ledig	415	420	436	394	497
in % von ledig	11,6	11,3	12,2	11,2	13,6
verheiratet, vier Kinder	4.797	4.980	4.801	4.668	5.015
Spanne zu ledig	1.231	1.252	1.238	1.141	1.366
in % von ledig	34,5	33,6	34,7	32,3	37,4

Quelle: Besoldungsgesetze des Bundes und der Länder, eigene Berechnungen.

Neben den Grundbezügen ist weiterhin der Familienzuschlag zu betrachten. Dieser kann je nach Familienkonstellation einen relativ großen Anteil an der gesamten Besoldung ausmachen (vgl. Gottstein 2019: 44ff). Die Bruttobesoldung von Beamt*innen der untersuchten Gruppe in Abhängigkeit von der familiären Situation im Jahr der Erhebung[35] ist in Tabelle 20 abgebildet. Es sind die Werte der höchsten Kombination aus Besoldungsgruppe und Erfahrungsstufe der untersuchten Gruppe in den jeweiligen Gebietskörperschaften zusammengestellt. Der Familienzuschlag der Stufe 1 fällt in fast allen untersuchten Gebietskörperschaften ähnlich hoch aus. Er beträgt mit 131 bis 149

35 Auf die jüngere Bundesverfassungsgerichtliche Rechtsprechung (vgl. Bundesverfassungsgericht 2020b) reagierten manche Dienstherren gegen Ende des Jahres 2022 mit einer starken Erhöhung des Familienzuschlags (vgl. Art. 2 Nr. 5 u. 6 BbgBVAnpG 2022; Art. 1 Nr. 6 LBVAnpG NW 2022). In manchen Fällen erfolgte die Erhöhung sogar rückwirkend (vgl. z.B. § 1 HmbBesStG). Wenn nach jetziger Rechtslage zum Erhebungszeitpunkt ein höherer Familienzuschlag galt, werden dessen Auswirkungen durch die Umfrage nicht abgebildet, da während der Erhebung noch die niedrigeren Familienzuschläge galten. Entsprechend wird hier auf die Rechtslage zum Erhebungszeitpunkt abgestellt.

Euro monatlich jeweils circa 4% der Bezüge lediger Beamt*innen. Lediglich in Rheinland-Pfalz fällt der Hinzugewinn durch Heirat mit 75 Euro geringer aus. Bei verheirateten Beamt*innen mit zwei Kindern liegen die meisten Werte des Hinzugewinns ebenfalls recht nah beieinander (394 bis 436 Euro, jeweils circa 11 bis 12% der Ledigen). Rheinland-Pfalz weicht diesmal mit 14% der Bezüge lediger Beamt*innen (497 Euro) nach oben ab. Bei den Familien mit vier Kindern wirken sich die Familienzuschläge aus, welche im Übrigen ab dem dritten Kind noch einmal höher ausfallen als für die ersten beiden Kinder. Die Gehälter dieser Familien liegen im Vergleich zu den ledigen Beamt*innen nun 32 bis 37% höher. Der Abstand zu den Ledigen fällt in Mecklenburg-Vorpommern mit 1.141 Euro monatlich am geringsten aus, in Rheinland-Pfalz ist er mit 1.366 Euro am größten.

Die Tendenz einer mit wachsender Familie ansteigenden Bruttobesoldung der Beamt*innen wird beim Nettoeinkommen[36] noch weiter verstärkt. Tabelle 21 und Abbildung 11 zeigen die Zusammensetzung des Nettoeinkommens der Beamt*innen aufgegliedert nach Bruttobesoldung, Abzügen durch die Lohnsteuer und Beiträge zur private Kranken- und Pflegeversicherung sowie gegebenenfalls Kindergeld. Sofern Haushalte mit erwerbstätigen Partner*innen aufgeführt sind, beziehen sich die Angaben lediglich auf die Beamt*innen. Derartige Haushalte verfügen somit zusätzlich über das Nettoeinkommen der Partner*innen. Innerhalb solcher Haushalte können verschiedene Möglichkeiten bestehen, wie das Einkommen auf die Partner*innen verteilt wird beziehungsweise wie die gemeinsamen Kosten des Haushalts zu getragen werden.

Gegenüber Ledigen weisen vergleichbare Beamt*innen mit nichterwerbstätigen Ehepartner*innen ein höheres Netto-Einkommen auf, da letztere vom Splitting-Vorteil am meisten profitieren. Haushalte mit Kindern erhalten weiterhin Kindergeld, welches zum Erhebungszeitpunkt ebenfalls noch mit steigender Kinderzahl wuchs. Für das erste und zweite Kind betrug es 219 Euro monatlich, für das dritte 225 und ab dem vierten Kind 250 Euro (vgl. § 6 BKGG i.d.F. vom 23.5.2022, BGBl. I S. 749). Weiterhin steigt der Beihilfesatz für Beamt*innen mit zwei oder mehr Kindern von 50 auf 70% an (vgl. § 46 Abs. 3 S. 1 BBhV). Entsprechend sinkt das Nettoeinkommen lediger Beamt*innen gegenüber den Brutto-Bezügen um 24% ab, während verheiratete Beamt*innen mit vier Kindern sogar Netto-Einkommen aufweisen, welche über ihre Brutto-Bezüge hinausgehen.

Neben diesen idealtypischen Einverdienst-Haushalten können weitere Konstellationen der Haushaltsstruktur und der Erwerbstätigkeit auftreten, welche

36 Als Sonderausgaben wurden pauschal 80% der Beiträge zur privaten Kranken- und Pflegeversicherung veranschlagt, weil die Beihilfetarife mehr als die steuerlich akzeptierte Grundversorgung abdecken.

ebenfalls das Nettoeinkommen des Haushalts verändern. Dies hebt die Relevanz der Haushaltskonstellation für eine Untersuchung der wirtschaftlichen Situation dieser Haushalte hervor: So erhalten alleinerziehende Beamt*innen auf einer halben Stelle auch nur 50% der Grundbesoldung sowie den halben Familienzuschlag. Die niedrigere Bruttobesoldung führt aufgrund des progressiven Einkommensteuersatzes zu einer unterproportionalen Belastung im Vergleich mit den Beamt*innen in Vollzeit. Sofern im Fall von Paaren die Ehepartner*innen der Beamt*innen Erwerbseinkommen in gleicher Höhe aufweisen (jeweils in Steuerklasse 4), unterscheidet sich die Besoldung der Beamt*innen lediglich durch den Familienzuschlag der Stufe 1 von den Ledigen. Im Vergleich zu Beamt*innen mit nicht erwerbstätigen Ehepartner*innen entfällt der Splitting-Vorteil und die Steuerlast für die Beamt*innen steigt von 51 auf 319 Euro pro Monat. Da die Partner*innen nun aber aufgrund ihrer Erwerbstätigkeit selbst kranken- und pflegeversichert sind, entfallen monatliche Versicherungsbeiträge in Höhe von circa 173 Euro. Im Übrigen erhält der Haushalt nun zusätzliches Einkommen der Partner*innen.

Tabelle 21: Brutto- und Nettomonatseinkommen typisierter Beamtenhaushalte (Bund, A3, ES 1, 2022, in Euro)

	Einverdienst-Haushalte (Steuerklasse III)				
	verheiratet	**Verh. 1 K.**	**Verh. 2 K.**	**Verh. 3 K.**	**Verh. 4 K.**
Brutto	2.513	2.803	2.961	3.396	3.830
Lohnsteuer	51	103	152	252	355
PKV u. PPV	459	497	423	462	501
Kindergeld	0	227	455	688	946
Netto	2.004	2.431	2.840	3.370	3.921
in % des Brutto	79,7	86,7	95,9	99,2	102,4
	ledig	**allein-erziehend, 1 Kind, 50%-Stelle**	**(Ehe)Paar, Anteil der Beamt*in, Partner*in nicht im öffentlichen Dienst**		
			Doppelverd., St. Kl. 4	**Teilzeit, 50%, St.Kl. 5**	**TZ, 50%, St.Kl. 4 mit Faktor**
Brutto	2.360	1.401	2.513	1.257	1.257
Lohnsteuer	276	29	319	130	9
PKV u. PPV	286	324	286	286	286
Kindergeld	0	227	0	0	0
Netto	1.799	1.276	1.909	842	962
in % des Brutto	76,2	91,0	75,9	67,0	76,6

Quelle: BBesG, Anlage 4 und 5; Bundesministerium der Finanzen 2023 und eigene Berechnungen.

*Abbildung 11: Brutto- und Netto-Einkommen lediger und verheirateter Beamt*innen mit vier Kindern (Bund, A3, ES 1, 2022)*

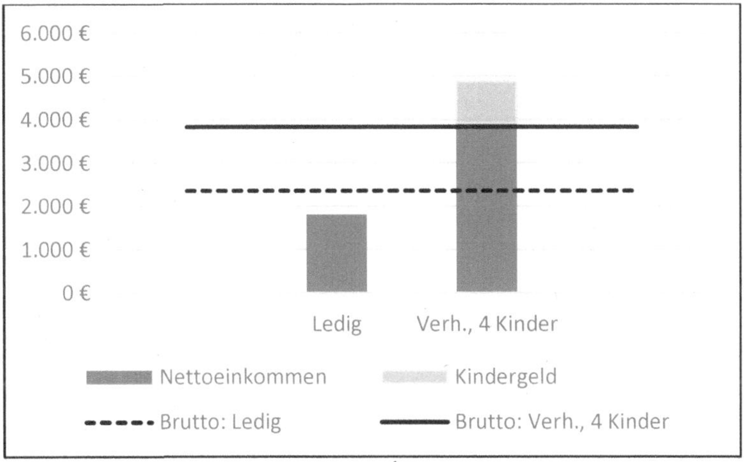

Quelle: BBesG, Anlage 4 und 5; Bundesministerium der Finanzen 2023 und eigene Berechnungen.

Ist eine*r der Partner*innen nur in Teilzeit (50%) tätig und verzichtet in Steuerklasse 5 auch noch vollständig auf den eigenen Grundfreibetrag, so wird der niedrigere Verdienst (1.257 Euro) zusätzlich mit einer relativ hohen Lohnsteuer (130 Euro) belastet. Das Nettoeinkommen beträgt so nur 67% der Bruttobezüge. Bei der Wahl des Faktorverfahrens (Faktor 0,938) wirkt sich der Vorteil der gemeinsamen Veranlagung der Ehegatten hingegen anteilig aus. Gegenüber der Steuerklasse 5 bedeutet dies einen monatlichen Gewinn von 121 Euro.

Zusammenfassend lässt sich feststellen, dass die Einkommens- und Ausgabensituation der Beamt*innen in den unteren Besoldungsgruppen durch viele Aspekte beeinflusst werden können, welche nicht unbedingt (ausschließlich) im Dienstverhältnis verortet sein müssen. Diese müssen bei einer Analyse der Einkommenssituation berücksichtigt werden.

- Die **Grundbesoldung** ist die Einkommensart, über welche alle Befragten zwingend verfügen müssen. Aufgrund des Zuschnitts der untersuchten Gruppe, ist das Wachstum der Besoldung im Verlauf einer Karriere überschaubar. Innerhalb der einzelnen Besoldungsgruppen beträgt die Spanne zwischen niedrigster und höchster Erfahrungsstufe meist nur einige 100 Euro. Ist diese in der zweiten Hälfte der Lebensarbeitszeit erreicht, bleiben Beförderungen in höhere Besoldungsgruppen die einzige Möglichkeit eine höhere Grundbesoldung zu erzielen. Im Gegensatz zum Aufstieg in den Erfahrungsstufen erfolgen jedoch Beförderungen nicht automatisch.

- Sollte eine Reduzierung des **Stellenumfangs** nötig sein, so kann dies große Auswirkungen auf die Besoldung haben. Das Beispiel alleinerziehender Beamt*innen mit Kindern zeigt, dass Familienzuschlag, Kindergeld und der progressive Einkommensteuertarif die finanziellen Auswirkungen eines reduzierten Stellenumfangs abmildern, aber nicht ausgleichen können. Die Ausgaben für die private Kranken- und Pflegeversicherung lagen im genannten Beispiel im Übrigen höher als bei Ledigen, da zusätzlich noch das Kind zu versichern war.
- Eine **große Zahl an Kindern** führt bei vollzeitbeschäftigten Beamt*innen zu einem starken Anwachsen des Haushaltseinkommens. Dies ist einerseits auf den beamtlichen Familienzuschlag zurückzuführen. Verheiratete Beamt*innen mit vier Kindern konnten in der Beispielrechnung einen Zugewinn deutlich über 1.000 Euro monatlich realisieren. Durch mit der Kinderzahl steigende Beihilfesätze und allgemeine staatliche Leistungen in Form des Kindergeldes wird diese Tendenz weiter verstärkt.
- Im Falle **erwerbstätiger (Ehe-)Partner*innen** fällt das persönliche Einkommen der Beamt*innen im Vergleich zu Ehen mit nichterwerbstätigen Ehepartner*innen geringer aus. Hintergrund ist, dass bei gemeinsamer steuerlicher Veranlagung die Grundfreibeträge der Ehepartner*innen nicht mehr ausschließlich auf das Einkommen der Beamt*innen angewendet werden. Jedoch fließt dem Haushalt nun auch das Erwerbseinkommen der Partner*innen zu, was die potentiell stärkste der hier besprochenen Möglichkeiten zur Anhebung des Haushaltseinkommens bedeutet. Davon unabhängig ist die genaue Verteilung des gemeinsamen Einkommens zwischen den Partner*innen. Bei der Analyse der Einkommenssituation von Paarhaushalten muss somit stets auch in Betracht gezogen werden, dass die Partner*innen erwerbstätig sein und somit eigenes Erwerbseinkommen erwirtschaften können.

5.2 Struktur und Erwerbstätigkeit der antwortenden Haushalte

Ein großer Teil der untersuchten Beamt*innen lebt nicht allein, sondern mit anderen Personen in einem gemeinsamen Haushalt, sodass zwischen diesen Personen wirtschaftliche Interdependenzen bestehen. Durch die gewachsene Heterogenität sowohl bezüglich der Formen des Zusammenlebens als auch der

Arbeitsverhältnisse sind viele Ausformungen der Erwerbsbeteiligung der Haushaltsmitglieder und damit auch der Einnahmestruktur der Haushalte denkbar. Um den Blick auf die Einkommensseite zu komplettieren, muss folglich noch das Ausmaß der Erwerbstätigkeit der Haushaltsmitglieder untersucht werden. Dabei spielen vor allem die Erwerbstätigkeit der Befragten und gegebenenfalls die ihrer Partner*innen eine Rolle.

5.2.1 Systematik der Haushaltsstruktur

Die Struktur der Haushalte im Sinne dieser Arbeit definiert sich durch die Anzahl übriger Haushaltsmitglieder und deren Beziehung, in der sie zu den Beamt*innen stehen. Der Fragenblock B erhob hierzu vier Angaben (siehe Tabelle 22).

Tabelle 22: Fragen zur Haushaltsstruktur

B1	Lebt in Ihrem Haushalt Ihre Partnerin/Ihr Partner?
B2	Für wie viele Kinder erhält Ihr Haushalt Kindergeld?
B3	Wie viele weitere Personen, mit denen Sie verwandt sind, leben noch in Ihrem Haushalt?
B4	Wie viele weitere Personen, mit denen Sie nicht verwandt sind, leben noch in Ihrem Haushalt?

Die Frage nach „Partner*innen" (B1) ermöglicht es, neben den formellen („Ehepartner*innen") auch informelle Paarbeziehungen zu erkennen. Wie bereits in Abschnitt 0 gezeigt, sind diese Haushalte in der heutigen Zeit keine Seltenheit mehr, jedoch zeichnen auch diese sich durch gemeinsames Wirtschaften und partnerschaftliche Solidarität aus. Kinder, welche zum Bezug von Kindergeld berechtigen (B2), müssen nicht notwendigerweise die Kinder der Beamt*innen selbst sein, sodass auch hier der größere Kreis der „Patchwork-Familien" erfasst wird. Der Bezug von Kindergeld bedeutet, dass die besagten Kinder höchstens 24 Jahre – beziehungsweise im Falle eines Studiums 27 Jahre – alt sind und über keinerlei nennenswertes Einkommen verfügen (vgl. § 2 BKGG), also noch finanziell von den Beamt*innen sowie etwaigen Partner*innen abhängig sind.

Anders verhält es sich bei den „weiteren Personen" (B3 und B4), welche nicht zum Bezug von Kindergeld berechtigen, ergo über nennenswertes Einkommen, mindestens in Höhe von Arbeitslosengeld II verfügen müssen[37]. Als

37 Sofern im weiteren Verlauf von „weiteren Personen" die Rede ist, sind immer diese beiden Personen-Kategorien gemeint. Kinder und Partner*innen werden hingegen explizit als solche bezeichnet.

typische Fälle könnte man hier an erwachsene Kinder denken, welche noch im Elternhaus wohnen sowie berufstätige oder im Ruhestand befindliche Eltern. Aber auch seltenere Arrangements werden durch die Fragestellung nicht ausgegrenzt, durch die Frage B4 werden auch sogenannte Patchwork-Familien berücksichtigt.

Tabelle 23: Häufigkeit bestimmter Merkmale der Haushalte

Merkmale der Haushalte	Tritt auf in ...% der Fälle	n
Mit Partner*in	73,2	3.700
Mit Kindern	42,8	3.692
Mit weiteren Verwandten	20,5	3.670
Mit weiteren Nicht-Verwandten	10,9	3.675

Knapp drei von vier Befragten führen einen gemeinsamen Haushalt mit Partner*innen (vgl. Tabelle 23). 43% der Haushalte erhalten für mindestens ein Kind Kindergeld, etwa halb so viele der Beamt*innen (21%) leben mit Verwandten zusammen, welche über ein eigenes Einkommen verfügen. Mit einem Anteil von 11% leben mit den Beamt*innen nicht-verwandte Personen mit eigenem Einkommen in den Haushalten. Hiervon auf den Gesamtanteil von Patchwork-Familien zu schließen wäre jedoch verfehlt, da die Daten keine Informationen über das Verwandtschaftsverhältnis der weiteren Personen zu etwaigen Partner*innen liefern. Auch die Beziehung der zum Bezug von Kindergeld berechtigenden Kinder zu den Beamt*innen sowie etwaigen Partner*innen bleibt unbekannt.

Die Angabe zu den nicht-verwandten Personen wurde zudem nur erhoben, um Wohngemeinschaften („WGs"), deren Bedarfsgemeinschaften wirtschaftlich regelmäßig schwächer integriert sind, von den übrigen Haushalten abzugrenzen. Die Angaben der Befragten weisen jedoch daraufhin, dass es eine Vielzahl anderer Wohnarrangements mit Nicht-Verwandten gibt, welche die Einkommenssituation zum Beispiel durch die Realisierung von Skaleneffekten beeinflussen.

Tabelle 24: Systematik der Haushaltsstruktur – Abgrenzung und Größe der Gruppen gemäß Stichprobe und SOEP (in %)

<table>
<tr><th>Gesamt</th><th>Partner*in?</th><th>Kinder?</th><th>Weitere Personen?</th><th>Bezeichnung</th></tr>
<tr><td rowspan="8">100
(100)</td><td rowspan="4">Nein
26,2
(24,1)</td><td rowspan="2">Nein
21,9
(20,8)</td><td>Nein
16,1
(17,0)</td><td>Alleinstehende</td></tr>
<tr><td>Ja
6,1
(3,8)</td><td>Alleinstehende Beamt*innen mit weiteren Personen</td></tr>
<tr><td rowspan="2">Ja
4,1
(3,3)</td><td>Nein
2,2
(2,4)</td><td>Alleinerziehende</td></tr>
<tr><td>Ja
2,0
(0,9)</td><td>Alleinerziehende mit weiteren Personen</td></tr>
<tr><td rowspan="4">Ja
73,8
(75,9)</td><td rowspan="2">Nein
35,2
(35,8)</td><td>Nein
25,2
(26,9)</td><td>Paare</td></tr>
<tr><td>Ja
10,1
(9,0)</td><td>Paare mit weiteren Personen</td></tr>
<tr><td rowspan="2">Ja
38,8
(40,1)</td><td>Nein
28,0
(34,4)</td><td>Paare mit Kindern</td></tr>
<tr><td>Ja
10,3
(5,7)</td><td>Paare mit Kindern und weiteren Personen</td></tr>
</table>

Anmerkung: Gruppengrößen der Stichprobe in Prozent, n = 3.625; Gruppengröße des SOEP für 2020 in Prozent in Klammern (vgl. Sozio-oekonomisches Panel 2022), n = 212.

Teilt man die Haushalte entsprechend der Angaben, ob Partner*innen (Spalte 2), zum Bezug von Kindergeld berechtigende Kinder (Spalte 3) und weitere Personen (Spalte 4) vorhanden sind, so ergeben sich die in Tabelle 24 dargestellten Haushaltstypen. Die Zeilen jeder Spalte werden dort von den jeweils rechten Zeilen anhand der angegebenen Aspekte in jeweils zwei neue Gruppen geteilt. In Prozent ist jeweils die Gruppengröße angegeben. Um diese Ergebnisse einer weiteren Validierung zu unterziehen, kann auf das Sozio-oekonomische Panel (SOEP) zurückgegriffen werden. Dort werden zwar statt der Besoldungsgruppen die Laufbahnen der Beamt*innen erhoben, eine Eingrenzung auf den einfachen und mittleren Dienst wird somit auch Beamt*innen oberhalb der Besoldungsgruppe A8 umfassen. Die entsprechenden Gruppen im SOEP erreichen ähnliche Größen, lediglich in Spalte 4 finden bei Paaren mit Kindern größere Abweichungen im Hinblick auf weitere Personen im Haushalt. Die Gesamtsumme ist jedoch in beiden Erhebungen ähnlich hoch. Der Unterschied könnte sich daraus ergeben, dass bei relativ geringem Einkommen die Unterbringung weiterer Personen im Haushalt die Kinderbetreuung bei voller Erwerbstätigkeit beider Eltern eher ermöglicht.

Die kleinste Gruppe bilden die Alleinerziehenden (4,1%), gefolgt von den Alleinstehenden (21,9%), sodass beide Gruppen zusammen etwas mehr als ein Viertel der Stichprobe ausmachen. Gut ein Drittel der Haushalte entfällt auf die Gruppe der kinderlosen Paare (35,2%). Die größte Gruppe bilden Paare mit Kindern (38,8%). Innerhalb der genannten Gruppen sind die Haushalte ohne weitere Personen gut 2,5-mal häufiger vertreten, einzig bei den Alleinerziehenden sind beide Untergruppen gleich groß.

*Tabelle 25: Beamt*innen der Stichprobe nach Alter und Besoldungsgruppe*

	A3	A4	A5	A6	A7	A8	in Ausbildung	Gesamt
Unter 30 Jahre	–	(4)	(3)	174	322	143	33	679
30 bis 39 Jahre	(2)	20	19	88	415	319	14	877
40 bis 49 Jahre	–	9	17	32	133	398	–	589
50 bis 59 Jahre	–	–	8	21	68	329	–	426
60 Jahre und älter	–	–	(1)	8	16	64	–	89
Gesamt	(2)	33	48	323	954	1.253	47	2.660

Der Blick auf die Altersstruktur zeigt die Dominanz der jungen Altersgruppe (vgl. Tabelle 25): 80% der Teilnehmenden waren nicht älter als 49 Jahre. Allein 33% der Befragten sind zwischen 30 und 39 Jahren alt. Mit 89 Befragten macht der Anteil der über 60-Jährigen lediglich rund 3% der Stichprobe aus. Eintritte in den einfachen und mittleren Dienst erfolgen regelmäßig im Anschluss an die schulische Ausbildung. Für viele Befragte gelten aufgrund ihrer Zugehörigkeit zu Sonderlaufbahnen niedrigere Regelaltersgrenzen (60 bis 62 Jahre, vgl. Kap. 4). Bezüglich der Besoldungsgruppen dominieren die unter den Befragten höchstmöglichen, nämlich A7 mit 36% und A8 mit 47%. Auch diese sind Einstiegsämtern der untersuchten Gruppe zugeordnet (vgl. Kap. 4). Knapp zwei von drei Befragten in diesen Besoldungsgruppen finden sich in den Altersgruppen bis einschließlich 49 Jahren.

Tabelle 26: Anzahl der Befragten nach Haushaltsstruktur und Altersgruppe

	unter 30 Jahre	**30 bis 39 Jahre**	**40 bis 49 Jahre**	**50 bis 59 Jahre**	**60 Jahre und älter**	**Gesamt**
Alleinstehende	160	126	70	59	19	434
Alleinstehende Beamt*innen mit weiteren Personen	103	27	11	13	(3)	157
Alleinerziehende	-	22	22	11	(1)	56
Alleinerziehende mit weiteren Personen	11	11	17	13	(1)	53
Paare ohne Kinder	266	203	50	103	36	658
Paare ohne Kinder mit weiteren Personen	87	58	28	63	19	255
Paare mit Kindern	29	321	268	102	9	729
Paare mit Kindern und weiteren Personen	13	92	110	63	(3)	281

n = 2.623

Abweichend von der Struktur der gesamten Stichprobe lässt sich die Gruppe der **Alleinstehenden** mit Blick auf die Besoldungs- und Altersgruppen in zwei Gruppen aufteilen (vgl. Tabelle 26): Einerseits die sehr viel größere Gruppe unterhalb von 40 Jahren, in welcher auch noch niedrigere Besoldungsgruppen zu finden sind (n = 286). Die zweite Gruppe ist dagegen kleiner (n = 148), 40 Jahre und älter und überwiegend in der Besoldungsgruppe A8 zu finden. Eine Veränderung der Haushaltskonstellation mit zunehmendem Alter der Befragten – beispielsweise gemeinsame Haushalte mit Partner*innen oder die Geburt von Kindern – könnte die mit dem Alter schrumpfenden Gruppengrößen erklären.

Tabelle 27: Alleinstehende nach Anzahl weiterer verwandter und nicht-verwandter Personen im Haushalt

Verwandte Personen	**Nicht verwandte Personen**		
	0	**1**	**2+**
0	533	17	6
1	39	8	0
2	72	(3)	0
3	46	(1)	0
4+	17	(1)	0

Die Gruppe der **alleinstehenden Beamt*innen mit weiteren Personen** im Haushalt – also Personen, welche nicht ihre Kinder oder Partner*innen sind – ist noch stärker auf die unteren Altersgruppen konzentriert. Am häufigsten wohnen die Befragten mit zwei weiteren Personen zusammen (72 Fälle, vgl. Tabelle 27), aber auch eine und drei Personen kommen häufig vor (39 beziehungsweise 46 Fälle). Nur 17 Befragte wohnen mit vier und mehr Personen zusammen. In den meisten Fällen (n=175, 83%) stehen alle genannten Personen zu den befragten Beamt*innen in einem verwandtschaftlichen Verhältnis. 13 Personen (6%) lebten sowohl mit Verwandten als auch nicht-Verwandten zusammen. 23 Personen (11%) lebten ausschließlich mit nicht-Verwandten zusammen, davon waren 16 Befragte jünger als 40 Jahre.

Tabelle 28: Alleinerziehende nach Kinderzahl und Anzahl weiterer Personen

Weitere Personen	1 Kind	2 Kinder	3 Kinder
0	38	25	6
1	33	(3)	-
2	(3)	12	(1)
3 und mehr	8	5	(3)

Bei den **Alleinerziehenden** ist ein Trend zu den mittleren Altersgruppen erkennbar, das Maximum liegt in der Altersgruppe 40 bis 49 Jahre (n=39, 36%). Die wenigen Alleinerziehenden unter 30 Jahren finden sich ausschließlich in der Gruppe mit weiteren Personen. Diese weiteren Personen sind allesamt mit den Befragten verwandt, möglicherweise handelt es sich um deren Eltern. Die durchschnittliche Haushaltsgröße der Alleinerziehenden mit weiteren Personen unter 30 Jahren beträgt 5,6 Personen, in den übrigen Altersgruppen sind es nur 3,0 bis 3,6 Personen. Bei Befragten ab 30 Jahren überwiegen dagegen die Haushalte ohne weitere Personen, mit zunehmendem Alter der Befragten schrumpft der Vorsprung jedoch. Alleinerziehende leben in den wenigsten Fällen in Haushalten mit mehr als drei Personen (vgl. Tabelle 28). Zwar existieren Alleinerziehende, welche allein mehr als zwei Kinder erziehen, allerdings bleiben sie eine seltene Ausnahme. Selbiges gilt für Haushalte von Alleinerziehenden mit mehr als vier Personen.

Bei den **Paaren** (ohne Kinder und weitere Personen) ist die Bildung zweier Gruppen zu beobachten (unter 40 sowie von 50 bis einschließlich 59 Jahren). Dabei ist die erste Gruppe mit 469 Befragten (71%) sehr viel größer als die zweite Gruppe mit 103 Befragten (16%). Bezüglich Paaren mit weiteren Personen lässt sich eine ähnliche Gruppenstruktur beobachten. Im Vergleich macht die erste Untergruppe (n=145) jedoch einen geringeren (57 versus 71%), die zweite Untergruppe (n=63) aber einen größeren Teil (25 versus 16%) der untersuchten Gruppe aus. Der Einschnitt in der Altersgruppe 40 bis 49 Jahre könnte sich durch das in dieser Altersgruppe vermehrte Auftreten von Kindern in Haushalten erklären. Die meisten Paare mit weiteren Personen wohnen mit lediglich einer weiteren Person zusammen. Mit 267 von 322 Befragten beträgt ihr Anteil 83%. 37 Paare (12%) wohnen mit zwei weiteren Personen zusammen. Zwölf Paare (4%) wohnen mit drei weiteren Personen zusammen, sechs sogar mit vier und mehr weiteren Personen (2%).

Die Altersverteilung der **Paarhaushalte mit Kindern** aber ohne weitere Personen ist „rechtsschief". In der Altersgruppe unter 30 Jahren befinden sich lediglich 29 Befragte, in der Gruppe von 30 bis 39 Jahren sind es dagegen 321 Befragte. Anschließend sinkt die Größe der Altersgruppen wieder. Dass die Gruppe der 40 bis 49-Jährigen kleiner ist als die der 30 bis 39-Jährigen, erklärt sich durch die Gesamtzahl der Teilnehmenden in den jeweiligen Altersgruppen: Sie lag in der Altersgruppe zwischen 30 und 39 Jahren bei 877 Personen. Die Zahl der Befragten von 40 bis 49 Jahren lag mit 589 dagegen deutlich niedriger (vgl. Tabelle 25). Der Anteil der Paare mit Kindern beträgt dagegen in der ersten Altersgruppe 54%, in der zweiten dagegen 68%, womit er noch weiter gestiegen ist. Ab dem Alter von 50 Jahren geht die Gruppengröße zurück.

Tabelle 29: Paare mit Kindern nach Kinderzahl und Anzahl weiterer Personen

Weitere Personen	1 Kind	2 Kinder	3 Kinder
0	390	398	124
1	87	42	7
2	60	30	6
3 und mehr	17	70	31

Die vorgenannte Altersstruktur findet sich in ähnlicher Form auch bei den **Paaren mit Kindern und weiteren Personen** im Haushalt. Im Unterschied zu den Paaren mit Kindern ohne weitere Personen ist hier die Verteilung stärker in die hinteren Altersgruppen verschoben. In den meisten Haushalten leben nur ein bis zwei Kinder beziehungsweise weitere Personen, nämlich in 73% der Fälle (vgl. Tabelle 29). Dennoch kommen durchaus Haushalte mit drei und mehr Kindern beziehungsweise weitere Personen vor (20%). Weitere Auswertungen ergaben, dass die durchschnittliche Kinderzahl in der Altersgruppe zwischen 40 und 49 am höchsten ist (1,9). Bei der Anzahl weiterer Personen ist es die Gruppe zwischen 50 und 59 Jahren (0,7).

5.2.2 Erwerbstätigkeit in den Haushalten der untersuchten Beamt*innen

Das Erwerbseinkommen macht erfahrungsgemäß einen großen Teil des Einkommens der meisten Personen im erwerbsfähigen Alter beziehungsweise ihrer Haushalte aus. Ob und, wenn ja, in welchem Umfang die Erwerbstätigkeit der untersuchten Personen[38] ausgeprägt ist, hat somit entscheidenden Einfluss auf das Haushaltseinkommen. Die Befragten selbst müssen sämtlich im Beamtenstatus erwerbstätig sein, da die Umfrage Beamt*innen im aktiven Dienst adressierte. Beamt*innen, welche im Zeitraum der Datenerhebung erkrankt oder beispielsweise aus Gründen der Kinderbetreuung beurlaubt waren oder sich in der Freistellungsphase ihrer geblockten Altersteilzeit befanden, konnten hingegen keine Angaben machen.

5.2.2.1 Erwerbsumfang der Beamt*innen der Befragung

Der Erwerbsumfang der Beamt*innen ist von der Haushaltskonstellation und dem Geschlecht abhängig (vgl. Tabelle 30). Alleinstehende Befragte gaben in nahezu allen Fällen eine Vollzeittätigkeit an, diejenigen in Teilzeit verorteten sich meist in dem höchstmöglichen abgefragten Stunden-Intervall von 25 bis unter 35 Stunden. Die Alleinerziehenden waren nur zu zwei Dritteln in Vollzeit tätig, jedoch fiel auch hier die Reduzierung der Arbeitszeit in den meisten Fällen relativ gering aus. Die Reduzierung der Arbeitszeit betraf ausschließlich weibliche Alleinerziehende, deren Vollzeit-Quote liegt nur bei 58%.

Tabelle 30: Anteil der Befragten nach Geschlecht, Wochenarbeitszeit und Haushaltskonstellation

	Wochen-arbeitszeit in Stunden	Allein-lebende	Alleiner ziehende	Paare mit … Kindern				
				0	1	2	3	4 und mehr
Gesamt	35 und mehr	98,3	67,5	95,3	79,8	77,5	79,7	92,6
	25 bis unter 35	1,4	25,2	3,4	11,2	10,2	4,7	(3,7)
	19 bis unter 25	(0,3)	7,3	1,1	6,7	8,8	8,6	(0,0)
	weniger als 19	(0,0)	(0,0)	(0,1)	2,4	3,5	7,0	(3,7)

38 Vgl. bereits Rodermond 2023.

	Wochen-arbeitszeit in Stunden	Allein-lebende	Alleiner ziehende	Paare mit ... Kindern				
				0	1	2	3	4 und mehr
Weiblich	35 und mehr	97,1	58,3	91,3	49,7	44,7	35,9	71,4
	25 bis unter 35	2,6	32,3	6,3	26,9	24,2	15,4	(14,3)
	19 bis unter 25	(0,3)	9,4	2,1	17,3	22,1	25,6	(0,0)
	weniger als 19	(0,0)	(0,0)	(0,2)	6,1	8,9	23,1	(14,3)
Männlich	35 und mehr	99,4	100,0	99,2	98,7	98,3	98,9	100,0
	25 bis unter 35	(0,3)	(0,0)	(0,6)	(1,3)	(1,3)	(0,0)	(0,0)
	19 bis unter 25	(0,3)	(0,0)	(0,2)	(0,0)	(0,3)	(1,1)	(0,0)
	weniger als 19	(0,0)	(0,0)	(0,0)	(0,0)	(0,0)	(0,0)	(0,0)

n = 2.974

Die Erwerbstätigkeit der Beamt*innen mit Partner*innen ohne Kinder liegt mit einer Vollzeit-Quote von 95% nur geringfügig niedriger als bei den Alleinstehenden. Auch hier ist der Unterschied ausschließlich auf den etwas geringeren Erwerbsumfang der weiblichen Befragten zurückzuführen. Ein merklicher Rückgang zeigt sich erst bei den Haushalten von Paaren mit Kindern; die Vollzeit-Quote beträgt hier bei Paaren mit einem bis drei Kindern rund 80%. Die Erziehung von Kindern stellt einen der wenigen Tatbestände dar, durch welchen Beamt*innen üblicherweise einen Rechtsanspruch auf Reduzierung ihrer Arbeitszeit zusteht. Der Anteil der Befragten in Teilzeit unterhalb von 25 Wochenstunden nimmt mit jedem weiteren Kind zu, was vor allem bei den weiblichen Befragten deutlich wird, auf welche erneut allein die Beschäftigung in Teilzeit entfällt. Auch die Vollzeit-Quote der Beamtinnen sinkt je nach Kinderzahl von 91% ohne Kinder auf 50 bis 36%.

Die Auswertungen zeigen weiterhin, dass in den mit Abstand meisten Fällen lediglich eine*r der Partner*innen die Erwerbstätigkeit reduziert (vgl. Rodermond 2023: 806). Im Übrigen ist keine Veränderung des Erwerbsumfangs der Beamt*innen in Abhängigkeit von der Präsenz weiterer Personen im Haushalt festzustellen, welche nicht auf Schwankungen ob der geringen Gruppengröße zurückgeführt werden könnte.

5.2.2.2 Erwerbsbeteiligung der Partner*innen

Ob und inwieweit Partner*innen von Beamt*innen ihre Erwerbstätigkeit reduzieren, hängt eng mit der Kinderzahl zusammen (vgl. Tabelle 31). Ohne Kinder im Haushalt arbeiten 77% der Partner*innen in Vollzeit. Teilzeit und

Nichterwerbstätigkeit sind mit 11 beziehungsweise 9% in etwa gleich selten ausgeprägt, geringfügige Beschäftigungen sind nahezu unbeachtlich selten vertreten. Sobald Kinder im Haushalt leben, werden in Vollzeit erwerbstätige Partner*innen seltener. Ihr Anteil sinkt zunächst auf 58% (minus 19 Prozentpunkte) bei einem Kind bis schließlich auf 33% bei vier und mehr Kindern. Dieser Rückgang der Vollzeitbeschäftigung bedeutet jedoch nicht, dass die entsprechenden Partner*innen dem Arbeitsmarkt nun gar nicht mehr zur Verfügung stünden: Der Anteil gänzlich erwerbsloser Partner*innen beträgt maximal 19%, nämlich in der überschaubaren Gruppe der 27 Haushalte mit vier und mehr Kindern. In den sehr viel größeren Gruppen der Haushalte mit einem oder zwei Kindern (insgesamt knapp 1.000 Fälle), sind die Partner*innen mit 8% nur wenig häufiger nicht erwerbstätig als in den Haushalten ohne Kinder. Der Rückgang der Vollzeiterwerbstätigkeit führt stattdessen zu einem Wachstum der Teilzeiterwerbstätigkeit. Bei Paaren mit einem und zwei Kindern machen Partner*innen in Vollzeit jedoch noch immer mehr als die Hälfte der Fälle aus.

*Tabelle 31: Anteil der Befragten nach Erwerbstätigkeit der Partner*innen, Kinderzahl und Geschlecht (in Spaltenprozent)*

		0	**1**	**2**	**3**	**4 und mehr**
Gesamt	Vollzeit	77,1	57,6	52,6	43,3	33,3
	Teilzeit	11,2	32,3	37,0	40,2	44,4
	Geringfügig	2,8	2,6	2,7	(3,1)	(3,7)
	Nicht erwerbst.	8,9	7,5	7,8	13,4	18,5
Weiblich	Vollzeit	84,7	91,3	93,2	92,3	85,7
	Teilzeit	4,6	4,6	5,3	(7,7)	(0,0)
	Geringfügig	1,7	(0,5)	(0,5)	(0,0)	(0,0)
	Nicht erwerbst.	8,9	3,6	(1,1)	(0,0)	(14,3)
Männlich	Vollzeit	69,7	36,3	26,6	21,6	(15,0)
	Teilzeit	17,6	49,8	57,2	54,5	60,0
	Geringfügig	3,7	3,9	4,0	(4,5)	(5,0)
	Nicht erwerbst.	9,0	10,0	12,1	19,3	(20,0)

n = 2.200

Die Haushalte ohne Kinder mit nichterwerbstätigen Partner*innen sind in 70% der Fälle in den oberen beiden Altersgruppen zu finden. Unter den weiblichen Befragten, welche üblicherweise etwas jünger als ihre Partner sind, ist der Anteil in den oberen beiden Altersgruppen sogar noch etwas größer (75%). Entsprechend könnten deren Partner*innen bereits in den Ruhestand getreten sein, also nicht mehr zu den Erwerbspersonen zählen. Die Haushalte mit Kindern und nichterwerbstätigen Partner*innen finden sich dagegen zu rund 75% in den Altersgruppen von 30 bis unter 50 Jahren. In diesem Lebensabschnitt beträgt der Anteil der Haushalte ohne Kinder, in welchen die Partner*innen keiner Erwerbstätigkeit nachgehen, lediglich knapp 7%. Entsprechend ist davon auszugehen, dass auch das erste und zweite Kind im Durchschnitt zu einer Erhöhung des Anteils der nichterwerbstätigen Partner*innen führen. Dieser ist jedoch gering (plus 5 beziehungsweise 6 Prozentpunkte).

Die Reduzierung der Erwerbstätigkeit beim Vorliegen von vor allem mehreren Kindern ist weiter stark durch das Geschlecht determiniert. So bleibt die Erwerbstätigkeit der Partner*innen männlicher Beamter weit hinter den Gesamtwerten zurück. Selbst bei Paaren ohne Kinder beträgt der Rückstand bereits sieben Prozentpunkte (70 versus 77%), bei Haushalten mit zwei und drei Kindern ist der Anteil vollzeiterwerbstätiger Partner*innen sogar nur halb so hoch wie in der Gesamtbetrachtung (2 Kinder: 27 versus 53%, 3 Kinder: 22 versus 43%). Auch hier schlägt sich der Rückgang der Vollzeiterwerbstätigkeit vor allem zugunsten der Teilzeitbeschäftigung der Partner*innen nieder. Jedoch steigt auch der Anteil der Haushalte mit nicht erwerbstätigen Partner*innen stärker. Ihr Anteil ist zwischen drei und sechs Prozentpunkten höher als die Gesamt-Werte, der Abstand steigt mit der Kinderzahl.

Anders verhält es sich bei den – wahrscheinlich überwiegend männlichen – Partner*innen weiblicher Befragter. Wohnen ein bis drei Kinder im Haushalt, so sind die Partner*innen in über 90% der Fälle in Vollzeit tätig. Der abweichende Wert bei vier und mehr Kindern kann auf Schwankungen wegen der geringen Gruppengröße zurückzuführen sein. Der relativ geringe Anteil von 85% erwerbstätigen Partner*innen bei kinderlosen Paaren könnte sich dadurch erklären, dass Frauen im Mittel etwas jünger sind als ihre männlichen Partner. Letztere könnten sich in den oberen Altersgruppen der Befragten verhältnismäßig oft bereits im Ruhestand befinden:

Die überschaubare Gruppe der Paare ohne Kinder und weitere Personen in der Altersgruppe ab 60 Jahren besteht aus 36 Befragten. Von den zwölf weiblichen Befragten gaben sechs (50%) an, dass ihr Haushalt Renten- oder Pensionszahlungen bezieht und die Partner*innen nicht erwerbstätig sind. In den übrigen sechs Haushalten sind die Partner*innen dagegen erwerbstätig und es werden keine Alterssicherungsleistungen bezogen. Die Partnererwerbstätigkeit liegt in dieser Teilgruppe somit in 50% der Fälle vor. Bei den vergleichbaren männlichen Befragten waren dagegen nur sieben von 24 Partner*innen nicht erwerbstätig (Partnererwerbstätigkeit 71%). In einem der sieben Fälle dieser

Teilgruppe wurde bei Nichterwerbstätigkeit der Partner*in kein Bezug von Alterssicherungsleistungen angegeben.

5.3 Die Einkommenssituation der untersuchten Haushalte

Der Befund der stark ausgeprägten Erwerbsneigung der Partner*innen ist ein erster Hinweis darauf, wie stark die Einkommenssituation der untersuchten Haushalte bei einer Änderung der Haushaltsstruktur variieren kann. Eine tiefergehende Analyse der wirtschaftlichen Situation der einzelnen Haushaltstypen ist somit angezeigt. Hierfür bedarf es als Ausgangspunkt zunächst eines Überblicks über die Einkommenssituation der Haushalte. Vor diesem Hintergrund lassen sich die detaillierteren Erkenntnisse bezüglich der Einnahmen der Haushalte sinnvoll interpretieren. Außerdem bildet die Einkommenssituation die Basis aller Ausgaben des Haushalts.

Tabelle 32: Anteil der Haushalte nach Haushaltsstruktur und Einkommensgruppen (in Zeilenprozent)

		1.000 – 1.999	**2.000 – 2.999**	**3.000 – 3.999**	**4.000 – 4.999**	**5.000 – 5.999**	**6.000 – 6.999**	**7.000 und mehr**
Alleinstehende mit … weiteren Personen	0	31,3	65,5	3,2	–	–	–	-
	1	(5,9)	44,1	32,4	(5,9)	(11,8)	–	-
	2+	(7,1)	12,5	17,9	16,1	8,9	19,6	17,9
Alleinerziehende		17,0	57,4	19,1	(4,3)	–	(2,1)	–
Alleinerziehende mit weiteren Personen		16,7	55,6	16,7	(2,8)	(2,8)	(2,8)	(2,8)
Paare		1,7	12,6	28,8	38,8	13,1	3,9	1,1
Paare mit weiteren Personen		3,3	8,2	25,8	37,4	17,0	3,3	4,9
Paare mit … Kindern	1	(0,5)	5,2	31,5	39,9	16,9	4,2	(1,9)
	2	–	5,1	24,8	43,9	18,7	6,1	(1,4)
	3+	–	(1,5)	19,7	39,4	19,7	16,7	(3,0)
Paare mit Kindern und weiteren Personen		(0,0)	3,6	30,7	35,9	17,7	9,4	2,6

n = 1.812

Das **Einkommen der Haushalte** unterscheidet sich stark je nach deren Zusammensetzung (vgl. Tabelle 32). Die Einkommenshöhe der untersuchten **alleinstehenden Beamt*innen** variiert nur wenig. Im Untersuchungszeitraum ergeben sich im einfachen und mittleren Dienst Nettoeinkommen, welche in der Regel nicht über 3.000 Euro monatlich hinausgehen (vgl. Tabelle 21). Etwas größere Beträge können sich zum Beispiel aus Nebentätigkeiten ergeben.

Bei alleinstehenden Beamt*innen mit weiteren Personen im Haushalt gestaltet sich die Höhe der Einkommen heterogener. Die weiteren Personen können für den Haushalt weiteres Einkommen generieren, sodass das verfügbare Einkommen stark ansteigen kann. Entsprechend geht ein hohes Haushaltseinkommen auch mit einer größeren Zahl an Personen einher (vgl. auch Tabelle 33). So gaben 21 Fälle ein verfügbares Einkommen von monatlich mindestens 6.000 Euro an. In sieben dieser 21 Fälle leben zwei weitere Personen im untersuchten Haushalt. In den übrigen 14 Fällen sind es sogar drei und mehr Personen. Dagegen finden sich in der Stichprobe keine Alleinstehenden mit weniger als zwei weiteren Personen, die über ein derart hohes Einkommen verfügen.

Tabelle 33: Durchschnittliches Haushaltseinkommen (in Euro) nach Anzahl erwachsener Haushaltsmitglieder

Erwachsene Haushaltsmitglieder*	**1**	**2**	**3**	**4+**
durchschnittliches Haushaltseinkommen	2.251	4.127	4.210	4.656
*Haushaltsmitglieder, für welche kein Kindergeld gezahlt wird. n = 1.799				
Anteil der Besoldung am Haushaltseinkommen (in Spaltenprozent)				
weniger als 20%	(0,9)	2,1	1,3	8,5
20% bis unter 40%	(0,5)	13,8	19,8	23,3
40% bis unter 60%	2,6	37,3	37,7	24,0
60% bis unter 80%	6,8	31,0	30,2	27,5
80% und mehr	89,3	15,7	11,0	16,7
n = 2.462				

Die Haushalte der **Alleinerziehenden** mit und ohne weitere Personen sind in derselben Einkommens-Kategorie verortet wie die Alleinstehenden, jedoch ist bei jenen das Intervall unterhalb von 2.000 Euro monatlich mit rund 17% nur halb so stark besetzt. Hier treten zur Grundbesoldung der besoldungsrechtliche Familienzuschlag und Kindergeld. Auch beziehen diese Haushalte zu 54 beziehungsweise 42% Unterhalt (Näheres vgl. Abschnitt 5.4.2).

Vier von fünf **Paaren ohne Kinder** sind im Intervall zwischen 3.000 bis unter 5.000 Euro zu finden. Durch meist zwei erwerbstätige Haushaltsmitglieder können diese Haushalte je nach Karrierefortschritt und Erwerbsbeteiligung die gesamte Bandbreite der erhobenen Intervalle abdecken. So sind unter den acht Haushalten, deren Einkommen unter 2.000 Euro liegt, fast ausschließlich junge Befragte und die Erwerbsbeteiligung der Partner*innen ist unterdurchschnittlich niedrig. Grundsätzlich lassen sich durch zwei Einkommen auch höhere Haushaltseinkommen erwirtschaften, als es den Alleinstehenden oder Alleinerziehenden möglich ist. Dies gilt umso mehr, da die Befragten qua Umfrage-Design zwingend Beamt*innen in den unteren Besoldungsgruppen sein müssen, sodass ihre Gehälter eine gewisse Schwelle gar nicht überschreiten können. Dies gilt jedoch nicht für die Partner*innen, welche beispielsweise bessere formale Qualifikationen als die Befragten aufweisen können. Bei den Paaren ohne Kinder ist die Abweichung zwischen den Haushalten mit und ohne weitere Personen gering.

Im Gegensatz zu den Paaren ohne Kinder ist die Einkommensverteilung der **Paare mit Kindern** stärker in die Intervalle ab 3.000 Euro verschoben. Mit einem oder zwei Kindern im Haushalt verfügen mehr als zwei Drittel der Haushalte über ein Haushaltsnettoeinkommen zwischen 3.000 und 5.000 Euro monatlich. Nur 5% der Haushalte liegen unterhalb der Marke von 3.000 Euro. Mit drei und mehr Kindern liegen knapp 60% der Haushalte im Intervall zwischen 3.000 und 5.000 Euro, die übrigen Haushalte verfügen fast ausnahmslos über ein höheres Einkommen. Eingedenk des mit der Kinderzahl abnehmenden Erwerbsumfangs scheinen hier kompensatorische Effekte des Kindergelds und des kinderbezogenen Bestandteils des Familienzuschlags zu wirken, gerade wenn drei und mehr Kinder im Haushalt leben, da der Familienzuschlag ab dem dritten Kind höher ausfällt (vgl. Kap. 4). Auch bei Paaren mit Kindern wirken sich die weiteren Personen nur schwach auf die Einkommensverteilung aus.

Der Zuwachs des Haushaltseinkommens verläuft nicht linear mit der Anzahl erwachsener Haushaltsmitglieder. In Haushalten mit lediglich einem erwachsenen Haushaltsmitglied (Alleinlebende oder Alleinerziehende) beträgt das durchschnittliche Haushaltseinkommen 2.250 Euro monatlich. Mit zwei Erwachsenen im Haushalt steigt das Haushaltseinkommen auf 4.130 Euro an, was einem Zuwachs von 1.880 Euro entspricht. Die dritte erwachsene Person generiert lediglich einen Mehrwert in Höhe von 80 Euro bei vier und mehr Personen beträgt der Unterschied 450 Euro. Bei nur einer erwachsenen Person im Haushalt macht die Besoldung in neun von zehn Fällen 80% und mehr des gesamten Haushaltseinkommens aus. Bei zwei und drei Erwachsenen schwindet der Anteil der Besoldung; sie macht in etwa zwei Dritteln der Fälle zwischen 40 und 80% des Haushaltseinkommens aus. Wohnen vier und mehr erwachsene Personen im Haushalt, gestaltet sich die Situation noch heterogener. Im Intervall zwischen 40 bis unter 80% findet sich nur noch rund die Hälfte der Fälle. Die übrigen drei Intervalle sind stärker besetzt als in den anderen Mehrpersonenhaushalten – sowohl unten als auch oben. In knapp 9% der Haushalte macht die Besoldung weniger als 20% des Haushaltseinkommens aus, in knapp 17% sind es 80% und mehr.

Tabelle 34: Monatliches Haushaltseinkommen, verschiedene Maßzahlen (in Euro)

	Gesamt	**pro Kopf**	**Äquivalenz-einkommen**[39]
Alleinstehende	2.180	2.180	2.180
Alleinstehende Beamt*innen mit weit. Personen	4.110	1.420	2.080
Alleinerziehende	2.740	1.160	1.750
Alleinerziehende mit weiteren Personen	2.910	800	1.310
Paare	4.040	2.020	2.700
Paare mit weiteren Personen	4.260	1.350	2.040
Paare mit Kindern	4.350	1.210	2.020
Paare mit Kindern und weiteren Personen	4.460	830	1.460

Anmerkung: Haushaltseinkommen nach Abzug von Steuern, Sozialabgaben und Beiträgen zur privaten Kranken- und Pflegeversicherung sowie inklusive Sozialleistungen; Euro-Werte gerundet.
n = 1.788

Das **durchschnittliche Gesamteinkommen** der verschiedenen Haushaltstypen ist umso höher, je mehr Personen Teil des Haushalts sind. Entsprechend verfügen die Alleinstehenden mit knapp 2.180 Euro über das geringste durchschnittliche Einkommen, Paare mit Kindern und weiteren Personen über das höchste (rund 4.460 Euro, vgl. Tabelle 34). Mit Blick auf das **Pro-Kopf-Einkommen** weisen die Alleinstehenden jedoch den höchsten Betrag auf. Bei diesen handelt es sich definitionsgemäß um Beamt*innen im aktiven Dienst, also erwerbstätige Personen, welche obendrein fast ausschließlich in Vollzeit tätig sind. Die anderen Haushalte können dagegen auch aus Partner*innen, Kindern oder weiteren Personen bestehen, welche möglicherweise nicht erwerbstätig, in Teilzeit, in Ausbildung befindlich oder bereits im Ruhestand

39 Die OECD-Gewichtung wurde auch auf die in der Umfrage erhobenen Daten angewandt: Die Befragten selbst wurden mit dem Faktor 1, etwaige Partner*innen sowie weitere (nicht-)verwandte Personen mit dem Faktor 0,5 gewichtet. Kinder, welche das 14. Lebensjahr noch nicht vollendet haben, werden nur mit dem Faktor 0,3 gewichtet. Da in der Umfrage das Alter der Kinder im Haushalt nicht erhoben wurde, orientiert sich die Gewichtung näherungsweise am Alter der Befragten. Sind diese unter 40 Jahren alt, wurden Kinder mit dem Faktor 0,3 gewichtet, ansonsten mit dem Faktor 0,5.

sind. Entsprechend liegt das Pro-Kopf-Einkommen niedriger, vor allem die Haushalte mit sowohl Kindern als auch weiteren Personen weisen geringe Beträge auf.

Bezüglich des **Äquivalenzeinkommens**, welches die Skaleneffekte des Haushalts berücksichtigt, schneiden diejenigen Haushalte am besten ab, welche (fast) ausschließlich aus erwerbstätigen Personen bestehen. Dies sind die Alleinstehenden und Paare ohne Kinder und weitere Personen. Letztere verfügen in vielen Fällen über zwei Vollzeiteinkommen (vgl. Abschnitt 5.2.2). Die Haushalte mit sowohl Kindern als auch weiteren Personen belegen die letzten Plätze der verglichenen Haushaltstypen. Die Alleinerziehenden mit weiteren Personen liegen dabei mit 1.310 Euro nur knapp hinter den Paaren mit Kindern und weiteren Personen (1.460 Euro), obwohl in letzterem Fall mit den Partner*innen noch eine zusätzliche potentiell erwerbsfähige Person im Haushalt lebt. Vor allem bei den Paaren ist ein Zusammenhang zwischen zunehmender Haushaltsgröße und abnehmendem Äquivalenzeinkommen festzustellen. Die weiteren Personen scheinen sich für die finanzielle Gesamtsituation der Haushalte eher als Bürde denn als Gewinn zu erweisen.

*Abbildung 12: Durchschnittliches Einkommen der Haushalte (in Euro) nach Besoldungsgruppe der Beamt*innen*

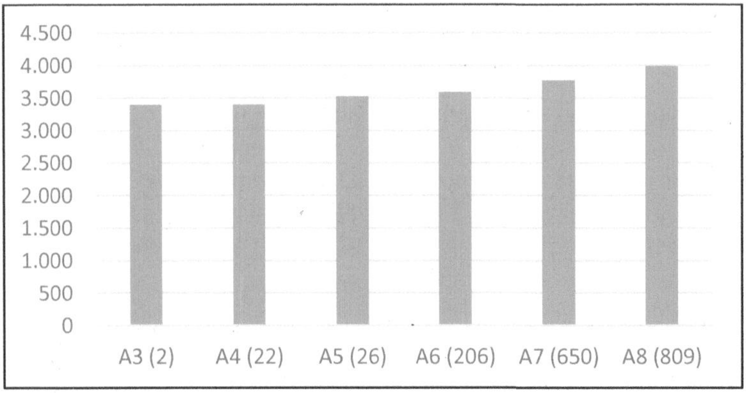

n: in Klammern.

Nachdem der Zusammenhang zwischen der Höhe des Haushaltseinkommens und der Zusammensetzung der Haushalte festgestellt wurde, stellt sich die Frage, welche weiteren Variablen ebenfalls einen entsprechenden Einfluss ausüben. Von allen in Frage kommenden Variablen wies nur die Besoldungsgruppe einen nennenswerten Einfluss auf die Höhe des Haushaltseinkommens auf (vgl. Abbildung 12). In den Besoldungsgruppen unterhalb von A7 bewegen sich die Haushaltseinkommen um den Wert 3.500 Euro herum, in A8 sind es mit knapp 4.000 Euro etwa 500 Euro mehr.

Nun stellt sich die Frage, wie groß der **Einfluss auf das Haushaltseinkommen** der einzelnen Variablen ausfällt, welche in den vorgenannten Betrachtungen immer mit anderen Variablen zusammenwirkten. Eine multiple Regression kann die isolierten Einflüsse der genannten Variablen aufzeigen. Hierzu sind die in Tabelle 35 aufgeführten Variablen zu überprüfen. Ihre Benennung findet sich in der ersten Spalte. Die entsprechende Hypothese lautet somit:

$$y_{HH\text{-}Eink} = \beta_0 + \beta_1 x_1 + \beta_2 x_2 + \beta_3 x_3 + \beta_4 x_4 + \varepsilon.$$

Die Ergebnisse der multiplen linearen Regression finden sich in Tabelle 35. Die Kodierung der Variablen kann Anhang 3 entnommen werden. Die Stärke der jeweiligen Effekte ergibt sich aus den Regressionskoeffizienten. Das Modell erreicht ein korrigiertes R^2 von 0,36. Somit können 36% der Varianz des Modells erklärt werden, was zumindest als zufriedenstellender Wert betrachtet werden kann. Alle untersuchten Variablen erwiesen sich als signifikant (Signifikanz kleiner als 0,05). Die Konstante ist als theoretisches Grundeinkommen der Befragten in Höhe von 1.420 Euro zu betrachten. Hinzu kommen pro Besoldungsgruppe weitere 149 Euro.

Tabelle 35: Multiple lineare Regression zur Modellierung der Höhe des monatlichen Einkommens (in Euro; SPSS-Output)

		Nicht standardisierte Koeffizienten		Stan-dard. Koeff.	T	Sig.	95,0% Konfidenz-intervalle für B	Kollinearitätsstatistik		
		Regr. koeffi-zient B	Std.-Fehler	Beta			Unter-grenze	Ober-grenze	Tole-ranz	VIF
	(Konstante)	1420,106	228,363		6,219	0,000	972,199	1868,013		
X_1	Partner*in im Haushalt	1499,837	60,807	0,507	24,665	0,000	1380,571	1619,103	0,906	1,104
X_2	Anzahl der Kinder im Haushalt	122,686	28,750	0,089	4,267	0,000	66,297	179,076	0,879	1,137
X_3	Anzahl weiterer Personen im Haushalt	321,121	28,554	0,221	11,246	0,000	265,116	377,127	0,986	1,015
X_4	Besoldungs-gruppe	148,725	30,794	0,095	4,830	0,000	88,326	209,124	0,981	1,020

Quelle: Eigene Berechnungen

Daneben üben die übrigen Haushaltsmitglieder einen merklichen Einfluss auf das Haushaltseinkommen aus. Vor allem sind es die Partner*innen, welche das Haushaltseinkommen im Durchschnitt um 1.500 Euro anheben. Diese Variable berücksichtigt nicht, ob die Partner*innen erwerbstätig sind beziehungsweise ob sie in Vollzeit, Teilzeit oder geringfügig beschäftigt sind. Die starke Verbreitung der Partnererwerbstätigkeit (91%) sowie die Dominanz des Vollzeit-Anteils unter diesen (72%) mag die Erklärung dafür liefern, dass diese Spezifikationen wenig Einfluss haben. Das Modell zeigt den großen Einfluss, welchen die übrigen Haushaltsmitglieder, vor allem die Partner*innen, auf die Höhe des Haushaltseinkommens haben. Der Effekt von Kindern und weiteren Personen lag dagegen niedriger. Der durchschnittliche Einkommenszuwachs je Kind beträgt 123 Euro, je weiterer Person beträgt er 321 Euro.

5.4 Analyse ausgewählter Haushaltstypen

Nachdem die Gesamtheit der Haushalte bezüglich ihrer Einnahmensituation beleuchtet wurde, erfolgt nun eine nach Haushaltstypen differenzierte Analyse. Ergänzend wird hier auch die Ausgabensituation beleuchtet, was aufgrund ihrer starken Abhängigkeit von der Haushaltsstruktur und vom Haushaltseinkommen auch erst in diesem Unterkapitel zielführend ist.

5.4.1 Alleinstehende

5.4.1.1 Die Einkommenssituation alleinstehender Beamt*innen

5.4.1.1.1 Erwerbs- und Gesamteinkommen

Das **Äquivalenzeinkommen** der Haushalte der Alleinstehenden entspricht auch dem tatsächlichen Einkommen, da es sich bei diesen um Ein-Personen-Haushalte handelt, deren einziges Mitglied folglich mit dem Faktor 1 gewichtet wird. Die Hälfte der Alleinstehenden verfügen über ein Haushalts- beziehungsweise Äquivalenzeinkommen zwischen 1.900 und 2.400 Euro monatlich (vgl. Abbildung 13)[40]. Bei alleinstehenden Beamt*innen mit weiteren Personen im Haushalt ist die Varianz größer. Betrug die Spannweite des ersten und dritten

40 Bei den abgebildeten Boxplot-Diagrammen, gibt der mittlere Strich den Median an, also jenes Haushaltseinkommen, welches genau in der Mitte läge, würde man alle Angaben von klein nach groß aufreihen. Die obere und untere Hälfte der „Box" umfassen die jeweils darüber beziehungsweise darunter liegenden 25% der Fälle und werden vom ersten und dritten Quartil begrenzt. Die Antennen umfassen anschließend die nächst höheren beziehungsweise niedrigeren 25% der Fälle. Fälle, welche vom ersten oder dritten Quartil mehr als 1,5-mal so weit entfernt sind, wie die Spannweite der Box (als die mittleren 50%) beträgt, werden als Ausreißer gekennzeichnet – bis zu einem Abstand von drei Spannweiten mit einem Kreis.

Quartils in Haushalten ohne weitere Personen noch 500 Euro, wächst sie mit einer weiteren Person auf 716 Euro an (1.617 bis 2.333 Euro monatlich). Bei zwei beziehungsweise drei und mehr weiteren Personen liegt die Spanne sogar im vierstelligen Bereich. Ersteren Falls beträgt sie 1.218 (1.563 bis 2.781 Euro), letzteren Falls 1.133 (1.600 bis 2.733 Euro). Die Höchstwerte liegen unabhängig von der Zahl weiterer Personen bei etwa 3.500 Euro. Die geringsten Werte sind ebenfalls meist gleich hoch, nämlich nahe aber über 1.000 Euro. Einzige Ausnahme bilden die Haushalte mit drei und mehr Personen, in welchen tatsächlich manche Haushalte ein dreistelliges Äquivalenzeinkommen aufweisen. Diese zeichnen sich durch ein überwiegend geringes Alter der Befragten und eine hohe Zahl weiterer Personen (überwiegend vier und mehr) aus. Eine gewisse Restunsicherheit liegt darin, ob die Befragten die Einkommen aller Haushaltsmitglieder korrekt einschätzen konnten.

Abbildung 13: Verteilung der Äquivalenzeinkommen der Alleinstehenden nach Anzahl weiterer Personen im Haushalt

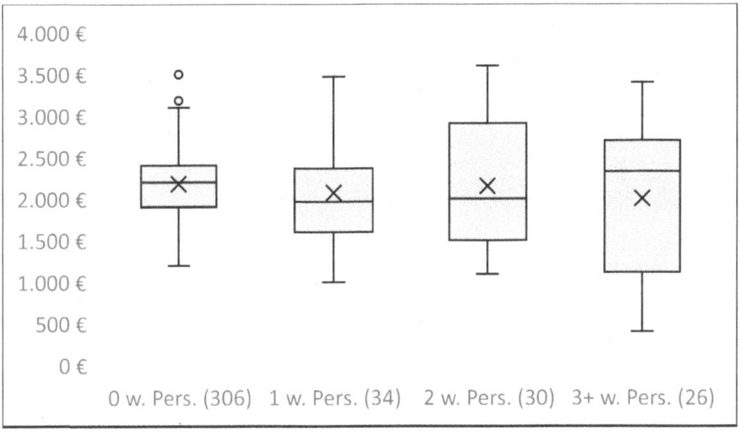

n: in Klammern.

Die Anzahl der weiteren Personen im Haushalt beeinflusst den Anteil der Besoldung am verfügbaren Einkommen stark (vgl. Abbildung 14). Bei alleinlebenden Beamt*innen liegt dieser in den meisten Fällen (92%) bei 80% und mehr. Sobald eine weitere Person im Haushalt lebt, schrumpft dieser Anteil auf 38%, Mit zwei Personen ist bereits das Intervall zwischen 20 und 40% am stärksten vertreten (40%) und mit drei und mehr Personen finden sich 69% der Befragten in den Intervallen unterhalb von 40%. In letzteren Haushalten wohnen meist Befragte unter 30 Jahren. Die Vollzeitquote der alleinstehenden Beamt*innen mit und ohne weitere Personen im Haushalt beträgt 99%.

Abbildung 14: Anteil der Besoldung am verfügbaren Einkommen des Haushalts (in %), verschiedene Haushaltstypen

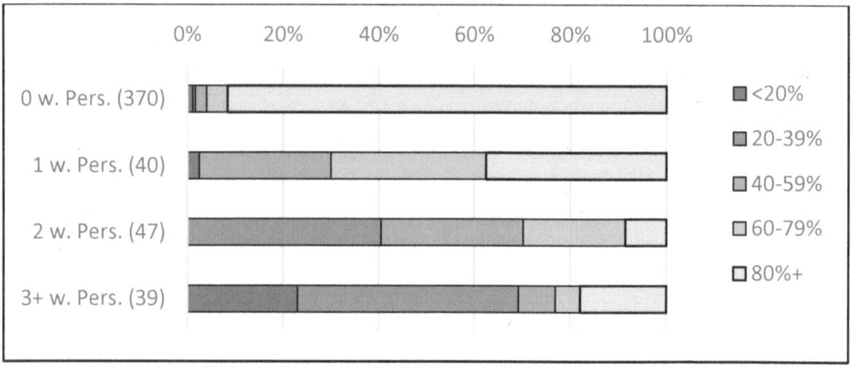

n: in Klammern.

Wie die Berechnungen in Abschnitt 5.1.4 bereits nahelegen, ist die Spanne der Einkommen der Alleinstehenden zwischen den Besoldungs- und Altersgruppen nicht groß (vgl. Abbildung 15). Mit Blick auf die Besoldungsgruppen zeigt sich ein merklicher Abstand am ehesten noch zu den Besoldungsgruppen unterhalb von A7, welche in der Gruppe zahlenmäßig schwach vertreten sind, aber durch Einbeziehung von Bezügen bis hinunter zu Besoldungsgruppe A4 zwischen 200 und 300 Euro hinter der Besoldungsgruppe A7 zurückbleiben. Zwischen den Besoldungsgruppen A7 und A8 hingegen fällt der Abstand nicht groß aus. Der Vergleich der jeweiligen Altersgruppen offenbart Abstände von maximal gut 100 Euro.

Abbildung 15: Durchschnittliches Haushaltseinkommen der Alleinstehenden nach Besoldungsgruppe und Alter

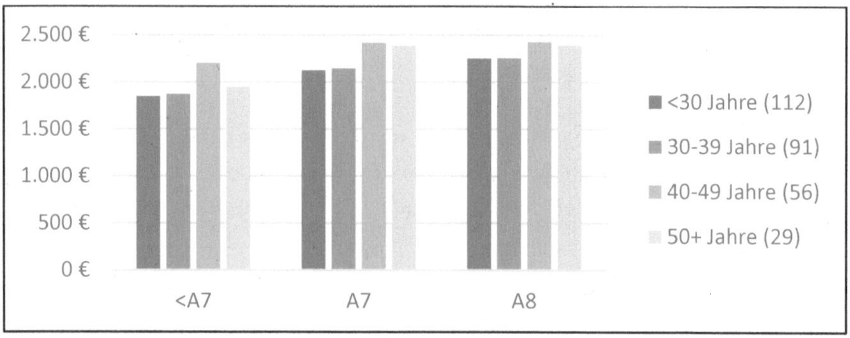

n: in Klammern

Innerhalb der Besoldungsgruppen fällt der Abstand zwischen der höchsten und der niedrigsten Altersgruppe ebenfalls nicht groß aus. Innerhalb der Besoldungsgruppen A7 ist er mit gut 260 Euro noch am höchsten. In den Besoldungsgruppen unterhalb von A7 beträgt er im Durchschnitt lediglich gut 100 Euro.

5.4.1.1.2 Sozial- und andere staatliche Leistungen

Neben dem selbst erwirtschafteten Einkommen können Sozial- und andere staatliche Leistungen das Haushaltseinkommen erhöhen. Der Blick auf diese fällt bei den alleinstehenden Beamt*innen recht homogen aus (vgl. Tabelle 36): Leistungen werden entweder nicht oder nur in verschwindend geringer Anzahl bezogen. In letzterem Fall besteht obendrein die Möglichkeit, dass die Beamt*innen diese Leistungen noch im vergangenen Jahr vor der Befragung bezogen, bevor sie verbeamtet wurden, da der abgefragte Zeitraum das Jahr vor dem Erhebungszeitpunkt umfasste. Ihr recht geringes durchschnittliches Alter lässt dies nicht gänzlich unwahrscheinlich erscheinen. Weiterhin wäre es möglich, dass sie zuvor mit weiteren Personen in einem Haushalt gelebt haben, sich dies aber zum Erhebungszeitpunkt, beispielsweise durch Auszug, geändert hat. Bei den alleinstehenden Beamt*innen mit weiteren Personen liegt dagegen durchaus der Bezug von Sozial- und andere staatliche Leistungen vor. Deshalb ist der Grund hierfür meist bei den weiteren Personen zu suchen.

*Tabelle 36: Anteil der Bezieher*innen von Sozial- und anderen staatlichen Leistungen an den Alleinstehenden mit und ohne weitere Personen (in %)*

	Alleinstehende	**Alleinstehende mit weiteren Personen**
Wohngeld	(0,2)	(0)
Kurzarbeitergeld	(0)	13,2
Arbeitslosengeld	(0)	(2)
Grundsicherung[41]	(0,4)	2,9
Bildung und Teilhabe	(0)	(0)
BAföG	(0,6)	(1)
Muttersch./Elterng.	(0,2)	2,9
Rente/Pension	1	25,7
Krankengeld	(0,2)	7,3
Sonstige Leistungen	1	4,5
n	517	203

41 Dies umfasst die Grundsicherung im Alter, bei Erwerbsminderung und für Arbeitssuchende (Arbeitslosengeld 2) sowie die Ergänzung des Einkommens mit Arbeitslosengeld 2.

Mehr als jeder vierte Haushalt (26%) der alleinstehenden Beamt*innen mit weiteren Personen bezog **Renten- oder Pensionszahlungen**. Diese Haushalte wiesen mit 1.790 Euro monatlich ein geringeres Äquivalenzeinkommen auf als die vergleichbaren Haushalte ohne Rente- oder Pensionsbezug (2.150 Euro). Der Erwerbsumfang der Beamt*innen ist in beiden Vergleichsgruppen identisch hoch (99 beziehungsweise 98%). In gut 7% der Haushalte wird **Krankengeld** von Haushaltsmitgliedern bezogen.

Mit rund 13% ist auch der Anteil der Haushalte mit **Kurzarbeitergeldbezug** relativ hoch. Während des Zeitraums der Datenerhebung wirkten sich noch die Corona-Pandemie und die ungewöhnlich hohen Energiepreise (vgl. Statistisches Bundesamt 2023c: 30) negativ auf die Konjunktur aus. In diesem Zusammenhang wurden auch die Hürden zur Inanspruchnahme von Kurzarbeit gesenkt (vgl. Art. 1 GVerlS). Im Mai 2021 lag die Zahl der Kurzarbeiter*innen in Deutschland bei gut 2,3 Millionen, im Mai 2019 nur bei gut 50.000 Personen (vgl. Statistisches Bundesamt 2024n). Es ist also davon auszugehen, dass unter normalen Umständen die Zahl der Haushalte mit Kurzarbeiter*innen wesentlich niedriger liegt.

5.4.1.2 Ausgewählte Ausgaben der Haushalte alleinstehender Beamt*innen

Die Alleinstehenden bilden quasi den Beamtenhaushalt in Reinform ab, da weitere Haushaltsmitglieder nicht die Ausgabensituation zusätzlich beeinflussen. Die **Ausgaben fürs Wohnen** bleiben in den Besoldungsgruppen A6 und niedriger sowie bei Beamt*innen in Ausbildung hinter den Besoldungsgruppen A7 und A8 zurück (vgl. Tabelle 37). So sind die Intervalle unterhalb von 500 Euro mit 11%, in den Besoldungsgruppen A7 und A8 jedoch nur mit 4 beziehungsweise 6% der Befragten besetzt. 1.250 Euro und mehr zahlen 16% der Befragten in A7 und 14% in A8. In den darunterliegenden Besoldungsgruppen sind diese Intervalle vernachlässigbar selten besetzt. Beamt*innen in den Besoldungsgruppen bis einschließlich A6 befinden sich meist in den unteren beiden Altersgruppen bis einschließlich 39 Jahren (vgl. Tabelle 25), in welchen die höchstmögliche Erfahrungsstufe noch nicht erreicht ist. Sie haben somit im Mittel nicht nur die Bezüge einer niedrigeren Besoldungsgruppe zur Verfügung, sondern diese bemessen sich auch nach einer geringeren Erfahrungsstufe.

Tabelle 37: Anteil der Höhe der monatlichen Ausgaben von Alleinstehenden (in Euro, in Zeilenprozent)

Wohnen								
		Keine Miete	<500	500-750	750-1.000	1.000-1.250	1.250-1.500	1.500+
Ein-Pers.-Haushalte (n=429)	≤ A6+Ausb.	(2,6)	10,5	32,9	30,3	17,1	(2,6)	(3,9)
	A7	-	4,3	28,2	36,2	15,3	9,8	6,1
	A8	(1,6)	6,3	22,6	37,4	17,9	8,4	5,8
Anzahl weiterer Personen (n=701)	0	1,4	6,1	27,8	35,6	15,9	7,8	5,5
	1	(2,0)	(6,0)	16,0	24,0	30,0	12,0	10,0
	2+	42,9	10,0	15,7	8,6	7,1	10,0	5,7
Kranken(zusatz)- und Pflegeversicherung								
		<250	250-500	500-750	750-1.000	1.000+		
Ein-Pers.-Haushalte (n= 430)	Ausb.	77,8	(22,2)	-	-	-		
	<=A6	(6,1)	87,9	(4,5)	-	(1,5)		
	A7	13,4	79,3	7,3	-	-		
	A8	14,7	78,0	6,3	(0,5)	(0,5)		
Ein-Pers.-Haushalte (n= 432)	<30	25,2	69,2	5,7	-	-		
	30-39	7,2	87,2	4,8	-	(0,8)		
	40-49	14,3	77,1	7,1	-	(1,4)		
	50+	(2,6)	87,2	9,0	(1,3)	-		
Urlaubsreisen								
		Kein Urlaub	<500	500-1.000	1.000-1.500	1.500-2.000	2.000+	
Ein-Pers.-Haushalte (n=423)	≤ A6+Ausb.	13,3	17,3	26,7	18,7	10,7	13,3	
	A7	11,2	8,7	24,2	26,1	14,3	15,5	
	A8	9,1	12,8	20,9	21,4	18,2	17,6	
	Verfügbar. Ein-kommen	2.132	2.137	2.147	2.198	2.154	2.281	

Im Vergleich zur Gesamtgesellschaft weisen die Beamt*innen höhere Ausgaben fürs Wohnen auf. Während in der Gesamtgesellschaft 83% der Ein-Personen-Haushalte weniger als 750 Euro monatlich zahlen, sind es in der untersuchten Gruppe lediglich 35% (vgl. Tabelle 38). Zwischen 750 und 1.000 Euro zahlen dagegen 36% der befragten Beamt*innen, jedoch nur 13% der Ein-Personen-Haushalte in der Gesamtgesellschaft. Im Bereich über 1.000 Euro monatlich ist das Gefälle mit 29 zu 4% am stärksten. Im Vergleich zur Gesamtgesellschaft wurden die Ausgaben fürs Wohnen weitaus öfter in den höchsten Ausgabenintervallen verortet. 29% der Beamt*innen aber nur 4,3% der Ein-Personen-Haushalte in der Gesamtgesellschaft gaben 1.000 Euro oder mehr pro Monat an – bei nur leicht höheren Haushaltseinkommen der Beamt*innen. Dies könnte durch die zum Erhebungszeitpunkt geltenden hohen Preise für Heizenergie verursacht sein.

Sobald die alleinstehenden Beamt*innen mit einer weiteren Person zusammenleben, steigen auch die Ausgaben fürs Wohnen. Mehr als die Hälfte dieser Haushalte zahlen monatlich 1.000 Euro oder mehr fürs Wohnen, bei den Alleinstehenden ohne weitere Personen sind es nur 29%. Ab der zweiten weiteren Person steigen die Wohnausgaben jedoch nicht, sondern sinken. Hauptsächlich dafür verantwortlich ist die mietfreie Überlassung von Wohnraum, von welcher 43% der entsprechenden Haushalte profitieren. Dieses Arrangement findet sich ausschließlich in den Altersgruppen bis 39 Jahre und ist bei Beamt*innen in Ausbildung besonders und in der Besoldungsgruppe A8 am wenigsten weit verbreitet (vgl. Tabelle 39). Es gilt allerdings zu berücksichtigen, dass diese Gruppe die Wohnnebenkosten im Wohneigentum nicht berücksichtigt hat.

Tabelle 38: Verteilung der Ausgaben fürs Wohnen von Ein-Personen-Haushalten in der Umfrage und der Gesamtgesellschaft (in %)

Ausgaben in Euro	Umfrage		Gesamtgesellschaft[42]	
	Anteil	Durchschn. Einkommen (in Euro)	Anteil	Durchschn. Einkommen (in Euro)
<500	7,4	2.110	41,0	1.598
500-750	27,8	2.130	41,5	1.834
750-1.000	35,6	2.137	13,3	2.060
1.000-1.250	15,9	2.333	2,6	2.130
1.250-1.500	7,8	2.269	0,9	2.374
1.500+	5,5	2.342	0,8	2.234

Quelle: Sozio-oekonomisches Panel 2022.

n = Umfrage: 511, Gesamtgesellschaft.: 2.233

42 Hier und im Folgenden bilden diejenigen Haushalte den Bezugsrahmen der Gesamtgesellschaft, in welchen mindestens eine erwerbstätige Person lebt und deren Äquivalenzeinkommen – wie in 88% der befragten Beamtenhaushalte – mehr als 999 und weniger als 3.000 Euro monatlich beträgt.

Die **Beiträge zur Kranken- und Pflegeversicherung** in Ein-Personen-Haushalten bewegen sich in allen untersuchten Besoldungsgruppen meist im Intervall zwischen 250 und 500 Euro. Bis einschließlich der Besoldungsgruppe A6 gaben 88% der Befragten Krankenversicherungsbeiträge in dieser Höhe an, in den höheren Besoldungsgruppen waren es knapp 80%. Ein einstelliger Prozentanteil der Befragten jeder Besoldungsgruppe zahlt zwischen 250 und 500 Euro. Der Anteil der Befragten mit Krankenversicherungsbeiträgen unterhalb von 250 Euro ist in den Besoldungsgruppen A7 und A8 mit 14-15% sehr viel höher als in den darunterliegenden Besoldungsgruppen (6%). In diesen beiden Besoldungsgruppen beginnen die Laufbahnen der Polizei und der Großteil der feuerwehrtechnischen Beamt*innen ist hier angesiedelt (vgl. Kap. 4). Beide Gruppen erhalten von ihren Dienstherren kostenfreie Heilfürsorge.

Die Beamt*innen in Ausbildung (n = 9) zahlen in fast allen Fällen weniger als 250 Euro monatlich. Sie befinden sich alle in der Altersgruppe unter 30 Jahren, weshalb dort auch die Gruppe mit weniger als 250 Euro monatlichen Ausgaben für die Krankenversicherung verhältnismäßig stark besetzt ist (25%). Die Beamt*innen in der Ausbildung können noch ausreichend jung sein, sodass die Beiträge zu ihren privaten Krankenversicherungen noch nicht um die Beiträge zu den Alterungsrückstellungen erhöht sind. Dies ist erst ab 21 Jahren zwingend der Fall (§146 Abs. 1 Nr. 2 u. § 149 VAG). In den folgenden Altersgruppen zeigt sich ein recht einheitliches Bild. In der Altersgruppe ab 50 Jahren sind Beamt*innen, welche weniger als 250 Euro zahlen, nicht mehr nennenswert häufig vertreten. Für die Beamt*innen in den Laufbahnen mit Anspruch auf freie Heilfürsorge gelten abgesenkte Regelaltersgrenzen (vgl. Kap. 4).

*Tabelle 39: Anteil der Beamt*innen mit zwei und mehr weiteren Personen ohne Ausgaben fürs Wohnen (in %)*

Alter	A6	A7	A8	Ausbildung
unter 30	40,7	44,7	31,3	87,5
30 – 39	(0,3)	33,3	0,0	(1,0)

n = 105

Bei den Ausgaben für **Urlaubsreisen** lässt sich ein schwacher Zusammenhang mit der Besoldungsgruppe beobachten. Der Anteil der alleinlebenden Beamt*innen, welche mehr als 1.500 Euro in Jahr ausgeben, liegt in den Besoldungsgruppen bis einschließlich A6 bei 24%. In A7 steigt er auf 30% und in A8 auf 36% an. Umgekehrt treten 13% der Beamt*innen unterhalb von A7 überhaupt keine Urlaubsreisen an, in der Besoldungsgruppe A8 sind es nur 9%. Das gänzliche Unterlassen von Urlaubsreisen ist in der untersuchten Gruppe damit in jedem Fall geringer ausgeprägt, als in vergleichbaren Haushalten der Gesamtgesellschaft. Diese unterlassen in 31% der Fälle Urlaubsreisen, die Hälfte dieser Haushalte gibt hierfür finanzielle Gründe an (Sozio-oekonomisches Panel 2022).

5.4.2 Alleinerziehende

5.4.2.1 Die Einkommenssituation alleinerziehender Beamt*innen

Die **Alleinerziehenden** verfügen über ein durchschnittliches verfügbares Einkommen von 2.740 Euro monatlich, was einen deutlichen Vorsprung gegenüber den Alleinstehenden (2.180 Euro) bedeutet (vgl. Tabelle 34). Im Gegensatz zu den Alleinstehenden müssen die Alleinerziehenden aus ihrem Einkommen auch die Ausgaben für ihre Kinder bestreiten, erhalten hierfür jedoch Kindergeld und den Familienzuschlag des Besoldungsrechts sowie nicht selten Unterhalt beziehungsweise Unterhaltsvorschuss (hierzu sogleich). Dennoch liegt ihr Äquivalenzeinkommen sehr viel niedriger als das der Alleinstehenden. Mit nur 1.750 Euro bleiben sie über 400 Euro hinter den Alleinstehenden zurück. Die **Alleinerziehenden mit weiteren Personen** leben meist mit Verwandten zusammen (70 von 73 Fällen). Mit weiteren Personen erhöht sich das durchschnittliche Haushaltseinkommen auf 2.910 Euro im Monat. Jedoch sind auch deren Ausgaben nun aus dem Haushaltseinkommen zu bestreiten, sodass das Äquivalenzeinkommen der Haushalte noch weiter auf 1.310 Euro monatlich absinkt – dies ist der niedrigste durchschnittliche Wert aller untersuchten Haushaltstypen.

Abbildung 16: Teilzeitquote der Alleinerziehenden nach Bezug von Unterhalt, Zahl der Kinder und weiterer Personen und Besoldungsgruppe

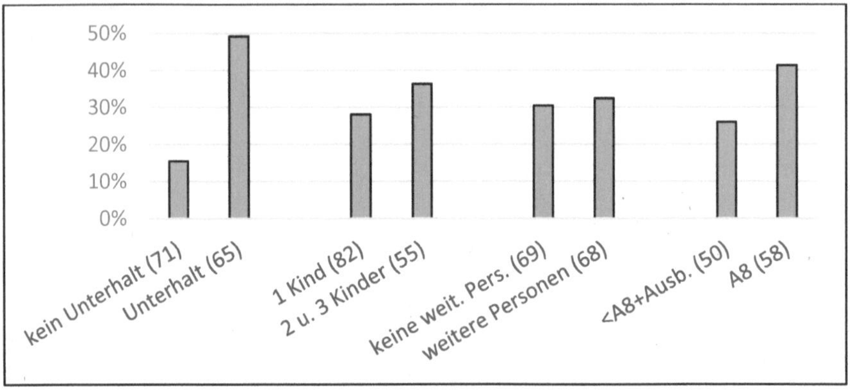

n: in Klammern.

Aufgrund der geringen Gruppengröße der Alleinerziehenden (mit weiteren Personen) muss sich deren Betrachtung auf das Aufzeigen von Tendenzen beschränken. Es lassen sich verschiedene Faktoren ausmachen, welche in einem Zusammenhang mit einer Teilzeitbeschäftigung der alleinerziehenden Beamt*innen stehen (vgl. Abbildung 16). Am stärksten ist dieser Zusammenhang mit dem Bezug von Unterhaltszahlungen. Werden von den Beamt*innen keinerlei Unterhaltszahlungen bezogen, so sind lediglich 15% in Teilzeit beschäftigt. Mit Unterhaltszahlungen wird dieser Wert mit 49% mehr als verdreifacht. Mit der Besoldungsgruppe hat ein weiterer monetärer Aspekt Einfluss auf den Erwerbsumfang, wenngleich dieser schwächer ist (41% Teilzeit in A8, 26% in den Besoldungsgruppen darunter inklusive Ausbildung). Die Haushaltskonstellation hat dagegen nur geringen Einfluss. Größerer Haushalte, vor allem Kinder haben dabei die Tendenz, die Teilzeitquote zu erhöhen (ein Kind: 28%, mehrere Kinder: 36%). Der Unterschied zwischen Haushalten mit und ohne weitere Personen ist dabei verschwindend gering. Während man bei Kindern annehmen kann, dass diese die Beamt*innen stärker abseits des Dienstverhältnisses beanspruchen, lässt sich dies bei weiteren Personen nicht pauschal annehmen. Im Gegenteil könnten diese sogar eine Entlastung darstellen, wenn beispielsweise Eltern der Beamt*innen Hilfe bei der Kinderbetreuung leisteten.

Abbildung 17: Haushalts- und Äquivalenzeinkommen der Alleinerziehenden nach weiteren Personen, Kinderzahl, Erwerbsumfang und Bezug von Unterhaltszahlungen

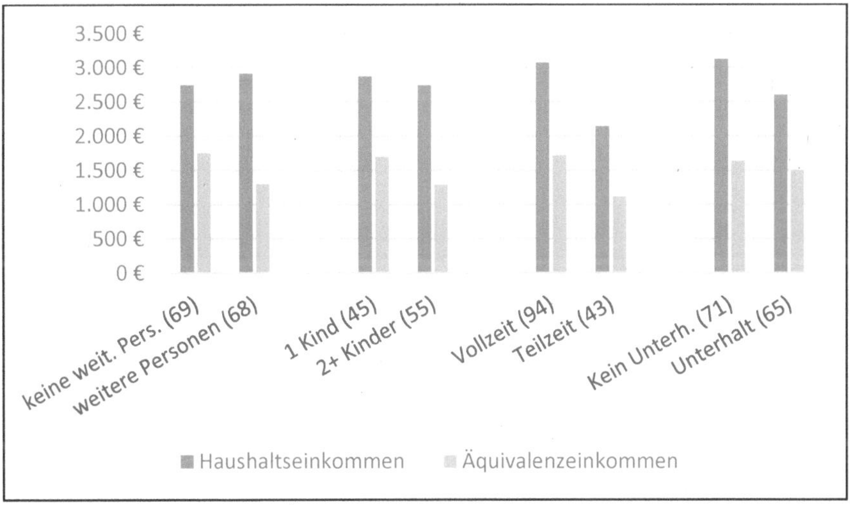

n: in Klammern.

Weitere Personen erhöhen das durchschnittliche monatliche Haushaltseinkommen leicht (2.910 versus 2.740 Euro), jedoch wachsen durch sie auch die Ansprüche des Haushalts, was zu einer höheren Gewichtung des Haushalts führt (vgl. Abbildung 17). Entsprechend sinkt das Äquivalenzeinkommen von 1.750 auf 1.310 Euro. Das Einkommen von Alleinerziehenden mit nur einem Kind liegt mit 2.870 Euro leicht über dem der Haushalte mit mehreren Kindern (2.740 Euro). Die erhöhte Teilzeitquote scheint hier die Effekte des Familienzuschlags – welcher im selben Maße wie der Erwerbsumfang sinkt – und des Kindergelds zu kompensieren. Entsprechend ist mit mehreren Kindern auch ein Absinken des Äquivalenzeinkommens auf 1.290 Euro verbunden (-410 Euro). Den größten Einfluss übt der Erwerbsumfang der Beamt*innen aus. Das Haushaltseinkommen der Beamt*innen in Teilzeit ist mit 2.140 Euro das geringste aller abgebildeten. Selbiges gilt für das Äquivalenzeinkommen (1.120 Euro). Anstatt dass Unterhaltszahlungen zu einem überdurchschnittlich hohem Haushaltseinkommen beitragen, verfügen die entsprechenden Haushalte mit 1.500 Euro über ein ähnlich hohes Äquivalenzeinkommen wie die Haushalte ohne solche Einnahmen (1.640 Euro). Hier scheint sich der starke Zusammenhang zwischen Unterhaltsbezug und Teilzeitbeschäftigung auszuwirken.

Haushalte mit Unterhaltsbezug sind trotz des geringeren Erwerbsumfangs in höherem Maße auf ihre Besoldung zur Ausgabendeckung angewiesen (vgl. Abbildung 18). In vier von fünf der Haushalte mit Unterhaltsbezug macht die Besoldung 80% oder mehr des Haushaltseinkommens aus. Der Unterhalt kann somit maximal 20% des Haushaltseinkommens betragen. In 19% der Haushalte macht die Besoldung zwischen 60 und 80% des Haushaltseinkommens aus, sodass sie in jedem Fall den Großteil des Haushaltseinkommens darstellt. In Haushalten ohne Unterhaltsbezug gestaltet sich die Situation heterogener. Hier macht die Besoldung in 17% der Fälle weniger als die Hälfte des Haushaltseinkommens aus. Mit zunehmender Kinderzahl geht der Anteil der Besoldung am Haushaltseinkommen zurück. Mit einem Kind macht sie in 81% der Fälle 80% und mehr des Haushaltseinkommens aus, mit mehreren Kindern geht dieser Wert auf 56% zurück. Dies lässt sich unter anderem durch den nun höheren Bezug des Kindergelds und etwaiger Unterhaltszahlungen erklären. Ohne weitere Personen macht die Besoldung meist (97%) den Großteil des Haushaltseinkommens aus, mit weiteren Personen überwiegen in 18% der Fälle andere Einkommensarten. Die geringeren Bezüge der Besoldungsgruppen unterhalb von A8 schlagen sich auch in der Zusammensetzung des Haushaltseinkommens nieder. Dort macht die Besoldung zwar in 82% der Fälle 60% und mehr des Haushaltseinkommens aus, in der Besoldungsgruppe A8 sind es jedoch 96% der Fälle.

Abbildung 18: Anteil der Besoldung am Haushaltseinkommen der Alleinerziehenden nach dem Bezug von Unterhalt, Anzahl der Kinder und weiterer Personen und Besoldungsgruppe

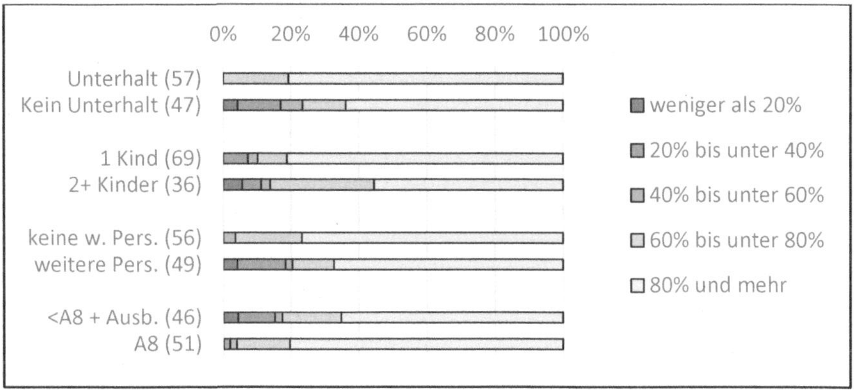

n: in Klammern.

Sozial- und andere staatliche Leistungen werden nur selten von den alleinerziehenden Beamt*innen bezogen (vgl. Tabelle 40). Der Bezug einzelner Leistungen wie Arbeitslosengeld oder Altersbezügen durch Alleinerziehende ohne weitere Personen scheint zunächst unlogisch. Da der Bezug der abgefragten Leistungen sich auf die letzten zwölf Monate vor der Erhebung bezog, lassen sich derartige Fälle durch andere Haushaltsmitglieder erklären, welche zum Erhebungszeitpunkt bereits nicht mehr im Haushalt lebten.

*Tabelle 40: Anteil der Bezieher*innen von Sozial- und anderen staatlichen Leistungen an den Alleinerziehenden mit und ohne weitere Personen (in %)*

	Ohne weitere Personen	**Mit weiteren Personen**
Wohngeld	(0,0)	(0,0)
Kurzarbeitergeld	(0,0)	(1,5)
Arbeitslosengeld	(1,4)	(1,5)
Grundsicherung	(1,4)	(1,5)
Bildung und Teilhabe	(2,9)	(1,5)
BAföG	(2,9)	(2,9)
Muttersch./Elterng.	(2,9)	(3,0)
Rente/Pension	(2,9)	7,5
Krankengeld	(0,0)	(3,0)
Sonstige Leistungen	(2,9)	7,5
n	69	67

In drei Fällen erhalten diese Haushalte Leistungen für **Bildung und Teilhabe** („Bildungspaket"), davon sind zwei Befragte in Teilzeit tätig. Diese decken Bedarfe von Schulkindern, welche beispielsweise für Klassenfahrten oder eine gemeinschaftliche Mittagsverpflegung in der Schule anfallen. Sie richten sich an finanziell schwache Personen wie Empfänger*innen von Grundsicherung, Arbeitslosengeld II, dem Kinderzuschlag oder Wohngeld (vgl. § 28 SGB II; § 6b Abs. 1 S. 1 Nr. 2 BKGG). Dass Beamt*innen diese Leistung erhalten, immer vorausgesetzt, der Bezug erfolgte nach Berufung ins Beamtenverhältnis, scheint deshalb bemerkenswert.

5.4.2.2 Ausgewählte Ausgaben der Haushalte alleinerziehender Beamt*innen

Die **Ausgaben fürs Wohnen** liegen bei den Alleinerziehenden (vgl. Tabelle 41) höher als bei den Alleinstehenden, was sich vor allem bei den Haushalten mit Ausgaben von monatlich 1.250 Euro und mehr zeigt. Bei den Alleinstehenden sind dies lediglich 13% der Haushalte, bei den Alleinerziehenden ohne und mit weiteren Personen dagegen 39% beziehungsweise 23%. Innerhalb der Gruppe der Alleinerziehenden gehen mit weiteren Personen im Haushalt geringere Ausgaben fürs Wohnen einher. Neben dem gerade erwähnten oberen Ende der Verteilung ist auch am unteren Ende auffällig, dass 12% der Alleinerziehenden mit weiteren Personen im Haushalt keinerlei Ausgaben fürs Wohnen angaben. Alleinerziehende ohne weitere Personen wohnen nie mietfrei. Von den sieben Haushalten ohne Aufwendungen fürs Wohnen gaben drei ihre Altersgruppe an, nämlich jeweils diejenige unter 30 Jahren.

Die Ausgaben **für den Arbeitsweg** bewegen sich in den oberen Kategorien. Jeweils etwa ein Drittel der Alleinerziehenden zahlt zwischen 50 und 150 Euro beziehungsweise zwischen 150 und 250 Euro. Jede*r Fünfte zahlt sogar mehr als 250 Euro. Alleinerziehende müssen möglicherweise ihren Wohnort stärker in Abhängigkeit von Möglichkeiten zur Kinderbetreuung (beispielsweise Kindertagesstätte, Großeltern) wählen. Mit weiteren Personen wächst die Streuung der Ausgabenstruktur. Der Anteil der Nennungen unterhalb von 20 Euro verdoppelt sich auf 6,3%. Umgekehrt wächst auch der Anteil über 250 Euro (23,4%, +3,4 Prozentpunkte). Aufgrund der geringen Fallzahl kann dies jedoch auch auf zufällige Schwankungen zurückgehen.

Tabelle 41: Anteil der Höhe der monatlichen Ausgaben von Alleinerziehenden (in Euro, in Zeilenprozent)

Wohnen (n = 126)							
	Keine Miete	**<500**	**500-750**	**750-1.000**	**1.000-1.250**	**1.250-1.500**	**1.500+**
Alleinerziehende ohne weitere Personen	-	(7,7)	10,8	26,2	16,9	16,9	21,5
Alleinerziehende mit weiteren Personen	11,5	(4,9)	19,7	21,3	19,7	16,4	(6,6)
Arbeitsweg (n = 129)							
	<20	**20-50**	**50-150**	**150-250**	**250+**		
Alleinerziehende ohne weitere Personen	(3,1)	12,3	30,8	33,8	20,0		
Alleinerziehende mit weiteren Personen	(6,3)	(4,7)	40,6	25,0	23,4		
Kranken(zusatz)-/Pflegeversicherung (n = 65)							
	<250	**250-500**	**500-750**	**750-1.000**	**1.000+**		
Alleinerziehende o.w.P. 1 Kind	(11,1)	80,6	(8,3)	(0,0)	(0,0)		
Alleinerziehende, o.w.P 2+ Kinder	(6,9)	82,8	(6,9)	(3,4)	(0,0)		
Unterhaltsverpflichtungen (n = 120)							
	kein Unterhalt	**< 100**	**100-500**	**500-1.000**	**1.000-1.500**	**1.500+**	
Alleinerziehende ohne weitere Personen	63,5	(1,6)	20,6	12,7	(1,6)	(0,0)	
Alleinerziehende mit weiteren Personen	68,4	(1,8)	19,3	(7,0)	(3,5)	(0,0)	
Urlaub (n = 64)							
	kein Urlaub	**<500**	**500-1.000**	**1.000-1.500**	**1.500-2.000**	**2.000+**	
1 Kind	20,0	(8,6)	20,0	22,9	17,1	(11,4)	
2 u. mehr Kinder	20,7	(3,4)	(6,9)	27,6	(0,0)	41,4	

Die Ausgaben **für die Kranken- und Pflegeversicherung** variieren nur leicht zwischen den Alleinerziehenden nach Kinderzahl. In beiden Haushaltstypen zahlen gut 80% der Haushalte zwischen 250 und 500 Euro monatlich für Kranken(zusatz-) und Pflegeversicherung. An den oberen Rändern finden sich leicht erhöhte Anteile der Haushalte mit zwei und mehr Kindern, umgekehrt ist es am unteren Ende. Die geringe Abweichung ist vermutlich auf die geringen Ausgaben einer privaten Krankenversicherung für Kinder zurückzuführen (80% Beihilfe, keine Alterungsrückstellungen, vgl. Kap. 4). Laut dem Vergleichsportal Check24 (2023) kostet die Absicherung der nicht von der Beihilfe abgedeckten Risiken eines Kindes in den meisten Fällen weniger als 50 Euro im Monat.

Neben dem häufigen Bezug von Unterhaltszahlungen sind die Alleinerziehenden auch überdurchschnittlich häufig von **Unterhaltsverpflichtungen** betroffen. Mit weiteren Personen liegt der Anteil der entsprechenden Haushalte bei 32%, ohne weitere Personen, sodass die Unterhaltsverpflichtung zwingend von den Befragten selbst ausgehen muss, leicht höher bei 36%. In Ausnahmefällen wird sogar mehr als 1.000 Euro monatlich gezahlt.

Jeder fünfte Haushalt alleinerziehender Beamt*innen tritt keine **Urlaubsreisen** an – unabhängig von der Kinderzahl. Dieses Verhalten ist damit bei den Alleinerziehenden besonders stark ausgeprägt, bei den Alleinstehenden beispielsweise traf dies nur auf 12% der Befragten zu. Die Alleinerziehenden wiesen auch in der erhobenen Stichprobe die geringsten Haushaltseinkommen auf, weshalb hierfür zunächst finanzielle Gründe in Frage kommen könnten. Umgekehrt finden sich jedoch auch Haushalte, welche viel Geld für Urlaubsreisen ausgeben (können). Bei den Alleinerziehenden ohne weitere Personen geben 51% der Haushalte 1.000 Euro oder mehr aus. Bei den Alleinerziehenden mit weiteren Personen ist die Gruppe, welche mehr als 2.000 Euro verausgabt mit 41% am stärksten besetzt. Im Vergleich verfügen diese mit den weiteren Personen nicht nur über mehr Personen, welche eine Urlaubsreise antreten können, sondern damit auch über potenziell mehr Personen, welche das hierfür notwendige Einkommen generieren können.

5.4.3 Paare ohne Kinder

5.4.3.1 Die Einkommenssituation der Paare ohne Kinder

5.4.3.1.1 Erwerbs- und Gesamteinkommen

Die partnerschaftliche Erwerbsbeteiligung ist bei Paaren ohne Kinder von verschiedenen Faktoren abhängig (vgl. Tabelle 42). So sind die Beamt*innen im **Alter** unter 50 Jahren fast ausschließlich in Vollzeit tätig. Ähnlich, wenn auch nicht derart deutlich, fallen die Ergebnisse der Partner*innen aus. In den Altersgruppen unter 40 Jahren liegt die Vollzeitquote bei 88%, in der Altersgruppe von 40 bis 49 Jahren liegt sie mit 82% nur leicht darunter. Da Teilzeitbeschäftigungen bei weiblichen Befragten und Partnerinnen häufiger als bei Männern auftreten, bieten sich traditionelle Rollenvorstellungen als Erklärung an, welche in den höheren Altersgruppen noch stärker präsent sein dürften. Sind Partner*innen nichterwerbstätig, so ist zwischen denjenigen Haushalten zu unterscheiden, welche den Bezug von Lohnersatzleistungen angegeben haben, sodass die Nichterwerbstätigkeit der Partner*innen vermutlich nur übergangsweise oder durch Ruhestandseintritt besteht. Anderenfalls liegt tatsächlich nur ein Erwerbseinkommen vor, sodass es sich um tatsächliche Einverdienst-Haushalte[43] handelt. Dass Partner*innen vor allem in der Altersgruppe ab 60 Jahren nichterwerbstätig sind, ist auf ersteren Fall, nämlich den bereits erfolgten Ruhestandseintritt dieser Partner*innen zurückzuführen. Von den entsprechenden 25 Haushalten beziehen dementsprechend 23 Renten- oder Pensionszahlungen.

*Tabelle 42: Erwerbsumfang der Beamt*innen und ihrer Partner*innen (in Zeilenprozent) nach Alter, Anzahl weiterer Personen und Besoldungsgruppe*

		Erwerbstätigkeit Beamt*innen		n	Erwerbstätigkeit Partner*innen				n
		Vollzeit	Teilzeit		Vollzeit	Teilzeit	Lohnersatzleist.	Nicht erwerbst.	
Alter	unter 30	99,4	(0,6)	353	91,8	5,9	(0,3)	2,1	353
	30 bis 39	98,5	(1,5)	261	89,5	7,0	(0,4)	3,1	259
	40 bis 49	98,7	(1,3)	78	83,1	11,7	(3,9)	(1,3)	78
	50 bis 59	81,3	18,7	166	65,2	17,4	13,0	4,3	165
	60 und älter	87,0	13,0	54	25,0	25,0	48,1	(1,9)	55
Weitere Personen	0	95,8	4,2	818	82,2	10,1	4,3	3,3	816
	1	93,6	6,4	266	77,6	11,2	8,5	2,7	265
	2 und mehr	92,7	(7,3)	55	73,5	(6,1)	16,3	(4,1)	55
Besoldungsgruppe	<A7	98,9	(1,1)	176	85,2	11,2	(1,2)	(2,4)	176
	A7	97,0	3,0	335	88,2	5,8	3,0	3,0	334
	A8	91,6	8,4	380	74,5	13,3	9,8	2,4	381

43 Aufgrund der geringen Fallzahl der beiden Arten von Einverdienst-Haushalten werden diese im Folgenden teilweise gemeinsam ausgewiesen, wenngleich sich die Einkommens- und Erwerbssituationen der Partner*innen (langfristig) unterscheiden.

Auch die **weiteren Personen** im Haushalt haben einen negativen Effekt auf den Erwerbsumfang. Bei den Beamt*innen selbst reduzieren weitere Personen den Anteil der Vollzeittätigen leicht von 96 (keine weiteren Personen) auf 93% (zwei und mehr Personen). Bei den Partner*innen fällt die Vollzeiterwerbstätigkeit noch stärker (82 versus 74%). Der Anteil der Partner*innen ohne Erwerbstätigkeit, aber mit Lohnersatzleistungen steigt um mehr als zehn Prozentpunkte von 4 auf 16%. Der Anteil der Partner*innen ohne Erwerbstätigkeit und Lohnersatzleistungen bleibt hingegen stabil bei 3 bis 4%. Mit ansteigender **Besoldungsgruppe** steigt auch der Anteil der Beamt*innen, die keiner Vollzeitbeschäftigung nachgehen. Der Anteil nichterwerbstätiger Partner*innen nimmt mit zunehmender Besoldungsgruppe ebenfalls zu, allerdings auf niedrigem Niveau. Dies betrifft ausschließlich diejenigen Haushalte mit dem Bezug von Lohnersatzleistungen. Das bedeutet, dass die Partner*innen bislang erwerbstätig waren.

*Abbildung 19: Durchschnittliches Äquivalenzeinkommen der Paare ohne Kinder nach Haushaltstyp und Erwerbsumfang der Partner*innen*

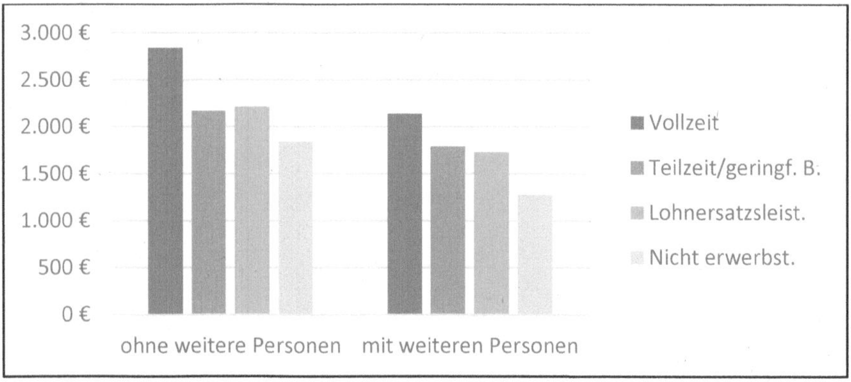

n = 635

Welche Auswirkungen eine Erwerbsreduktion der Partner*innen hat, zeigt Abbildung 19: Das Durchschnittliche Äquivalenzeinkommen der Haushalte hängt stark vom Erwerbsumfang der Partner*innen ab. Sind diese nicht erwerbstätig (n=20), so liegt das Äquivalenzeinkommen bei 1.840 Euro monatlich, bei einer Vollzeiterwerbstätigkeit dagegen bei 2.840 Euro. Bei Paaren, in deren Haushalt noch weitere Personen leben, fällt der Unterschied nur etwas geringer aus. Das Äquivalenzeinkommen mit nichterwerbstätigen Partner*innen liegt lediglich bei 1.275 Euro, mit erwerbstätigen Partner*innen wächst es auf 2.140 Euro an, was einer Differenz von 520 Euro entspricht. Das geringere Äquivalenzeinkommen der Haushalte mit weiteren Personen wird unter anderem auf den genannten Rückgang der Erwerbstätigkeit sowohl der Beamt*innen als auch der Partner*innen zurückzuführen sein.

*Abbildung 20: Anteil der Besoldung der Paare am Haushaltseinkommen nach weiteren Personen und Erwerbsumfang der Partner*innen*

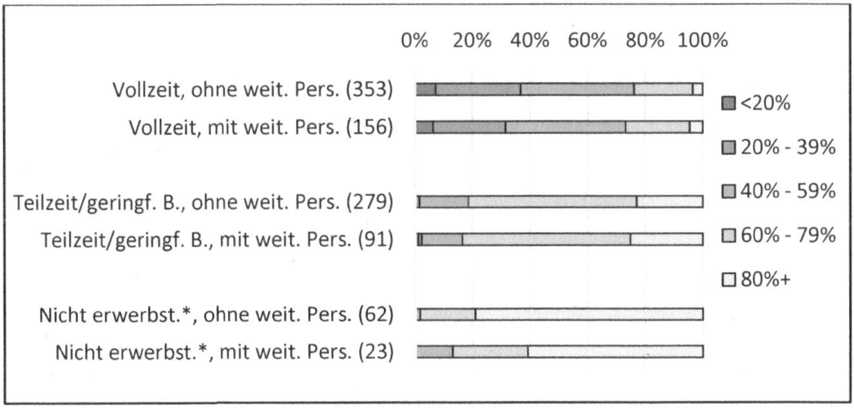

n = in Klammern;

*Umfasst Haushalte mit und ohne Lohnersatzleistungen.

Mit Verringerung des Einkommens der Partner*innen steigt entsprechend auch der Anteil der Besoldung am Haushaltseinkommen (vgl. Abbildung 20). Sind die Partner*innen in Vollzeit tätig, so macht die Besoldung in 39% der Fälle zwischen 40 und 60% des Haushaltseinkommens aus (mit weiteren Personen 42% der Fälle). Die äußeren Kategorien (weniger als 20%, 80% und mehr) sind kaum besetzt. Sind die Partner*innen in Teilzeit oder geringfügig beschäftigt[44], so macht die Besoldung meist zwischen 60 und 80% des Haushaltseinkommens aus (58% der Fälle, unabhängig von weiteren Personen). Weniger als 40% macht die Besoldung nicht aus. Bei den nichterwerbstätigen Partner*innen schließlich beträgt die Besoldung in vier von fünf Haushalten 80% oder mehr des Haushaltseinkommens, in den übrigen Fällen sind es meist zwischen 60 und 80%. Hier unterscheiden sich die Haushalte mit weiteren Personen erstmals deutlicher: 80% und mehr macht die Besoldung nur in drei

44 Da eine Teilzeitbeschäftigung und eine geringfügige Beschäftigung beide eine Situation bedeuten, in welcher die Partner*innen nicht in vollem Umfang erwerbstätig sind, werden diese hier und im Folgenden teilweise gemeinsam ausgewiesen.

von fünf Fällen aus und auch Einnahmen in ähnlicher Höhe wie die Besoldung liegen in 13% der Fälle vor.

5.4.3.1.2 Sozial- und andere staatliche Leistungen

Abbildung 21: Anteil der Haushalte von Paaren nach Anteil der Besoldung am Haushaltseinkommen und Bezug von Kurzarbeitergeld

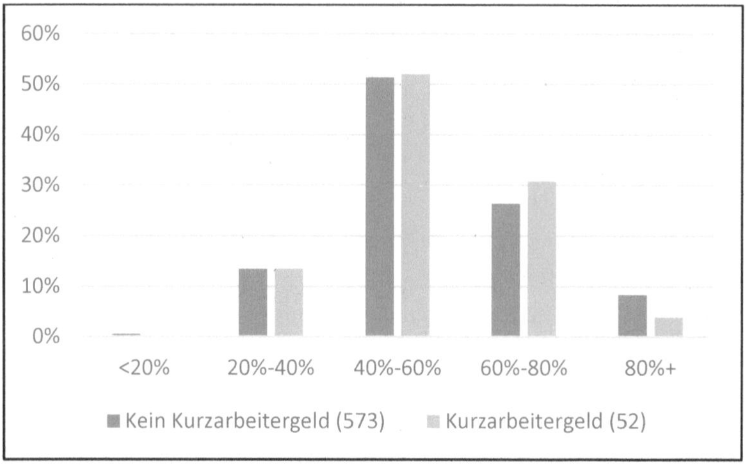

n: in Klammern.

Sozial- und andere staatliche Leistungen beeinflussen die Einkommen der Paare ohne Kinder nur in geringem Ausmaß. Der Bezug von **Kurzarbeitergeld** ist mit 8 bis 9% recht stark ausgeprägt – unabhängig davon, ob weitere Personen im Haushalt leben oder nicht (vgl. Tabelle 43). Entsprechend wird ein nicht geringer Teil des Leistungsbezugs auf die Partner*innen entfallen. Dennoch wirkt sich der Bezug von Kurzarbeitergeld nicht merklich auf den Anteil der Besoldung am Haushaltseinkommen aus (vgl. Abbildung 21). Dieser ist in den Haushalten mit Kurzarbeitergeldbezug sogar etwas geringer. Auch das durchschnittliche Haushaltseinkommen mit und ohne Kurzarbeitergeldbezug erreicht dieselbe Höhe (4.041 beziehungsweise 4.042 Euro). Kurzarbeitergeld wird nur übergangsweise für einen bestimmten Zeitraum gezahlt. Anschließend, wenn sich die wirtschaftliche Situation des Betriebs wieder erholt haben sollte, gehen die Leistungsempfänger*innen ihrer Tätigkeit wieder im üblichen Umfang nach und erhalten wieder das damit verbundene Bruttoentgelt.

*Tabelle 43: Anteil der Bezieher*innen von Sozial- und anderen staatlichen Leistungen an den Paaren ohne Kinder mit und ohne weitere Personen (in %)*

	weitere Personen?		**Erwerbsumfang der Partner*innen**			
	Nein	**Ja**	**VZ**	**TZ**	**geringf. B.**	**Nicht erw.***
Wohngeld	(0,2)	(0,3)	(0,2)	(0,1)	(0)	(0)
Kurzarbeitergeld	7,9	8,8	(7,0)	0,7	0,1	(0,4)
Arbeitslosengeld	2,0	3,2	(1,2)	0,6	0,2	(0,4)
Grundsicherung	(0,5)	(0,6)	0,0	(0,0)	(0,0)	(0,5)
Bildung und Teilhabe	(0,2)	(0,0)	(0,1)	(0,1)	(0,0)	(0,0)
BAföG	1,7	3,5	(1,2)	0,3	(0,4)	0,3
Muttersch./Elterng.	(0,4)	(1,3)	(0,5)	0,0	(0,0)	(0,1)
Rente/Pension	3,8	13,9	1,2	0,4	0,4	(4,6)
Krankengeld	3,8	8,8	3,2	1,3	0,0	(0,6)
Sonstige Leistungen	1,4	2,2	(1,2)	0,1	(0,3)	(0,0)
n	1.040		1.136			

*Umfasst Haushalte mit und ohne Lohnersatzleistungen.

Neben dem Kurzarbeitergeld sind **Altersbezüge und Krankengeld** die am häufigsten bezogenen Leistungen. Wie der Vergleich der beiden Haushaltstypen zeigt, werden diese in den meisten Fällen von Haushalten mit weiteren Personen bezogen. Leistungen zur Sicherung des sozialhilferechtlichen Existenzminimums werden nicht oder nur selten bezogen. Am nächsten kommt diesen noch der Bezug von **Arbeitslosengeld** (maximal 3,2%). Einzelne unplausible Antworten, welche beispielsweise den Bezug von Grundsicherungsleistungen oder Leistungen für Bildung und Teilhabe angeben, können auf die Länge des abgefragten Zeitraums zurückgehen.

5.4.3.2 Ausgewählte Ausgaben der Haushalte der Paare ohne Kinder

Die Ausgaben der Paare ohne Kinder werden hier ausschließlich anhand der Haushalte ohne weitere Personen betrachtet, weil als letztere verschiedene Haushaltsmitglieder zusammengefasst werden, deren Ausgabeverhalten somit ebenfalls stark variieren und die Untersuchung damit stark erschweren können (vgl. Tabelle 44). Die **Aufwendungen fürs Wohnen** liegen umso niedriger, je geringer der Erwerbsumfang der Partner*innen ist. Mehr als 1.000 Euro zahlt knapp jeder zweite Haushalt mit vollzeiterwerbstätigen Partner*innen (64%). Sind die Partner*innen in Teilzeit oder geringfügig beschäftigt, sind es nur noch gut die Hälfte der Haushalte (51%), mit nichterwerbstätigen Partner*innen sinkt der Wert auf 43% ab. Dies geht zwar teilweise auf den Umstand zurück, dass mit zunehmendem Alter sowohl der Erwerbsumfang der Partner*innen (vgl. Tabelle 42) als auch die Aufwendungen fürs Wohnen sinken. Doch auch innerhalb der Altersgruppen übertreffen die Ausgaben fürs Wohnen der Befragten mit vollzeiterwerbstätigen Partner*innen diejenigen der Befragten mit nicht erwerbstätigen Partner*innen (vgl. Abbildung 22). Der ungewöhnlich hohe Wert der Gruppe der Befragten zwischen 40 und 49 Jahren und nichterwerbstätigen Partner*innen ist aufgrund der geringen Gruppengröße als Ausreißer anzusehen.

*Tabelle 44: Anteil der Höhe der monatlichen Ausgaben von Paaren nach Erwerbsumfang der Partner*innen (in Euro, in Zeilenprozent)*

Wohnen (n = 773)							
	Keine Miete	**<500**	**500-750**	**750-1.000**	**1.000-1.250**	**1.250-1.500**	**1.500+**
Vollzeit	(0,5)	3,5	10,6	21,1	23,8	20,3	20,1
Teilzeit/ geringf. B.	(0,0)	5,1	18,4	25,5	28,6	14,3	8,2
Nicht erw.*	(0,0)	11,1	18,5	27,8	11,1	18,5	13,0
Arbeitsweg (n = 778)							
	<20	**20-50**	**50-150**	**150-250**	**250+**		
Vollzeit	2,6	6,4	22,7	33,0	35,4		
Teilzeit/ geringf. B.	5,1	7,1	39,4	23,2	25,3		
Nicht erw.*	11,1	13,0	31,5	33,3	11,1		
Kranken(zusatz)-/Pflegeversicherung (n = 777)							
	<250	**250-500**	**500-750**	**750-1.000**	**1.000+**		
Vollzeit	6,1	35,5	38,2	16,4	3,9		
Teilzeit	6,6	47,4	32,9	10,5	(2,6)		
Geringf. B. / Nicht erw.*	(6,4)	44,9	35,9	(6,4)	(6,4)		
Urlaub (n = 762)							
	kein Urlaub	**<500**	**500-1.000**	**1.000-1.500**	**1.500-2.000**	**2.000+**	
Vollzeit	5,4	5,1	11,9	18,3	24,7	34,5	
Teilzeit/ geringf. B.	11,3	7,2	19,6	16,5	23,7	21,6	
Nicht erw.*	16,7	(3,7)	11,1	16,7	20,4	31,5	

*Umfasst Haushalte mit und ohne Lohnersatzleistungen.

Die Ausgaben **für den Arbeitsweg** sinken mit abnehmendem Erwerbsumfang der Partner*innen. Haushalte mit zwei erwerbstätigen Partner*innen haben in mehr als zwei Dritteln der Fälle (68%) Auslagen in Höhe von 150 Euro und mehr pro Monat. Sind die Partner*innen in Teilzeit oder geringfügig beschäftigt, sinkt dieser Anteil auf 49%. Ohne erwerbstätige Partner*innen liegt er zwar immer noch bei 44%, jedoch zeigen sich anderweitig entsprechende Unterschiede. Haushalte mit mehr als 250 Euro monatlichen Ausgaben machen nämlich ein Viertel der Haushalte mit Partner*innen in Teilzeit oder geringfügigen Beschäftigungen aus. Mit nichterwerbstätigen Partner*innen beträgt der Anteil nur 11%, umfasst damit aber immer noch jeden neunten dieser Haushalte.

Wenn Partner*innen erwerbstätig sind, so geht dies mit relativ hohen Ausgaben für die **Kranken- und Pflegeversicherung** einher: Mehr als 750 Euro zahlt jeder fünfte Haushalt. Da die erwerbstätigen Partner*innen meist der Versicherungspflicht in der gesetzlichen Kranken- und Pflegeversicherung unterliegen (vgl. § 5 abs. 1 Nr. 1 SGB V), bemisst sich die Höhe ihrer entsprechenden Beiträge nach ihrem Brutto-Entgelt. Mehr als 750 Euro pro Monat zahlen nur 13% dieser Haushalte.

*Abbildung 22: Anteil der Paare mit monatlichen Aufwendungen für Wohnen von 1.000 Euro und mehr nach Alter und Erwerbsumfang der Partner*innen*

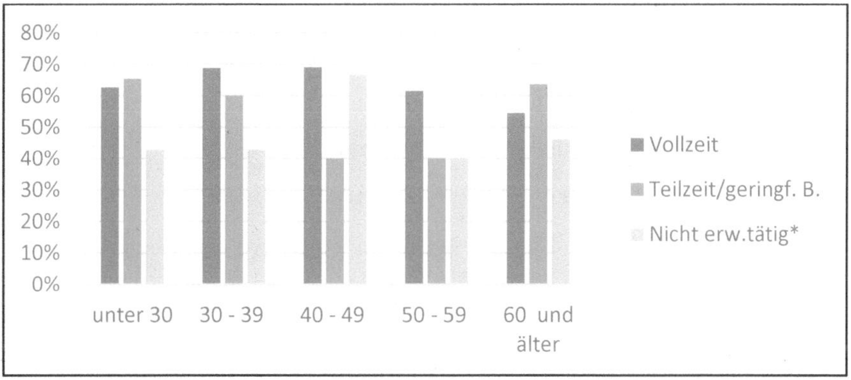

n = 530;

*Umfasst Haushalte mit und ohne Lohnersatzleistungen.

Nichterwerbstätigkeit der Partner*innen erhöht den Anteil der Haushalte, welche keine **jährlichen Urlaubsreisen** antreten. Mit 17% übertrifft es denjenigen der Haushalte mit teilzeit- oder geringfügig beschäftigten Partner*innen (11%) und mit vollzeiterwerbstätigen Partner*innen (5%). Die übrigen 83% der Haushalte hingegen treten Urlaubsreisen an. Je höher die Ausgaben für die Reisen sind, desto mehr Haushalte entfallen auf das entsprechende Intervall (weniger als 500 Euro: 4%; mehr als 2.000 Euro: 32%). Im Vergleich zu den Haushalten mit Partner*innen in Vollzeit bleiben sie stets hinter deren Ausgaben zurück, aber im Vergleich zu den Haushalten mit Partner*innen in Teilzeit oder geringfügigen Beschäftigungsverhältnissen sind die Ausgaben teilweise sogar höher (2.000 Euro und mehr: 32 versus 22%). Der Blick auf das durchschnittliche Einkommen der Haushalte mit nichterwerbstätigen Partner*innen (vgl. Tabelle 45) belegt, dass die Absenz von Urlaubsreisen nicht auf finanzielle Gründe zurückgehen muss.

*Tabelle 45: Durchschnittliches monatliches Einkommen von Paaren nach Erwerbsumfang der Partner*innen und jährlichen Ausgaben für Urlaubsreisen (in Euro)*

	keine Url.	**< 500**	**500 – 1.000**	**1.000 – 1.500**	**1.500 – 2.000**	**2.000+**
Vollzeit	3.930	3.917	4.063	3.997	4.255	4.558
Teilzeit/geringf. B.	3.808	3.932	3.755	3.929	4.138	4.523
Nicht erwerbst.*	(2.725)	(2.000)	(2.800)	2.675	3.400	3.289

n = 450;

*Umfasst Haushalte mit und ohne Lohnersatzleistungen.

5.4.4 Paare mit Kindern

5.4.4.1 Die Einkommenssituation der Paare mit Kindern

5.4.4.1.1 Erwerbs- und Gesamteinkommen

Um festzustellen, ob die in Abschnitt 5.3.1. herausgearbeiteten Zusammenhänge zwischen dem Erwerbsumfang der Beamt*innen und anderen Variablen auch für die Paare mit Kindern gelten, muss zusätzlich nach der Kinderzahl unterschieden werden, da diese ebenfalls den in Abschnitt 5.2.3 aufgezeigten Einfluss auf den Erwerbsumfang ausüben. Aus Tabelle 46 lässt sich ablesen, dass auch der Erwerbsumfang der **Beamt*innen** mit Partner*innen und Kind(ern) ab der **Altersgruppe** zwischen 50 und 59 Jahren merklich absinkt (Teilzeit-Anteil: 32%). In der Gruppe ab 60 Jahren finden sich ähnliche Werte. Der ungewöhnlich hohe Teilzeit-Anteil von 26% der Beamt*innen unter 30 Jahren mit einem Kind (n=42) lässt sich nicht durch weitere erhobene Variablen erklären. Die Anzahl der **weiteren Personen** im Haushalt wirkt sich auf den Erwerbsumfang der Beamt*innen mit einem Kind im Haushalt kaum aus. Erst ab dem zweiten Kind im Haushalt setzt eine mit der Anzahl weiterer

Personen steigende merkliche Reduzierung der Erwerbstätigkeit ein. Auch mit steigender **Besoldungsgruppe** ist wieder ein Rückgang des Erwerbsumfangs feststellbar. Einzig die Beamt*innen mit drei und mehr Kindern (n=117) fallen aus dem Raster.

*Tabelle 46: Erwerbsumfang der Beamt*innen nach Alter, Anzahl weiterer Personen und Besoldungsgruppe*

		Anzahl Kinder					
		1		**2**		**3 und mehr**	
		Vollzeit	**Teilzeit**	**Vollzeit**	**Teilzeit**	**Vollzeit**	**Teilzeit**
Alter (n = 1.007)	< 30	74,2	25,8	81,8	(18,2)	-	-
	30-39	83,0	17,0	80,2	19,8	87,1	12,9
	40-49	81,7	18,3	76,1	23,9	77,0	23,0
	50-59	68,3	31,7	70,0	30,0	76,9	(23,1)
	60 ≤	70,0	(30,0)	(100,0)	(0,0)	-	-
Weitere Personen (n = 1.258)	0	79,9	20,1	78,9	21,1	80,6	19,4
	1	82,6	17,4	73,8	26,2	100,0	(0,0)
	2	75,0	25,0	70,0	30,0	100,0	(0,0)
	3 ≤	76,5	(23,5)	63,8	36,2	83,9	16,1
Besoldungsgruppe (n = 993)	A6 ≥	93,6	(6,4)	89,1	10,9	72,7	(27,3)
	A7	81,5	18,5	81,8	18,2	81,8	18,2
	A8	73,9	26,1	72,3	27,7	82,3	17,7

Anders als bei den Paaren ohne Kinder, nimmt der Anteil der vollzeiterwerbstätigen **Partner*innen** mit zunehmendem **Alter** zu, wenn man die schwach besetzte Gruppe der Haushalte mit drei Kindern außer Acht lässt (vgl. Tabelle 47). Eine deutliche Tendenz zur Reduzierung des Erwerbsumfangs der Partner*innen, welche mit einer höheren **Besoldungsgruppe** einherginge, ist in Haushalten mit nur einem Kind nicht festzustellen. Eine merkliche Reduzierung tritt nur beim zweiten Kind ein (65% Vollzeit in A6 und niedriger, gut 50% in den darüberliegenden Besoldungsgruppen), bei drei und mehr Kindern (insgesamt n = 134) sind die Zahlen nicht belastbar.

*Tabelle 47: Anteil der Paare mit Kindern (in Zeilenprozent) nach Erwerbsumfang der Partner*innen sowie Alter, Anzahl weiterer Personen und Besoldungsgruppe*

1 Kind							
		Vollzeit	**Teilzeit**	**geringf. Besch.**	**Lohner-satzleist.**	**nicht. erwerbst.**	**n**
Alter	< 30	55,2	17,2	6,9	17,2	(3,4)	29
	30-39	58,2	32,8	(2,1)	6,3	(0,5)	189
	40-49	60,3	36,6	(0,8)	(1,5)	(0,8)	131
	50-59	65,4	22,2	(4,9)	(2,5)	(4,9)	81
	60+	20,0	60,0	-	10,0	10,0	10
Weitere Pers.	1	67,1	22,4	(2,4)	(4,7)	(3,5)	85
	2	56,7	36,7	(1,7)	(3,3)	(1,7)	60
	3+	43,8	31,3	6,3	6,3	12,5	16
Bes.Gr.	≤A6	66	25,5	(4,3)	(2,1)	(2,1)	47
	A7	55,8	33,8	(1,9)	7,1	(1,3)	154
	A8	60,9	31,9	(1,7)	(3,8)	(1,7)	235
2 Kinder							
		Vollzeit	**Teilzeit**	**geringf. Besch.**	**Lohner-satzleist.**	**nicht. erwerbst.**	n
Alter	< 30	27,3	63,6	-	9,1	-	11
	30-39	52,5	34	(1,2)	9,9	(2,5)	162
	40-49	54,3	38,6	(3,3)	(1,6)	(2,2)	184
	50-59	60,9	29	-	(2,9)	7,2	69
	60+	(50,0)	(50,0)	-	-	-	2
Weitere Pers.	1	66,7	26,2	-	(2,4)	(4,8)	42
	2	50,0	36,7	(3,3)	6,7	(3,3)	30
	3+	70,6	23,5	(1,5)	(4,4)	-	68
Bes.Gr.	≤A6	65,2	28,3	(2,2)	(2,2)	(2,2)	46
	A7	51,4	37,0	(1,4)	8,7	(1,4)	138
	A8	52,7	37,6	(2,1)	(3,4)	(4,2)	237
3 und mehr Kinder							
		Vollzeit	**Teilzeit**	**geringf. Besch.**	**Lohner-satzleist.**	**nicht. erwerbst.**	n
Alter	< 30	-	-	-	-	-	-
	30-39	41,0	44,3	(3,3)	(6,6)	(4,9)	61
	40-49	41,0	37,7	(4,9)	(6,6)	9,8	61
	50-59	46,2	38,5	(0,0)	(0,0)	(15,4)	13
	60+	-	-	-	-	-	-
Weitere Pers.	1	(57,1)	(42,9)	(0,0)	(0,0)	(0,0)	7
	2	(60,0)	(40,0)	(0,0)	(0,0)	(0,0)	5
	3+	41,9	35,5	(3,2)	(3,2)	16,1	31
Bes.Gr.	≤A6	(27,3)	(36,4)	(18,2)	(18,2)	(0,0)	11
	A7	58,1	32,6	(2,3)	(2,3)	(4,7)	43
	A8	35,4	45,6	(2,5)	6,3	10,1	79

Die bei Paaren mit Kindern häufiger auftretende Reduktion der Erwerbstätigkeit nur einer der Partner*innen erklärt auch die große Varianz des Anteils der Besoldung am Haushaltseinkommen (vgl. Abbildung 23). Sind die Beamt*innen in Vollzeit tätig, so steigt der Anteil ihrer Besoldung am Haushaltseinkommen mit zunehmender Kinderzahl an. 60% und mehr ist es bei 59% der vollzeitbeschäftigten Befragten mit einem Kind, aber 77% bei den vollzeitbeschäftigten Befragten mit drei und mehr Kindern. Bei teilzeitbeschäftigten Befragten erreicht unabhängig von der Kinderzahl nur ein einstelliger Prozentsatz der Befragten diesen Anteil. Ebenfalls unabhängig von der Kinderzahl beträgt der Anteil der Haushalte, deren Besoldung 20 bis unter 40% des Haushaltseinkommens ausmacht, stets etwa 50%. Dennoch ist bei den Teilzeitbeschäftigten mit steigender Kinderzahl insgesamt ein abnehmender Anteil der Besoldung am Haushaltseinkommen zu beobachten.

Abbildung 23: Anteil der Besoldung am Haushaltseinkommen nach Erwerbsumfang der Befragten und Kinderzahl

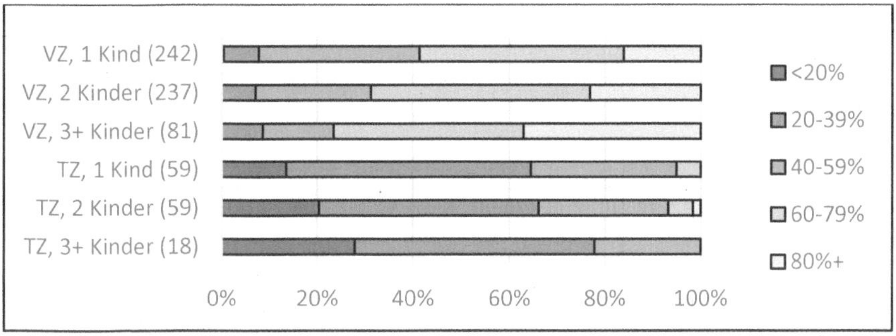

n: in Klammern.

Dass der Erwerbsumfang der Partner*innen entscheidenden Einfluss auf die finanzielle Situation der Haushalte hat, zeigt Abbildung 24. In ihr ist das (äquivalente) Haushaltseinkommen der Haushalte mit Befragten in Vollzeit und ohne weitere Personen abgebildet. Mit einem Kind liegt das Äquivalenzeinkommen bei vollzeiterwerbstätigen Partner*innen im Durchschnitt bei 2.270 Euro monatlich. Sind diese nichterwerbstätig sinkt es auf 1.210 Euro ab. Der Abstand zu den Äquivalenzeinkommen der Haushalte mit mehreren Kindern nimmt mit dem Erwerbsumfang der Partner*innen ab. Bei Partner*innen in Vollzeit beträgt er noch 320 Euro, mit Lohnersatzleistungen (n=42) liegt er dagegen nur bei 160 Euro. Dies deutet darauf hin, dass die durch die Kinder gestiegenen Ausgaben beispielsweise durch den höheren Familienzuschlag und Kindergeld stärker kompensiert werden.

*Abbildung 24: Äquivalenzeinkommen der Haushalte mit Beamt*innen in Vollzeit nach Erwerbsumfang der Partner*innen und Kinderzahl*

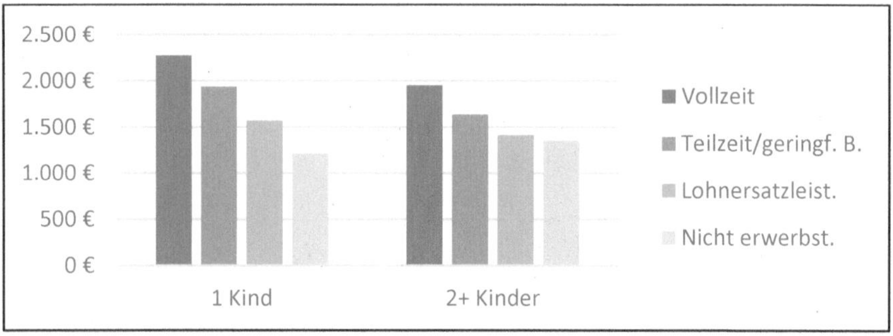

n = 549

5.4.4.1.2 Sozial- und andere staatliche Leistungen

Bei den Paaren mit Kindern und weiteren Personen im Haushalt lässt sich erstmals in nennenswerter Häufigkeit der Bezug von **Wohngeld** feststellen (bis zu 1,4% der Haushalte, vgl. Tabelle 48. Dies weist auf eine finanziell angespanntere Lage der entsprechenden Haushalte hin, da Wohngeld den Zweck „der wirtschaftlichen Sicherung angemessenen und familiengerechten Wohnens" (§ 1 Abs. 1 WoGG) verfolgt. Das Wohngeld stellt bei Prüfung des Bedarfes auf das Gesamteinkommen aller Haushaltsmitglieder ab (vgl. § 13 Abs. 1 WoGG). Folglich kann in diesen Fällen sicher davon ausgegangen werden, dass das Einkommen der Beamt*innen bei Feststellung des Bedarfes angerechnet wurde, dieses also einen Anspruch im Sinne der Vorschrift nicht abwenden konnte. Die betreffenden Haushalte umfassten lediglich wenige Fälle (n=9), sodass deren Betrachtung keineswegs als repräsentativ gelten kann. Aufgrund der Besonderheit dieses Befundes wird hier dennoch ein „Schlaglicht" auf diese Gruppe geworfen.

- Alle Befragten fanden sich in den Altersgruppen ab 30 bis unter 49 Jahren.
- Drei der Haushalte bestanden aus neun und mehr Personen. Neben drei bis mindestens vier Kindern und den Partner*innen leben in diesen drei Haushalten jeweils mindestens vier weitere Personen, welche das Äquivalenzeinkommen erfahrungsgemäß senken.
- Drei weitere Haushalte bezogen im letzten Jahr Mutterschafts- beziehungsweise Elterngeld. Die Partner*innen sind teilzeitbeschäftigt.

- In einem weiteren Fall handelt es sich um einen Einverdienst-Haushalt, welcher aus vier Personen besteht. Dieser erhielt in den letzten zwölf Monaten vor der Erhebung verschiedene Sozialleistungen und leistete monatliche Unterhaltszahlungen zwischen 100 und 500 Euro. Die Ausgaben fürs Wohnen wurden mit 750 bis 1.000 Euro angegeben.
- Die Ausgaben fürs Wohnen lagen in sieben der neun Haushalte bei über 1.250 Euro monatlich.

*Tabelle 48: Anteil der Bezieher*innen von Sozial- und anderen staatlichen Leistungen an den Paaren mit Kindern nach der Präsenz weiterer Personen im Haushalt und nach Erwerbsumfang der Partner*innen (in %)*

	Weitere Personen?		**Erwerbsumfang der Partner*innen**				
	Nein	**Ja**	**VZ**	**TZ**	**geringf. B.**	**Lohners.**	**Nicht erw.**
Wohngeld	(0,4)	(1,4)	(0,4)	1,2	(0,0)	(1,6)	(0,0)
Kurzarbeitergeld	7,0	7,6	9,2	5,7	(3,7)	(0,0)	(0,0)
Arbeitslosengeld	1,9	1,7	0,9	2,8	(7,4)	(4,9)	(0,0)
Grundsicherung	0,7	1,7	(0,6)	(0,5)	(0,0)	9,8	(0,0)
Bildung u. Teilhabe	0,8	(1,2)	0,9	(0,9)	(0,0)	(0,0)	(0,0)
BAföG	2,7	1,7	2,5	1,8	(3,7)	(4,9)	(2,3)
Muttersch./ Elterng.	22,2	15,9	16,4	19,8	33,3	77,0	(0,0)
Rente/Pension	1,9	8,4	2,3	2,5	(7,4)	21,3	(0,0)
Krankengeld	5,3	6,9	5,7	7,4	(0,0)	(1,6)	(0,0)
Sonst. Leistungen	4,9	2,9	2,6	5,7	(3,7)	14,8	(2,3)
n	1.240		1.251				

Bei vorübergehender Nichterwerbstätigkeit der Partner*innen wurde in 9,8% der Fälle der vorübergehende Bezug von **Grundsicherungsleistungen** angegeben. In dieser Kategorie werden die „Grundsicherung für Arbeitsuchende“ (vgl. § 1 Abs. 1 SGB II, Arbeitslosengeld 2, heute: Bürgergeld), die „Grundsicherung im Alter und bei Erwerbsminderung“ (vgl. § 41ff SGB XII) sowie die Ergänzung des Erwerbseinkommens mit Arbeitslosengeld 2 zusammengefasst. In allen oben genannten Fällen war die Grundsicherung im Alter und bei Erwerbsminderung gemeint. Auch hier kann nur ein Schalglicht auf diese Fälle (n=7) geworfen werden. In drei dieser fünf Fälle sind im Haushalt keine weiteren Personen vorhanden, sodass davon auszugehen ist, dass der Anlass für den Bezug der Grundsicherung die Partner*innen betraf. Da bei der Prüfung des Anspruchs der Bezieher*innen von Grundsicherung auch die Mittel der Partner*innen[45] herangezogen werden, galt die Besoldung der Beamt*innen nicht als ausreichend hoch im Sinne der Vorschrift.

Mutterschafts- beziehungsweise Elterngeld ist bei den Familien mit Kindern am häufigsten vertreten. Dabei ist dessen Auftreten umso wahrscheinlicher, je geringer der Erwerbsumfang der Partner*innen ausfällt. Nur 16% der Haushalte mit Partner*innen in Vollzeit bezogen Mutterschafts- beziehungsweise Elterngeld, bei den Haushalten mit dem Bezug von Lohnersatzleistungen macht diese mehr als drei Viertel der Fälle aus (77%). Insgesamt beziehen 45% der Haushalte mit nichterwerbstätigen Partner*innen (mit und ohne Lohnersatzleistungen) Mutterschafts- beziehungsweise Elterngeld. Der Bezug dieser Leistung erfolgt durch die weniger oder nicht-erwerbstätigen Partner*innen. Da der abgefragte Bezug der Leistungen sich auf das letzte Jahr vor der Datenerhebung bezog, ist nicht notwendigerweise anzunehmen, dass die Partner*innen (oder auch die Beamt*innen) gleichzeitig Elterngeld bezogen und einer erwerbstätig nachgingen, wenngleich dies im Rahmen des Elterngeld-Plus möglich wäre (vgl. § 4 Abs. 1 S. 2 BEEG). Die Nichterwerbstätigkeit der Partner*innen steht folglich oft in zeitlichem Zusammenhang mit der Geburt eines Kindes. Diese würden somit meist nur zeitlich begrenzt vorliegen, während Kinder noch sehr jung sind – und möglicherweise der Verdienstausfall durch beispielsweise Elterngeld und entfallende Versicherungsbeiträge kompensiert wird (vgl. § 192 Abs. 1 Nr. 2 SGB V).Der hohe Anteil an Sozial- und anderen staatlichen Leistungen, welche von den Haushalten mit nichterwerbstätigen Partner*innen bezogen wird, legt auch hier den Schluss nahe, dass diese Nichterwerbstätigkeit oftmals andere Gründe hat als eine geplante Rollenverteilung zwischen den Partner*innen. Von den 107 Haushalten, in welchen die die Partner*innen nicht erwerbstätig sind, gaben nur 43 Haushalte keinen Bezug Lohnersatzleistungen an. Dies entspricht einem Anteil von 3,4% an allen Paaren mit Kindern.

45 Zwar wurde nicht erhoben, ob die Befragten mit den Partner*innen verheiratet sind. Doch stellt das Sozialrecht in diesen Fällen nicht unbedingt auf das Vorliegen einer Ehe ab, sondern berücksichtigt auch Partnerschaften, welch bestimmte Merkmale gegenseitiger Solidarität erkennen lassen (vgl. Luik/Harich 2024: 34; Richter 2024: 9). Da die Befragten mit den Partner*innen und mindestens einem Kind einen gemeinsamen Haushalt führen, gilt diese Bedingung als erfüllt (vgl. § 7 Abs. 3a SGB II).

*Tabelle 49: Anzahl der Paare mit Kindern und nichterwerbstätigen Partner*innen nach Alter und Bezug von Sozial- und anderen staatlichen Leistungen*

Leistung	<30	30-39	40-49	50+
Mutterschafts-/Elterngeld	5	23	(2)	(0)
Altersbezüge	(0)	(0)	(0)	(2)
Andere Leistungen	(1)	(1)	(1)	(2)
Mehrere Leistungen	(1)	9	6	(2)
Keine Leistungen	(0)	7	12	11

n = 85

Die Einverdienst-Haushalte der Befragten, welche ihr Alter angegeben haben (n = 85), werfen ein Schlaglicht darauf, wann im Zeitverlauf Einverdienst-Haushalte in Verbindung mit Sozial- und andere staatliche Leistungen auftreten (vgl. Tabelle 49 und Abbildung 25). Alle Einverdienst-Haushalte unterhalb von 30 Jahren bezogen mindestens eine Sozial- oder andere staatliche Leistung, überwiegend Elterngeld (n = 5). Die meisten Einverdienst-Haushalte bestehen in der Altersgruppe von 30 bis 39 Jahren. Von diesen 40 Haushalten gaben 23 den Bezug von Mutterschafts- beziehungsweise Elterngeld an. Der Anteil der Einverdienst-Haushalte ohne Leistungsbezug macht mit sieben Fällen nur 18% der gesamten Gruppe aus. Dieser Anteil steigt in den folgenden beiden Altersgruppen auf 57 beziehungsweise 65%. Weitere Auswertungen ergaben, dass in den Fällen ohne Leistungsbezug, die Besoldung in neun von zehn Fällen 80% und mehr des Haushaltseinkommens ausmacht.

*Abbildung 25: Anzahl der Paare mit Kindern und nichterwerbstätigen Partner*innen nach Alter und Bezug von Sozial- und anderen staatlichen Leistungen*

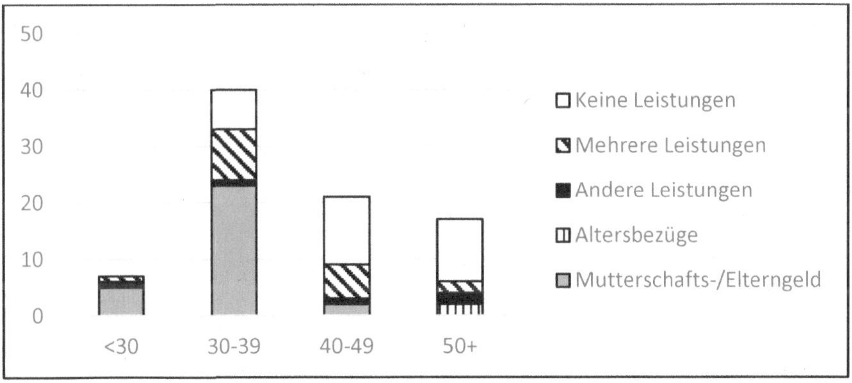

n = 85

5.4.4.2 Ausgewählte Ausgaben der Haushalte der Paare mit Kindern

Die **Aufwendungen für Wohnen** der Paare mit Kindern ohne weitere Personen steigen mit der Kinderzahl an (vgl. Tabelle 50). 54% der Haushalte mit einem Kind zahlen mehr als 1.250 Euro monatlich, bei Haushalten mit zwei Kindern sind es bereits 64%. Mit drei und mehr Kindern haben fast drei Viertel der Haushalte (73%) Ausgaben in dieser Höhe. Auch bei einer nach dem Erwerbsumfang der Partner*innen separaten Betrachtung zeigt sich dieser Zusammenhang (vgl. Abbildung 26). Die Ergebnisse der Haushalte mit nichterwerbstätigen Partner*innen ohne und mit Lohnersatzleistungen (n = 8 beziehungsweise 9) fallen weniger einheitlich aus.

Die Ausgaben **für Kranken- und Pflegeversicherungen** variieren leicht im Hinblick auf die Kinderzahl. Vor allem in den beiden äußersten Intervallen ist zu erkennen, dass mit einer höheren Kinderzahl auch höhere Versicherungsbeiträge einhergehen. In den übrigen Intervallen jedoch, in welchen sich die meisten der befragten Haushalte befinden, wird dieser Unterschied nicht deutlich. Die wenig abweichenden Beitragshöhen erklären sich zunächst durch den Umstand, dass mit höherer Kinderzahl die Erwerbstätigkeit der Partner*innen wahrscheinlicher wird. Eine sozialversicherungspflichtige Beschäftigung der Partner*innen würde es ermöglichen, die Kinder kostenfrei in der gesetzlichen Krankenversicherung mitzuversichern und so die Beiträge einer privaten Krankenversicherung einzusparen. Des Weiteren sind die Beihilfesätze für Kinder derart hoch, dass für diese nur relativ geringe Versicherungsprämien zu entrichten sind, welche hier nicht stark ins Gewicht fallen.

*Abbildung 26: Anteil der Haushalte mit Ausgaben fürs Wohnen ab 1.250 Euro monatlich (in %) nach Erwerbsumfang der Partner*innen und Kinderzahl*

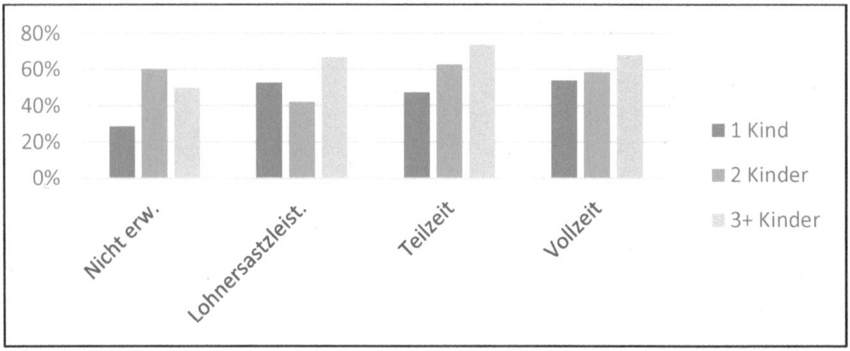

n = 907

Mit steigender Kinderzahl entstehen Haushalten höhere **sonstige Ausgaben für Gesundheit,** beispielsweise durch Rezeptgebühren und Zuzahlungen. Bis maximal 30 Euro monatlich zahlen 36% der Haushalte mit einem Kind, aber nur 28% der Haushalte mit zwei Kindern und 18% der Haushalte mit drei und mehr Kindern. Umgekehrt macht der Anteil letzterer in den Intervallen ab 50 Euro 47% aus, statt nur 41 beziehungsweise 40% wie bei den Haushalten mit einem oder zwei Kindern.

Die jährlichen **Ausgaben für Urlaubsreisen** fallen höher aus als bei Paaren ohne Kinder. Letztere geben in etwa einem Drittel der Fälle 2.000 Euro und mehr für Urlaubsreisen aus. Bei den Paaren mit Kindern liegt dieser Anteil höher. Zwischen 45 und 50% der Haushalte zahlen mehr als 2.000 Euro für Urlaubsreisen pro Jahr – unabhängig von der Kinderzahl. Die übrigen Haushalte verteilen sich auf die unteren Intervalle, wobei auch hier eine Tendenz zu den höheren Intervallen über alle Kinderzahlen hinweg erkennbar ist. Unabhängig von der Kinderzahl scheint in denjenigen Haushalten, welche dies wollen, ausreichender finanzieller Spielraum für Urlaubsreisen zu bestehen. Bei den wenigen Haushalten, welche keine Urlaubsreisen antreten, steht nicht fest, ob sie dies aus finanziellen oder anderen Gründen tun.

Tabelle 50: Anteil der Höhe der monatlichen Ausgaben von Paaren mit Kindern (in Euro, in Zeilenprozent)

Wohnen (n = 855)							
Kinder	**keine Miete**	**<500**	**500-750**	**750-1.000**	**1.000-1.250**	**1.250-1.500**	**1.500+**
1	(0,3)	2,5	5,8	18,7	18,4	18,4	36,0
2	(0,3)	(0,8)	5,6	12,9	16,7	26,3	37,4
3 u. mehr	(0,8)	(2,5)	(2,5)	10,9	10,1	19,3	53,8
Kranken(zusatz)-/Pflegeversicherung (n = 857)							
Kinder	**<250**	**250-500**	**500-750**	**750-1.000**	**1.000+**		
1	7,2	37,5	34,2	15,4	5,8		
2	4,8	44,0	35,5	11,5	4,3		
3 u. mehr	5,0	40,3	30,3	15,1	9,2		
Sonstige Gesundheit (n = 825)							
Kinder	**<10**	**10-30**	**30-50**	**50-100**	**100+**		
1	12,3	24,1	22,1	24,4	17,2		
2	8,3	19,6	31,5	24,3	16,3		
3 u. mehr	6,1	12,3	34,2	28,1	19,3		

	Urlaub (n = 844)						
Kinder	**kein Urlaub**	**<500**	**500-1.000**	**1.000-1.500**	**1.500-2.000**	**2.000+**	
1	7,5	3,9	10,3	14,2	19,2	44,8	
2	8,2	2,7	7,3	12,5	20,7	48,6	
3 u. mehr	5,1	(2,6)	12,0	17,1	13,7	49,6	

n = 825-861

Die Ausgaben für Urlaubsreisen ähneln sich in Haushalten mit Partner*innen in Vollzeit und Teilzeit (vgl. Abbildung 27): In beiden Fällen steigt der Anteil der Haushalte mit zunehmenden Ausgabenintervallen an. Das bei weitem am stärksten besetzte Intervall ist das höchste (2.000 Euro und mehr, 34 beziehungsweise 54%). Bei den Haushalten mit nichterwerbstätigen Partner*innen sind hingegen die unteren Intervalle relativ stark besetzt. Keine Urlaubsreisen werden in 16 (mit Lohnersatzleistungen) beziehungsweise 25% (keine Erwerbstätigkeit) Haushalten angetreten. Sind die Partner*innen erwerbstätig, so bewegt sich dieser Anteil nur zwischen 3 und 6%.

*Abbildung 27: Anteil der Paarhaushalte mit Kindern nach Erwerbsumfang der Partner*innen und Ausgaben für Urlaubsreisen pro Jahr*

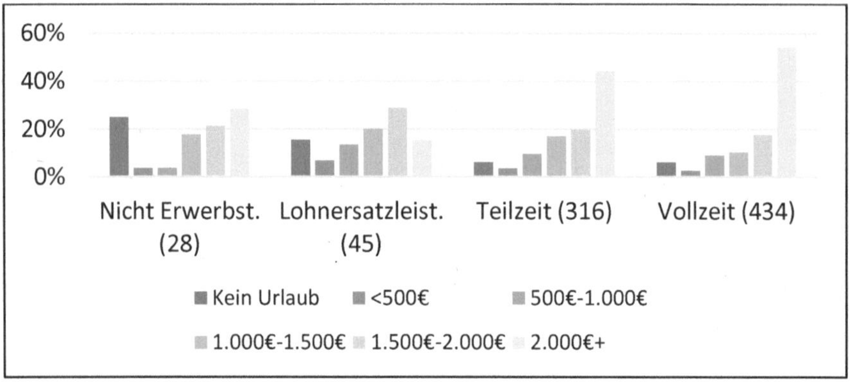

n: in Klammern.

5.5 Besondere Aspekte der Einkommenssituation

5.5.1 Unterhaltsverpflichtungen

Auch wenn Personen nicht im selben Haushalt wohnen, können zwischen Ihnen doch finanzielle Interdependenzen bestehen. Dies ist der Fall, wenn die befragten Beamt*innen ihren Kindern oder ehemaligen Ehepartner*innen Unterhaltszahlungen leisten müssen. Hierdurch bleiben die finanziellen Verpflichtungen des ehemaligen Haushalts bestehen, ohne dass die Kostenersparnisse der gemeinsamen Haushaltsführung genutzt werden können. Kindesunterhalt mindert sich um den hälftigen Betrag des Kindergelds (vgl. § 1612b Abs. 1 S. 1 Nr. 1 BGB). In Ausnahmefällen können Unterhaltsverpflichtungen auch für nahe Anverwandte in Notlagen auftreten (vgl. § 1601 BGB). Unterhaltsverpflichtungen können mitunter vierstellige Beträge annehmen (hierzu sogleich) und damit eine starke Belastung des Haushaltsnettoeinkommens gerade in der Gruppe der Beamt*innen in den unteren Besoldungsgruppen darstellen. Entsprechend stellt sich die Frage, für welche Haushalte der untersuchten Gruppe Unterhaltsverpflichtungen bestehen und wie hoch diese ausfallen.

Umgekehrt könne die Haushalte auch Unterhalt beziehen. Sofern beide Partner*innen erwerbstätig sind, wird dies keine Ehegatten- beziehungsweise Geschiedenen-Unterhalt sein, sondern nur Unterhalt für Kinder. Aber auch bei Nichterwerbstätigkeit der Partner*innen dürfte das Einkommen der Beamt*innen so hoch sein, dass kein Geschiedenen-Unterhalt gezahlt werden muss.

Abbildung 28: Anteil der Haushalte mit Unterhaltsverpflichtungen (in %) nach Höhe der Unterhaltszahlung

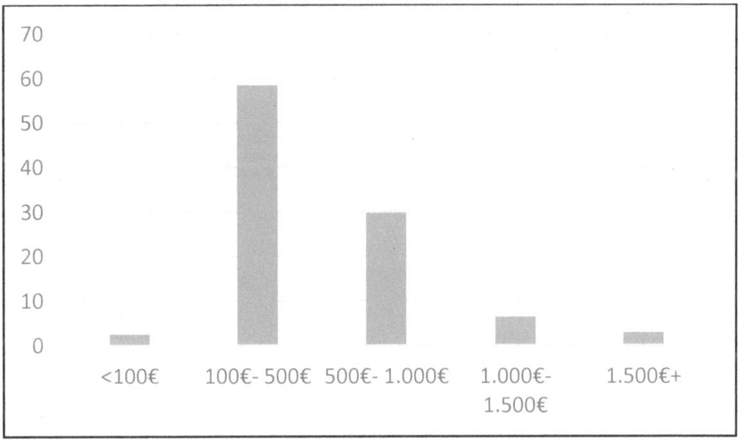

n = 184

Von den befragten Haushalten leisten 15,5% Unterhaltszahlungen. In etwa jedem zwölften dieser Haushalte (8%) wird zeitgleich Unterhalt bezogen. Überwiegend betragen die monatlichen Zahlungen zwischen 100 und 500 Euro monatlich (59%, vgl. Abbildung 28), in 30% der Fälle zwischen 500 und 1.000 Euro. Durch eine Reform des Jahres 2008, welche den Anspruch auf nachehelichen Unterhalt ehemaliger Ehepartner*innen schwächt und sich auch auf Altfälle auswirken kann (vgl. GzAdU), ist es wahrscheinlicher geworden, dass es sich bei allen genannten Unterhaltszahlungen um Kindesunterhalt handelt.

Tabelle 51: Monatliche Unterhaltszahlungen nach Haushaltstyp

	Anteil mit Unterhalts-zahlung	**Davon... in Zeilenprozent**				**Durchschn. verfügbares Einkommen (in Euro)**
		Weniger als 100€	**100€ bis unter 500€**	**500€ bis unter 1.000€**	**1.000€ und mehr**	
Alleinstehend	7	(3,8)	66,0	22,6	(7,5)	2.504
Alleinerziehend	36	(4,7)	60,5	27,9	(7,0)	2.850
Paare ohne Kinder	8	(4,7)	50,0	36,0	(9,3)	4.414
Paare mit Kindern	25	(1,4)	59,2	29,6	9,9	4.369

n = 184

Am häufigsten werden Unterhaltszahlungen auch von denjenigen Haushaltstypen geleistet, in welchen Kinder leben (vgl. Tabelle 51). Bei den Paaren ist es jeder vierte Haushalt, bei den Alleinerziehenden sogar mehr als jeder dritte. Ohne Kinder im Haushalt sind es nur 7 bis 8%. Die Verteilung, in welcher Höhe Unterhalt gezahlt wird, variiert kaum zwischen den einzelnen Haushaltstypen. Einzig bei Paaren ohne Kinder treten nur 50% bei Zahlungen zwischen 100 und 500 Euro auf, dafür ein gutes Drittel zwischen 500 und 1.000 Euro. Da die verfügbaren Einkommen der Alleinstehenden und Alleinerziehenden geringer sind als die der Paare, machen die Unterhaltszahlungen dort einen größeren Teil des Haushaltseinkommens aus. Bei 7% der Alleinerziehenden, welche 1.000 Euro und mehr zahlen, betragen diese über ein Drittel des verfügbaren Einkommens.

Die Ausgaben für Urlaubsreisen unterscheiden sich kaum zwischen den Haushalten mit und ohne Unterhaltsverpflichtungen (vgl. Abbildung 29). Bei den Paaren ohne Unterhaltsverpflichtungen liegt der Anteil der Haushalte, welche gänzlich auf Urlaubsreisen verzichten, bei 7%. Mit Unterhaltsverpflichtungen liegt er kaum höher (9%). Der Anteil der Haushalte, welche mehr als 2.000 Euro für Urlaubsreisen ausgeben, ist unter den Paaren mit Unterhaltsverpflichtungen sogar größer (44 versus 39%).

*Abbildung 29: Anteil der Haushalte nach Ausgaben für Urlaubsreisen (in Spaltenprozent) nach Partner*innen im Haushalt und Vorliegen von Unterhaltsverpflichtungen*

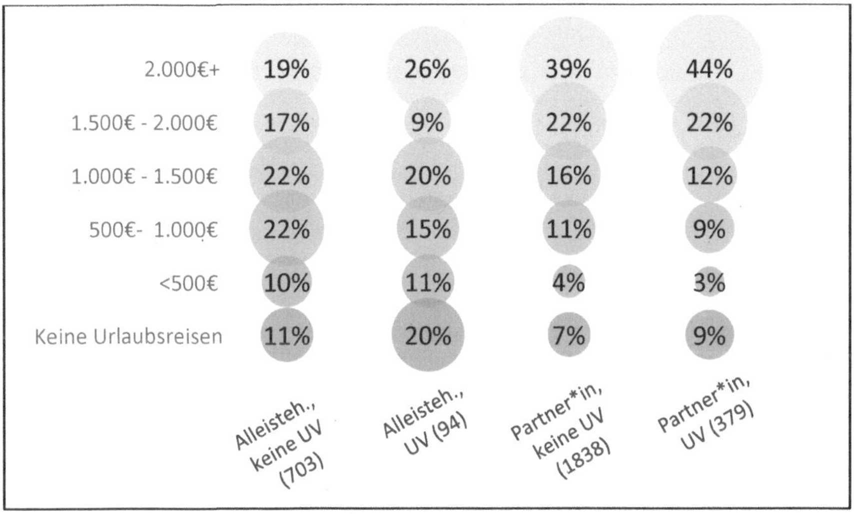

n: in Klammern.

Bei den Befragten ohne Partner*innen gaben ebenfalls diejenigen mit Unterhaltsverpflichtungen häufiger die höchstmögliche Ausgabenkategorie an (26 versus 19%). Doch fällt mit Unterhaltsverpflichtungen auch der Anteil der Haushalte, welche gänzlich auf Urlaubsreisen verzichten, mit 20% fast doppelt so hoch aus wie bei den vergleichbaren Haushalten ohne Unterhaltsverpflichtungen. Dies ist vor allem auf die Alleinstehenden zurückzuführen, welche beim Bestehen von Unterhaltsverpflichtungen relativ häufig keine Urlaubsreisen antreten (von 10 auf 19%). Bei den Alleinerziehenden bedeuten die Unterhaltsverpflichtungen dagegen eine geringere Differenz (17 versus 21%).

Die höchsten angegebenen Unterhaltsverpflichtungen von 1.000 Euro monatlich und mehr wurden von insgesamt 45 Befragten angegeben, sodass deren Untersuchung nur ein Schlaglicht auf die Gruppe werfen kann. In den meisten Fällen wurden von den entsprechenden Befragten die höchstmöglichen Besoldungsgruppen A7 und A8 angegeben. In drei Fällen wurde die Besoldungsgruppe A6 angegeben, niedrigere Besoldungsgruppen traten nicht auf. Befragte mit geringeren Unterhaltsverpflichtungen finden sich auch in den Besoldungsgruppen A4 und A5. Die Befragten mit hohen Unterhaltsverpflichtungen finden sich verstärkt in höheren Altersgruppen, allein 44% gaben an, zwischen 50 und 59 Jahren zu sein (vgl. Abbildung 30). In der Gruppe mit geringeren Unterhaltsverpflichtungen macht diese Altersgruppe nur 27% aus. In der Gruppe mit hohen Unterhaltsverpflichtungen finden sich dennoch (wenngleich wenige) Fälle in den unteren Altersgruppen.

Abbildung 30: Anteil der Befragten mit Unterhaltsverpflichtung (in %) nach Höhe des Unterhalts und Alter

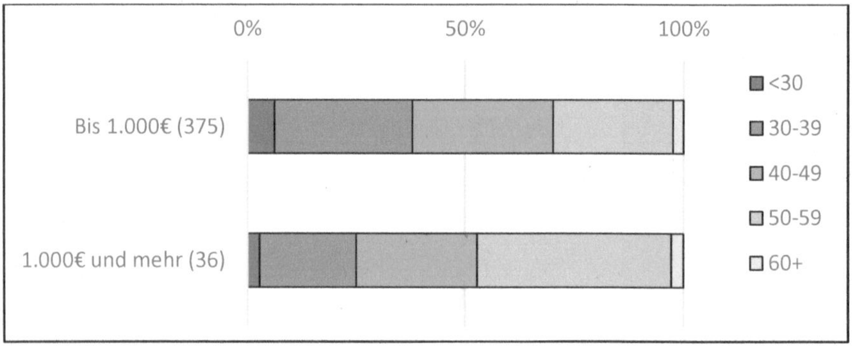

n: in Klammern.

5.5.2 Ausgaben für Wohnung und Arbeitsweg

Ballungsräume zeichnen sich neben der höheren Zahl an Arbeitsplätzen auch durch höhere Ausgaben fürs Wohnen aus (vgl. Statistische Ämter des Bundes und der Länder 2024b; Deutschlandatlas 2024). Durch die Wahl eines weiter vom Ballungsraum und damit auch von vielen Arbeitsstellen entfernten Wohnortes lassen sich zwar die Ausgaben fürs Wohnen reduzieren, jedoch steigen im selben Zuge die Ausgaben für den Arbeitsweg an (Kathke/Vogl 2009: 12). Mit dem Dienst in bestimmten Dienststellen wäre so ein gewisser finanzieller Mindestaufwand verbunden, welcher gerade in den unteren Besoldungsgruppen einen großen Teil des Haushaltseinkommens ausmachen kann. Bei der Interpretation der folgenden Befunde muss beachtet werden, dass die zum Erhebungszeitpunkt extrem hohen Energiepreise die Befragten zu einer höheren Einschätzung ihrer Aufwendungen fürs Heizen und Tanken veranlasst haben könnten.

In Abbildung 31 sind die Ausgaben fürs Wohnen und den Arbeitsweg der **Alleinstehenden** aufgeführt. Bei diesen Haushalten können die Ausgaben nicht durch andere Haushaltsmitglieder verursacht sein, müssen also auf die Beamt*innen selbst zurückgehen. Würden geringe Ausgaben fürs Wohnen mit höheren Ausgaben für den Arbeitsweg (und umgekehrt) einhergehen, so müsste sich eine stärkere Konzentration der Fälle auf einer Diagonalen von oben links nach unten rechts zeigen. Stattdessen zeigt sich eine Häufung in den Bereichen zwischen Ausgaben fürs Wohnen von 500 bis unter 1.250 Euro, welche sich als horizontales Band von links nach rechts zieht. Diese Fälle weisen überwiegend (53% der Befragten) Ausgaben für den Arbeitsweg von 50 bis unter 250 Euro auf, aber auch die anderen Intervalle der Ausgaben für den Arbeitsweg sind mit meist über 2% relativ stark vertreten. Unter den übrigen Fällen zeigt sich noch eine kleine Häufung in der oberen rechten Ecke, in welcher sich die jeweils höchsten Ausgabenintervalle treffen: 7% der befragten Alleinstehenden weisen Ausgaben fürs Wohnen ab 1.250 Euro und zugleich Ausgaben für den Arbeitsweg ab 150 Euro auf.

Abbildung 31: Anteil der Alleinstehenden nach Ausgaben für Wohnung und Ausgaben des Arbeitswegs

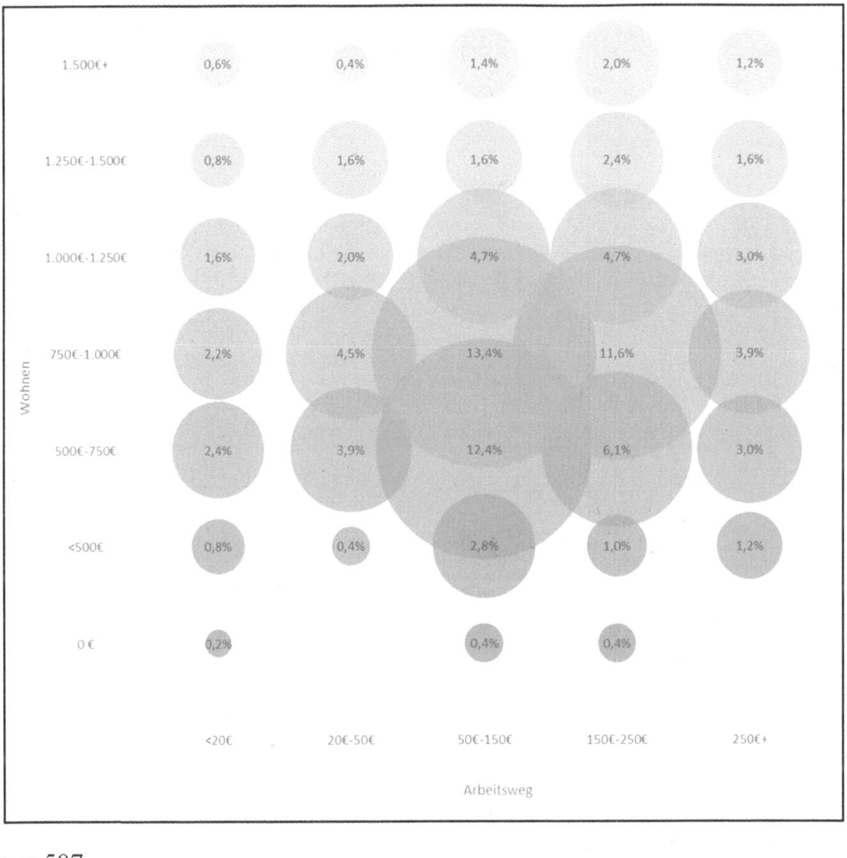

n = 507

Abbildung 32: Anteil der Paare nach Ausgaben für Wohnung und Ausgaben für den Arbeitsweg

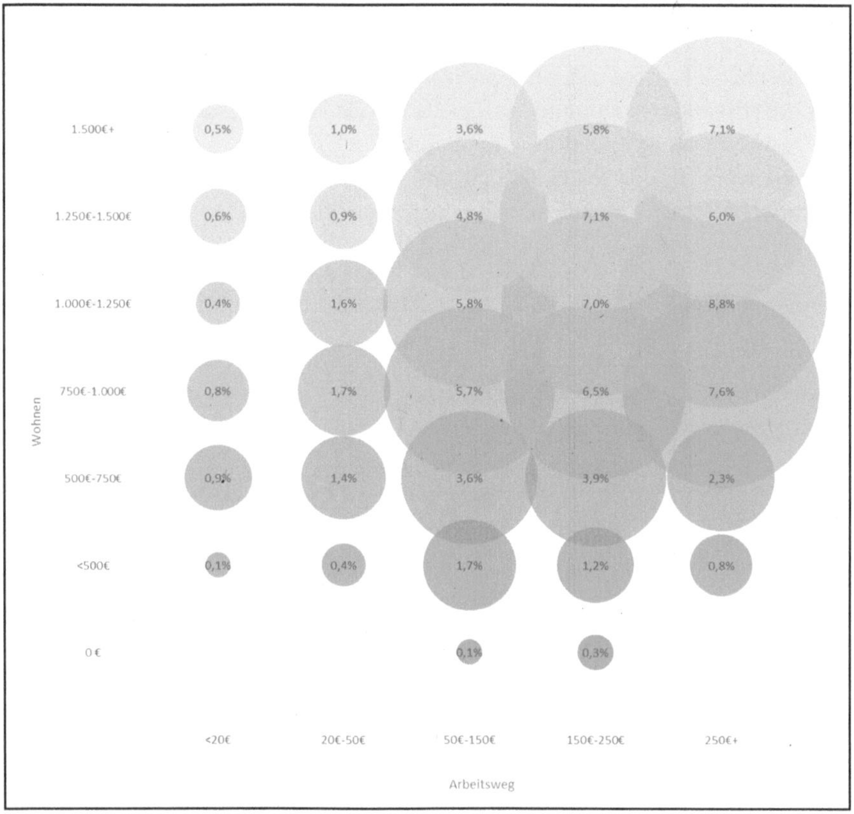

n = 773

Im Vergleich zu den Alleinstehenden sind die Ausgaben sowohl fürs Wohnen als auch für den Arbeitsweg bei den **Paaren ohne Kinder ohne weitere Personen** stärker in die oberen Intervalle verschoben (vgl. Abbildung 32). Bei diesen Haushalten können die entsprechenden Ausgaben auch auf die Partner*-innen zurückgehen. Drei von vier der Befragten gaben Ausgaben fürs Wohnen ab 750 Euro sowie Ausgaben für den Arbeitsweg ab 50 Euro monatlich an. Innerhalb dieser Gruppe sind die Haushalte recht gleichmäßig verteilt. Meist liegt die Größe der einzelnen Untergruppen (der „Blasen“) zwischen 5 und 7,5%. Bei **Paaren mit Kindern ohne weitere Personen** ist die gesamte Verteilung noch weiter nach oben rechts in die höheren Intervalle verschoben (vgl. Abbildung 33). Die Gruppe mit Ausgaben fürs Wohnen ab 750 Euro sowie Ausgaben für den Arbeitsweg ab 50 Euro umfasst nun 87% der Befragten. Hierunter ist die Gruppe mit Ausgaben fürs Wohnen ab 1.500 Euro und mehr mit 37% besonders stark ausgeprägt. Sie umfasst also mehr als jeden dritten Fall. Auch bei den Paaren mit und ohne Kinder ist keine Tendenz zu erkennen, dass höhere Ausgaben fürs Wohnen mit geringeren Ausgaben für den Arbeitsweg einhergehen.

Abbildung 33: Anteil der Paare mit Kindern nach Ausgaben für Wohnung und Ausgaben für den Arbeitsweg

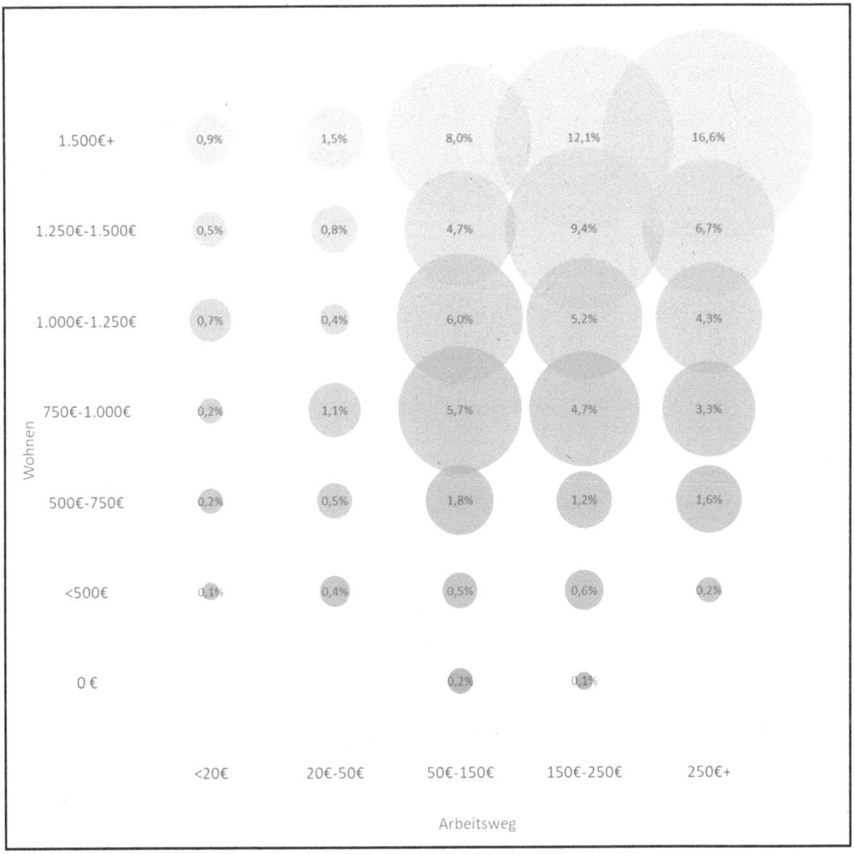

n = 854

5.5.3 Nebentätigkeiten

Das Beamtenverhältnis stellt grundsätzlich auf eine Tätigkeit in Vollzeit ab. Dem Ausmaß, in welchem Beamt*innen finanziell vergüteten Nebentätigkeiten nachgehen, kommt vor dem Hintergrund der wirtschaftlichen Situation der Beamtenhaushalte deshalb eine besondere Bedeutung zu. Es ist zu berücksichtigen, dass es sich bei den in der Umfrage erhobenen Nebentätigkeiten auch um finanziell vergütete Ehrenämter handeln kann.

Tabelle 52: Anteil der Befragten mit Nebentätigkeit nach Haushaltskonstellation (in %)

	Anteil mit Nebentätigkeit	Alleinstehend	Alleinerziehend	Paare mit ... Kindern					
				0	0, Unterhalt	1	2	3	4 und mehr
Gesamt	absolut	150	27	719	47	141	143	39	6
	in Prozent	25,9	24,5	26,3	27,7	31,9	32,9	34,2	25,0
Weiblich	absolut	65	19	295	28	39	35	9	-
	in Prozent	23,3	21,6	19,7	21,4	22,3	20,1	25,0	-
Männlich	absolut	85	8	308	14	102	108	30	6
	in Prozent	28,2	36,4	35,4	50,0	38,2	41,4	38,5	31,6

n = 2.618

Nebentätigkeiten liegen in einem relativ großen Anteil der Haushalte vor.[46] Im Mittel liegt der Anteil der Personen, welche die entsprechende Frage bejaht haben, bei 29%. Von allen Alleinstehenden und allen Alleinerziehenden gab rund jede*r Vierte an, einer Nebentätigkeit nachzugehen (vgl. Tabelle 52). Bei Paaren ohne Kinder lag der Anteil mit 27% noch etwas höher, selbiges gilt im Übrigen für Paare ohne Kinder, deren Haushalt Unterhaltszahlungen leistet (24 von 83 Fällen). Sobald Kinder im Haushalt leben, geht sogar knapp jede*r dritte Befragte einer Nebentätigkeit nach. Bei männlichen Befragten sind Nebentätigkeiten häufiger anzutreffen als bei weiblichen. Bei Alleinstehenden ist der Unterschied zwischen weiblichen und männlichen Befragten nicht groß (23 versus 28%) und bei Alleinerziehenden ist die Gruppengröße zu gering für belastbare Aussagen. In Partnerschaften ist der Unterschied größer: In kinderlosen Partnerschaften sind die befragten Frauen zu 21%, die befragten Männer zu 34% nebenerwerbstätig (+13 Prozentpunkte). Die Partnerhaushalte mit Kindern weisen sogar eine noch größere Abweichung zwischen den Geschlechtern auf, in der Spitze beträgt sie 21 Prozentpunkte (20% bei weiblichen versus 41% bei männlichen Befragten mit zwei Kindern).

46 Vgl. bereits Rodermond 2023.

Ob die Befragten einer Nebentätigkeit nachgehen, hängt auch vom Haushaltstyp ab (vgl. Tabelle 53). Die Alleinerziehenden weisen die anteilsmäßig wenigsten Befragten mit Nebentätigkeit auf (20 beziehungsweise 22% mit weiteren Personen). Bei Paaren mit Kindern sind es 30 beziehungsweise 31%, was dem höchsten Wert aller Haushaltstypen entspricht. In jedem Fall sind finanziell vergütete Nebentätigkeiten bei den Beamt*innen in den unteren Besoldungsgruppen sehr viel stärker ausgeprägt als bei vergleichbaren Haushalten in der Gesamtgesellschaft, wo dies nur auf gut 7,1% der Haushalte zutrifft (vgl. Sozio-oekonomisches Panel 2022).

Wenngleich die Genehmigung zur Ausübung einer genehmigungspflichtigen Nebentätigkeit bei Beamt*innen in Teilzeit kaum wahrscheinlicher ist als in Vollzeit (vgl. Battis 2022a: Rn. 19), so sind doch die Möglichkeiten zur Ausübung einer nicht genehmigungspflichtigen Nebentätigkeit (beispielsweise Tätigkeiten in Berufsverbänden, vgl. § 100 Abs. 1 BBG) für Beamt*-innen in Teilzeit besser. Und dennoch unterscheiden sich die Nebentätigkeitsquoten der Befragten in Teilzeit kaum von denjenigen der Befragten in Vollzeit. Falls doch Abweichungen vorliegen, so sind die Nebentätigkeitsquoten der Teilzeitbeschäftigten niedriger. Merkliche Abweichungen finden sich nur bei den Paaren, welche noch mit Kindern und/oder weiteren Personen zusammenleben. Die Differenz beträgt zwischen 7,4 und 12,5 Prozentpunkten. Die Abweichungen bei den Alleinerziehenden (n = 67 beziehungsweise 68) kann auf zufällige Schwankungen zurückgehen.

Tabelle 53: Anteil der Befragten mit Nebentätigkeit nach Haushaltstyp und Erwerbsumfang

	Anteil mit Nebentätig keit (in %)	**In Vollzeit arbeiten ...% der Befragten...**		**n**
		mit Nebent.	**ohne Nebent.**	
Alleinstehende	26,5	99,3	98,7	529
Alleinstehende Beamt*innen mit weiteren Personen	20,2	100	98,2	208
Alleinerziehende	22,4	66,7	69,2	67
Alleinerziehende mit weiteren Personen	26,5	72,2	66,0	68
Paare	25,5	97,6	95,2	813
Paare mit weiteren Personen	26,2	98,8	91,4	317
Paare mit Kindern	30,9	85,0	76,9	906
Paare mit Kindern und weiteren Personen	29,5	84,2	71,7	342

Die Nebentätigkeitsquote in den Besoldungsgruppen unterhalb von A6, deren Besoldung somit vergleichsweise gering ausfällt, ist mit 35% die höchste aller abgebildeten Gruppen (vgl. Tabelle 54). Sie ist jedoch auch stärkeren Schwankungen unterworfen als die anderen untersuchten Besoldungsgruppen (n=83). In der Besoldungsgruppe A7 lässt sich ebenfalls eine Häufung von Beamt*innen mit Nebentätigkeit feststellen. Ein Drittel der entsprechenden Befragten fast aller Altersgruppen geht einer Nebentätigkeit nach, in den übrigen Besoldungsgruppen und bei Beamt*innen in Ausbildung, also auch bei schlechter besoldeten Beamt*innen, ist es nur etwa jede*r vierte. Bezüglich des Alters weisen die Altersgruppen zwischen 30 und 49 Jahren die höchsten Anteile an Beamt*innen mit Nebentätigkeiten auf.

*Tabelle 54: Anteil der Beamt*innen mit Nebentätigkeit nach Alter und Besoldungsgruppe (in %)*

	<A6	**A6**	**A7**	**A8**	**Ausbildung**	**Gesamt**
<30	(14,3)	20,7	32,3	25,9	27,3	27,4
30-39	41,5	28,4	33,0	33,9	(21,4)	33,0
40-49	38,5	28,1	37,6	30,4	(0,0)	32,1
50+	(11,1)	27,6	25,0	17,8	(0,0)	19,8
Gesamt	(34,9)	(24,1)	32,7	26,8	(25,5)	28,8

n = 2.684

5.6 Zufriedenheit mit der Besoldung

Die Erhebung ausgewählter Ausgabenpositionen und sonstiger Aspekte kann nicht alle Facetten der wirtschaftlichen Situation der Befragten erfassen. Um einen Gesamteindruck zu erhalten, stellen Einschätzungen der Beamt*innen zur Angemessenheit ihrer Besoldung eine sinnvolle Ergänzung der Erhebung dar. Diese Angaben sind somit rein subjektiver Natur.

Die Befunde zur Zufriedenheit lassen sich am besten mit Blick auf die Zufriedenheit in der entsprechenden Einkommensgruppe der Gesamtgesellschaft interpretieren. Anders als in den Daten der Umfrage ist eine Untersuchung der Zufriedenheit der Gesamtgesellschaft jedoch nur bezogen auf das gesamte Einkommen möglich, welches also neben Entgelten aus dem Hauptberuf andere Einkommensquellen umfassen kann (vgl. Sozio-oekonomisches Panel 2022). (Eher) unzufrieden sind nur 12% der Befragten der Gesamtgesellschaft, dagegen sind 59% (eher) zufrieden mit ihrem Einkommen.

Im Rahmen der Umfrage wurde das Ausmaß zweier Arten von Zufriedenheit mit der Besoldung erfragt. Zum ersten handelte es sich dabei um die Zufriedenheit mit der Besoldung im Hinblick auf die ausgeübte Tätigkeit. Hier fließen also dienstliche Aspekte wie beispielsweise der (wahrgenommene) Wert der verrichteten Tätigkeit, Arbeitsbedingungen und der Vergleich mit der Besoldung von Kolleg*innen ein. Zum zweiten wurde abgefragt, wie zufrieden die Befragten mit dem Beitrag der Besoldung zum Haushaltseinkommen sind. Hierbei stehen er die wahrgenommenen Bedarfe des Haushalts und der Vergleich mit etwaigen weiteren Einkommen – beispielsweise der Partner*innen – im Vordergrund.

*Abbildung 34: Zufriedenheit der Beamt*innen mit ihrer Besoldung, Vergleich mit der Gesamtgesellschaft*

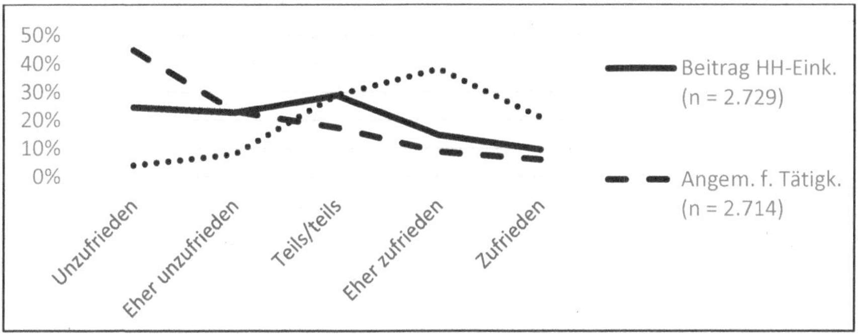

Quelle: Sozio-oekonomisches Panel 2022, eigene Umfrage.

Insgesamt gaben die Befragten eher schlechtere als gute Werte zur Zufriedenheit an. 47% der Beamt*innen in den unteren Besoldungsgruppen sind (eher) nicht der Meinung, dass ihre Besoldung einen angemessenen Beitrag zum Einkommen des Haushalts leistet („unzufrieden“ beziehungsweise „eher unzufrieden“, vgl. Abbildung 34). Nach der Höhe ihrer Besoldung in Bezug auf ihre Tätigkeit gefragt, gaben sogar insgesamt 68% an, dass sie die Besoldung (eher) nicht für angemessen hoch hielten. Dies deckt sich mit der Erkenntnis, dass die Unzufriedenheit im Beamtenapparat mit abnehmender Besoldungsgruppe wächst. Besonders davon betroffen sind diejenigen Bereiche, in welchen die hier untersuchten Beamt*innen besonders häufig tätig sind: Feuerwehr, Bundes- und Landespolizei, Justiz(vollzugs)dienst und Zoll beziehungsweise Finanzverwaltung (vgl. Färber/Hermanowski 2021: 186).

*Abbildung 35: Anteil der mit dem Beitrag ihrer Besoldung am Haushaltseinkommen unzufriedenen Beamt*innen (in %) nach Besoldungsgruppe und Kinderzahl*

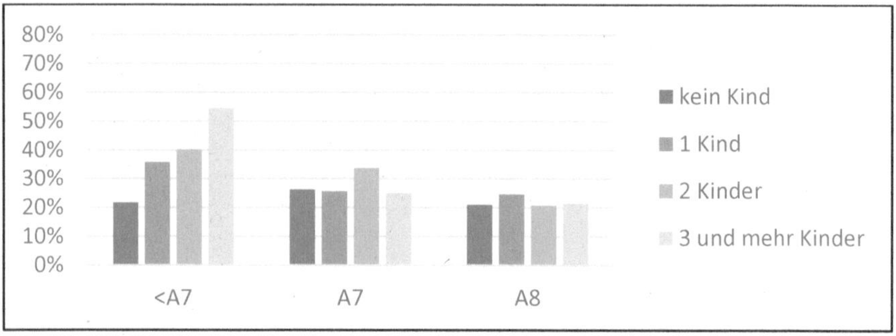

n = 2.602

*Abbildung 36: Anteil der mit der Angemessenheit ihrer Besoldung für die ausgeübte Tätigkeit unzufriedenen Beamt*innen (in %) nach Besoldungsgruppe und Kinderzahl*

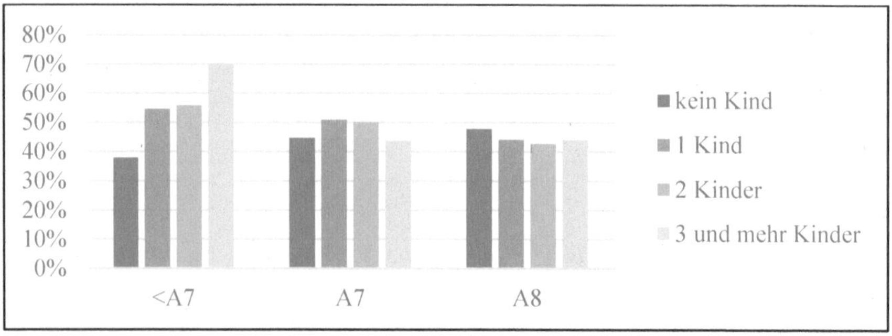

n = 2.527

Es lässt sich innerhalb der Besoldungsgruppen ein Einfluss auf die Zufriedenheit nach der **Kinderzahl** ausmachen (vgl. Abbildung 35 und Abbildung 36). In den Besoldungsgruppen unterhalb von A7 steigt die Unzufriedenheit bezüglich des Beitrags der Besoldung zum Haushaltseinkommen durch Hinzutreten des ersten Kindes bereits stark von 22 auf 36%. Von den Befragten mit drei und mehr Kindern sind sogar 55% unzufrieden. Bezüglich der Angemessenheit der Besoldung für die ausgeübte Tätigkeit steigt die Unzufriedenheit in denselben Besoldungsgruppen von 38 (keine Kinder) auf 70% (3 und mehr Kinder). In den höheren Besoldungsgruppen A7 und A8 dagegen sind die Anteile der unzufriedenen Befragten unabhängig von der Kinderzahl in etwa gleich hoch. Bezüglich des Beitrags der Besoldung zum Haushaltseinkommen liegen die Anteile zwischen 21 und 26%, bezüglich der Angemessenheit für die ausgeübte Tätigkeit zwischen 43 und 51%. Einzig die Befragten in A7 mit zwei Kindern, welche in 34% der Fälle mit dem Beitrag der Besoldung zum Haushaltseinkommen nicht zufrieden sind, weichen leicht nach oben ab. Trotz der finanziellen Belastung durch ihre beiden Kinder profitieren diese Haushalte noch nicht von den erhöhten Familienzuschlägen, welche erst ab dem dritten Kind einsetzten.

*Abbildung 37: Anteil der Beamt*innen mit mehr als zwei Kindern (in Spaltenprozent) nach Besoldungsgruppe und Zufriedenheit mit dem Beitrag ihrer Besoldung zum Haushaltseinkommen*

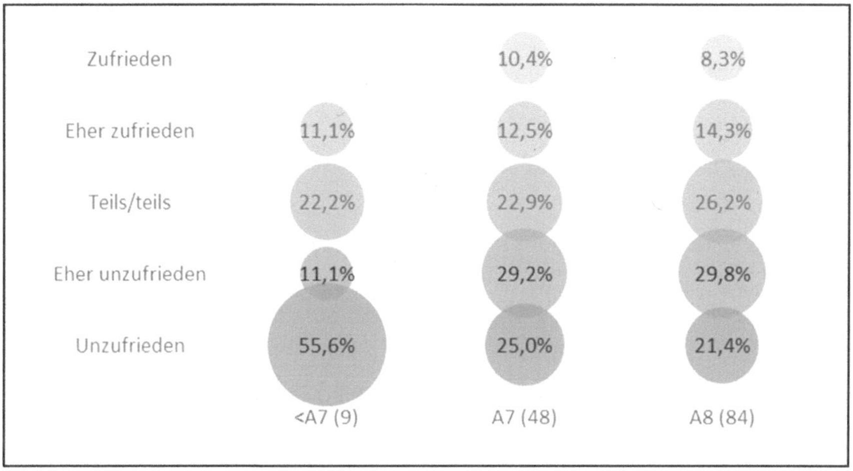

n: in Klammern.

Vergleicht man die Angaben **der Befragten mit mehr als zwei Kindern**, so fällt eine schwächer ausgeprägte Unzufriedenheit bezüglich des Beitrags der Besoldung zum Haushaltseinkommen auf (vgl. Abbildung 37 und Abbildung 38). In den Besoldungsgruppen unterhalb von A7 ist der Anteil gänzlich unzufriedener Befragter (n=9) mit 56% am stärksten ausgeprägt. In den höheren Besoldungsgruppen machen die eher unzufriedenen Befragten mit 29 beziehungsweise 30% die größte Gruppe aus. Die Gruppen der Unentschlossenen erreichen ähnliche Größen wie die der gänzlich Unzufriedenen (21 bis 26%). Bezüglich der Zufriedenheit mit der Angemessenheit der Besoldung für die ausgeübte Tätigkeit dominiert dagegen klar der Anteil der gänzlich unzufriedenen Befragten. In allen Besoldungsgruppen ist deren Anteil der größte, wenngleich er unterhalb der Besoldungsgruppe A7 (n=10) mit 70% deutlich höher ausfällt als in den darüberliegenden Besoldungsgruppen (jeweils 44%). Möglicherweise spiegelt sich hier die Unzufriedenheit der kinderreichen Beamt*innen mit ihren Bezügen wider, welcher bereits die genannte hohe Zahl an Widersprüchen verursacht hat.

*Abbildung 38: Anteil der Beamt*innen mit mehr als zwei Kindern (in Spaltenprozent) nach Besoldungsgruppe und Zufriedenheit mit der Angemessenheit ihrer Besoldung für die ausgeübte Tätigkeit*

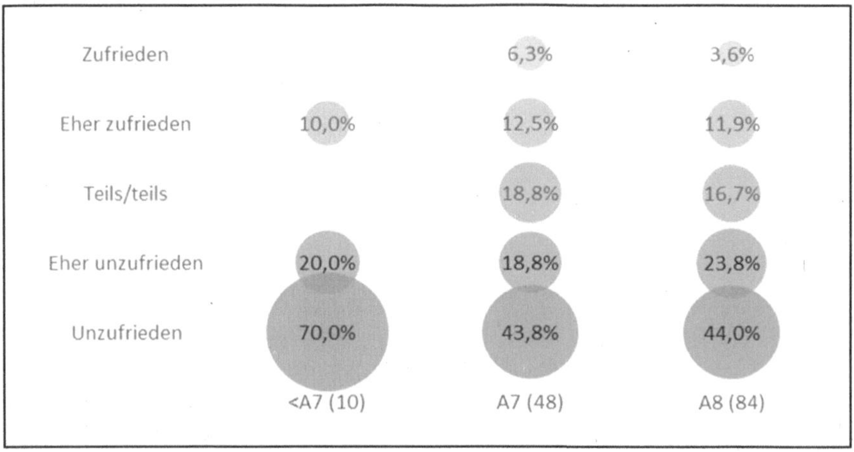

n: in Klammern.

Je größer die Unzufriedenheit der Befragten ist, desto eher gehen diese einer **Nebentätigkeit** nach (vgl. Abbildung 39). In der Regel ist der Anteil der Befragten mit Nebentätigkeit immer geringer als der derjenigen ohne Nebentätigkeit oder die Nebentätigkeitsquoten beider Gruppen bewegen sich in einer ähnlichen Höhe. Einzige Ausnahme bildet die Gruppe der Befragten, welche sich gänzlich unzufrieden mit dem Beitrag ihrer Besoldung zum Haushaltseinkommen beziehungsweise der Angemessenheit ihrer Besoldung für die verrichtete Arbeit zeigen. Der Anteil der Befragten mit Nebentätigkeit lag mit 32% 10 Prozentpunkte (Haushaltseinkommen) beziehungsweise mit 52% 11 Prozentpunkte (Arbeit) höher.

*Abbildung 39: Anteil der Beamt*innen nach Nebentätigkeit und Zufriedenheit (in Zeilenprozent)*

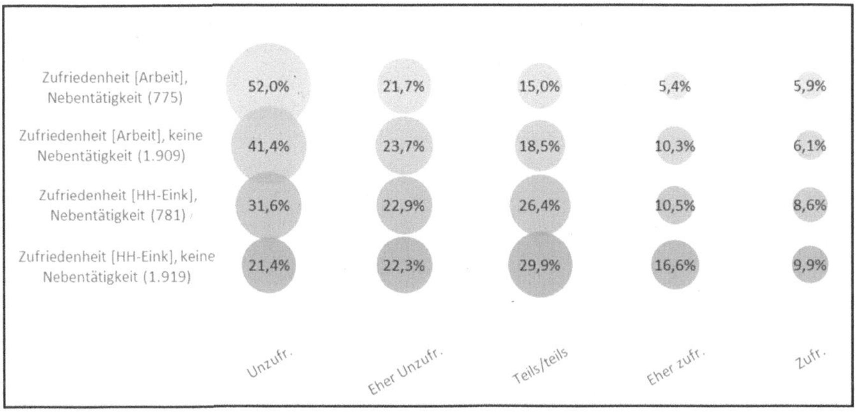

n: in Klammern.

*Abbildung 40: Anteil der Befragten nach der Zufriedenheit mit dem Beitrag ihrer Besoldung zum Haushaltseinkommen und Erwerbsumfang der Partner*innen*

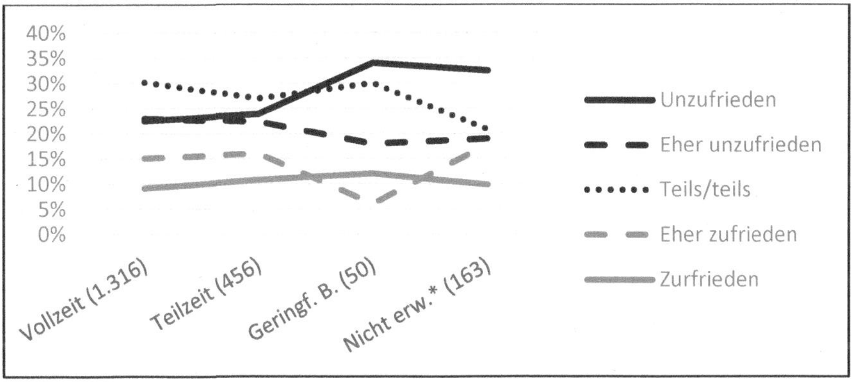

n: in Klammern;

*Umfasst Haushalte mit und ohne Lohnersatzleistungen.

Die Unzufriedenheit mit der Besoldung korreliert negativ mit dem **Erwerbsumfang der Partner*innen**. Sind die Partner*innen in Vollzeit erwerbstätig, so sind nur 23% der Befragten gänzlich unzufrieden mit dem Beitrag ihrer Besoldung zum Haushaltseinkommen. Bei Partner*innen in Teilzeit steigt dieser Anteigl nur geringfügig auf 24% an (vgl. Abbildung 40). Sind die

Partner*innen nur geringfügig beschäftigt oder nichterwerbstätig, so steigt der Anteil gänzlich unzufriedener Befragter jedoch auf 34 beziehungsweise 33% an. Obwohl ein beide Aspekte zunächst keinen Zusammenhang aufweisen, ist bei der Unzufriedenheit mit der Besoldung im Hinblick auf die ausgeübte Tätigkeit eine ähnliche Tendenz auf höherem Niveau auszumachen (vgl. Abbildung 41). 43% der Befragten mit vollzeiterwerbstätigen Partner*innen sind gänzlich unzufrieden. Sind die Partner*innen nichterwerbstätig, so erhöht sich dieser Anteil auf 54%.

*Abbildung 41: Anteil der Befragten nach der Zufriedenheit mit der Besoldung im Hinblick auf die ausgeübte Tätigkeit und Erwerbsumfang der Partner*innen*

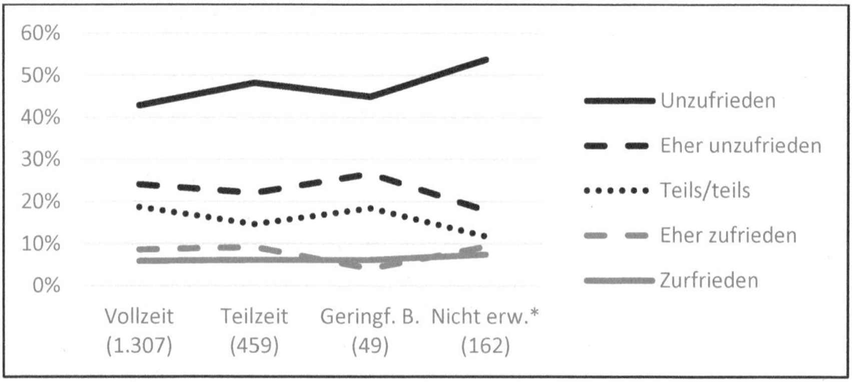

n: in Klammern;

*Umfasst Haushalte mit und ohne Lohnersatzleistungen.

Mit steigendem **Anteil der Besoldung am Haushaltseinkommen**, steigt auch die Zufriedenheit mit deren Beitrag zum Haushaltseinkommen (vgl. Abbildung 42). Der Anteil der gänzlich unzufriedenen Befragten, deren Besoldung weniger als 20% des Haushaltseinkommens ausmacht, beträgt 46%. In den übrigen Intervallen liegt der Anteil wischen 19 und 28%.

Je höher das **Alter** der Befragten, desto größer ist die Unzufriedenheit mit der Besoldung im Hinblick auf die verrichtete Tätigkeit (vgl. Abbildung 43). Der Anteil gänzlich unzufriedener Beamt*innen steigt mit zunehmender Altersgruppe stetig von 38 (unter 30 Jahren) auf 57% (60 Jahre und älter) an. Im Gegenzug sinkt die Größe der Gruppen der eher Unzufriedenen und der Unentschlossenen (-14 beziehungsweise -13 Prozentpunkte). Die Gruppe der (eher) Zufriedenen bleibt hingegen recht stabil bei einstelligen Prozentwerten.

Abbildung 42: Anteil der Befragten nach der Zufriedenheit mit dem Beitrag ihrer Besoldung zum Haushaltseinkommen und Anteil der Besoldung am Haushaltseinkommen

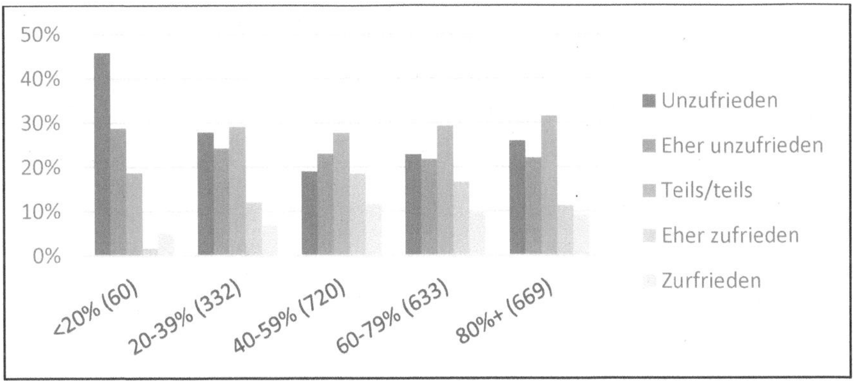

n: in Klammern.

Abbildung 43: Anteil der Befragten nach der Zufriedenheit mit der Besoldung im Hinblick auf die ausgeübte Tätigkeit und Alter

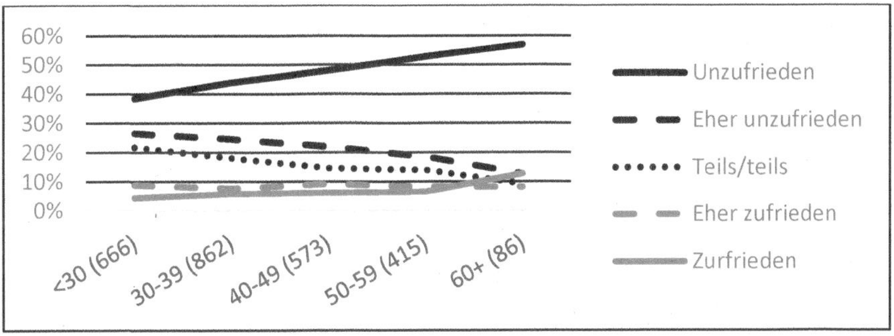

n: in Klammern.

In den oben genannten deskriptiven Auswertungen der Variablen, ist der Zusammenhang noch durch andere Variablen beeinflusst. Um den alleinigen Einfluss der unabhängigen Variablen isoliert betrachten zu können, bieten sich multiple lineare Regressionen an. Hierzu sind die in Die Ergebnisse der Regression finden sich in Tabelle 55 und Tabelle 56 aufgeführten Variablen zu überprüfen. Die entsprechenden Hypothesen lauten somit:

$$y_{Zufr\_HH\text{-}Eink} = \beta_0 + \beta_1 x_1 + \beta_2 x_2 + \beta_3 x_3 + \beta_4 x_4 + \beta_5 x_5 + \beta_6 x_6 + \varepsilon.$$

$$y_{Zufr\_Tätigk} = \beta_0 + \beta_1 x_1 + \beta_2 x_2 + \beta_3 x_3 + \beta_4 x_4 + \beta_5 x_5 + \beta_7 x_7 + \varepsilon.$$

Die Ergebnisse der Regression finden sich in Tabelle 55 und Tabelle 56. Die Kodierung der Variablen kann Anhang 3 entnommen werden. Beide Arten der Zufriedenheit mit der Besoldung lassen sich durch die erhobenen Daten nur schlecht erklären. Die korrigierten R^2-Werte fielen mit 0,014 (ausgeübte Tätigkeit) und 0,043 (Beitrag zum Haushaltseinkommen) extrem gering aus. Bei der Zufriedenheit mit der Besoldung im Hinblick auf die ausgeübte Tätigkeit erwiesen sich nur das Vorliegen einer Nebentätigkeit und die Besoldungsgruppe als signifikant. Bei der Zufriedenheit mit dem Beitrag der Besoldung zum Haushaltseinkommen war es ebenfalls das Vorliegen einer Nebentätigkeit und der Anteil der Besoldung am Haushaltseinkommen. Die Besoldungsgruppe erwies sich nun – quasi außerhalb des dienstlichen Kontexts – nicht mehr als reliabel.

Tabelle 55: Multiple lineare Regression zur Modellierung der Zufriedenheit mit der Angemessenheit der Besoldung für die ausgeübte Tätigkeit (SPSS-Output)

		Nicht standardisierte Koeffizienten		Standard. Koeff.	T	Sig.	95,0% Konfidenzintervalle für B		Kollinearitätsstatistik	
		Regr.koeffizient B	Std.-Fehler	Beta			Untergrenze	Obergrenze	Toleranz	VIF
	(Konstante)	1,301	0,248		5,246	0,000	0,815	1,787		
X_1	Anzahl Kinder im Haushalt	0,023	0,028	0,020	0,828	0,408	-0,032	0,079	0,944	1,060
X_2	Nebentätigkeit	-0,211	0,061	-0,080	-3,444	0,001	-0,331	-0,091	0,994	1,006
X_3	Erwerbsumfang Partner*in	-0,050	0,030	-0,040	-1,665	0,096	-0,108	0,009	0,944	1,060
X_4	Besoldungsgruppe	0,135	0,035	0,094	3,835	0,000	0,066	0,204	0,899	1,113
X_5	Alter	-0,050	0,028	-0,045	-1,789	0,074	-0,105	0,005	0,854	1,171

Quelle: Eigene Berechnungen

In beiden Fällen deutet sich eine geringere Zufriedenheit derjenigen Befragten mit Nebentätigkeit an. Im Hinblick auf die ausgeübte Tätigkeit fällt sie mit einem Regressionskoeffizienten von -0,211 etwas niedriger aus (Haushaltseinkommen: -0,364). Die Anzahl der Kinder weist in beiden Fällen ein abweichendes Vorzeichen auf, würde also in einem Fall eine steigende (Tätigkeit: 0,023) und im anderen Fall eine sinkende (Haushaltseinkommen: -0,071) Zufriedenheit mit der Besoldung bedeuten. Dieser Befund ist jedoch nicht reliabel: Das Konfidenzintervall umfasst im Falle der Zufriedenheit im

Hinblick auf die Tätigkeit auch negative Werte. Der tatsächliche Regressionskoeffizient könnte folglich auch größer als Null sein.

Tabelle 56: Multiple lineare Regression zur Modellierung der Zufriedenheit mit dem Beitrag der Besoldung zum Haushaltseinkommen (SPSS-Output)

		Nicht standardisierte Koeffizienten		Standard. Koeff.	T	Sig.	95,0% Konfidenzintervalle für B		Kollinearitätsstatistik	
		Regr.koeffizient B	Std.-Fehler	Beta			Untergrenze	Obergrenze	Toleranz	VIF
	(Konstante)	0,962	0,280		3,434	0,001	0,413	1,512		
X_1	Anzahl Kinder im Haushalt	-0,071	0,030	-0,058	-2,371	0,018	-0,129	-0,012	0,951	1,051
X_2	Nebentätigkeit	-0,364	0,064	-0,136	-5,667	0,000	-0,490	-0,238	0,984	1,016
X_3	Erwerbsumfang Partner*in	-0,086	0,036	-0,067	-2,390	0,017	-0,157	-0,015	0,724	1,382
X_4	Besoldungsgruppe	0,224	0,036	0,149	6,229	0,000	0,153	0,294	0,982	1,018
X_6	Anteil der Bes. am Haushaltseink.	0,107	0,036	0,083	2,986	0,003	0,037	0,177	0,729	1,372

Quelle: Eigene Berechnungen

Viele Determinanten der Zufriedenheit mit der Besoldung scheinen über die im Rahmen der Erhebung abgefragten Aspekte hinauszugehen. Zu denken wären beispielsweise die Möglichkeiten zur beruflichen Entwicklung und Beförderung (vgl. Färber/Hermanowski 2021: 200). Auf weitere Aspekte deuten Textbeiträge von Befragten hin, welche eine Höhergruppierung von Beamt*innen in den unteren Besoldungsgruppen durch den Wegfall unterer Besoldungsgruppe gutheißen. So werden beispielsweise gestiegene Anforderungen, erhöhte Gefährdung und als ungerecht empfundene Familienzuschläge der Kolleg*innen genannt:

- *Die Aufgaben werden immer mehr und umfangreicher.* (Beamter, A4, 40 bis 49 Jahre)
- *Vor allem, dass die Kollegen mit Kindern für dieselbe Arbeit mehr Geld bekommen, ist diskriminierend.* (Beamter, A4, 40 bis 49 Jahre)
- *Der Justizwachtmeister oder der Polizist kennt seine Gegenüber nicht und ist somit gefährdeter, was auch besser besoldet werden sollte.* (Beamter, A4, 30 bis 39 Jahre)

5.7 Armutsgefährdung

Die Alimentation soll das finanzielle Auskommen der Beamt*innen sicherstellen und somit garantieren, dass diese ihr Amt frei von materiellen Sorgen ausüben können. Sie sollen insbesondere vor Armut geschützt sein, damit sie nicht der Korruption anheimfallen oder gezwungen sind, einer Nebentätigkeit nachzugehen. Dergestalt sollen sie ihre gesamte Arbeitskraft einem an rechtsstaatlichen Prinzipien orientierten Verwaltungshandeln widmen können. In der heutigen Zeit sind diese Anforderungen unter Einbezug der Partnereinkommen zu sehen.

Es stellt sich die Frage, wie eine Armutsgrenze für Beamtenhaushalte empirisch zu messen ist. Unstrittig dürfte das sozialrechtliche Existenzminimum für den deutschen Wirtschaftsraum eine absolute Untergrenze darstellen. Dies hat das Bundesverfassungsgericht so postuliert und einen 15-prozentigen Zuschlag für eine verfassungskonforme Alimentation angesetzt. Allerdings ist der Einverdienst-Haushalt, die es für das Familieneinkommen in seinen jüngeren Entscheidungen zugrunde gelegt hat, der Ausnahmefall und lässt sich nicht unmittelbar auf die in der Umfrage ermittelten Haushalte anwenden. In der Forschung wird weitaus häufiger als eine absolute Armutsschwelle eine relative Armutsdefinition verwendet. Diese gilt als erfüllt, wenn das Haushaltseinkommen unterhalb von 60% des Medianeinkommens liegt. Dazu werden die Äquivalenzeinkommen der Haushalte zugrunde gelegt (vgl. Seite 72). Die empirisch gemessenen Armutsschwelle hängt mithin von der Haushaltsgröße und der Haushaltsstruktur ab.

Vor diesem Hintergrund ergeben sich zwei grundlegende Fragen zur Einschätzung, ob Beamtenhaushalte in den unteren Besoldungsgruppen armutsgefährdet sind beziehungsweise sein können:

- Wie verhalten sich die von den statistischen Ämtern des Bundes und der Länder gemessenen Armutsgefährdungsschwellen von 60% des Medianeinkommens für das Jahr 2022 (vgl. Statistische Ämter des Bundes und der Länder 2024a) verschiedener Haushaltstypen zu der vom Bundesverfassungsgericht durch das Mindestabstandsgebot definierten Untergrenze?
- Wie stehen die in der Befragung angegebenen Haushaltseinkommen der Beamt*innen zu den jeweils haushaltstypischen Armutsschwellen des Jahres 2022? Welche Eigenschaften weisen Haushalte auf, welche die Armutsgefährdungsschwelle unterschreiten?

5.7.1 Armutsgefährdung und Mindestabstandsgebot

Um das richterlich vorgegebene Mindestniveau der Alimentation mit der Armutsgefährdungsschwelle zu vergleichen, ist zunächst die **Höhe der Armutsgefährdungsschwelle** zum Erhebungszeitpunkt festzustellen. Das hierfür notwendige Medianeinkommen liegt als bundesweit einheitlicher Wert für das Jahr 2022 vor. Aufgrund der nicht einheitlichen Einkommensverhältnisse deutschlandweit und der Besoldungsgesetzgebung als Landeskompetenz scheint es angezeigt, zusätzlich auf die landesspezifischen Medianeinkommen abzustellen.

Tabelle 57: Medianeinkommen verschiedener Haushaltstypen in Deutschland und ausgewählten Ländern (2022, in Euro)

	Deutschl.	BY	BB	HB	HE	SN	SH
Alleinstehend	1.976	2.113	1.962	1.683	2.001	1.790	1.959
Alleinstehend, zwei weiteren Personen	3.953	4.226	3.924	3.367	4.002	3.580	3.918
Alleinerziehend, ein Kind (u14)	2.569	2.747	2.551	2.188	2.601	2.327	2.547
Alleinerziehend, zwei Kinder (u14, 14+)	3.558	3.803	3.532	3.030	3.601	3.222	3.526
Paar	2.965	3.169	2.943	2.525	3.001	2.685	2.938
Paar, ein Kind (u14)	3.558	3.803	3.532	3.030	3.601	3.222	3.526
Paar, zwei Kinder (u14, 14+)	4.546	4.859	4.513	3.872	4.602	4.117	4.505
Paar, zwei Kinder (u14, 14+), zwei w. Pers.	6.522	6.972	6.475	5.555	6.603	5.906	6.464
Medianeinkommen der Länder in % vom gesamtdeutschen Mittelwert	100	107	99	85	101	91	99

Quelle: Statistische Ämter des Bundes und der Länder 2024a.

Tabelle 57 gibt die Höhe der Medianeinkommen deutschlandweit sowie in ausgewählten Ländern im Jahr 2022 an. Deutschlandweit betrug es 1.976 Euro. Der höchste Wert auf Landesebene fand sich in Bayern (2.113 Euro), der niedrigste in Bremen (1.683 Euro), was die Relevanz der wirtschaftlichen beziehungsweise Arbeitsmarktlage für das Medianeinkommen und damit die Armutsgefährdungsschwelle verdeutlicht. Im wirtschaftlich starken Bayern lag die Arbeitslosenquote im Mai 2022 auf dem niedrigsten Wert deutschlandweit (2,8%). Bremen dagegen wies mit 9,8% die höchste Arbeitslosenquote auf (vgl. Bundesagentur für Arbeit 2022). Verglichen mit dem bundesweiten

Durchschnitt liegt das Medianeinkommen in Bayern bei 107%, in Bremen dagegen nur bei 85%, was einer Spannweite von 22 Prozentpunkten entspricht. Gemäß der Gewichtungen, welche sich aus den Haushaltskonstellationen ergeben, ändern sich auch die äquivalenten Medianeinkommen. Dabei kann es vorkommen, dass unterschiedliche Haushaltskonstellationen die gleichen Gewichtungen und Armutsgefährdungsschwellen aufweisen, beispielsweise Alleinerziehende mit zwei Kindern und Paare mit einem Kind.

Weiterhin ist das **Mindestniveau der Alimentation** zu berechnen. Dieses findet seinen Ausgangspunkt im sozialhilferechtlichen Existenzminimum. Dessen Berechnung wurde vom Bundesverfassungsgericht festgelegt (vgl. Bundesverfassungsgericht 2020a: Rn. 54) und beinhaltet die folgenden Punkte, welche wie folgt kalkuliert werden (vgl. Tabelle 58).

- Zunächst sind die **Regelbedarfe** des SGB XII zu berücksichtigen. Diese lagen im Jahr 2022 für eine alleinstehende Person bei 449 Euro monatlich, Paare mit zwei Kindern im Alter von 10 beziehungsweise 15 Jahren erhielten 1.495 Euro. Alleinerziehende mit einem Kind im Alter von 15 Jahren erhielten inklusive des Mehrbedarfs für Alleinerziehende 863 Euro (vgl. SGB XII, Anlage zu § 28; § 21 Abs. 3 SGB II).
- Weiterhin sind **Wohn- und Heizkosten** zu berücksichtigen. Diese können in Abhängigkeit von der Haushaltsgröße sehr genau den Statistiken der Bundesagentur für Arbeit zu den im Rahmen des SGB II anerkannten Kosten der Unterkunft entnommen werden. Da die Landeshauptstädte in den meisten Fällen die größten Städte der Länder sind und dort die Kosten der Unterkunft regelmäßig zu den höchsten in den entsprechenden Ländern gehören, werden diese für den Monat Mai 2022, dem Monat der Umfrage, angesetzt.
- **Leistungen für Bildung und Teilhabe** wurden trotz leichter Unterschiede zwischen Ländern und im Jahresablauf mit einem pauschalen Mittelwert in Höhe von 95 Euro pro Kind berechnet. Dies ist der vom Statistischen Bundesamt erhobene durchschnittliche Wert, welcher den Antragssteller*innen im Mai 2022 ausgezahlt wurde (vgl. Statistisches Bundesamt 2023d). Da nicht alle potentiell Leistungsberechtigten diese Leistungen tatsächlich abrufen, läge ein Durchschnittswert, welcher diese miteinbezieht, niedriger (vgl. Momotow 2022: 10). Ein solcher Wert liegt jedoch nicht vor.
- **Geldwerte Vorteile**, welche Empfänger*innen von Grundsicherung erhalten, werden in Höhe von 15 Euro pro Person angesetzt.

Tabelle 58: Höhe des Mindestniveaus der Alimentation und der Armutsgefährdungsschwelle deutschlandweit und in ausgewählten Ländern im Mai 2022 (in Euro)

	KdU	**Sozial. rechtl. Ex.min.**	**davon 115%**	**in % vom Bundes-mittel**	**AGS**	**Diff. zu AGS**
Alleinstehende						
Deutschland	440	904	1.040	100	1.186	-146
Bayern	553	1.017	1.170	113	1.268	-98
Brandenburg	412	876	1.008	97	1.177	-169
Bremen	321	785	903	87	1.010	-107
Hessen	495	959	1.103	106	1.200	-97
Sachsen	380	844	971	93	1.074	-103
Schleswig-Holstein	451	915	1.052	101	1.175	-124
Paare, 2 Kinder (10 u. 15 Jahre)						
Deutschland	863	2.608	2.999	100	2.727	271
Bayern	1.069	2.814	3.236	108	2.916	320
Brandenburg	690	2.435	2.800	93	2.708	92
Bremen	510	2.255	2.593	86	2.323	270
Hessen	906	2.651	3.048	102	2.761	287
Sachsen	697	2.442	2.808	94	2.470	338
Schleswig-Holstein	713	2.458	2.827	94	2.703	124
Alleinerziehende, 1 Kind (15 Jahre)						
Deutschland	627	1.614	1.857	100	1.779	78
Bayern	740	1.728	1.987	107	1.902	86
Brandenburg	566	1.554	1.787	96	1.766	21
Bremen	416	1.403	1.614	87	1.515	99
Hessen	687	1.674	1.926	104	1.801	125
Sachsen	516	1.504	1.729	93	1.611	119
Schleswig-Holstein	551	1.539	1.769	95	1.763	6

Quelle: SGB XII, Anlage zu § 28; Bundesagentur für Arbeit 2024b; Statistische Ämter des Bundes und der Länder 2024a und eigene Berechnungen.

Die derart errechneten **Mindestniveaus der Alimentation** unterscheiden sich somit nur hinsichtlich der länderspezifisch veranschlagten Kosten der Unterkunft. Und doch weichen die Gesamtwerte mitunter stark vom bundesweiten Schnitt ab. Die höchsten Werte weist erneut Bayern auf, dessen veranschlagte Kosten der Unterkunft sich auf die Landeshauptstadt München beziehen. Bei den Alleinstehenden beträgt der Vorsprung auf den Bundesdurchschnitt 13 Prozentpunkte (1.040 versus 1.170 Euro). Bei Paaren mit zwei Kindern und Alleinerziehenden mit einem Kind fällt der Vorsprung geringer aus. Werte von 3.236 beziehungsweise 1.987 Euro bedeuten dennoch einen Vorsprung von sieben bis acht Prozentpunkten auf den bundesweiten Durchschnitt. Die geringsten Werte finden sich bei allen untersuchten Haushaltsformen erneut in Bremen (903 Euro bei Alleinstehenden). Diese machen nur 86 bis 87% des gesamtdeutschen Durchschnitts aus. Entsprechend ist die Spannweite der Abweichung vom Bundesdurchschnitt bei den Alleinstehenden am größten von den untersuchten Haushaltstypen (26 versus 21 beziehungsweise 20 Prozentpunkte).

Der Vergleich des Mindestniveaus der Alimentation mit der Armutsgefährdungsschwelle (60% des Medianeinkommens) ergibt, dass das Mindestniveau der Alimentation bei **Alleinstehenden** stets unterhalb der Armutsgefährdungsschwelle liegt. Im besten Fall (Bayern) wird diese noch um 98 Euro unterschritten. Die Auswirkungen der im Ländervergleich höchsten Armutsgefährdungsschwelle werden hier durch die ebenfalls unübertroffen hohen anerkannten Kosten der Unterkunft kompensiert. Mit 169 Euro bleibt Brandenburg am weitesten hinter der 60%-Schwelle zurück. Auch in der Gesamtgesellschaft wiesen Alleinstehende im Jahr 2022 von allen Haushalten den höchsten Anteil armutsgefährdeter Haushalte auf (26,4%, vgl. Statistisches Bundesamt 2024c).

Anders sieht die Situation bei den **Paaren mit zwei Kindern** aus, wo das Mindestniveau der Alimentation in allen Fällen die Armutsgefährdungsschwelle übertrifft. In der Regel bewegt sich der Vorsprung um einen Wert von 300 Euro herum. Die Ausnahmen bilden Schleswig-Holstein und Brandenburg, wo der Vorsprung auf die Armutsgefährdungsschwelle nur 124 beziehungsweise 92 Euro beträgt. Dabei ist jedoch zu beachten, dass bei Paaren mit zwei Kindern zweimal Leistungen für Bildung und Teilhabe in das Mindestniveau der Alimentation einfließen, welche hier mit 95 Euro pro Kind vermutlich zu hoch angesetzt wurden. Tatsächlich müssten die errechneten Werte der Mindestniveaus niedriger ausfallen, was Schleswig-Holstein und vor allem Brandenburg in die Gefahr einer Unterschreitung der Armutsgefährdungsschwelle bringen würde.

Das Mindestniveau der Alimentation der **Alleinerziehenden mit einem Kind** übertrifft die Armutsgefährdungsschwelle ebenfalls in allen Fällen, jedoch sehr viel weniger deutlich. Den größten Abstand weißt Hessen auf (125 Euro), die geringsten Abstände entfallen wieder auf Brandenburg (21 Euro) und Schleswig-Holstein (6 Euro). Der geringe Vorsprung gegenüber der Armutsgefährdungsschwelle verstärkt auch die Problematik, welche sich aus realitätsgerechten Beträgen für Bildung und Teilhabe ergeben würde. In den beiden letztgenannten Fällen wäre sogar eine Unterschreitung der Armutsgefährdungsschwelle wahrscheinlich. Alleinerziehende sind in der Gesamtgesellschaft mit 23,7% der am zweithäufigsten armutsgefährdete Haushaltstyp (vgl. ebenda).

Dass das Mindestniveau der Alimentation nicht in allen Fällen vor einer Armutsgefährdung schützen kann, wirft Fragen nach einer – idealiter systemimmanenten – Korrektur dieser Berechnungsmethode auf. Eine mögliche Korrektur bestünde in der Einbeziehung der einkommensteuerrechtlichen Pauschale für **Werbungskosten** (vgl. hierzu Färber 2018: 234), wie sie auch für Grundsicherungsempfänger*innen gilt: Falls Bezieher*innen von Arbeitslosengeld II im Jahr 2022 über Erwerbseinkommen verfügten, so wurde dies nicht vollständig auf den Bezug der Grundsicherung angerechnet. Dabei wurde zunächst ein Betrag in Höhe von 100 Euro des Erwerbseinkommens von jeglicher Anrechnung freigestellt (vgl. § 11b Abs. 2 SGB II i.d.F. vom 1.7.2021). Dies entsprach genau der monatlichen Höhe des Arbeitnehmerpauschbetrags des Einkommensteuerrechts (vgl. § 9a S. 1 Nr. 1 Buchst. a EStG i.d.F. vom 24.5.2022). Da das Mindestabstandsgebot den Beamt*innen eine Vollzeiterwerbstätigkeit unterstellt, erscheint es logisch, auch diesen Einkommensbestandteil für die Beamt*innen und etwaige erwerbstätige Partner*innen anzusetzen.

Tabelle 59: Höhe des Mindestniveaus der Alimentation inklusive Werbungskosten und der Armutsgefährdungsschwelle deutschlandweit und in ausgewählten Ländern im Mai 2022 (in Euro)

	115% zzgl. WBK	**In % vom Mittelwert**	**AGS**	**Diff. zu AGS**	**115% zzgl. WBK**	**In % vom Mittelwert**	**AGS**	**Diff. zu AGS**
	Alleinstehende				Alleinerziehende, 1 Kind (15 Jahre)			
Deutschland	1.155	100	1.186	-31	1.972	100	1.779	193
Bayern	1.285	111	1.268	17	2.102	107	1.902	200
Brandenburg	1.123	97	1.177	-54	1.902	96	1.766	136
Bremen	1.018	88	1.010	8	1.729	88	1.515	214
Hessen	1.218	105	1.200	18	2.041	103	1.801	240
Sachsen	1.086	94	1.074	12	1.844	94	1.611	233
Schleswig-Holstein	1.167	101	1.175	-8	1.884	96	1.763	121
	Einverdienst-Paar, 2 Kinder (10 u. 15 Jahre)				Doppelverdienst-Paar, 2 Kinder (10 u. 15 Jahre)			
Deutschland	3.114	100	2.727	387	3.229	100	2.727	502
Bayern	3.351	108	2.916	435	3.466	107	2.916	550
Brandenburg	2.915	94	2.708	207	3.030	94	2.708	322
Bremen	2.708	87	2.323	385	2.823	87	2.323	500
Hessen	3.163	102	2.761	402	3.278	102	2.761	517
Sachsen	2.923	94	2.470	453	3.038	94	2.470	568
Schleswig-Holstein	2.942	94	2.703	239	3.057	95	2.703	354

Quelle: SGB XII, Anlage zu § 28; Bundesagentur für Arbeit 2024b; Statistische Ämter des Bundes und der Länder 2024a und eigene Berechnungen.

Tabelle 59 vergleicht das Mindestniveau der Alimentation mit der Armutsgefährdungsschwelle, wobei ersteres um einen Betrag von 115 Euro (115% von 100 Euro Werbungskosten) je erwerbstätiger Person im Haushalt erhöht wurde. Dadurch verringert sich die Spannweite der Länderwerte. Bei den Alleinstehenden beträgt sie nur noch 23 Prozentpunkte des Bundesmittels, bei den Alleinerziehenden sinkt sie auf 19 Prozentpunkte ab. Das bundesdurchschnittliche Mindestniveau der Alimentation läge im Falle der Alleinstehenden zwar immer noch unterhalb der Armutsgefährdungsschwelle, mit 31 Euro fällt der Unterschied jedoch gering aus. Anders als ohne Einbezug der Werbungskosten finden sich nun einige Länder, welche die Armutsgefährdungsschwelle um wenige Euro übertreffen (maximal 18 Euro in Hessen). Bei den Alleinerziehenden existieren nun keine Fälle mehr, welche die Armutsgefährdungsschwelle nur mit wenigen Euro übertreffen. Auch realitätsgerechtere Kosten für Bildung und Teilhabe dürften nun in keinem Fall mehr die Unterschreitung der Armutsgefährdungsschwelle nach sich ziehen.

Für Paare mit zwei Kindern sind abhängig vom Erwerbsumfang der Partner*-innen die Fälle eines Einverdienst- oder Doppelverdienst-Haushalts denkbar. Der bereits große Abstand von der Armutsgefährdungsschwelle dieser Haushaltskonstellation wird durch die Einbeziehung der Werbungskosten noch weiter vergrößert. Am geringsten fällt er noch in Brandenburg aus, wo er unter der Annahme eines Einverdienst-Haushalts dennoch 207 Euro beträgt. Den Höchsten Wert weist der Doppelverdienst-Haushalt in Sachsen auf, wo das Mindestniveau der Alimentation 568 Euro über der Armutsgefährdungsschwelle liegt.

5.7.2 Armutsgefährdete Haushalte in der Stichprobe

Die vorangegangene Untersuchung hat ergeben, dass das Mindestniveau der Alimentation in bestimmten Fällen unterhalb der Armutsgefährdungsschwelle liegt. Von den untersuchten Haushaltstypen ist dies vor allem bei Alleinstehenden der Fall, jedoch ist auch das Mindestniveau der Alimentation der Alleinerziehenden teilweise nur knapp oberhalb der Armutsgefährdungsschwelle zu finden. In letzterem Fall zeigt sich der große Einfluss der regionalen Unterschiede. Derartige modellhafte Kalkulationen können nur mit hohem Aufwand auf alle bestehenden Haushaltstypen ausgedehnt werden. Weiterhin liefern sie keinerlei Hinweise darauf, ob weitere Aspekte ebenfalls eine Unterschreitung der Armutsgefährdungsschwelle begünstigen. Entsprechend müssen andere, empirische Untersuchungsmethoden verwendet werden, um vollumfängliche Ergebnisse zu erhalten und mögliche negative Einflüsse auf den angemessenen Lebensstandard der Beamt*innen zu identifizieren. Entsprechend der Angaben in der Stichprobe erwiesen sich 6,5% der Haushalte als armutsgefährdet. Diese werden im folgenden Abschnitt näher untersucht.

Eine multiple Regression kann alle erhobenen signifikanten Variablen aufführen und deren Effekt auf die abhängige Variable, also die Unterschreitung der Armutsgefährdungsschwelle, quantifizieren. Um eine grobe Eingrenzung der zu prüfenden Variablen zu erhalten, wurde zunächst untersucht, mit welchen Variablen beziehungsweise deren Ausprägungen besonders häufig eine Unterschreitung der Armutsgefährdungsschwelle einherging. Die Ergebnisse finden sich in Abbildung 44.

Ein Wachstum des Haushalts um zusätzliche Personen geht demnach mit einem höheren Anteil armutsgefährdeter Haushalte einher. Dabei ist der Effekt verschiedener **Haushaltsmitglieder** unterschiedlich. Die Armutsgefährdungsquote lag in Haushalten mit und ohne Partner*innen in etwa gleich hoch und wich nur wenig vom Durchschnittswert der gesamten Stichprobe ab. Treten jedoch Kinder und weitere Personen in größerer Zahl hinzu, so steigt die Armutsgefährdungsquote merklich. In den Haushalten mit zwei und mehr Kindern liegt sie bei 16%. In Haushalten mit zwei weiteren Personen sind es 22 und mit drei und mehr weiteren Personen sogar 47%. Kinder und weitere Personen haben bereits in vorherigen Kapiteln ihre mindernden Auswirkungen auf das Äquivalenzeinkommen gezeigt.

Der **Erwerbsumfang** der Beamt*innen und der Partner*innen hängt ebenfalls stark mit der Armutsgefährdungsquote zusammen. Sind die Beamt*innen nicht in Vollzeit tätig, so ist einer von fünf Haushalten armutsgefährdet. In Haushalten mit nichterwerbstätigen Partner*innen liegt der Anteil mit 18% nur geringfügig niedriger. Wenn das Erwerbseinkommen die größte Einnahmequelle des Haushalts darstellt, so wird sich eine Reduktion der Erwerbstätigkeit stark auf dieses auswirken. Die Auswirkungen des Ausbleibens weiterer Einkommensquellen zeigt auch der Umstand, dass in Haushalten, in welchen die **Besoldung 80% und mehr des Haushaltseinkommens** ausmacht, der Anteil armutsgefährdeter Haushalte leicht erhöht ist (8,5%).

Abbildung 44: Anteil der Haushalte unterhalb der Armutsgefährdungsschwelle nach ausgewählten Aspekten

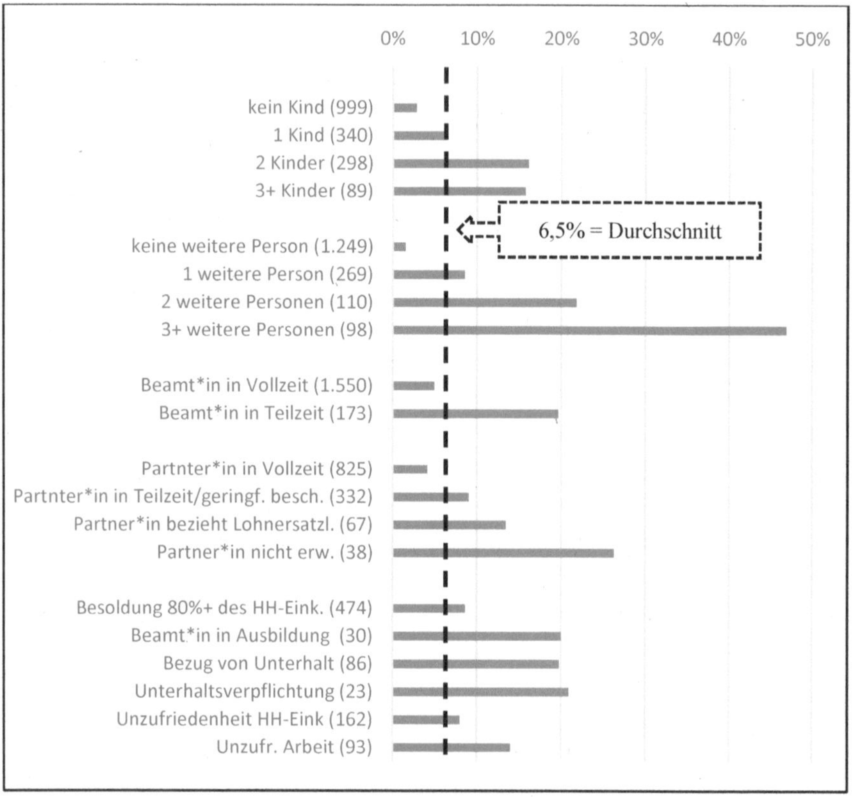

n: in Klammern

Das **Alter** hatte keinen klaren Einfluss auf den Anteil der armutsgefährdeten Haushalte, in den meisten Altersgruppen war die Armutsgefährdungsquote in etwa durchschnittlich hoch. Eine höhere Armutsgefährdungsquote in der Altersgruppe der 40- bis 49-Jährigen (11%) geht auch mit der höchsten mittleren Anzahl an Kindern und weiteren Personen einher (1,3 beziehungsweise 2,9) und kann somit vernachlässigt werden. Auch innerhalb einzelner Besoldungsgruppen zeigten sich keine erhöhten Anteile, jedoch ist jeder fünfte Haushalt von Beamt*innen in **Ausbildung** armutsgefährdet. Deren Bezüge sind geringer und ihr Lebensentwurf ein anderer als derjenige vollausgebildeter Beamt*innen. Anders als der vorherige Abschnitt vermuten ließ, sind mit den von den Befragten angegebenen **Ländern** keine merklichen Veränderungen der Armutsgefährdungsquote verbunden. Ein Fünftel sowohl der Haushalte mit **Unterhaltsbezug** als auch mit **Unterhaltsverpflichtungen** sind armutsgefährdet. In ersterem Falle deutet der Unterhaltsbezug eine finanzielle Bedürftigkeit an, in letzterem Falle ist das Nettoeinkommen durch die Unterhaltsverpflichtungen zusätzlich belastet. Die zu untersuchenden Variablen sind in Tabelle 60 abgebildet.

Methodisch ist bei der Berechnung des statistischen Modells zu beachten, dass die Unterschreitung der Armutsgefährdungsschwelle eine dichotome Variable darstellt: Entweder liegt das angegebene Äquivalenzeinkommen unterhalb dieser Schwelle oder nicht. Durch eine logistische Regression kann der Einfluss unabhängiger Variablen auf eine dichotome abhängige Variable berechnet werden (vgl. Diaz-Bone 2018: 235). Die entsprechende Hypothese der logistischen Regression lautet somit:

$$P_{AGS} = \frac{1}{1 + e^{-(\beta_0+\beta_1 x_1+\beta_2 x_2+\beta_3 x_3+\beta_4 x_4+\beta_5 x_5+\beta_6 x_6+\beta_7 x_7+\beta_8 x_8+\varepsilon)}}$$

Einschränkend ist festzustellen, dass der Anteil der Haushalte unterhalb der Armutsgefährdungsschwelle mit 6,5% für die Durchführung einer logistischen Regression recht niedrig liegt (vgl. ebenda: 236). Anders als bei einer linearen Regression lassen sich aus den errechneten Regressionskoeffizienten keine unmittelbaren Rückschlüsse des Effekts der unabhängigen auf die abhängige Variable ziehen. Stattdessen ist der Effektkoeffizient (Exp(B)) zu interpretieren. Dieser gibt den Einfluss auf die Wahrscheinlichkeit an, dass die abhängige Variable statt des Werts 0 den Wert 1 annimmt, im vorliegenden Fall also, dass die Armutsgefährdungsschwelle unterschritten wird. Wächst eine unabhängige Variable um 1, so verändert sich die Wahrscheinlichkeit einer Unterschreitung der Armutsgefährdungsschwelle um den vom Effektkoeffizienten angegebenen Faktor. Werte größer 1 bedeuten folglich eine zunehmende, Werte kleiner 1 eine abnehmende Wahrscheinlichkeit (vgl. Diaz-Bone 2018: 241).

Das abgebildete **Modell** findet sich in Tabelle 60. Die Kodierung der Variablen kann Anhang kann Anhang 3 entnommen werden. Das Modell sagt 95,6% der Werte korrekt voraus. Das Cox & Snell R^2 liegt bei 0,173 von maximal 0,75, Nagelkerkes R^2 bei 0,462 von 1. Anders als bei einer linearen Regression geben diese „Pseudo"-R^2-Werte nicht an, welcher Anteil der Varianz der abhängigen Variable durch die Varianz unabhängiger Variablen erklärt wird. Stattdessen wird dem errechneten Modell zu Vergleichszwecken das sogenannte Null-Modell gegenübergestellt, welches die abhängige Variable ohne Berücksichtigung der unabhängigen Variablen schätzt. Die Pseudo-R^2-Werte geben an, wie groß die Verbesserung ausfällt, welche das Modell gegenüber dem Null-Modell erbringt (vgl. ebenda: 248). Die Anpassungsverbesserung durch das Modell kann folglich als gut bezeichnet werden. Die ausgegebenen Signifikanzen liegen mit Ausnahme der Variablen zum Bezug beziehungsweise der Zahlung von Unterhaltsleistungen unterhalb des Signifikanzniveaus von 5%, was signifikante Testresultate der entsprechenden Variablen bedeutet. Die Ergebnisse des Wald-Tests liegen auch bei allen außer den genannten beiden Variablen oberhalb des Rückweisungswertes von 3,841 (vgl. ebenda: 255).

Tabelle 60: Logistische Regression zur Unterschreitung der Armutsgefährdungsschwelle von 60% des Medianeinkommens (SPSS-Output)

		Regr.-koeff.B	Standard-fehler	Wald	df	Sig.	Exp(B)	95% Konf.intervall f. EXP(B)	
								Unterer Wert	Oberer Wert
X_1	Anzahl Kinder	0,544	0,129	17,734	1	0,000	1,723	1,338	2,220
X_2	Anzahl weiterer Personen	1,321	0,109	147,630	1	0,000	3,748	3,029	4,638
X_3	Beamt*in in Vollzeit	-1,775	0,356	24,879	1	0,000	0,169	0,084	0,340
X_4	Partner*innen in Vollzeit	-1,056	0,359	8,662	1	0,003	0,348	0,172	0,703
X_5	Besoldung mind. 80%+ d. HH-Eink?	1,164	0,322	13,056	1	0,000	3,203	1,703	6,023
X_6	Beamt*in in Ausbildung	1,863	0,649	8,249	1	0,004	6,443	1,807	22,972
X_7	Unterhaltsbezug	0,607	0,407	2,223	1	0,136	1,834	0,826	4,073
X_8	Unterhalts-leistung	0,003	0,121	0,001	1	0,982	1,003	0,791	1,272
	Konstante	-3,321	0,451	54,297	1	0,000	0,036		

n = 1.650

Von den signifikanten Variablen erhöhte ein Ausbildungsverhältnis der Beamt*innen die Wahrscheinlichkeit, dass die Armutsgefährdungsschwelle unterschritten wird, am stärksten. Der Effektkoeffizient (Exp(B)) liegt bei 6,4. Haushalte, deren Einkommen zu 80% oder mehr aus der Besoldung besteht, haben eine um den Faktor 3,2 höhere Chance armutsgefährdet zu sein. In ähnlicher Höhe bewegt sich der Effekt, welcher mit jeder einzelnen weiteren Person im Haushalt einhergeht (Faktor 3,7). Kinder erhöhen die Wahrscheinlichkeit der Armutsgefährdung mit einem Faktor von 1,7 nur in geringerem Ausmaß. Durch die Vollzeittätigkeit der Befragten und ihrer Partner*innen wird die Unterschreitung der Armutsgefährdungsschwelle dagegen unwahrscheinlicher. Im Falle der Partner*innen beträgt der Effektkoeffizient 0,169, was einem Faktor von 2,9 entspricht. Sind die Beamt*innen selbst in Vollzeit tätig, nimmt die Wahrscheinlichkeit einer Unterschreitung der Armutsgefährdungsschwelle sogar um den Faktor 5,9 ab (Exp(B) = 0,348).

5.8 Zusammenfassung der Einkommenssituation der untersuchten Haushalte

Die Auswertung der erhobenen Daten hat zentrale Erkenntnisse im Hinblick auf die zweite Forschungsfrage ergeben, nämlich bezüglich

- der Haushaltstypen in der untersuchten Gruppe,
- der Höhe und Herkunft des Erwerbseinkommens dieser Haushalte,
- der Höhe und dem Zweck, für welche dieses Einkommen verwendet wird, vor allem für solche Ausgabenarten, die zu den Lebensgrundlagen von Haushalten zählen oder für ihre Erwerbstätigkeit fundamental sind und
- eines möglichen Armutsgefährdungsrisikos für Beamtenhaushalte.

Die Ergebnisse werden im nachfolgenden Abschnitt zusammengefasst.

Haushaltsstruktur

Die Analyse der Haushaltstypen in der Gruppe der Beamt*innen in den unteren Besoldungsgruppen offenbart, dass ein großer Teil der Haushalte (69%) auf **„klassische" Haushaltstypen** entfällt:

- 16% sind **Alleinstehende** und wohnen allein. Nach Abzug derjenigen Befragten, welche Unterhaltsverpflichtungen nachkommen, also noch wirtschaftliche Verbindungen zu einem anderen Haushalt aufweisen, bleibt ein Anteil von 15% der Befragten der gesamten Stichprobe, welcher gänzlich alleine wohnt und wirtschaftet. In den übrigen 85% der Fälle besteht eine wirtschaftliche Verbindung mit anderen Personen, welche somit die wirtschaftliche Situation der Beamt*innen beeinflussen.
- 53% der Haushalte sind **Paarhaushalte**: 25% sind Paare ohne Kinder und 28% Paare mit Kindern. Hierunter fallen allerdings auch nichteheliche Lebensgemeinschaften, welche nicht den ehelichen Partnerschaften gleichgestellt sind, aber in Teilen des Sozialrechts bereits als Solidargemeinschaft mit gegenseitiger Beistandspflicht angesehen werden (vgl. § 7 Abs. 3 SGB II). Kinderreiche Familien (ab drei Kindern, ohne weitere Personen), machen 124 Fälle, ergo einen Anteil von 3,8% aus.

Im Umkehrschluss entfällt knapp ein Drittel der Fälle auf „atypische" Haushaltskonstellationen, welche die Heterogenität der untersuchten Gruppe ausmachen.

- Zum einen sind dies (fast ausschließlich weibliche) **Alleinerziehende** mit einem Anteil von 4,2%. 2,1% leben ausschließlich mit ihren Kindern, weitere 2,1% mit weiteren Personen zusammen.
- Zum anderen sind dies Haushalte, in denen – neben den Befragten, deren Partner*innen und Kindern – Personen leben, welche im Rahmen dieser Umfrage als **weitere Personen** zusammengefasst sind. Mit 31% sind dies fast ein Drittel der Haushalte. Der Anteil der Haushalte mit weiteren **verwandten** Personen beläuft sich auf 21%, war also fast doppelt so hoch wie der Anteil der Haushalte mit **nicht-verwandten** Personen (11%). Wohngemeinschaften, welche regelmäßig nur aus den Befragten und weiteren nicht-verwandten Personen bestehen dürften, machen nur 0,7% der Stichprobe aus. Die genaue Beziehung dieser Personen zu den Befragten ist auf Basis der Umfrage nicht ermittelbar.
- Weiterhin finden sich bestimmte Haushaltstypen mit höherer Wahrscheinlichkeit in bestimmten **Altersgruppen**. Jedoch gibt es kaum eine Kombination von Haushaltstyp und Altersgruppe, welche in der Stichprobe nicht vorkommt.
- Auch die **Größe der Haushalte** ist in der überwiegenden Zahl an Fällen überschaubar, jedoch sind Extremfälle durchaus vorhanden. Vier und mehr Kinder leben in 1,0% der Haushalte, vier und mehr weitere Personen im Haushalt gaben 2,2% der Befragten an. In 3,6% der Fälle leben die befragten Beamt*innen in Haushalten mit sieben und mehr Personen zusammen.

Obgleich die meisten Beamt*innen in den unteren Besoldungsgruppen in „klassischen" Haushaltskonstellationen leben, existieren doch auch viele „Ausreißer" in mannigfaltigen Formen. Die weiteren Personen tragen nicht nur zahlenmäßig am stärksten zu dieser Heterogenität bei. Unter die „weiteren Personen" kann eine Vielzahl von Haushaltsmitgliedern fallen, welche zu den Befragten in unterschiedlichen Beziehungen stehen können und deren Einfluss auf die wirtschaftliche Situation des Haushalts ebenfalls nicht klar benannt werden kann.

Erwerbsbeteiligung

Innerhalb der Haushalte der Beamt*innen in den unteren Besoldungsgruppen ist die **Erwerbsbeteiligung** stark ausgeprägt. Lediglich 2,8% der Paarhaushalte verfügt über nur ein Einkommen. Dies entspricht 2% aller erhobenen Fälle. Sowohl die Beamt*innen selbst als auch ihre Partner*innen sind grundsätzlich meist in Vollzeit tätig. Vor allem mit zunehmender Kinderzahl setzt jedoch eine Reduktion der Erwerbstätigkeit ein. Diese wird fast ausschließlich von Frauen vorgenommen.

Dennoch wird die Erwerbstätigkeit nur in den wenigsten Fällen gänzlich aufgegeben, stattdessen sind die entsprechenden Partner*innen in Teilzeit tätig. Gänzlich **nichterwerbstätige Partner*innen** finden sich nur in knapp 9% der Fälle. Allerdings ist der Bezug von **Lohnersatzleistungen** zu berücksichtigen, welcher den vorübergehenden Charakter der Nichterwerbstätigkeit bedeutet (45% der Paare mit Kindern beziehen Mutterschafts- beziehungsweise Elterngeld) oder aber im Falle von Alterssicherungsleistungen (25% aller Paarhaushalte) auf den bereits erfolgten Ruhestandseintritt der Partner*innen hindeutet. Die Nichterwerbstätigkeit der Partner*innen steht folglich in etwa der Hälfte der Fälle in engem zeitlichem Zusammenhang mit der Geburt eines Kindes (der abgefragte Zeitraum umfasste das Jahr vor der Datenerhebung) und ist somit meist auf Mutterschutz- oder Elternzeiten zurückzuführen. Der Anteil langfristig angelegter Einverdienst-Partnerschaften wird auch durch den Bezug weiterer Lohnersatzleistungen weiter gesenkt.

Neben der stark ausgeprägten Erwerbstätigkeit gehen die Befragten auffällig oft **Nebentätigkeiten** nach: Ohne Kinder trifft dies auf rund ein Viertel der Befragten, mit Kindern im Haushalt oder Unterhaltsverpflichtungen auf knapp ein Drittel zu. In der Gesamtgesellschaft liegt der Anteil der Erwerbstätigen mit vergleichbarem Haushaltseinkommen und mehr als einer Erwerbstätigkeit bei 7%. Die erhöhte Nebentätigkeitsquote der Beamt*innen in den unteren Besoldungsgruppen zieht sich durch alle Alters- und Besoldungsgruppen. Männliche Befragte üben öfter Nebentätigkeiten aus als weibliche, Befragte in Teilzeit ein wenig seltener als Befragte in Vollzeit.

Neben der leicht erhöhten Nebentätigkeitsquote der Haushalte mit Kindern beziehungsweise Unterhaltsverpflichtungen, ist auch die Unzufriedenheit mit der Besoldung bei Befragten mit Nebentätigkeit stärker ausgeprägt. Hiervon lässt sich jedoch nicht auf vornehmlich finanzielle Motive der Beamt*innen mit Nebentätigkeit schließen. Als Nebentätigkeiten wurden auch finanziell vergütete Ehrenämter erhoben, welche in der Regel nicht ob des finanziellen Mehrwerts ausgeübt werden. Zudem können neben finanziellen Erwägungen auch andere Gründe wie Spaß an der Arbeit Grund zur Aufnahme einer Nebentätigkeit sein (vgl. Klinger/Weber 2017: 1).

Die Erwerbsneigung der untersuchten Gruppe ist hoch. In ausgesprochen hohem Umfang üben die Beamt*innen neben ihrem Dienst zusätzlich finanziell vergütete Nebentätigkeiten aus. Ihre Partner*innen sind ebenfalls meist erwerbstätig. Sollte dennoch eine Nichterwerbstätigkeit vorliegen, ist diese oftmals auf besondere Umstände wie Elternzeit oder Ruhestand zurückzuführen.

Einkommen der Haushalte der Beamt*innen in den unteren Besoldungsgruppen

Durch die erhobenen Daten wurde empirisch bestätigt, dass die Haushalte der Beamt*innen in den unteren Besoldungsgruppen in den meisten Fällen über ein **relativ hohes Haushaltseinkommen** verfügen, welches sie vor prekären Verhältnissen schützt. Sozial- oder sonstige staatliche Leistungen werden von den Beamtenhaushalten nur in seltenen Fällen bezogen. Es ist davon auszugehen, dass dabei der Bezug der Leistungen nicht auf die Beamt*innen zurückging. Ausnahme wäre der Bezug von Wohngeld (hierzu sogleich).

Die Paarhaushalte profitieren von der hohen Erwerbsneigung der untersuchten Gruppe. So können sie in den meisten Fällen (97%) auf ein zweites Einkommen der Partner*innen zurückgreifen. 26% der Fälle sind sogar Doppelverdiener-Haushalte, welche obendrein Einkommen aus einer Nebentätigkeit der Beamt*innen aufweisen. Entsprechend macht die Besoldung nur selten den Großteil der Haushaltseinkommen der Paare aus. Bei 38% der Paarhaushalte liegt dieser bei etwa 50%. Bei den Alleinstehenden können manche junge Beamt*innen vom Wohnen im Haushalt der Eltern oder anderer Verwandter profitieren.

Es konnte nachgewiesen werden, dass – obwohl der Mindestabstand zum sozialhilferechtlichen Existenzminimum eingehalten wird – manche Beamtenhaushalte **armutsgefährdet** sein können. Von den untersuchten Haushalten, welche alle zur entsprechenden Prüfung notwendigen Angaben getätigt haben, galten 6,5% als armutsgefährdet. Dabei wächst die Wahrscheinlichkeit einer Armutsgefährdung mit dem angegebenen Anteil, welchen die Besoldung am Haushaltseinkommen ausmacht. Generell ergaben sich bei den folgenden Haushaltstypen Probleme.

- Bei den meisten (92%) **Alleinstehenden** stellt die Besoldung den Großteil des Haushaltseinkommens dar (80% und mehr). Durch modellhafte Kalkulationen wurde nachgewiesen, dass das Mindestabstandsgebot die Alleinstehenden theoretisch in keiner der ausgewählten Besoldungsordnungen vor einer Armutsgefährdung schützen könnte. Anders als Verheiratete oder Beamt*innen mit Kindern, welche an der Untergrenze der Besoldungsordnung noch von den festen Beträgen des Familienzuschlags profitieren, erhalten die Alleinstehenden lediglich die Grundbesoldung.

Außerdem verfügt ihr Haushalt nur über einen einzigen Grundfreibetrag, welcher sich begünstigend auf ihre Steuerlast auswirkt.

- Die Besoldung der untersuchten **Alleinerziehenden** macht meist einen Großteil des Haushaltseinkommens aus. Entsprechend viele dieser Beamt*innen sind somit in Vollzeit tätig – trotz ihrer besonderen Situation sind es zwei von drei Befragten. Ein Drittel der Befragten in Teilzeit stellt dennoch die höchste Teilzeitquote aller untersuchten Haushaltstypen dar. Ein möglicher Grund könnte der Mangel an Betreuungsplätzen sein, welcher trotzt des Ausbaus entsprechender Kapazitäten noch besteht (Geis-Thöne 2024: 15). Aufgrund der hohen Abhängigkeit von der Besoldung, welche bei Haushalten mit Unterhaltsbezug sogar noch stärker ausgeprägt ist (vgl. Abbildung 18, Seite 145), fällt die Verringerung des Haushaltseinkommens entsprechend stark aus. Die Reduzierung des Stellenumfangs kann auch nicht durch den Familienzuschlag oder die geringere Besteuerung des Einkommens ausgeglichen werden. Anders als bei Angestellten müssen Beamt*innen in Teilzeit nach wie vor die vollen Beiträge zur privaten Kranken- und Pflegeversicherung zahlen. Das Äquivalenzeinkommen der Alleinerziehenden ist das geringste unter allen Haushaltstypen. Aufgrund der geringen Fallzahl der Alleinerziehenden, sind diese Befunde nur als Tendenzen zu verstehen.
- In den meisten Fällen war mit Zunahme der Zahl **weiterer Personen** eine Abnahme des Äquivalenzeinkommens zu beobachten, was auf entsprechend geringes Einkommen der weiteren Personen schließen lässt. Zu denken wäre etwa an Kinder im jungen Erwachsenenalter in beruflicher Ausbildung beziehungsweise am Anfang ihres Berufslebens oder Eltern der Befragten, welche bereits im Ruhestand sind.

Die Gruppe der Haushalte, welche den Bezug von **Wohngeld** angaben, ist nicht groß (0,4%). Die Alimentation – gegebenenfalls im Verbund mit weiteren Einkommen – scheint eine entsprechende Bedürftigkeit in den meisten Fällen verhindern zu können. Doch auch dieser Befund ist von Interesse, da bei der Berechnung des Anspruchs auf Wohngeld das Einkommen aller Haushaltsmitglieder miteinbezogen wird, also die (Familien-)Alimentation – zumindest in der überwiegenden Zahl der Fälle (7 von 13), in welchen keine weiteren Personen im Haushalt leben – mit Sicherheit nicht ausreichte, um eine Bedürftigkeit im Sinne des Wohngeldgesetzes abzuwenden.

91% der Haushalte geben an, **Urlaubsreisen** anzutreten, wobei umso mehr Haushalte in den abgefragten Intervallen vertreten sind, je höher die angegebenen Ausgaben liegen. Bei Paaren sowohl mit Kindern als auch ohne Kinder gab es kaum Abweichungen der entsprechenden Ausgaben, obgleich in letzteren Haushalten die Teilzeitquote stärker ausgeprägt ist. Ob die 9% der Haushalte ohne Urlaubsreisen aus finanziellen Gründen darauf verzichten, kann nicht geklärt werden. Wenngleich dieses Verhalten im Laufe der Untersuchung bei Haushalten mit finanziell angespannter Lage verstärkt auftrat, kann es auch andere, im Lebensstil der Befragten angelegte Gründe hierfür geben. Entsprechend kann festgehalten werden, dass sich die Ausgaben der Haushalte für Urlaubsreisen nicht als Indikator für die wirtschaftliche Situation eignen.

Die Beamt*innen in den unteren Besoldungsgruppen verfügen in den meisten Fällen über ein relativ hohes Einkommen und können sich Urlaubsreisen leisten. Dies gilt vor allem für Paarhaushalte, welche in den meisten Fällen über zwei Einkommen, teilweise sogar zusätzlich noch Einnahmen aus Nebentätigkeiten verfügen. Finanzielle Probleme ließen sich – falls überhaupt – eher bei Alleinerziehenden und Haushalten mit weiteren Personen ausmachen.

Besondere Aspekte der Ausgabenseite

Die Untersuchung der Ausgabenstruktur ergab, dass die befragten Haushalte relativ hohe Ausgaben fürs Wohnen tätigen. So gaben 29% der Ein-Personen-Haushalte monatliche **Ausgaben fürs Wohnen** im vierstelligen Bereich an, was bei den Netto-Gehältern in der untersuchten Gruppe eine große Belastung darstellt. Der hohe Anteil an alleinstehenden Befragten mit weiteren Personen, denen keine Ausgaben für Miete entstehen (32%), wird vielerlei Gründe haben. Ein Motiv könnte darin bestehen, keine hohen Ausgaben fürs Wohnen decken zu müssen. Wenngleich die in der Befragung erhobenen Werte aufgrund der zum Erhebungszeitpunkt obwaltenden Energiepreiskrise und möglicherweise strategischer oder ungenauer Antworten zu hoch ausgefallen sein dürften, deuten sich hier finanzielle Probleme für die Beamt*innen in den unteren Besoldungsgruppen an. Die Ausgaben für den Arbeitsweg fielen mitunter recht hoch aus – 42% der alleinstehenden Beamt*innen zahlen monatlich 150 Euro oder mehr –, jedoch ließ sich kein Zusammenhang mit den Ausgaben fürs Wohnen erkennen.

In 15,5% der Fälle der Stichprobe lagen **Unterhaltsverpflichtungen** vor, in wenigen Fällen (9% der Unterhaltszahler*innen) wurden diese mit 1.000 Euro monatlich und mehr angegeben. Besonders hart davon getroffen sind diejenigen Befragten, welche über keine erwerbstätigen Partner*innen verfügen, also Alleinstehende (7% mit Unterhaltsverpflichtungen) und Alleinerziehende (36% mit Unterhaltsverpflichtungen). Mit den durchschnittlichen Haushaltsnettoeinkommen der untersuchten Gruppe müssen Unterhaltsverpflichtungen von 1.000 Euro und mehr eine immense Belastung darstellen, zumal nach einer Scheidung in der Regel keine Kostenersparnisse durch gemeinsam genutzten Wohnraum mehr realisiert werden können.

Hohe Ausgaben fürs Wohnen können von den meisten Haushalten bewältigt werden. In einer geringen Zahl von Fällen, welche zu klein für repräsentative Aussagen ist, wurde jedoch der Bezug von Wohngeld angegeben. Der Anspruch bezieht sich damit – im Kontext des gesamten Haushalts – auch auf die Beamt*innen. Ebenfalls können Unterhaltsverpflichtungen Herausforderungen darstellen, aber nur wenn Haushalte besonders hohe Unterhaltsverpflichtung erbringen müssen und nicht über ein zweites Einkommen durch etwaige Partner*innen verfügen.

Zufriedenheitswerte

Die Zufriedenheit mit der Besoldung erwies sich in der untersuchten Gruppe als überwiegend schlecht. Knapp die Hälfte der Befragten zeigte sich gänzlich unzufrieden mit ihrer Besoldung im Hinblick auf deren Beitrag zum Haushaltseinkommen, bezogen auf die verrichtete Tätigkeit waren es sogar zwei von drei Befragten. Diese Werte wurden in einem Kontext erhoben, in welchem Beamtenverbände die aus ihrer Sicht zu geringe Alimentation von Beamt*innen mit Kindern kritisierten und bereits zahlreiche Widersprüche gegen die aktuellen Bezügemitteilungen eingelegt wurden. Die hohe gemessene Unzufriedenheit deckt sich mit dem Befund, dass auch die Unzufriedenheit mit anderen Aspekten des Dienstverhältnisses mit abnehmender Besoldungsgruppe wächst.

Wenngleich sich auf den ersten Blick plausible Zusammenhänge erhobener Daten mit dem Grad der Zufriedenheit fanden (Kinderzahl, Besoldungsgruppe, das Vorliegen von Nebentätigkeiten, der Erwerbsumfang der Partner*innen, Anteil der Besoldung am Haushaltseinkommen und Alter der Befragten), konnten multivariate Schätzmodelle keine zufriedenstellende Erklärungskraft erreichen. Der Verdacht liegt nahe, dass nicht erhobene Variablen einen stärkeren Einfluss auf die Zufriedenheit ausüben.

Anders als es die relativ gute Einkommenssituation der meisten Haushalte vermuten lassen würde, ist die Unzufriedenheit mit der Besoldung in der untersuchten Gruppe stark ausgeprägt. Der Beitrag der Besoldung zum Haushaltseinkommen, welches nicht selten durch weitere Einkommen von Partner*innen ergänzt wird, wird dabei nicht ganz so schlecht eingeschätzt, wie es mit der Besoldung in Bezug auf die verrichtete Tätigkeit der Fall ist.

Ergebnisse in Bezug auf die Forschungsfragen

Die untersuchte Gruppe ist durch eine **große Heterogenität hinsichtlich der Haushaltsstruktur** gekennzeichnet. Zwar entsprechen große Teile den „klassischen" Konstellationen, jedoch existiert auch eine nicht geringe Zahl „atypischer" Haushalte: So finden sich Haushalte mit sieben und mehr Personen in der Stichprobe. In fast einem Drittel der untersuchten Haushalte leben weitere Personen, deren Beziehung zu den anderen Haushaltsmitgliedern und das Ausmaß ihrer finanziellen Integration in den Haushalt sich nicht näher bestimmen lässt. Der gesellschaftliche Wertewandel und die Akzeptanz weiterer Modelle des (partnerschaftlichen) Zusammenlebens wie Alleinerziehende und sogenannte Patchwork-Familien scheinen sich somit auch auf die Gruppe der Beamt*innen in den unteren Besoldungsgruppen auszuwirken.

Auch bezüglich der **Erwerbsbeteiligung in Partnerschaften** folgt die untersuchte Gruppe dem gesellschaftlichen Trend: Anders als noch zu Beginn der 1970er Jahre geben weibliche Befragte oder die Partner*innen männlicher Befragter mit Kindern ihre Berufstätigkeit nicht (gänzlich) auf, sondern reduzieren sie des Öfteren nur. Allenfalls ist eine kurzzeitige Unterbrechung der Erwerbstätigkeit die Regel, welche meistens mit dem Bezug von Elterngeld einhergeht. Die Beibehaltung der Erwerbstätigkeit dürfte auch durch den in den letzten Jahrzehnten intensivierten Ausbau der institutionellen Kinderbetreuung begünstigt worden sein.

Wie in der Gesamtgesellschaft sind auch in der Gruppe der Beamt*innen in den unteren Besoldungsgruppen traditionelle Geschlechterrollen jedoch nicht verschwunden. Männliche Befragte beziehungsweise die Partner*innen von weiblichen Befragten nehmen in Haushalten mit Kindern nur sehr selten eine Reduzierung ihrer Arbeitszeit vor. Dies deutet darauf hin, dass die Kinderbetreuung in diesen Haushalten stärker den Frauen zugewiesen wird. Auch deutschlandweit entfällt in der Gruppe aller Beamt*innen in den unteren Besoldungsgruppen der Großteil der Dienstverhältnisse in Teilzeit auf Frauen.

Die **Erwerbsbeteiligung** der untersuchten Gruppe ist hoch. Die meisten Partner*innen sind in Vollzeit tätig, gleiches gilt für die Beamt*innen selbst. Selbst die Alleinerziehenden sind trotz ihrer besonderen Situation zu zwei Dritteln in Vollzeit tätig. Die Erwerbsbeteiligung liegt darüber hinaus höher als in der Gesamtgesellschaft. Im Jahr 2022 waren 93% der Väter und 84% der Mütter minderjähriger Kinder erwerbstätig (vgl. Statistisches Bundesamt 2023a). Bei den Partner*innen der Befragten mit Kindern im Haushalt – denn nur die Partner*innen können qua Stichprobenzuschnitt auch nichterwerbstätig sein – liegen diese Werte mit 98% (Männer) und 87% (Frauen) noch einmal leicht höher. Die hohe Erwerbsneigung drückt sich auch in einer hohen Nebentätigkeitsquote der Beamt*innen aus (31%), welche den entsprechenden Wert der gesamtgesellschaftlichen Vergleichsgruppe (7%) weit übertrifft (vgl. Sozio-oekonomisches Panel 2022). Diese verschiedenen Quellen des Erwerbseinkommens vergrößern die Heterogenität der Gruppe weiter.

Durch ihre hohe Erwerbsbeteiligung erarbeiten sich die untersuchten Haushalte einen erkennbaren Lebensstandard: Die Haushalte befinden sich in einer guten wirtschaftlichen Situation, sie treten regelmäßig Urlaubsreisen an. Die Mehrzahl der untersuchten Haushalte ist entsprechend vor einem Bezug von Sozialleistungen geschützt. Beamt*innen mit einer niedrigeren Besoldung werden allerdings durch das besondere **Gesundheitsversorgungssystem der Beihilfe** belastet, da unabhängig von der Besoldung ein fester Betrag für die private Kranken- und Pflegeversicherung zu zahlen ist. Die pauschale Beihilfe, welche derartige Probleme verhindern würde, gilt erst in einigen Ländern. Sofern sonstige Härtefallregelungen der Dienstherren bestehen, sind diese nur begrenzt wirksam.

In Einzelfällen erhalten Beamtenhaushalte allgemein gewährte staatliche Leistungen, was sicherlich auch auf das Anwachsen sozialstaatlicher Leistungen in den letzten Jahrzehnten zurückzuführen ist. Dass Leistungen ausdrücklich auch an Beamt*innen gezahlt werden, ist vermutlich nur im Falle des **Wohngeldes** gegeben, welches sich auf den gesamten Haushalt bezieht. Mit 0,7% Anteil an Haushalten mit Wohngeldbezug, bleibt die untersuchte Gruppe allerdings deutlich hinter dem Anteil der Gesamtgesellschaft zurück (1,6%, vgl. Statistisches Bundesamt 2023f).

Die **Armutsgefährdungsquote** in der Stichprobe liegt lediglich bei 6,5% der Haushalte. Dies ist ein geringerer Wert als in der erwerbstätigen Gesamtbevölkerung (7,2%, Statistisches Bundesamt 2025). Bei einem Vergleich der haushaltsgrößenspezifischen Armutsgefährdungsschwelle mit dem sozialrechtlich definierten Mindestniveau der Alimentation im Jahr 2022 fällt allerdings auf, dass vor allem alleinstehende Beamt*innen zu Beginn ihres Dienstverhältnisses in allen untersuchten Besoldungsordnungen die Armutsgefährdungsschwelle unterschreiten. Alleinerziehende Beamt*innen mit einem Kind können diese dagegen meist leicht, verheiratete Beamt*innen mit zwei Kindern sogar deutlich übertreffen. Die Berechnung des sozialrechtlich abgegrenzten Mindestniveaus der Alimentation weist also im Vergleich mit dem international anerkannten Maßstab der Armutsgefährdungsschwelle eine Dysbalance zugunsten der Haushalte mit Kindern auf. Die Besoldung von Alleinstehenden fällt hingegen zu niedrig aus!

6. Reformvorschläge und Fortentwicklungsbedarf der Auslegung des Alimentationsprinzips

Die Untersuchung ergibt überwiegend relativ hohe Haushaltseinkommen. Dies ist auf die hohe Erwerbsbeteiligung der Beamt*innen selbst – auch im Hinblick auf Nebentätigkeiten – und die fast vollständig vorhandene Erwerbstätigkeit etwaiger Partner*innen zurückzuführen. Soweit letztere nicht erwerbstätig sind, beziehen sie meist Lohnersatzleistungen. In der Stichprobe liegen jedoch auch einige „Mangelfälle" vor, welche auch ein höheres Armutsgefährdungsrisiko aufweisen. Dabei handelt es sich um Haushalte von Alleinerziehenden und um Alleinstehende in Ausbildung oder mit hohen Unterhaltsverpflichtungen. Gleiches gilt für größere Haushalte und jene Fälle, in welchen die Beamt*innen beziehungsweise ihre Partner*innen ihre Erwerbstätigkeit reduzieren.

Dieser relativ guten wirtschaftlichen Situation der meisten Beamtenhaushalte in den unteren Besoldungsgruppen stehen in den letzten Jahren zunehmende Reformen der Besoldungsordnungen gegenüber, welche über Familien- oder andere Ergänzungszuschläge vor allem Beamt*innen mit Kindern finanziell deutlich besserstellen. Weiterhin wurden zunehmend untere Besoldungsgruppen abgeschafft und die entsprechenden Beamt*innen in höhere Besoldungsgruppen übergeleitet. Eine allgemeine Besoldungserhöhung zur Einhaltung des Mindestabstandsgebots wurde – dem Vernehmen nach – aus haushalterischen Gründen nicht durchgeführt. Partnereinkommen werden nicht oder nur in viel zu geringem Umfang angerechnet (vgl. Landesregierung Nordrhein-Westfalen 2024). Probleme mit zu stark ausgebauter Alimentation von Familien werden mittlerweile nicht nur in der Wissenschaft (vgl. Färber 2025: 19), sondern auch in den Berufsverbänden (vgl. Deutscher Gewerkschaftsbund 2023: 18f) gesehen.

Vor diesem Hintergrund der vielschichtigen, aber in großen Teilen guten wirtschaftlichen Situation der Beamtenhaushalte in den unteren Besoldungsgruppen und der genannten, wenig nachhaltigen Reformbemühungen ergibt sich einiger Änderungsbedarf in den Besoldungssystemen, der im nächsten Unterabschnitt (6.1) umrissen wird. Anschließend wird reflektiert, ob sich aus den empirischen Befunden einerseits und den notwendigen Veränderungen andererseits auch eine „Fortentwicklung" der Auslegung des Alimentationsprinzips ergeben sollte oder gar müsste (6.2).

6.1 Reformvorschläge

Angesichts der oben genannten Befunde ergeben sich verschiedenste Reformmaßnahmen, die sich in vier Bereiche einteilen lassen:

- Veränderungen bei der Berechnung des für das Mindestniveau der Alimentation relevanten sozialhilferechtlichen Existenzminimums
- Weitgehende Abschaffung der Familienzuschläge
- Neuausrichtung leistungsunabhängiger Zuschläge auf eng definierte „Mangelfälle"
- Allgemeine Anhebung der Grundbesoldung

Ad 1: Neubestimmung des Mindestniveaus der Alimentation

Derzeit leitet sich die Mindestalimentation aus der Gegenüberstellung zweier Bezugsgrößen ab: Dies sind einerseits die Leistungen der Grundsicherung beziehungsweise des Bürgergeldes mit einem Aufschlag von 15% und andererseits die Berechnungen eines fiktiven Haushaltsnettoeinkommens, welches ausschließlich aus der Besoldung besteht. Hier sind verschiedene Änderungen erforderlich:

Grundsätzlich sollte neben der Besoldung eine **Anrechnung aller Erwerbseinkommen** des Haushalts erfolgen. Bei den Beamt*innen selbst gilt dies für die verhältnismäßig oft ausgeübten finanziell vergüteten Nebentätigkeiten. Die meisten Paar-Haushalte bezogen neben der Besoldung auch Einkommen der Partner*innen. Die Erwerbseinkommen der Ehepartner*innen sollten vollumfänglich angerechnet werden. Zu prüfen wäre, ob auch Einkünfte unverheirateter Partner*innen berücksichtig werden sollten (vgl. § 9 Abs. 2 i.V.m. § 7 Abs. 3 SGB II) oder dies beispielsweise nur gelten soll, wenn auch Kinder im gemeinsamen Haushalt leben.

Die pauschale Annahme eines Partnereinkommens in Höhe der Geringfügigkeitsgrenze, wie sie in manchen Ländern aktuell vollzogen wird (vgl. Färber 2025: 17), greift hingegen zu kurz. Geringfügige Beschäftigungen wiesen nur 2,5% aller erwerbstätigen Partner*innen in der Stichprobe auf, die weitaus meisten waren in Vollzeit tätig. Dementsprechend dürfte selbst die Annahme eines Verdienstes in Höhe der Grenze zur Beihilfeberechtigung für Ehepartner*innen nicht ausreichen, wie sie in Bayern Anwendung findet (vgl. Staatsregierung Bayern 2022: 21). Vollständige Anrechnungen finden jedoch bereits statt, beispielsweise in Hamburg (vgl. § 45a HmbBesG).

Grundsätzlich sollte die **Erwerbstätigkeit der Partner*innen vorausgesetzt** werden (zu den Ausnahmen sogleich). Für beide Ehegatten[47] besteht die Pflicht, zum Unterhalt der Familie beizutragen (vgl. § 1360 S. 1 BGB). Durch den gesellschaftlichen Wandel und den weitgehenden Rechtsanspruch auf Kinderbetreuung, welcher bei Arbeitssuchenden und Erwerbstätigen bereits für Kinder im Alter von unter einem Jahr gilt (vgl. § 24 Abs. 1 S. 1 Nr. 2 Buchst. a SGB VIII), besteht mittlerweile für erwerbsfähige Partner*innen der Beamt*innen meist kein Grund, auf eine Erwerbstätigkeit zu verzichten. Während der ersten Lebensmonate eines Kindes kann der Beitrag der Partner*innen zum Haushaltseinkommen im Mutterschafts- beziehungsweise Elterngeld bestehen. Eine solche Einbeziehung des Erwerbseinkommens der Partner*innen würde nicht nur der festgestellten stark ausgeprägten Erwerbsneigung der Partner*innen entsprechen. Darüber hinaus trüge dies auch dem Umstand Rechnung, dass das Mindestniveau der Alimentation die Ansprüche einzelner verheirateter Beamt*innen aus den Ansprüchen zweier verheirateter Bürgergeldbezieher*innen ableitet (vgl. Füßer/Nowak 2018: 447f, 452f).

Bei der Prüfung der Nettoeinkommen muss auch berücksichtigt werden, dass der deutsche Sozialstaat mittlerweile derart stark ausgebaut ist, dass die Alimentation stellenweise hinter diesen zurücktreten und bei der Bemessung des Mindestniveaus der Alimentation in bestimmtem Umfang eine **Anrechnung von Sozialleistungen** erfolgen kann. Bereits jetzt dürfen tatsächlich bezogene Sozialleistungen bei der Prüfung des Mindestabstandsgebots angerechnet werden (Bundesverfassungsgericht 2020a: Rn. 52). Es muss jedoch klar sein, dass Beamt*innen und ihre Familien damit niemals auf Leistungen zur Sicherung des sozialhilferechtlichen Existenzminimums verwiesen werden dürfen. Denn diese dienen der Sicherung eines menschenwürdigen Auskommens (vgl. beispielsweise § 1 Abs. 1 SGB II), was in jedem Fall von der amtsangemessenen Alimentation umfasst und übertroffen werden muss.

Doch selbst diese Abgrenzung ist stellenweise nicht ganz klar: Leistungen für Bildung und Teilhabe sind Bestandteil des Bürgergelds (vgl. § 28 SGB II), dienen also der Sicherung des sozialhilferechtlichen Existenzminimums. Jedoch werden sie auch für diejenigen Kinder gewährt, deren Haushalte Wohngeld beziehen (vgl. § 6b Abs. 1 S. 1 Nr. 2 BKGG), also eine Leistung, welche zwar der „Sicherung angemessenen und familiengerechten Wohnens" (vgl. § 1 Abs. 1 BKGG) dient, jedoch nicht im engen Sinne das sozialhilferechtliche Existenzminimum garantiert.

---

47 Annahmegemäß sind nichteheliche Lebensgemeinschaften durch ein ähnlich hohes Ausmaß partnerschaftlicher Solidarität gekennzeichnet.

In jedem Fall sollte jedoch der Bezug von allgemein gewährten Sozialleistungen bei der Berechnung des Mindestniveaus der Alimentation berücksichtigt werden, deren Bezug entsprechend unter Erwerbstätigen weit verbreitet und damit zumutbar ist. So beziehen beispielsweise insgesamt 1,2 Millionen Haushalte deutschlandweit Wohngeld (vgl. Statistisches Bundesamt 2024r), 2025 wird diese Zahl laut Prognose der Bundesregierung auf etwa zwei Millionen Haushalte ansteigen (vgl. Bundesregierung 2024). Auch in der Umfrage wurde in wenigen Fällen der Bezug von Wohngeld angegeben. Erst nachgelagert sollten Besoldungszuschläge greifen, welche – je nach Ausgestaltung der Besoldungsordnung – etwaige Fehlbeträge zum Erreichen des Mindestniveaus der Alimentation ergänzen. Aktuell führt die Außerachtlassung des Anspruchs auf Wohngeld teilweise zu starken Überschreitungen des Mindestniveaus der Alimentation in Höhe von bis zu 50% (vgl. Färber 2025: 17).

Die Untersuchung offenbarte weiterhin eine große Varianz hinsichtlich der Ausgaben fürs Wohnen der Beamt*innen. Selbst bei alleinlebenden Beamt*innen fanden sich Fälle in allen abgefragten Kosten-Intervallen. Bei der Ansetzung der **Wohnkosten** sollte folglich von der Verwendung des 95%-Perzentils abgesehen werden. Dieses kalkuliert die Kosten der Unterkunft landeseinheitlich als einen einzigen Wert, ohne beispielsweise die großen Unterschiede zwischen Ballungs- und ländlichen Räumen zu berücksichtigen. Wollte man auf einen pauschalen Wert zurückgreifen, so könnten beispielsweise der Median oder der Mittelwert, gegebenenfalls erhöht um einen Sicherheitszuschlag von etwa 10%, eine bessere Lösung darstellen. Angesichts der großen Varianz der Ausgaben fürs Wohnen scheint das Abstellen auf präzisere Modelle noch besser geeignet. So hat das Bundesverfassungsgericht bereits auf die Mietenstufen des Wohngeldgesetzes verwiesen und einige Länder verwenden diese bereits. Ohne genauere Analysen der Kosten der Unterkunft und deren interne Verteilung lassen sich jedoch keine konkreten Maßstäbe für deren Kalkulation bestimmen.

Weiterhin wäre eine **Einbeziehung pauschaler Werbungskosten** in die Berechnung des Mindestniveaus der Alimentation angezeigt. Dies würde die Beträge des anrechnungsfreien Hinzuverdienstes von Grundsicherungsempfänger*innen endlich in die Rechnung einbeziehen. Die erhobenen Ausgaben für den Arbeitsweg der Alleinstehenden liegen im Übrigen nicht selten höher als die Werbungskostenpauschale (vgl. Abschnitt 5.5.2).

Zusammenfassend sollte die Berechnung des Mindestniveaus der Alimentation

- sämtliche Erwerbseinkommen der Beamt*innen und etwaiger Ehepartner*innen berücksichtigen, möglicherweise sogar von unverheirateten Lebensgefährt*innen,

- die Erwerbstätigkeit der Partner*innen voraussetzen,
- zunächst auf den Bezug allgemein gewährter Sozialleistungen verweisen, sofern diese nicht der Sicherung des sozialhilferechtlichen Existenzminimums dienen,
- die Wohnkosten nicht anhand des landeseinheitlichen 95%-Perzentils kalkulieren, sondern stärker regional differenzierte Modell verwenden und
- pauschale Werbungskosten der Beamt*innen und gegebenenfalls der Partner*innen einbeziehen.

Ad 2: Abschaffung der Familienzuschläge

Aus dem vorherigen Abschnitt folgt, dass es in der heutigen Zeit nicht mehr notwendig ist, grundsätzlich die Partner*innen von Beamt*innen zu alimentieren. Damit entfällt im Regelfall auch die Grundlage für den Familienzuschlag der Stufe 1. Rheinland-Pfalz und Brandenburg haben diesen bereits reduziert beziehungsweise gänzlich gestrichen (vgl. Art. 1 Abs. 1 1. DRÄndG RP; Anlage 6 GNeuBV BB).

Ähnlich verhält es sich bezüglich des kinderbezogenen Bestandteils des Familienzuschlags. Die finanzielle Sicherstellung eines Mindestmaßes an materiellem Kindeswohl ist in den letzten Jahrzehnten mehr und mehr auf den allgemeinen Sozialstaat übergegangen. So umfasste das Sozialbudget des Jahres 2023 für Kinder und Mutterschaft rund 140 Milliarden Euro (vgl. Bundesministerium für Arbeit und Soziales 2024b: 27). Somit ist es auch nicht mehr zeitgemäß, die finanzielle Absicherung der Kinder von Beamt*innen durch den Familienzuschlag nach wie vor in die Sphäre des Besoldungsrechts zu ziehen.

Die Auswirkungen dieser nicht mehr zeitgemäßen Auslegung des Alimentationsprinzips werden noch verstärkt, seit die kinderbezogenen Bestandteile des Familienzuschlags in den letzten Jahren teilweise stark erhöht wurden: Brandenburg zahlt mittlerweile ab dem dritten Kind Familienzuschläge in Höhe von rund 890 Euro. Anders als ihre ledigen kinderlosen Kolleg*innen können verheiratete Beamt*innen mit vier Kindern so mittlerweile einen Familienzuschlag von bis zu 2.690 Euro brutto erhalten (vgl. Anlage 6 und 6a BbgBesG). In Nordrhein-Westfalen liegt der entsprechende Wert bei etwa 3.200 Euro brutto (vgl. Anlage 13 LBesG NW). Dies gilt beispielsweise auch für Abteilungsleiter*innen, deren Grundbezüge sich bereits nach einer hohen Besoldungsgruppe der Besoldungsordnung B bemessen. Umgekehrt erhalten Tarifbeschäftigte des TVöD und des TV-L seit deren Inkrafttreten Mitte der 2000er-Jahre keinerlei vergleichbare Entgeltbestandteile, obwohl sie teilweise die gleiche Arbeit verrichten wie ihre verbeamteten Kolleg*innen.

Die hohen Familienzuschläge basieren unter anderem auf dem Grundsatz, dass Beamt*innen für dritte und weitere Kinder höhere Familienzuschläge erhalten müssen, um eine Auszehrung der Grund- und anderer familien-neutraler Bezüge zu verhindern (vgl. Bundesverfassungsgericht 1977: Rn. 75). Dieser Grundsatz beruht noch auf der Annahme einer Einverdienstehe, sodass die Familie ausschließlich durch die Besoldung unterhalten werden muss. In Zeiten eines Rechtsanspruchs auf Kinderbetreuung, wodurch Partner*innen durch Erwerbstätigkeit zum finanziellen Auskommen der Kinder nicht nur beitragen können, sondern dies auch tun, muss diese Annahme als überholt gelten.

Im Übrigen erwies sich in der Umfrage der durchschnittliche materielle Lebensstandard eines Haushalts bei Erwerbstätigkeit der Partner*innen als deutlich besser, als es die Alimentation eines Einverdiensthaushalts in Form des Familienzuschlags gewährleisten würde. Somit scheint zur wirtschaftlichen Sicherung des Auskommens von Beamt*innen und ihrer Familien die Bereitstellung von – möglicherweise: behördeneigenen – Möglichkeiten zur Kinderbetreuung eine bessere Alternative als Familienzuschläge. Das Einverdienstmodell können sich ohnehin nur Beamt*innen in den höheren Besoldungsgruppen leisten, welche auf eine Subvention dieses Lebensentwurfs durch den Familienzuschlag nicht angewiesen sind.

Ad 3: Mangelfälle

Obwohl es in der Regel keine Rechtfertigung mehr für den Familienzuschlag gibt, können Beamt*innen in Einzelfällen mit Lebenslagen konfrontiert sein, welche vom oben genannten Zustand abweichen und die Beamt*innen und ihre Familien mit finanziellen Schwierigkeiten konfrontieren. In diesen „Mangelfällen“ muss die Alimentation sicherstellen, dass die gesamte Familie amtsangemessen alimentiert ist, um letztendlich die korruptionsfreie und an rechtsstaatlichen Prinzipien orientierte Verrichtung des Dienstes durch die Beamt*innen zu gewährleisten. Das Alimentationsprinzip sollte in jedem Fall so umgesetzt werden, dass Beamt*innen in solchen definierten Mangelfällen nicht auf ergänzendes Bürgergeld angewiesen sind.

Zunächst offenbarte die Erhebung einige Situationen, in welchen sich die Befragten nicht in einer ernsten, aber dennoch **relativ angespannten finanziellen Situation** befanden:

- Alleinerziehende sind in hohem Maße auf ihre Besoldung angewiesen und müssen aus diesem Einkommen verhältnismäßig hohe Ausgaben bestreiten. In der Untersuchung wiesen selbst die Haushalte von in Vollzeit tätigen Alleinerziehenden ein relativ geringes Äquivalenzeinkommen auf.

Auch in der Gesamtgesellschaft sind die Alleinerziehenden der finanziell mit am stärksten herausgeforderte Haushaltstyp (vgl. Geißler 2014: 249).

- Für Beamt*innen in den unteren Besoldungsgruppen ohne nennenswerte weitere Einkünfte können Unterhaltsverpflichtungen teilweise extrem hohe Belastungen darstellen. So gaben 10% aller Alleinstehenden mit Unterhaltsverpflichtung deren monatliche Höhe mit 1.000 Euro und mehr an.
- Alleinstehende in Ausbildung erhalten statt der Grundbezüge der Besoldungsordnung A die sehr viel niedrigeren Anwärtergrundbeträge. Entsprechend war auch diese Gruppe in der Untersuchung überdurchschnittlich oft armutsgefährdet. Zwar befinden sich Auszubildende noch in einem anderen Lebensabschnitt und leisten nicht die gleiche Arbeit wie Beamt*innen auf Lebenszeit. Jedoch sollte nicht angenommen werden, dass diese Gruppe über ihre Eltern sozial abgesichert ist.

Da freiwillige Entscheidungen Ausgangspunkt der oben genannten Fälle sind, wäre es nicht angebracht, den zusätzlichen Finanzbedarf durch einen Zuschlag zu decken. Vielmehr scheint es sinnvoll, dass der Dienstherr den entsprechenden Bedarf durch einen monatlichen Vorschuss decken kann, welcher nach Auflösung der Situation zurückzuzahlen ist. Da das Beamtenverhältnis ohnehin auf die gesamte Lebenszeit angelegt ist, wäre dies auch über längere Zeit möglich.

Neben diesen weniger ernsten Fällen können unter bestimmten Umständen auch tatsächliche Mangelfälle auftreten. Da die Erwerbstätigkeit der Beamt*innen und gegebenenfalls ihrer Partner*innen die wichtigste Quelle für Einkommen, also wirtschaftliche Sicherung darstellt, erfordern zweifellos solche Situationen eine Absicherung durch die Alimentation, in welchen diesen eine **Erwerbstätigkeit nicht (vollumfänglich) möglich** ist.

- Vor allem ist dabei an eine Erwerbsunfähigkeit der Partner*innen zu denken. Sollten diese – beispielsweise durch eine Erwerbsunfähigkeit bereits früh im Berufsleben – nur über geringe oder keine Ansprüche auf Lohnersatzleistungen verfügen, müsste der Haushalt mit einem massiv verringerten Einkommen, also de facto als Einverdiensthaushalt wirtschaften.
- Ähnlich würde es sich in Situationen verhalten, in welchen Kinder oder nahe Angehörige notwendigerweise durch die Beamt*innen oder ihre Partner*innen selbst gepflegt werden müssen. In Zeiten des Pflegenotstandes (vgl. Statistisches Bundesamt 2024o) ist eine solche Situation nicht auszuschließen. Im Beamtenrecht existieren derartige Fallkonstellationen bereits als Begründung für eine Teilzeittätigkeit (Familienbe-

dingte Pflegezeit, vgl. Abschnitt 4.3.1). In Bayern wirken sich pflegebedürftige Angehörige mit mindestens dem Pflegegrad 2 im Haushalt mittlerweile genau wie Kinder auf den Familienzuschlag aus (vgl. Staatsregierung Bayern 2022: 28).

- Ein weiterer Ausfall des Partnereinkommens besteht dann, wenn geschiedene oder getrenntlebende ehemalige Elternteile von Beamtenkindern ihren Unterhaltsverpflichtungen nicht nachkommen. Die Beamt*innen würden in diesen Fällen zwar Unterhaltsvorschuss für von ihnen betreute Kinder erhalten. Dieser bemisst sich jedoch nur nach dem Existenzminimum eines Kindes (vgl. § 1 Abs. 1 u. § 2 Abs. 1 UhVorschG i.V.m. § 1612a BGB). Ein Mangelfall wäre daher dann gegeben, sollte infolgedessen eine Unterschreitung des Mindestniveaus der Alimentation vorliegen.

In den genannten Fällen sollten die Beamt*innen einen monatlichen **Zuschlag** für Mangelfälle erhalten, der sich an der derzeitigen Vorgabe für eine Mindestalimentation orientiert. Lohnersatzleistungen und Einkünfte aus Nebentätigkeit wären auf den Zuschlag anzurechnen. Auch sollte der Zuschlag nicht allgemein, sondern nur in den genannten Fällen auf Antrag gewährt werden.

Ad 4: Allgemeine Anhebung der Grundbesoldung

Komplementär zum Wegfall der meisten familienbezogenen Bestandteile der Besoldung scheint eine Anhebung der Grundbesoldung angezeigt. Folgende Problemlagen sprechen dafür:

- Theoretische Kalkulationen ergaben, dass bei Alleinstehenden in allen untersuchten Ländern das Mindestniveau der Alimentation zum Erhebungszeitpunkt unterhalb der **Armutsgefährdungsschwelle** lag. Das Mindestniveau der Alimentation hätte (netto) zwischen 25 und 34% über dem sozialhilferechtlichen Existenzminimum liegen müssen, damit die Alleinstehenden vor einer Armutsgefährdung geschützt wären (vgl. Abbildung 58, S. 189). Ob ein Einkommen unterhalb der Armutsgefährdungsschwelle die Beamt*innen mit der finanziellen Sicherheit ausstattet, welche das Alimentationsprinzip anstrebt, ist fraglich. Das Mindestabstandsgebot weist insofern eine Lücke auf. In Haushalten mit mehreren Mitgliedern wurde die Armutsgefährdungsschwelle in den theoretischen Kalkulationen dagegen stets übertroffen. Jedoch bemaß sich das zugrunde gelegte Mindestniveau der Alimentation anhand der hohen Kosten der Unterkunft in den Landeshauptstädten. Für Beamt*innen in den meisten übrigen Kreisen und kreisfreien Städten müsste somit ein geringeres

Mindestniveau der Alimentation angesetzt werden, was eine Unterschreitung der Armutsgefährdungsschwelle wahrscheinlicher macht.

- Vor allem die Anhebung der Familienzuschläge der letzten Zeit in manchen Besoldungsordnungen haben das **Leistungsprinzip** zu Gunsten eines antiquiert ausgelegten Alimentationsprinzips geschwächt (siehe oben). Beamt*innen mit und ohne Kinder, aber vergleichbaren Dienstposten beziehungsweise gleichen Ämtern werden damit stark ungleich alimentiert.
- Die **steigenden Preise für Wohnraum** – vor allem in den Ballungsräumen – stellen die hiervon betroffenen Haushalte vor große Herausforderungen. Die untersuchten Haushalte gaben mitunter sehr hohe Ausgaben fürs Wohnen an. Aktuell vollziehen die landeseinheitlichen Besoldungshöhen nicht den empirischen Ist-Zustand nach, dass mit den höheren Lebenshaltungskosten in Ballungsräumen auch höhere Einkommen einhergehen (Kenntner 2007: 232). Dies wäre jedoch nötig, um den Schutz des Alimentationsprinzips auch in Zukunft aufrechtzuerhalten. Betreffend niedrigere Besoldungsgruppen sind bereits Schwierigkeiten mit der Personalgewinnung und -bindung in Ballungsräumen festzustellen (vgl. Kathke/ Vogl 2009: 12).
- Die Gesundheitsversorgung der Beamt*innen durch die Beihilfe setzt in den meisten Fällen die Mitgliedschaft in einer privaten **Kranken- und Pflegeversicherung** voraus. Deren Mitgliedsbeiträge werden als feste Beträge unabhängig von der Besoldungshöhe erhoben. Somit sind die finanziellen Belastungen in Relation zu Besoldungshöhe umso größer, je niedriger die Besoldung ausfällt. Entlastende Regelungen wie in ihrer Höhe gestaffelte Selbstbehalte fallen nur gering aus. Beamt*innen, welche aufgrund höherer Beanspruchung von der freien Heilfürsorge profitieren, finden sich erst in den oberen der hier untersuchten Besoldungsgruppen.

Um die oben genannten Probleme zu beheben, muss eine Reform der Grundbesoldung die folgenden Ziele erreichen:

- Eine Armutsgefährdung der Beamt*innen muss in jedem Fall verhindert werden, damit diese materiell ausreichend abgesichert sind.
- Das Leistungsprinzip muss gestärkt werden, um das Missverhältnis zwischen der Alimentation der Beamt*innen mit und ohne Familien – vor allem Kindern – aufzulösen.
- Die regional stark divergierenden Wohnkosten müssen berücksichtigt werden, ohne dass dies zu Unter-, aber auch Überalimentation führt. Die Ausgaben der befragten Beamt*innen fürs Wohnen deckten die gesamte Bandbreite der abgefragten Intervalle ab.

- Die Höhe der Belastung durch die Gesundheitsversorgung sollte sich an der Höhe der Besoldung orientieren, damit die unteren Besoldungsgruppen nicht unverhältnismäßig hoch belastet werden. Eine Anhebung der Grundbesoldung würde so flankiert.

Um diese Ziele zu erreichen, bieten sich mehrere Lösungsmöglichkeiten an:

- Zunächst sollte das Mindestabstandsgebot um die Bedingung ergänzt werden, dass die Besoldung neben dem um 15% angehobenen sozialhilferechtlichen Existenzminimum auch die Höhe der **Armutsgefährdungsschwelle** erreichen muss. Denn aktuell befinden sich alleinstehende Beamt*innen in einer Situation, in welcher der Erhalt einer Besoldung oberhalb der Armutsgefährdungsschwelle nicht durch das Alimentationsprinzip geschützt ist, sondern dies vom Wohlwollen der Dienstherren abhängt. In Zeiten leerer öffentlicher Kassen scheint es sinnvoll, den Schutz des Alimentationsprinzips an dieser Stelle auszuweiten. Die bereits erwähnte Einbeziehung pauschaler Werbungskosten in die Berechnung des Mindestniveaus der Alimentation stellt hierfür einen ersten, systemimmanenten Schritt dar. Hierdurch würde das Mindestniveau der Alimentation lediger kinderloser Beamt*innen in etwa auf die Höhe der Armutsgefährdungsschwelle angehoben.
- Einen ersten Schritt zur **Stärkung des Leistungsprinzips** stellt der bereits genannte Rückbau großer Teile der familienbezogenen Besoldungsbestandteile dar. Im zweiten Schritt sollten die freiwerdenden Haushaltsmittel der Grundbesoldung oder anderen Besoldungsbestandteilen zufließen, welche sich nicht nach der familiären Situation der Beamt*innen richten.

  Eine Möglichkeit, die Grundbesoldung zu stärken, bestünde in der Abschaffung des einfachen Dienstes. Die steigenden Anforderungen der Arbeitswelt führen auch im öffentlichen Dienst zu steigenden Qualifikationen und Bildungsabschlüssen des Personals (vgl. Bogumil/Jann 2020: 138f). Es scheint unwahrscheinlich, dass Beamt*innen ohne abgeschlossene Ausbildung oder eine Vielzahl von Fortbildungen langfristig einen Platz im öffentlichen Dienst haben werden. Durch den Wegfall des einfachen Dienstes wären es auch andere Besoldungsgruppen, welche die Untergrenze der Besoldungsordnungen bilden würden und deren Besoldung sich am Mindestabstandsgebot messen lassen muss. Entsprechend wäre es unwahrscheinlicher, dass das Mindestabstandsgebot verletzt wird und aufgrund des internen Abstandsgebots eine kostenintensive Anhebung aller Besoldungsgruppen erfolgen müsste. Eine Tendenz des Wegfalls niedriger Besoldungsgruppen ist seit Jahren auszumachen. Am stärksten war Baden-

Württemberg aktiv, wo mittlerweile die Besoldungsgruppe A7 das untere Ende der Besoldungsordnung bildet (vgl. Anlage 1 LBesG BW).

- Durch die Einführung eines **Ortszuschlags** – subsidiär zum Anspruch auf Wohngeld – würden die regional variierenden Wohnkosten kompensiert. Der für Wohnkosten zu verausgabende Anteil der Besoldung wäre somit weniger stark vom Wohnort abhängig, was letztendlich wiederum das Leistungsprinzip stärkt. Bayern hat bereits den Familienzuschlag in einen Orts- und Familienzuschlag umgewandelt, von welchem auch ledige Beamt*innen mit Wohnsitz in der höchsten Mietenstufe des Wohngeldgesetzes profitieren (vgl. Anlage 5 BayBesG). Ein Ortszuschlag war bereits bis 1973 Teil der Besoldungsordnung (vgl. Anlang 2 BBesG i.d.F. vom 1.7.1971).

  Generell sollten die Ortszuschläge nicht am Wohnort, sondern am Dienstort anknüpfen. Denn nach dem aktuellen System, welches entsprechende Zuschläge anhand des Wohnortes bemisst[48], werden zwar die Wohnkosten kompensiert, nicht jedoch die Kosten des Arbeitsweges. Beamt*innen in Ballungsräumen erhalten somit einen relativ hohen Ortszuschlag entsprechend der hohen Wohnkosten, während die nicht berücksichtigten Kosten des Arbeitsweges aufgrund der zentralen Wohnlage relativ gering ausfallen dürften. Anders verhält es sich im Falle von Beamt*innen mit Wohnort in der Peripherie, wenn diese typischerweise zu ihren Dienststellen in die Ballungsräume pendeln müssen. Ihre relativ geringen Wohnkosten gehen mit einem entsprechend geringerem Ortszuschlag einher. Die relativ hohen Kosten des Arbeitsweges werden hingegen nicht berücksichtigt.

  Durch eine Beibehaltung des aktuellen Systems besteht für Beamt*innen der Anreiz, ihren Wohnort in Ballungsräumen mit hohen (aber durch die Besoldung berücksichtigten) Wohnkosten und geringerer Entfernung zur Dienststelle zu wählen, damit die unkompensierten Kosten des Arbeitswegs möglichst gering ausfallen. Die derart gesteigerte Nachfrage nach Wohnraum in den Agglomerationen begünstigt damit einen noch stärkeren Preisanstieg in diesen Gebieten, was unter sozialpolitischen Gesichtspunkten nicht erstrebenswert sein kann.

- Um die Kosten der Kranken- und Pflegeversicherung der Beamt*innen an die Höhe der Besoldung anzupassen bietet sich die Einführung der **pauschalen Beihilfe an**. Durch die Möglichkeit für Beamt*innen Mitglieder der gesetzlichen Kranken- und Pflegeversicherung zu werden, würden sich

48 Vgl. beispielsweise die nach Wohnort gestaffelten Familienzuschläge in Nordrhein-Westfalen, Anlage 13 LBesG NW.

die entsprechenden Beiträge nach der Höhe des Bruttoeinkommens richten. Anders als bei der freiwilligen Mitgliedschaft müssten die Beamt*innen den Arbeitgeber-Anteil nicht selbst tragen, sodass im Vergleich zu den Beiträgen der privaten Kranken- und Pflegeversicherungen tatsächlich eine Entlastung der unteren Besoldungsgruppen erfolgen würde. Einige Länder haben die pauschale Beihilfe bereits eingeführt (vgl. beispielsweise § 80 Abs. 10 HmbBG). Sofern der Wechsel in die gesetzliche Kranken- und Pflegeversicherung eine Reduzierung des Leistungsumfangs mit sich bringt, könnte dies durch ergänzende Beihilfeleistungen und von den Beamt*innen zu zahlende Zusatzversicherungen kompensiert werden.

6.2 Fortentwicklung der Auslegung des Alimentationsprinzips?

Gemäß Artikel 33 Abs. 5 GG ist das Recht des öffentlichen Dienstes „unter Berücksichtigung der hergebrachten Grundsätze des Berufsbeamtentums zu regeln und fortzuentwickeln". Damit wird das Ziel verfolgt, die Funktionsfähigkeit des Beamtentums als Garant einer stabilen Verwaltung zu sichern (vgl. Jarass 2022: Rn. 46). Um zu verstehen, wie die oben genannten Reformen zum Alimentationsprinzip stehen, ist zunächst die Wirkweise des Alimentationsprinzips zu betrachten. Denn das Alimentationsprinzip wirkt nur mittelbar, nämlich indem es die Gesetzgebung zur Sicherstellung der amtsangemessenen Alimentation der Beamt*innen verpflichtet. Quasi als Bindeglied hat das Bundesverfassungsgericht aus dem Alimentationsprinzip das mehrstufige Prüfungsschema entwickelt. Ein Teil dessen ist das Mindestabstandsgebot zum sozialrechtlichen Existenzminimum.

Es wird angenommen, dass sich der Fortentwicklungsauftrag des Artikel 33 Abs. 5 GG lediglich auf die **rechtliche Umsetzung**, nicht jedoch auf die hergebrachten Grundsätze selbst bezieht (vgl. Domgörgen 2022: Rn. 17). Denn diese verfolgen den Zweck, den Gesetzgeber an bestimmte Strukturprinzipien zu binden, um so Stabilität und Gesetztestreue der Verwaltung zu sichern (vgl. Bundesverfassungsgericht 2008: Rn. 69). Eine Veränderbarkeit der Prinzipien würde diesem Schutz entgegenstehen. Der abweichenden Meinung, die Grundsätze an sich ließen sich konkretisieren (vgl. Battis 2022d: Rn. 12), wird nicht gefolgt. Deshalb wird hier auf die Veränderung der *Auslegung* des Alimentationsprinzips abgestellt, womit auch das durch das Bundesverfassungsgericht entwickelte Prüfungsschema gemeint ist.

Wie in Abschnitt 6.1 dargestellt wurde, weist das aktuelle Besoldungsrecht großen Anpassungsbedarf auf. Der über die letzten Jahrzehnte erfolgte **Ausbau (sozial-)staatlicher Leistungen** wird in der aktuellen Auslegung des Alimentationsprinzips vernachlässigt. Lediglich das Kindergeld wird bei der Berechnung des Mindestabstandsgebots berücksichtigt (vgl. Bundesverfassungsgericht 2020a: Rn. 52). Dabei können auch Beamtenhaushalte allgemein gewährte Sozialleistungen beziehen. Das Bundesverfassungsgericht hat dem Gesetzgeber bereits die Möglichkeit eröffnet, das Auskommen der Familie auch oder ausschließlich durch allgemein gewährte Leistungen sicherzustellen (vgl. Bundesverfassungsgericht 1998b: Rn. 37).

Allen voran kann der Bezug von Wohngeld teilweise eine starke Überzahlung dieser Haushalte im Hinblick auf die Einhaltung des Mindestabstandsgebots bedeuten, weil es bei der Berechnung des Mindestniveaus der Alimentation nicht berücksichtigt wird und somit zuzüglich zur Mindestalimentation bezogen werden kann (vgl. Färber 2025: 17). Dabei gäbe es gute Argumente, den Anspruch auf Alimentation hinter den Anspruch auf Wohngeld zurücktreten zu lassen: Durch die hohe Zahl an Haushalten, welche Wohngeld beziehen, kann mittlerweile nicht mehr von einer Stigmatisierung durch den Bezug dieser Leistung gesprochen werden. Weiterhin leben die untersuchten Beamt*innen in vielfältigen Haushaltsstrukturen mit Personen, welche nur teilweise dem Schutz des Alimentationsprinzips unterliegen, teilweise aber auch nicht. Das Wohngeld nimmt dessen ungeachtet den Haushalt als Ganzes in den Blick und gewährt darauf basierend die entsprechenden Leistungen (vgl. § 6 WoGG). Hieraus könnte sich eine Überversorgung der Beamt*innen ergeben, welche nur durch zusätzlichen bürokratischen Aufwand auf die Alimentation angerechnet werden könnte.

Auch der Ausbau der institutionellen Kinderbetreuung entlastet Familien zunehmend und sollte bei der Auslegung des Alimentationsprinzips berücksichtigt werden. Durch die verbesserte Kinderbetreuung weist die Gesamtgesellschaft wie auch die untersuchte Gruppe eine hohe Frauen- beziehungsweise Müttererwerbstätigkeit auf. **Paare verfügen in der Regel über zwei Erwerbseinkommen.** Dass die Partner*innen nichterwerbstätig sind oder einer geringfügigen Beschäftigung nachgehen, wird durch die Untersuchung deutlich als Ausnahmefall identifiziert. Daneben erhalten viele der untersuchten Haushalte Einkünfte aus Nebentätigkeiten der Beamt*innen selbst.

Die **jüngsten Reformen des Besoldungsrechts**, welche nach der Umfrage in Kraft traten und somit dort keinen Einfluss hatten, weisen dahingehend Defizite auf. Zwar lösen sich viele Dienstherren mittlerweile von der Bezugsgröße einer Einverdienstehe, unterstellen bei der Berechnung des Mindestniveaus der Alimentation jedoch zu geringe **Einkünfte der Ehepartner*innen**. Nicht selten wird nur eine geringfügige Beschäftigung vorausgesetzt, was angesichts der Daten der Umfrage als empirisch unzutreffend gelten muss. Die Einführung von Ergänzungszuschlägen zur Besoldung, welche nur gewährt werden, wenn das Einkommen der Ehepartner*innen die zu niedrig angesetzten Grenzen unterschreitet, werden somit in der Praxis vermutlich meist nicht in Anspruch genommen, sondern schaffen allenfalls den Fehlanreiz, dass eher gering entlohnte Ehepartner*innen ihre Erwerbstätigkeit weiter reduzieren (vgl. Färber 2023: 81).

Bayern orientiert sich beim fiktiven Einkommen der Ehepartner*innen an der Grenze der Beihilfeberechtigung, was aktuell 20.000 Euro brutto pro Jahr und damit gut 1.000 Euro netto pro Monat entspricht (vgl. Staatsregierung Bayern 2022: 23ff). Dies kommt den häufig angegebenen Vollzeit- oder Teilzeitbeschäftigungen der Partner*innen etwas näher. Jedoch wird weder in diesem, noch in anderen Ansätzen des Bundes und der Länder das weit verbreitete sonstige Erwerbseinkommen der Beamt*innen selbst berücksichtigt.

Stattdessen wurden mit dem **Ausbau des Familienzuschlags** – vor allem betreffend den kinderbezogenen Bestandteil – sowohl der Beitrag der (Ehe-) Partner*innen zum Haushaltseinkommen als auch die staatlichen Leistungen für Kinder und Familien außer Acht gelassen. Zusätzlich zu einer einfachen Erhöhung des Familienzuschlags über die lineare Anpassung hinaus führten manche Länder sogar noch zusätzliche an der Kinderzahl orientierte Sonderzahlungen ein (vgl. § 9 SZG M-V; Art. 2 BVAnpG SH 2024). Weiterhin werden Familienzuschläge an den Wohnort der Beamt*innen – genauer: an die entsprechende Mietenstufe des Wohngeldgesetzes – gekoppelt. Dies kann für Beamt*innen in hochpreisigen Wohnorten entsprechend hohe Familienzuschläge bedeuten (vgl. Anlage 13 LBesG NW). Angesichts der stark divergierenden Ausgaben fürs Wohnen ist eine Koppelung der Besoldung an den Wohnort zwar ein erster richtiger Schritt, jedoch wäre es wünschenswert, dass auch ledige, unverheiratete Beamt*innen hiervon profitieren, wie es in Bayern aktuell teilweise der Fall ist (vgl. Anlage V BayBesG). Im Übrigen scheint ein am Dienstort ausgerichteter echter Ortszuschlag die bessere Variante zu sein.

Die **Fokussierung auf Eheleute** mit zwei Kindern führt ferner dazu, dass alternative Formen des Zusammenlebens nicht berücksichtigt werden, welche durch den gesellschaftlichen Wertewandel zunehmende Akzeptanz gefunden haben. Besonders kritisch erweist sich dieser Umstand bezüglich Haushaltskonstellationen, welche aus einer geschiedenen Ehe hervorgehen, nämlich Alleinerziehende und Alleinstehende mit Unterhaltsverpflichtungen. Beamt*innen in beiden Haushaltstypen stehen vor der Herausforderung, die vormalige Bedarfsgemeinschaft weiterhin finanzieren zu müssen, können dabei aber nicht mehr von den Einspareffekten gemeinsam genutzten Wohnraums profitieren.

Aus der Beibehaltung dieser überholten Auslegung des Alimentationsprinzips ergeben sich somit

- einerseits in wenigen Mangelfällen eine **Unteralimentation**, welche diejenigen Beamt*innen in finanziell herausgeforderten Haushaltskonstellationen beziehungsweise Lebenslagen vernachlässigt, die durch das Raster der angenommenen Haushaltskonstellation (Ehe) fallen,
- andererseits eine **Überalimentation**, vor allem von (Ehe-)Paaren mit Kindern, da in diesen Fällen durch den Familienzuschlag Bedürfnisse gedeckt werden sollen, welche bereits durch allgemeine staatliche Leistungen oder das Erwerbseinkommen der Partner*innen gedeckt werden.

Dass sich die Auslegung des Alimentationsprinzips derart von den tatsächlichen Verhältnissen abgekoppelt hat, bedeutet weiterhin eine Schwächung des ebenfalls grundgesetzlich geschützten **Leistungsprinzips**, welche sich nicht (mehr) rechtfertigen lässt. Zwar ist die Besoldung nicht vollumfänglich als Gegenleistung des erbrachten Dienstes zu sehen, andererseits aber auch nicht völlig von dieser losgelöst (vgl. Abschnitt 3.1.2, siehe auch vgl. Hebeler et al. 2015: Rn. 55; Schmidt 2015: Rn. 6f). Eine zu schwache Ausprägung des Leistungsprinzips könnte dazu führen, dass die Alimentation ihre Qualitätssicherungsfunktion (vgl. Kersten 2015: Rn. 15) nicht mehr erfüllen kann: Einerseits werden durch den Familienzuschlag – der in den letzten Jahren teilweise auch noch angehoben wurde – Haushaltsmittel gebunden, welche somit nicht mehr für die (leistungsbezogene) Grundbesoldung zur Verfügung stehen. Andererseits ist auch denkbar, dass eine zu stark von der Leistung abgekoppelte Besoldung vor allem bei den Beamt*innen ohne Familienzuschlag als ungerecht wahrgenommen wird, was sich negativ auf deren Motivation und generell das Arbeitsklima auswirken könnte. Entsprechendes gilt in Bezug auf die Tarifbeschäftigten, welche teilweise die gleichen Aufgaben wahrnehmen wie ihre verbeamteten Kolleg*innen.

Der **zunehmende Wegfall unterer Besoldungsgruppen** und Erfahrungsstufen (vgl. z.B. Art. 4 Nr. 7 u. 8 BVAnpG HB 2022) ist nicht in der Lage, dieses Missverhältnis auszugleichen. Zwar bedeuten sie eine Stärkung der Grundbesoldung, also eines Besoldungsbestandteils, welcher nicht von der Familienzusammensetzung der Beamt*innen abhängig ist. Jedoch werden durch verkleinerte Spannen von Erfahrungsstufen die Möglichkeiten geringer, die Besoldung an der jeweiligen Leistung der Beamt*innen auszurichten. Die Höhergruppierung von Beamt*innen aus weggefallenen Besoldungsgruppen könnte zudem eine Verletzung des internen Abstandsgebots zwischen den Besoldungsgruppen darstellen. Ob dies tatsächlich der Fall ist, kann an dieser Stelle nicht überprüft werden.

Es ist an den Gesetzgebern in Bund und Ländern, die Auslegung des Alimentationsprinzips durch eine mutige Fortentwicklung an die aktuellen Rahmenbedingungen anzupassen, wie es ihnen das Bundesverfassungsgericht ausdrücklich freigestellt hat (vgl. Bundesverfassungsgericht 2020a: Rn. 47). Dies bedeutet notwendigerweise eine Reduzierung bedarfsorientierter Besoldungsbestandteile und eine gleichzeitige Stärkung leistungsbezogener Bestandteile. Sofern sie den ihnen vom Bundesverfassungsgericht auferlegten Prozeduralisierungspflichten nachkommen und die Reformen stichhaltig begründen, müssen die Besoldungsgesetzgeber auch nicht befürchten, dass die Reformen an der Rechtsprechung scheitern werden. Angesichts der Befunde dieser Arbeit scheint eine entsprechende Begründung durchaus möglich.

7. Zusammenfassung und Ausblick

Die vorliegende Arbeit stellt eine umfassende empirische Grundlage zur wirtschaftlichen Situation von Beamt*innen in den unteren Besoldungsgruppen dar. Die besoldungspolitische Debatte und die Rechtsprechung müssen nun nicht mehr allein auf vage Annahmen zu deren Lebenswirklichkeit zurückgreifen. Mit dem Mindestabstand der Besoldung vom sozialhilferechtlichen Existenzminimum geht einer der zentralen Orientierungspunkte zur Einordnung der Beamtenbesoldung auf die 1970er Jahre zurück. Seit dessen verfassungsrechtlicher Entwicklung haben sich die Lebensverhältnisse der Gesamtbevölkerung und korrespondierender Gruppen von Erwerbstätigen verändert, weshalb auch die entsprechenden Anforderungen der Besoldung in diesem Kontext zu sehen sind. Den zweiten Orientierungspunkt für die konkrete Auslegung des Alimentationsprinzips bilden die tatsächlichen wirtschaftlichen Lebensverhältnisse von Beamt*innen in den unteren Besoldungsgruppen. Gerade diese waren in den letzten Jahren Gegenstand verfassungsrechtlicher Betrachtungen und haben durch die Reform der Familienzuschläge größere Veränderungen ihrer Besoldung erfahren. Zu beiden Orientierungspunkten sind Forschungsergebnisse erarbeitet worden, die eine fortentwickelte Auslegung des Alimentationsprinzips nahelegen.

Die Untersuchung ergibt, dass sich die gesamtgesellschaftlichen Veränderungen tatsächlich auch auf die **wirtschaftliche Situation** der Beamt*innen in den unteren Besoldungsgruppen ausgewirkt haben, beispielsweise im Hinblick auf den Bedeutungsverlust der Ehe und der wachsenden Relevanz anderer Haushaltsformen. So entfallen zwei von drei untersuchten Beamtenhaushalten auf die „klassischen" **Haushaltstypen** (Alleinstehende, Paare mit und ohne Kinder), in welchen die Beziehungen der Haushaltsmitglieder zueinander und damit ihre wirtschaftlichen Interdependenzen relativ klar sind. Die übrigen Fälle sind jedoch heterogener strukturiert. In knapp einem Drittel der Fälle leben Beamt*innen mit mindestens einer weiteren Person zusammen, deren Einkommenssituation und genaue Beziehung zu den übrigen Haushaltsmitgliedern unbekannt bleibt. Dennoch ist davon auszugehen, dass die Haushaltsmitglieder zumindest zu einem Mindestmaß gemeinsam wirtschaften.

Die untersuchte Gruppe weist eine **hohe Erwerbsbeteiligung** auf: Alleinstehende sind fast ausschließlich in Vollzeit tätig. Alleinerziehende sind es trotz der erschwerten Bedingungen noch in zwei Dritteln der Fälle. Da auch die Partner*innen der untersuchten Beamt*innen meist erwerbstätig sind, verfügen Paarhaushalte in den meisten Fällen über zwei Einkommen. Hier wirken sich die veränderte Rolle der Frau sowie das wachsende Angebot der institutionellen Kinderbetreuung aus. Sofern die Partner*innen nicht erwerbstätig sind, beziehen die Haushalte meistens Lohnersatzleistungen – die Nichterwerbstätigkeit ist in diesen Fällen somit vorübergehend oder auf den Ruhestandseintritt der Partner*innen zurückzuführen. In den meisten Fällen arbeiten beide Partner*innen in Vollzeit. Sobald Kinder im Haushalt leben, reduzieren vor allem die Frauen ihren Erwerbsumfang, geben ihre Erwerbstätigkeit jedoch nicht auf.

Daneben erhält – trotz der restriktiven beamtenrechtlichen Regelungen hierzu – über ein Viertel der Haushalte noch Einkommen aus **Nebentätigkeiten** der Beamt*innen selbst, was den Anteil vergleichbarer Haushalte der Gesamtgesellschaft weit übertrifft. In der Konsequenz weisen die untersuchten Haushalte in den meisten Fällen ein **relativ hohes Einkommen** auf. Die Besoldung leistet hierzu zwar einen Beitrag, zumal die meisten der untersuchten Beamt*innen in der Stichprobe wie auch in der Grundgesamtheit in den oberen der untersuchten Besoldungsgruppen angesiedelt sind. Jedoch ist die Besoldung vor allem bei Paaren – auch mit Kindern – in kaum einem Fall das einzige Einkommen.

Aufgrund der hohen Erwerbsneigung werden **Sozialleistungen** oder andere staatliche Leistungen nur selten bezogen – obwohl staatliche Leistungen seit den 1970er Jahren vor allem für Familien stark ausgebaut wurden. Sofern doch entsprechende Leistungen bezogen werden, betrifft dies fast ausschließlich Haushalte mit Partner*innen oder weiteren Personen. Eine Armutsgefährdung liegt nur in wenigen Fällen vor, am häufigsten weisen Alleinerziehende ein Einkommen unterhalb der Armutsgefährdungsschwelle auf. Wenngleich der Anteil armutsgefährdeter Haushalte in der Stichprobe niedriger liegt als in der Gesamtgesellschaft, stellt sich dennoch die Frage, ob ein Einkommen unterhalb der Armutsgefährdungsschwelle als amtsangemessen gelten kann, auch wenn gleichzeitig das Mindestniveau der Alimentation gewahrt wird.

Unter den **Ausgaben** der Haushalte erweisen sich zwei Ausgabenarten unter bestimmten Umständen als große Belastung für die Haushalte, nämlich wenn hohe Ausgaben geringen Einkünften gegenüberstanden: Zum einen die Ausgaben fürs Wohnen, wobei diesbezüglich eine methodische Restunsicherheit besteht, zum anderen Ausgaben für Unterhalt. Auf diese beiden Problemstellungen gibt es in den meisten Fällen noch keine (umfassende) Reaktion des Besoldungsrechts. Das Alimentationsprinzip verfügt hier also über blinde Flecken. Weiterhin wirkt sich das besondere Gesundheitsversorgungssystem aus Beihilfe und privater Versicherung durch die festen Beiträge umso ungünstiger aus, je niedriger die Einkünfte der Beamt*innen liegen.

Vor allem in Bezug auf die meist relativ gute wirtschaftliche Situation von Paar-Haushalten weisen die **neueren Entwicklungen im Besoldungsrecht** des Bundes und der Länder gewisse Defizite auf: Die bei der Kalkulation des Mindestniveaus der Alimentation unterstellten Einkommen der Ehepartner*-innen orientieren sich oft an einer geringfügigen Beschäftigung und liegen damit zu niedrig, um die hohe Erwerbsneigung der Partner*innen abzubilden. Nebeneinkommen der Beamt*innen in den unteren Besoldungsgruppen selbst werden in diesem Zuge überhaupt nicht berücksichtigt. Durch den Ausbau des Familienzuschlags und der Einführung von an der Kinderzahl orientierten Ergänzungszuschlägen wird weiterhin verkannt, dass Partner*innen und staatliche Leistungen mittlerweile einen großen Anteil am finanziellen Auskommen von Familien haben. Eine leichte gegenläufige Tendenz ist im Wegfall unterer Besoldungsgruppen und Erfahrungsstufen auszumachen. Diese entspricht jedoch nicht der nötigen Anhebung der Grundbesoldung und gegebenenfalls einer grundlegenden systematischen Reform der unteren Besoldungsgruppen.

Angesichts dieser Befunde muss die **Auslegung des Alimentationsprinzips** an die aktuellen Rahmenbedingungen angepasst werden, da hier bis dato vor wesentlichen Änderungen der gesellschaftlichen und wirtschaftlichen Lebensrealität die Augen verschlossen werden:

- Neben der Alimentation wird das Auskommen der Beamt*innen und ihrer Familien auch durch staatliche Geld- und Dienstleistungen sichergestellt.
- Durch die häufigen Nebentätigkeiten der Beamt*innen selbst sowie die nahezu ausnahmslos vorliegende Erwerbstätigkeit etwaiger Partner*innen liegen neben der Besoldung meist weitere Erwerbseinkommen vor.
- Beamt*innen wohnen durchaus in „atypischen" Haushaltskonstellationen, welche mit besonderen finanziellen Herausforderungen konfrontiert sind.

Dementsprechend sollte dringend über eine **Reform des aktuellen Besoldungssystems** nachgedacht werden, um dieses an die veränderten Rahmenbedingungen anzupassen und damit das Ziel der Alimentation – eine gesetzestreue, unbestechliche und effiziente Beamtenschaft – sicherzustellen. Gleichzeitig muss durch eine Reduktion bedarfsorientierter Besoldungsbestandteile erreicht werden, dass das ebenfalls grundgesetzlich geschützte Leistungsprinzip wieder stärker zur Geltung kommt, sodass beide Prinzipien wieder in einem ausgewogenen Verhältnis zueinanderstehen. Hierzu bieten sich die folgenden Maßnahmen an:

- Eine **Reform der Berechnung des Mindestniveaus der Alimentation**, welche sämtliche Erwerbseinkünfte und staatliche Leistungen des Haushalts gegenüberstellt und die Wohnkosten präziser berücksichtigt. Die

Erwerbstätigkeit von Partner*innen sollte im Grundmodell vorausgesetzt werden; pauschale Werbungskosten sollten einbezogen werden.

- Die Abschaffung des allgemein gewährten Familienzuschlags.
- Stattdessen **die Einführung eines „Mangelfallzuschlags“ für besondere Lebenslagen**, welcher das Auskommen des Haushalts beispielsweise bei Erwerbsunfähigkeit von Partner*innen sicherstellt. Andere herausfordernde Lebenslagen wie beispielsweise von alleinerziehenden Beamt*innen können über Vorschüsse abgemildert werden.
- Die **Erhöhung der Grundbesoldung** durch die so freiwerdenden Haushaltsmittel, gegebenenfalls flankiert durch Maßnahmen wie die Einführung eines echten Ortszuschlags oder einer pauschalen Beihilfe.

Die gewonnenen Erkenntnisse ergeben weitergehenden **Forschungsbedarf**, welchem im Rahmen der Arbeit nicht mehr nachgegangen werden konnte.

- Dies betrifft zunächst die Gründe für die erhöhte Nebentätigkeitsquote der Beamt*innen in den unteren Besoldungsgruppen, die möglicherweise in deren Gewinnerzielungsabsicht begründet liegen oder Ausdruck von Unzufriedenheit sind.
- Weiterhin sollte die angespannte finanzielle Situation alleinerziehender Beamt*innen und solcher mit außergewöhnlich hohen Unterhaltsverpflichtungen näher beleuchtet werden. Nach Abschluss der Umfrage nahm der reale Besoldungsverlust weiter zu (vgl. Färber 2025: 15f), was sich in diesen tendenziellen Mangelfällen besonders stark ausgewirkt haben dürfte. Da fraglich ist, ob mit verhältnismäßigem Aufwand ein hinreichend großer Datensatz für quantitative Auswertungen generiert werden kann, sollte dabei eher auf die qualitative Analyse einer geringeren Zahl von Fällen zurückgegriffen werden.
- Auch Tarifbeschäftigte können mit derartigen angespannten finanziellen Situationen konfrontiert sein. In den letzten Jahren sind die Gehälter im Tarifbereich durch Familienzuschläge und den Wegfall niedriger Besoldungsgruppen und Erfahrungsstufen hinter denjenigen der Beamten zurückgeblieben. Es scheint angezeigt, nun auch die Situation der Tarifbeschäftigten in den niedrigen Entgeltgruppen zu untersuchen, ob hier möglicherweise häufiger finanziell herausgeforderte Haushalte vorliegen. Insoweit fehlen empirische Untersuchungen über die Einkommenssituation der Haushalte von Tarifbeschäftigten und die mutmaßlich wachsende Divergenz zum Beamtenbereich.
- Es sollte eine weitergehende Untersuchung der Wohnkosten der Beamt*innen erfolgen, beispielsweise bezüglich Größe der Wohnung und Auftei-

lung der Wohnkosten unter den Haushaltsmitgliedern, um neu einzuführende Ortszuschläge besser bemessen zu können.

In der **Vorausschau** scheinen die hier vorgestellten Reformen durchaus dazu geeignet, Widerstände sowohl in Verwaltungen, Gerichten und Parlamenten als auch in Parteien und Verbänden zu wecken. Neben einer stichhaltigen Begründung der Reformen, welche für deren Bestand vor Gericht unerlässlich ist – entsprechende Verfahren werden sicherlich angestrengt werden – ist auch die Begründung im politischen Diskurs relevant. Für eine erfolgreiche Umsetzung muss kommuniziert werden, dass das Alimentationsprinzip nach wie vor nicht angetastet, sondern es im Gegenteil durch die Modernisierung der Rechtsetzung im Verbund mit der Institution des Beamtentums als Ganzes langfristig sogar gestärkt wird. Auch – aber nicht nur – deshalb sollte sichergestellt werden, dass durch die Rücknahme familienbedingter Besoldungsbestandteile freiwerdende Haushaltsmittel vollumfänglich in die Grundbezüge oder andere Besoldungsbestandteile überführt werden, welche nicht der Familienalimentation dienen.

Die Dienstherren selbst müssten mit das größte Interesse an einer nachhaltigen Anpassung des Besoldungssystems an die aktuellen Umstände haben: Diese würde die Einhaltung des Mindestabstandsgebots stark vereinfachen, von dem ohnehin nicht absehbar ist, wie sich seine Höhe – parallel zum sozialhilferechtlichen Existenzminimum – entwickeln wird. Sie könnten sich somit bei der Wahrung einer verfassungsmäßigen Besoldung auf die übrigen Parameter konzentrieren und auf die wenig nachhaltigen Wege zur Wahrung des Mindestabstandsgebots (beispielsweise Wegfall niedriger Besoldungsgruppen, Anhebung von Eingangsbesoldungen, extrem hohe Beihilfesätze) verzichten, welche teilweise Konflikte mit dem internen Abstandsgebot mit sich bringen können.

Literaturverzeichnis

Andel, Norbert (1998): Finanzwissenschaft, 4., völlig überarb. Aufl., Tübingen.

Arens, Tobias (2009): Inter- und intragenerative Umverteilung im deutschen Steuer-Transfer-System, Berlin.

Arránz Becker, Oliver (2015): Determinanten und Konsequenzen von Trennung und Scheidung, in: Hill, Paul B.; Kopp, Johannes (Hrsg.), Handbuch Familiensoziologie, Wiesbaden, 2015, S. 527-561.

Aust, Andreas; Schabram, Greta (2022): Regelbedarfe 2023: Fortschreibung der Paritätischen Regelbedarfsforderung, URL: https://www.der-paritaetische.de/alle-meldungen/buergergeld-zu-niedrig-paritaetischer-fordert-armutsfesten-regelsatz-von-725-euro/, Stand: 30.8.2023.

Bach, Stefan (2018): 100 Jahre deutsches Steuersystem: Revolution und Evolution, Berlin.

Battis, Ulrich (2022a): § 91 Teilzeit, in: Battis, Ulrich (Hrsg.), Bundesbeamtengesetz – Kommentar, 6. Auflage, München, 2022.

Battis, Ulrich (2022b): § 93 Altersteilzeit, in: Battis, Ulrich (Hrsg.), Bundesbeamtengesetz – Kommentar, 6. Auflage, München, 2022.

Battis, Ulrich (2022c): § 97 Begriffsbestimmungen, in: Battis, Ulrich (Hrsg.), Bundesbeamtengesetz – Kommentar, 6. Auflage, München, 2022.

Battis, Ulrich (2022d): Einleitung, in: Battis, Ulrich (Hrsg.), Bundesbeamtengesetz – Kommentar, 6. Auflage, München, 2022.

Beamtenwohnungsverein Frankfurt am Main (2024): Satzung des Beamtenwohnungsvereins Frankfurt am Main, URL: https://www.bwv-frankfurt.de/ wp-content/uploads/2022/12/BWV-Satzung-12-2022-Finale.pdf, Stand: 6.1.2024.

Beamtenwohnungsverein Gelsenkirchen e.G. (2024a): Herzlich Willkommen beim Beamtenwohnungsverein eG., URL: https://www.bwv-ge.de/, Stand: 6.1.2024.

Beamtenwohnungsverein Gelsenkirchen e.G. (2024b): Satzung des Beamtenwohnungsvereins Gelsenkirchen, URL: https://www.bwv-ge.de/die-genossenschaft/satzung, Stand: 6.1.2024.

Beamtenwohnungs-Verein zu Berlin (2024): Genossenschaft – Geschichte, URL: https://www.bwv-berlin.de/geschichte.html, Stand: 6.1.2024.

Becke, Franz Arnold von der (1797): Von Staatsämtern und Staatsdienern, Heilbronn am Neckar.

Becker, Andreas; Tepke, Alexia (2016): Ausgestaltungen des besoldungsrechtlichen Familienzuschlags im Bund und in den Ländern, in: Zeitschrift für Beamtenrecht, Jg. 64, 2016, Nr. ½, S. 27-31.

Behörden Spiegel (2021): Hilfe angeboten, Jg. 37, 2021, Nr. 2, S. 3.

Beilke, Steffen (2011): ... und fortzuentwickeln – Optionen zur Fortentwicklung der hergebrachten Grundsätze des Berufsbeamtentums, Baden-Baden.

Berlinovo Immobilien GmbH (2023): Pressemitteilung vom 3.3.2022, URL: https://www.berlinovo.de/de/node/1498/schlusselubergabe-pionier strasse-20, Stand: 14.12.2023.

Bezirksregierung Düsseldorf (2023): Landesbedienstetenwohnungen, URL: https://www.brd.nrw.de/themen/planen-bauen/wohnungswesen/landes bedienstetenwohnungen, Stand: 14.12.2023.

Bezirksregierung Münster (2023): Wohnungsangelegenheiten, URL: https:// www.bezreg-muenster.de/de/planen_und_bauen/wohnunungsangele genheiten/index.html, Stand: 14.12.2023.

Blömer, Maximilian; Fischer, Lilly; Pannier, Manuel; Peichl, Andreas (2021): Die effektive Belastung von Erwerbseinkommen unterschiedlicher Haushaltstypen seit 1986, München.

Bogumil, Jörg; Jann, Werner (2020): Verwaltung und Verwaltungswissenschaft in Deutschland – Eine Einführung, 3., vollständig überarbeitete Auflage 2020, Wiesbaden.

Böhm, Monika (2018): Die Rechtsprechung des Bundesverfassungsgerichts zur Beamtenbesoldung, in: Zeitschrift für Beamtenrecht, Jg. 66, 2018, Nr. 7/8, S. 222-227.

Böhmer, Michael; Steiner, Michael (2008): Dossier Kinderzuschlag – Gesetzliche Regelungen und Möglichkeiten zur Weiterentwicklung, Berlin.

Brinktrine, Ralf (2015): §8 Wechselwirkungen mit anderen Vorschriften des Beamtenrechts, in: Hebeler, Timo; Kersten, Jens; Lindner, Josef Franz (Hrsg.), Handbuch Besoldungsrecht – Rechtsgrundlagen, Besoldungssystem, Rechtsschutz, München, 2015, S. 155-225.

Brunner, Sibylle; Kehrle, Karl (2009): Volkswirtschaftslehre, München.

Bundesagentur für Arbeit (2022): Arbeitslosenquoten im Mai 2022, URL: https://www.arbeitsagentur.de/datei/arbeitslosenquote-mai-2022_ba1 47505.pdf, Stand: 23.9.2024.

Bundesagentur für Arbeit (2024a): Kinderzuschlag: Anspruch, Höhe, Dauer, URL: https://www.arbeitsagentur.de/familie-und-kinder/kinderzuschlag-verstehen/kinderzuschlag-anspruch-hoehe-dauer, Stand: 14.12.2023.

Bundesagentur für Arbeit (2024b): Wohn- und Kostensituation – Deutschland, West/Ost, Länder, Kreise und Jobcenter (Monatszahlen), URL: https://statistik.arbeitsagentur.de/SiteGlobals/Forms/Suche/Einzelheftsuche_Formular.html;jsessionid=3BD43D7BACEA209409ED44F4AC80BC18?nn =15024&topic_f=kdu-kdu, Stand: 9.9.2024.

Bundesanstalt für Immobilienaufgaben (2023): Informationen der Wohnungsvergabestelle, URL: https://www.bundesimmobilien.de/informationen-der-wohnungsvergabestelle-ae78ead0cca8702a, Stand: 14.12.2023.

Bundesanstalt für Immobilienaufgaben (2024): Vorgehen der Wohnungsfürsorge, URL: https://www.bundesimmobilien.de/vorgehen-der-wohnungsfuersorge-509ccb55d39fa4fb, Stand: 6.1.2024.

Bundesinstitut für Bevölkerungsforschung (2023): Rohe Ehescheidungsziffer für West- und Ostdeutschland (1950 bis 2020), URL: https://www.bib.bund.de/DE/Fakten/Fakt/L128-Ehescheidungen-West-Ost-ab-1950.html, Stand: 23.6.2023.

Bundesministerium der Finanzen (2003): Datensammlung zur Steuerpolitik, Berlin.

Bundesministerium der Finanzen (2021): Die wichtigsten steuerlichen Änderungen 2021, URL: https://www.bundesfinanzministerium.de/Monatsberichte/2021/01/Inhalte/Kapitel-3-Analysen/3-1-wichtigste-steueraenderungen-2021-pdf.pdf?__blob=publicationFile&v=4, Stand: 15.5.2023.

Bundesministerium der Finanzen (2022): Die wichtigsten steuerlichen Änderungen 2022, URL: https://www.bundesfinanzministerium.de/Monatsberichte/2022/01/Inhalte/Kapitel-3-Analysen/3-1-steuerliche-aenderungen-2022-pdf.pdf?__blob=publicationFile&v=5, Stand: 15.5.2023.

Bundesministerium der Finanzen (2023): Lohn- und Einkommensteuerrechner, URL: https://www.bmf-steuerrechner.de/, Stand: 25.5.2024.

Bundesministerium der Finanzen (2024): Tarifhistorie, URL: https://www.bmf-steuerrechner.de/index.xhtml?st=st-ekst-tb, Stand: 14.12.2024.

Bundesministerium für Arbeit und Soziales (2024a): Leistungen und Bedarfe im Bürgergeld, URL: https://www.bmas.de/DE/Arbeit/Grundsiche rung-Buergergeld/Leistungen-und-Bedarfe-im-Buergergeld/leistungen-und-bedarfe-im-buergergeld.html#rtfootnote-fkindp3, Stand: 14.12.2024.

Bundesministerium für Arbeit und Soziales (2024b): Sozialbudget 2023, Berlin.

Bundesministerium für Familie, Senioren, Frauen und Jugend (2021): Gute-KiTa-Bericht 2021, Berlin.

Bundesministerium für Familie, Senioren, Frauen und Jugend (2023a): Kindertagesbetreuung Kompakt – Ausbaustand und Bedarf 2022, Berlin.

Bundesministerium für Familie, Senioren, Frauen und Jugend (2023b): Mutterschaftsleistungen im Überblick, URL: https://www.bmfsfj.de/bmfsfj/themen/familie/familienleistungen/mutterschaftsleistungen/mutterschaftsleistungen-im-ueberblick-73754, Stand: 2.6.2023.

Bundesministerium für Gesundheit (2023): Gesetzliche Krankenversicherung – Mitglieder, mitversicherte Angehörige und Krankenstand – Jahresdurchschnitt 2022, URL: https://www.bundesgesundheitsministerium.de/fileadmin/Dateien/3_Downloads/Statistiken/GKV/Mitglieder_Versicherte/KM1_ JD_2022_1_bf.pdf, Stand: 9.3.2024.

Bundesregierung (2019): Entwurf eines Gesetzes zur Modernisierung der Strukturen des Besoldungsrechts und zur Änderung weiterer dienstrechtlicher Vorschriften vom 23. September 2019, Nr. 19/13396.

Bundesregierung (2024): Das Wohngeld steigt zum 1.1.2025, URL: https://www.bundesregierung.de/breg-de/aktuelles/wohngeld-steigt-anfang-2025-2188228, Stand: 12.12.2024.

Check24 (2023): Private Krankenversicherung Vergleich, URL: https://www.check24.de/private-krankenversicherung/, Stand: 17.10.2023.

dbb Beamtenbund und Tarifunion (2019): Regelmäßige Wochenarbeitszeit für Beamtinnen und Beamte in Bund und Ländern, URL: https://www.dbb.de/fileadmin/user_upload/globale_elemente/pdfs/2019/191002_wochenarbeits zeit_beamte_bund_laender.pdf, Stand: 1.2.2024.

Deja, Michal (2012): Die Besoldung und Versorgung der Beamten nach den Maßstäben des Alimentationsprinzips als Landeskompetenz, Berlin.

Demmke, Christoph (2005): Die europäischen öffentlichen Dienste zwischen Tradition und Reform, Maastricht.

Deutscher Bundesrat (1999): Entwurf eines Gesetzes zur Familienförderung vom 27. August 1999, Nr. 476/99.

Deutscher Bundestag (1970): Dritter Wohngeldbericht der Bundesregierung vom 5. Februar 1970, Nr. VI/378.

Deutscher Bundestag (1984): Beschlußempfehlung und Bericht des Innenausschusses zum Nebentätigkeitsbegrenzungsgesetz vom 30. November 1984, Nr. 10/2542.

Deutscher Bundestag (1989): Entwurf eines Siebenten Gesetzes zur Änderung des Wohngeldgesetzes vom 1. September 1989, Nr. 11/5115.

Deutscher Bundestag (2007): Entwurf eines Gesetzes zur Neuordnung und Modernisierung des Bundesdienstrechts (Dienstrechtsneuordnungs gesetz – DNeuG) vom 19. Oktober 2007, Nr. 720/07.

Deutscher Bundestag (2016): Entwurf eines Gesetzes zur besseren Vereinbarkeit von Familie, Pflege und Beruf für Beamtinnen und Beamte des Bundes und Soldatinnen und Soldaten sowie zur Änderung weiterer dienstrechtlicher Vorschriften vom 19. Mai 2016, Nr. 18/8517.

Deutscher Bundestag (2019): Entwurf eines Gesetzes zur Stärkung des Wohngeldes – Wohngeldstärkungsgesetz – WoGStärkG vom 11. Juni 2019, Nr. 19/10816.

Deutscher Bundestag (2023): Unterrichtung durch die Bundesregierung – Wohngeld- und Mietenbericht 2021/2022 vom 28. Juni 2023, Nr. 20/7165.

Deutscher Gewerkschaftsbund (2023): Stellungnahme des Deutschen Gewerkschaftsbundes zum Entwurf eines Gesetzes zur Sicherstellung einer amtsangemessenen Bundesbesoldung und -versorgung sowie zur Änderung weiterer Vorschriften (BBVAngG), URL: https://www.bmi.bund.de/SharedDocs/gesetzgebungsverfahren/DE/Downloads/stellungnahmen/D3/Stellungnahme_des_Deutschen_Gewerkschaftsbundes.pdf?__blob=publi cationFile&v=2, Stand: 31.12.2024.

Deutsches Institut für Wirtschaftsforschung (2022): SOEP-IS 2020 – Fragebogen für die SOEP-Innovations-Stichprobe, URL: https://www.diw.de/documents/publikationen/73/diw_01.c.844972.de/diw_ssp1143.pdf, Stand: 22.5.2024.

Deutsches Studierendenwerk (o. J.): Geschichte und Statistik zum BAföG, URL: https://www.studentenwerke.de/de/content/geschichte-und-statistik-zum-baf%C3%B6g, Stand: 9.6.2023.

Deutschlandatlas (2024): Wiedervermietungsmieten (Angebotsmieten nettokalt) im Jahr 2023, URL: https://www.deutschlandatlas.bund.de/DE/Karten/Wie-wir-wohnen/040-Mieten.html, Stand: 17.12.2024.

Diaz-Bone, Rainer (2018): Statistik für Soziologen, 3., erweiterte Auflage, Konstanz, München.

Domgörgen, Ulf (2022): Artikel 33 Staatsbürgerliche Rechte, in: Wolff, Heinrich Amadeus; Hömig, Dieter (Hrsg.), Grundgesetz für die Bundesrepublik Deutschland – Handkommentar, 13. Auflage, Baden-Baden, 2022, S. 395-417.

Drasch, Katrin (2011): Zwischen familiärer Prägung und institutioneller Steuerung – Familienbedingte Erwerbsunterbrechungen von Frauen in Ost- und Westdeutschland und der DDR, in: Berger, Peter A.; Hank, Karsten; Tölke, Angelika (Hrsg.), Reproduktion von Ungleichheit durch Arbeit und Familie, 1. Aufl., Wiesbaden, 2011, S. 171-200.

Engel, Uwe; Schmidt, Björn Oliver (2022): Unit- und Item-Nonresponse, in: Baur, Nina; Blasius, Jörg (Hrsg.), Handbuch Methoden der empirischen Sozialforschung, 3., vollständig überarbeitete und erweiterte Auflage, Wiesbaden, 2022, S. 453-470.

Erlei, Mathias (2019): Mikroökonomik, in: Apolte, Thomas; Erlei, Mathias; Göcke, Matthias; Menges, Roland; Ott, Notburga; Schmidt, André (Hrsg.), Kompendium der Wirtschaftstheorie und Wirtschaftspolitik, Wiesbaden, 2019, S. 3-146.

Färber, Gisela (1988): Bevölkerungsentwicklung, Wirtschaftswachstum und Informationstechnik – Zukünftige Perspektiven und Implikationen für Staat und Verwaltung, Speyer.

Färber, Gisela (2018): Ökonomische Aspekte einer verfassungskonformen Gestaltung von Besoldung und Versorgung, in: Zeitschrift für Beamtenrecht, Jg. 66, 2018, Nr. 7/8, S. 228-238.

Färber, Gisela (2023): Quo Vadis Alimentationsprinzip?, in: Zeitschrift für Beamtenrecht, Jg. 71, 2023, Nr. 3, S. 73-85.

Färber, Gisela (2025): Die Übertragung der Tarifabschlüsse auf den Beamtenbereich – werden die verfassungsrechtlichen Kriterien erfüllt?, in: Zeitschrift für Beamtenrecht, Jg. 73, 2025, Nr. 9-20.

Färber, Gisela; Hermanowski, Richard (2021): Die Attraktivität des öffentlichen Dienstes, in: Färber, Gisela (Hrsg.), Die Attraktivität des öffentlichen Dienstes, Speyer, 2021, S. 15-224.

Färber, Gisela; Rodermond, Lutz (2021): Neuere Entwicklungen in der Beamtenbesoldung seit 2018, in: Zeitschrift für Beamtenrecht, Jg. 69, 2021, Nr. 6, S. 181-189.

Franzke, Bettina (2024): Teamleiterinnen in der öffentlichen Verwaltung: Karriereambitionen, Aufstiegshürden und Folgerungen für ein an Gleichstellung orientiertes Personalmanagement, Jg. 77, 2024, Nr. 3, S. 41-56.

Franzke, Bettina; Axmann, Ralf (2017): Lebenskonzepte von Verwaltungsstudierenden und Vätern im LVR, in: Der öffentliche Dienst, Jg. 70, 2017, Nr. 9, S. 222-232.

Franzke, Bettina; Plum, Lena (2020): Berufs- und Sorgearbeit in Familien und Partnerschaften – Rollenvorstellungen von Verwaltungsbeschäftigten, Jg. 73, 2020, Nr. 5, S. 109-136.

Füßer, Klaus; Nowak, Katharina (2018): Die Alimentation der Beamtenfamilie: Pflicht oder Mythos?, in: Neue Zeitschrift für Verwaltungsrecht, Jg. 37, 2018, Nr. 7, S. 447-453.

Geißler, Rainer (2014): Die Sozialstruktur Deutschlands, 7., grundlegend überarb. Aufl., Wiesbaden.

Geis-Thöne, Wido (2024): 306.000 Betreuungsplätze für unter Dreijährige fehlen – Eine Betrachtung der Entwicklung von Bestand und Bedarf an Betreuungsplätzen, Köln.

Gemeinnütziger Beamten-Wohnungsverein Bremen e.G. (2024a): – Gut und sicher wohnen in Bremen, URL: https://beamtenwohnungsverein-bremen.de/, Stand: 6.1.2024.

Gemeinnütziger Beamten-Wohnungsverein Bremen e.G. (2024b): Satzung der Wohnungsbaugesellschaft Gemeinnütziger Beamten-Wohnungs verein eG. in Bremen, URL: https://beamtenwohnungsverein-bremen.de/wp-content/uploads/2021/07/Satzung.pdf,, Stand: 6.1.2024.

Gönner, Nicolaus Thaddäus von (1808): Der Staatsdienst aus dem Gesichtspunkt des Rechts und der Nationalökonomie betrachtet nebst der Hauptlandespragmatik über die Dienstverhältnisse der Staatsdiener im Königreiche Baiern, Landshut.

Gottstein, Philipp (2019): Familienbezogene Besoldungsbestandteile im Spannungsfeld von Alimentations- und Leistungsprinzip, Speyer.

Günther, Norbert (1987): Die Anpassung der Beamtenbesoldung an die allgemeinen wirtschaftlichen und finanziellen Verhältnisse, Berlin.

Hagenaars, Aldi; Vos, Klaas de; Zaidi, M. Asghar (1994): Poverty statistics in the late 1980s – Research based on micro-data, Luxemburg.

Hartmann, Annika (2020): Kinderbezogene Familienzuschläge im Besoldungsrecht im Wandel der Zeit – Masterarbeit Universität Speyer, Speyer.

Hebeler, Timo (2015): Die verfassungsrechtlichen Maßstäbe für die Beamtenbesoldung nach der Richterbesoldungsentscheidung des Bundesverfassungsgerichts – Eine kritische Würdigung, in: Zeitschrift für Beamtenrecht, Jg. 63, 2015, Nr. 9, S. 289-294.

Hebeler, Timo; Kersten, Jens; Lindner, Josef Franz (2015): §1 Das Besoldungsrecht im System der Rechtsordnung, in: Hebeler, Timo; Kersten, Jens; Lindner, Josef Franz (Hrsg.), Handbuch Besoldungsrecht – Rechtsgrundlagen, Besoldungssystem, Rechtsschutz, München, 2015, S. 1-15.

Heer, Volker (1975): Beamtenbesoldung in der Bundesrepublik Deutschland – Entwicklung, Struktur, Problematik, Theorie, Frankfurt am Main/ Zürich.

Henkel, Melanie; Haumann, Wilhelm (2012): Das Bildungs- und Teilhabepaket: Chancen für Kinder aus Familien mit Kinderzuschlag, Berlin.

Hochgürtel, Tim; Sommer, Bettina (2021): Familie, Lebensformen und Kinder, in: Statistisches Bundesamt; Wissenschaftszentrum Berlin für Sozialforschung; Bundesinstitut für Bevölkerungsforschung (Hrsg.), Datenreport 2021 – Ein Sozialbericht für die Bundesrepublik Deutschland, Bonn, 2021, S. 51-100.

Hommel, Thilo (2022): § 28 Kranken- und Pflegeversicherung, in: Böhle, Thomas (Hrsg.), Kommunales Personal- und Organisationsmanagement, 2. Auflage, München, 2022, S. 1189-1199.

IG Metall Bezirk Baden-Württemberg (2021): Manteltarifvertrag für Beschäftigte der Metall- und Elektroindustrie in Baden-Württemberg, URL: https://www.bw.igm.de/downloads/artikel/files//ARTID_5206_YSrRwd?name=MTV_finalplusErgaenzung.pdf, Stand: 1.2.2024.

Jarass, Hans (2022): Artikel 33, in: Jarass, Hans D.; Kment, Martin (Hrsg.), Grundgesetz für die Bundesrepublik Deutschland – Kommentar, 17. Auflage, München, 2022, S. 704-735.

Kathke, Leonhard; Vogl, Susanne (2009): Evolution und Revolution – Die Eckpunkte der Bayerischen Staatsregierung für ein neues Dienstrecht in Bayern, Jg. 57, 2009, Nr. 1-2, S. 9-19.

Kenntner, Markus (2007): Beeinflusst das örtliche Kostenniveau die Höhe der angemessenen Alimentation? – Anmerkungen zur Ortszulagen-Entscheidung des Bundesverfassungsgerichts, Jg. 55, 2007, Nr. 7-8, S. 230-239.

Kersten, Jens (2015): § 3 Besoldungsrecht und Verfassungsrecht, in: Hebeler, Timo; Kersten, Jens; Lindner, Josef Franz (Hrsg.), Handbuch Besoldungsrecht – Rechtsgrundlagen, Besoldungssystem, Rechtsschutz, München, 2015, S. 30-68.

Klärner, Andreas; Keim, Sylvia (2011): (Re-)Traditionalisierung und Flexibilität – Intergenerationale Unterstützungsleistungen und die Reproduktion von Geschlechterungleichheiten in West- und Ostdeutschland, in: Berger, Peter A.; Hank, Karsten; Tölke, Angelika (Hrsg.), Reproduktion von Ungleichheit durch Arbeit und Familie, 1. Aufl., Wiesbaden, 2011, S. 121-144.

Klinger, Sabine; Wolf, Katja (2008): Teilzeitbeschäftigung – Wachstum aus eigener Kraft, in: IAB-Forum, Jg. 2, 2008, Nr. 1, S. 10-15.

Koehler, Mark; Kahlen, Anja (2019): Laufbahnrechtliche Aufstiegs- und Entwicklungsmöglichkeiten in Bund und Ländern, in: Zeitschrift für Beamtenrecht, Jg. 67, 2019, Nr. 4, S. 109-123.

Kohlstruck, Tobias (2023): Eine finanzwissenschaftliche Analyse der Beamtenversorgung: Historie, Gegenwart und Projektionen, Freiburg im Breisgau.

Konrad, Karlheinz (2015): §7 Das Besoldungsrechtsverhältnis, in: Hebeler, Timo; Kersten, Jens; Lindner, Josef Franz (Hrsg.), Handbuch Besoldungsrecht – Rechtsgrundlagen, Besoldungssystem, Rechtsschutz, München, 2015, S. 155-209.

Krää, Noel (2023): Die Alimentationsrechtsprechung des Bundesverfassungsgerichts – Umsetzung in Bayern, Jg. 70, 2023, Nr. 3, S. 100-106.

Krugman, Paul R. (2017): Volkswirtschaftslehre, 2. überarbeitete Auflage, Stuttgart.

Laband, Paul (1911): Das Staatsrecht des deutschen Reiches, 5. neubearb. Aufl., Tübingen.

Landesregierung Nordrhein-Westfalen (2024): Entwurf eines Gesetzes zur Anpassung der Dienst- und Versorgungsbezüge in den Jahren 2024 und 2025 sowie zur Änderung weiterer dienstrechtlicher Vorschriften im Land Nordrhein-Westfalen vom 6. Juni 2024, Nr. 18/9514.

Landesregierung Rheinland-Pfalz (2022): Entwurf eines Gesetzes zur Anpassung der Besoldung und Versorgung 2022 vom 8. Februar 2022, Nr. 18/2300.

Landesregierung Rheinland-Pfalz (2024): Entwurf eines Gesetzes zur Anpassung der Besoldung und Versorgung 2024/2025 (LBVAnpG 2024/2025) vom 6. März 2024, Nr. 18/8955.

Landesregierung Schleswig-Holstein (2021): Entwurf eines Gesetzes zur Gewährleistung eines ausreichenden Abstandes der Alimentation zur sozialen Grundsicherung und zur amtsangemessenen Alimentation von Beamtinnen und Beamten mit mehr als zwei Kindern vom 1. Dezember 2021, Nr. 19/ 3428.

Landesregierung Thüringen (2023): Sicherstellung einer verfassungsgemäßen Alimentation und Steigerung vom 24. Januar 2023, Nr. 7/7169.

Leisner-Egensperger, Anna (2019): Familienalimentation als Freiheitssicherung, in: Neue Zeitschrift für Verwaltungsrecht, Jg. 38, 2019, Nr. 11, S. 777-780.

Leppek, Sabine (2019): Beamtenrecht, 13., neu bearbeitete Auflage, Heidelberg.

Lindner, Josef Franz (2013): Unabhängigkeit als Paradigma des Berufsbeamtentums, in: Zeitschrift für Beamtenrecht, Jg. 61, 2013, Nr. 5, S. 145-155.

Lindner, Josef Franz (2015): §2 Historische Entwicklung, in: Hebeler, Timo; Kersten, Jens; Lindner, Josef Franz (Hrsg.), Handbuch Besoldungsrecht – Rechtsgrundlagen, Besoldungssystem, Rechtsschutz, München, 2015, S. 16-29.

Lindner, Josef Franz (2016): Zur verfassungsrechtlichen Zukunftsfestigkeit des Alimentationsprinzips – Anmerkungen zum Urteil des BVerfG zur A-Besoldung vom 17.11.2015, in: Zeitschrift für Beamtenrecht, Jg. 64, 2016, Nr. 4, S. 109-115.

Luik, Steffen; Harich, Björn (2024): § 9 Hilfebedürftigkeit, in: Luik, Steffen; Harich, Björn (Hrsg.), SGB II, Bürgergeld, Grundsicherung für Arbeitsuchende – Kommentar, 6., neu bearbeitete Auflage, München, 2024.

May, Philipp (2023): Verhärtete Fronten – Schweden, Türkei und die NATO, Podcast, URL: https://www.deutschlandfunk.de/24-01-2023-verhaertete-fronten-schweden-tuerkei-und-die-nato-dlf-8f43f751-100.html, Stand: 2.5.2023.

Mettelsiefen, Bernd; Pelz, Lothar; Rahmann, Bernd (1988): Verdienststruktur im öffentlichen Sektor, Göttingen.

Meyer, Thomas (2014): Der Wandel der Familie und anderer privater Lebensformen, in: Geißler, Rainer (Hrsg.), Die Sozialstruktur Deutschlands, 7., grundlegend überarb. Aufl., Wiesbaden, 2014, S. 413-454.

Momotow, Thomas (2022): Factsheet „Bildungsgerechtigkeit in Deutschland", URL: https://bildungsklick.de/schule/detail/bildungs-und-teilhabepaket-viele-berechtigte-wissen-nichts-von-ihrem-anspruch, Stand: 30.8.2023.

Organisation für wirtschaftliche Zusammenarbeit und Entwicklung (2005): Performance-related Pay Policies for Government Employees, Paris.

Pflugmann-Hohlstein, Barbara (2012): Kinderbetreuung gestern, heute und morgen, in: Statistisches Monatsheft Baden-Württemberg, Jg. 66, 2012, Nr. 4, S. 45-48.

Pilniok, Arne (2015): Die Dogmatik des Alimentationsprinzips zwischen Kontinuität und Innovation: Anmerkungen zum Urteil des Bundesverfassungsgerichts zur Richterbesoldung, in: Zeitschrift für Beamtenrecht, Jg. 63, 2015, Nr. 11, S. 361-368.

PKV.de (2024): PKV-Beiträge im Alter, URL: https://www.pkv.de/wissen/beitraege/pkv-beitraege-im-alter/, Stand: 15.7.2024.

Pollmann-Schult, Matthias (2015): Familie, Erwerbsarbeit, Einkommen, in: Hill, Paul B.; Kopp, Johannes (Hrsg.), Handbuch Familiensoziologie, Wiesbaden, 2015, S. 641-673.

Popp, Michael (2017): Einkommensunterschiede von Angestellten und Beamten im Bildungssektor – Eine modelltheoretische und empirische Studie zu den Einflussfaktoren, Erste Auflage.

Pückler, Renata von (2022): § 1360, in: Grüneberg, Christian (Hrsg.), Bürgerliches Gesetzbuch, 81., neubearbeitete Auflage, München, 2022, S. 1854-1855.

Regierungspräsidium Darmstadt (2024): Wohnungsfürsorge, URL: https://rp-darmstadt.hessen.de/infrastruktur-und-wirtschaft/bauen-und-wohnen/woh nungsfuersorge, Stand: 6.1.2024.

Richter, Tobias (2024): § 43 Einsatz von Einkommen und Vermögen, in: Flint, Thomas (Hrsg.), SGB XII – Sozialhilfe mit Eingliederungshilfe (SGB IX Teil 2) und Asylbewerberleistungsgesetz, 8. Auflage, München, 2024.

Rieger, Reinhard (2023): Die „Pauschale Beihilfe": Bald ein neuer Fall für Karlsruhe?, Jg. 71, 2023, Nr. 6, S. 188-196.

Rodermond, Lutz (2023): Hat die Einverdienstehe ausgedient? – Eine Bezugsgröße des Alimentationsprinzips auf dem Prüfstand, in: Die Öffentliche Verwaltung, Jg. 77, 2023, Nr. 19, S. 801-810.

Roetteken, Torsten von (2022): Pauschalierte Beihilfe für freiwillige Mitglieder der gesetzlichen Krankenversicherung, Jg. 70, 2022, Nr. 12, S. 404-409.

Roth, August (1906): Die Rechtsverhältnisse der landesherrlichen Beamten in der Marktgrafschaft Baden-Durlach im 18. Jahrhundert, Karlsruhe.

Rürup, Bert; Körner, Heiko (1985): Finanzwissenschaft – Grundlagen der öffentlichen Finanzwirtschaft, 2., neubearb. u. erw. Aufl., Düsseldorf.

Schleicher, Andreas (2015): Studiengebühren oder Studium aus öffentlichen Mitteln?, URL: https://www.bpb.de/themen/bildung/dossier-bildung/201032/studiengebuehren-oder-studium-aus-oeffentlichen-mitteln/, Stand: 10.6.2023.

Schmidt, Thorsten Ingo (2015): § 5 Besoldungsbestandteile, in: Hebeler, Timo; Kersten, Jens; Lindner, Josef Franz (Hrsg.), Handbuch Besoldungsrecht – Rechtsgrundlagen, Besoldungssystem, Rechtsschutz, München, 2015, S. 91-137.

Schneider, Norbert (2015): Familie in Westeuropa, in: Hill, Paul B.; Kopp, Johannes (Hrsg.), Handbuch Familiensoziologie, Wiesbaden, 2015, S. 21-53.

Schrapper, Ludger (2016): Auf zu neuen Ufern? – Neues Laufbahnrecht in Nordrhein-Westfalen, in: Zeitschrift für Beamtenrecht, Jg. 64, 2016, Nr. 12, S. 397-403.

Schübel-Pfister, Isabel (2014): Additiv, alimentativ, attraktiv: Das „Triple A" der Besoldung von Professoren und anderen Beamtengruppen im Lichte des Alimentationsprinzips, in: Becker, Yvonne; Lange, Friederike (Hrsg.), Linien der Rechtsprechung des Bundesverfassungsgerichts – Band 3, Berlin, 2014, S. 269-294.

Schwan, Torsten (2021): Neue Bundesverfassungsgerichtliche Direktiven für die Besoldungsdogmatik und ihre Folgen für das künftige Alimentationsniveau – Zugleich Bemerkungen zu BVerfG, Beschl. v. 4.5.2020, 2 BvL 4/18, in: Die Öffentliche Verwaltung, Jg. 75, 2021, Nr. 9, S. 368-380.

Schwan, Torsten (2022a): Das Alimentationsniveau der Besoldungsordnung A 2008 bis 2020 – eine „teilweise drastische Abkopplung der Besoldung" als dauerhafte Wirklichkeit?, in: Die Öffentliche Verwaltung, Jg. 76, 2022, Nr. 4, S. 198-209.

Schwan, Torsten (2022b): Die indizielle Bedeutung der Mindestbesoldung zur Prüfung einer verfassungswidrig ausgestalteten Alimentation in der aktuellen Rechtsprechung des Bundesverfassungsgerichts, in: Zeitschrift für Beamtenrecht, Jg. 70, 2022, Nr. 5, S. 154-160.

Schwan, Torsten (2023): Das im Wandel begriffene Alimentationsprinzip vor den konkreten Normenkontrollverfahren 2 BvL 2/16 bis 2 BvL 6/16, in: Zeitschrift für Beamtenrecht, Jg. 71, 2023, Nr. 6, S. 181-189.

Seuffert, Johann Michael (1793): Von dem Verhältnisse des Staats und der Diener des Staats gegeneinander im rechtlichen und politischen Verstande, Würzburg.

Sozio-oekonomisches Panel (2022): Version 37, Daten der Jahre 1984-2020 (SOEP-Core v37, EU-Edition), DOI: 10.5684/soep.core.v37eu.

Staatsregierung Bayern (2010): Gesetzentwurf der Staatsregierung zum Neuen Dienstrecht in Bayern vom 26. Januar 2010, Nr. 16/3200.

Staatsregierung Bayern (2022): Gesetzentwurf zur Neuausrichtung orts- und familienbezogener Besoldungsbestandteile vom 30. November 2022, Nr. 18/25363.

Stadibau GmbH (2023a): Daten & Fakten, URL: https://stadibau.bayern/ueber-uns/daten-fakten/, Stand: 14.12.2023.

Stadibau GmbH (2023b): Die Stadibau – ein Wohnungsunternehmen des Freistaat Bayern, URL: https://stadibau.bayern/, Stand: 14.12.2023.

Stadt Köln (2022): Haushalt 2022, URL: https://www.stadt-koeln.de/mediaasset/content/pdf20/2022/4_hpl_2022_anlagenband_final_nach_bezr.pdf, Stand: 8.1.2024.

Stadt München (2022): Haushaltsplan 2022 – Band I Gesamthaushalt, URL: https://stadt.muenchen.de/dam/jcr:23f0490c-5bb1-45d9-9250-4261b67db770/SKA_Gesamthaushalt_Band-1_2022.pdf, Stand: 27.3.2024.

Statistische Ämter des Bundes und der Länder (2023): Mediane und Armutsgefährdungsschwellen bis 2019, URL: https://www.statistikportal.de/sites/default/files/2022-05/A7%20Mediane%20und%20Armutsgef%C3%A4hr dungsschwellen%20ab%202020.xlsx, Stand: 12.5.2023.

Statistische Ämter des Bundes und der Länder (2024a): A.7 Mediane und Armutsgefährdungsschwellen nach Regionen (Bundesmedian, Landesmedian, regionaler Median) ab 2020, URL: https://www.statistikportal.de/de/sbe/ergebnisse/einkommen-armutsgefaehrdung-und-soziale-lebensbedingun gen/armutsgefaehrdung-und-9, Stand: 9.9.2024.

Statistische Ämter des Bundes und der Länder (2024b): Arbeitsplatzdichte 2022, URL: https://regionalatlas.statistikportal.de/#, Stand: 17.12.2024.

Statistische Ämter des Bundes und der Länder (2024c): Frauenanteil an Alleinerziehenden, URL: https://www.statistikportal.de/de/nachhaltigkeit/ergebnisse/ziel-5-geschlechtergleichheit/frauenanteil-alleinerziehenden, Stand: 14.12.2024.

Statistisches Bundesamt (1963): Wirtschaft und Statistik, Jg. 43, 1963, Nr. 10, S. 571-644.

Statistisches Bundesamt (1970): Wirtschaft und Statistik, Jg. 550, 1970, Nr. 6, S. 274-398.

Statistisches Bundesamt (1974): Wirtschaft und Statistik, Jg. 54, 1974, Nr. 7, S. 456-462.

Statistisches Bundesamt (2000a): 50 Jahre Wohnen in Deutschland – Ergebnisse aus Gebäude- und Wohnungszählungen, -stichproben, Mikrozensus-Ergänzungserhebungen und Bautätigkeitsstatistiken, Wiesbaden.

Statistisches Bundesamt (2000b): Personal des öffentlichen Dienstes – Fachserie 14 Reihe 6 – 2000, Wiesbaden.

Statistisches Bundesamt (2008): Rechnungsergebnisse des öffentlichen Gesamthaushalts 2006 – Fachserie 14 Reihe 3.1, Wiesbaden.

Statistisches Bundesamt (2022a): Müttererwerbstätigkeit – Tabelle 12211-9048.

Statistisches Bundesamt (2022b): Personal des öffentlichen Dienstes – Fachserie 14 Reihe 6 – 2021, Wiesbaden.

Statistisches Bundesamt (2022c): Versorgungsempfänger des öffentlichen Dienstes – Fachserie 14 Reihe 6.1 – 2021, Wiesbaden.

Statistisches Bundesamt (2023a): 69 % der Mütter minderjähriger Kinder waren 2022 erwerbstätig, URL: https://www.destatis.de/DE/Presse/Pressemitteilungen/2023/08/PD23_323_12.html, Stand: 25.7.2025.

Statistisches Bundesamt (2023b): Bevölkerung in Privathaushalten: Deutschland, Jahre (bis 2019), Geschlecht, Familienstand, Altersgruppen – Tabelle 12211-9039, URL: https://www-genesis.destatis.de/genesis/online?sequenz=statistikTabellen&selectionname=12211#abreadcrumb, Stand: 22.6.2023.

Statistisches Bundesamt (2023c): Daten zur Energiepreisentwicklung – Lange Reihen von Januar 2005 bis Januar 2023, URL: https://www.destatis.de/DE/Themen/Wirtschaft/Preise/Publikationen/Energiepreise/energiepreisentwicklung-pdf-5619001.html, Stand: 11.3.2024.

Statistisches Bundesamt (2023d): Empfängerinnen und Empfänger von Leistungen für Bildung und Teilhabe nach dem 3. Kapitel SGB XII in Deutschland, URL: https://www.destatis.de/DE/Themen/Gesellschaft-Umwelt/Soziales/Sozialhilfe/Tabellen/liste-hilfe-lebensunterhalt-but-insgesamt-durchschnittlicher-bedarf.html#642552, Stand: 6.6.2023.

Statistisches Bundesamt (2023e): Erwerbsbeteiligung von Eltern, URL: https://www.destatis.de/DE/Themen/Arbeit/Arbeitsmarkt/Qualitaet-Arbeit/ Dimension-3/erwerbsbeteiligung-eltern.html, Stand: 4.9.2023.

Statistisches Bundesamt (2023f): Knapp 652 000 private Haushalte bezogen am Jahresende 2022 Wohngeld, URL: https://www.destatis.de/DE/Themen/Gesellschaft-Umwelt/Soziales/Wohngeld/aktuell-wohngeld.html, Stand: 25.7.2025.

Statistisches Bundesamt (2023g): Mieten, Mietbelastung, Haushaltsgröße und Einzugsjahr, URL: https://www.destatis.de/DE/Themen/Gesellschaft-Umwelt/Wohnen/Tabellen/tabelle-wo7-mieten-einzugsjahr.html, Stand: 6.9.2023.

Statistisches Bundesamt (2023h): Mikrozensus – Qualitätsbericht, URL: https://www.destatis.de/DE/Methoden/Qualitaet/Qualitaetsberichte/Bevoelke rung/mikrozensus-2022.pdf?__blob=publicationFile, Stand: 22.5.2024.

Statistisches Bundesamt (2023i): Paare nach den Paarformen, Formen des Zusammenlebens, URL: https://www.destatis.de/DE/Themen/Gesell schaft-Umwelt/Bevoelkerung/Haushalte-Familien/Tabellen/3-3-lr-paar formen. html, Stand: 5.9.2023.

Statistisches Bundesamt (2024a): Abhängig Erwerbstätige aus Hauptwohnsitzhaushalten: Deutschland, Jahre, Geschlecht, Altersgruppen, Beschäftigungsumfang – Tabelle 12211-0011, URL: https://www-genesis.destatis.de/datenbank/online/table/12211-0011/search/s/MTIyMTEt MDAxMQ==, Stand: 13.12.2024.

Statistisches Bundesamt (2024b): Abhängig Erwerbstätige: Deutschland, Jahre (bis 2019), Beschäftigungsumfang, Geschlecht – Tabelle 12211-9010, URL: https://www-genesis.destatis.de/datenbank/online/statistic/12211/table/12211-9010/search/s/ZXJ3ZXJic3QlQzMlQTR0aWdl, Stand: 13.12.2024.

Statistisches Bundesamt (2024c): Armutsgefährdungsquote (monetäre Armut) nach Haushaltstyp, URL: https://www.destatis.de/DE/Themen/Gesellschaft-Umwelt/Einkommen-Konsum-Lebensbedingungen/Lebensbedingungen-Armutsgefaehrdung/Tabellen/armutsgef-typ-1-zvgl.html, Stand: 22.2.2026.

Statistisches Bundesamt (2024d): Beschäftigte im öffentlichen Dienst: Deutschland, Stichtag, Beschäftigungsbereich – Tabelle 74111-0001, URL: https://www-genesis.destatis.de/genesis/online?operation=abruftabelleBearbeiten&levelindex=2&levelid=1704547478374&auswahloperation=abruftabelleAuspraegungAuswaehlen&auswahlverzeichnis=ordnungsstruktur&auswahlziel=werteabruf&code=74111-0001&auswahltext=&werte abruf=Werteabruf#abreadcrumb, Stand: 6.1.2024.

Statistisches Bundesamt (2024e): Bevölkerung nach Familienstand, URL: https://www.destatis.de/DE/Themen/Gesellschaft-Umwelt/Bevoelkerung/Bevoelkerungsstand/Tabellen/familienstand-jahre-5.html, Stand: 13.12.2024.

Statistisches Bundesamt (2024f): Ehescheidungen: Deutschland, Jahre – Tabelle 12631-0001, URL: https://www-genesis.destatis.de/datenbank/online/statistic/12631/table/12631-0001, Stand: 13.12.2024.

Statistisches Bundesamt (2024g): Eheschließungen, Eheschließungen je 1000 Einwohner: Deutschland, Jahre – Tabelle 12611-0001, URL: https://www-genesis.destatis.de/datenbank/online/statistic/12611/table/12611-0001, Stand: 13.12.2024.

Statistisches Bundesamt (2024h): Erwerbstätigenquoten 1991 bis 2023, URL: https://www.destatis.de/DE/Themen/Arbeit/Arbeitsmarkt/Erwerbstaetigkeit/Tabellen/erwerbstaetigenquoten-gebietsstand-geschlecht-altergruppe-mikrozensus.html, Stand: 21.12.2024.

Statistisches Bundesamt (2024i): Hauptwohnsitzhaushalte: Deutschland, Jahre, Haushaltsgröße, Haushaltsnettoeinkommensklassen – Tabelle 12211-0300, URL: https://www-genesis.destatis.de/datenbank/online/statistic/12211/table/12211-0300, Stand: 13.12.2024.

Statistisches Bundesamt (2024j): Haushalt, URL: https://www.destatis.de/DE/Themen/Gesellschaft-Umwelt/Wohnen/Glossar/haushalt.html, Stand: 9.5.2024.

Statistisches Bundesamt (2024k): Haushalte und Haushaltsmitglieder nach Haushaltsgröße und Gebietsstand im Jahr 2023, URL: https://www.destatis.de/DE/Themen/Gesellschaft-Umwelt/Bevoelkerung/Haushalte-Familien/Tabellen/1-1-privathaushalte-haushaltsmitglieder.html, Stand: 12.12.2024.

Statistisches Bundesamt (2024l): Haushaltstyp (EVS und LWR), URL: https://www.destatis.de/DE/Themen/Gesellschaft-Umwelt/Einkommen-Konsum-Lebensbedingungen/Glossar/haushaltstyp-evs-lwr.html, Stand: 23.5.2024.

Statistisches Bundesamt (2024m): Index der Einzelhandelspreise – Allgemeine Informationen, URL: https://www.destatis.de/DE/Themen/Wirtschaft/Preise/Verbraucherpreisindex/Methoden/Downloads/infoblatt-ehpi.html, Stand: 22.11.2024.

Statistisches Bundesamt (2024n): Kurzarbeiter, URL: https://www.destatis.de/DE/Themen/Wirtschaft/Konjunkturindikatoren/Arbeitsmarkt/karb840.html #249830, Stand: 6.2.2024.

Statistisches Bundesamt (2024o): Pflegekräftevorausberechnung, URL: https://www.destatis.de/DE/Themen/Gesellschaft-Umwelt/Bevoelkerung/Bevoelkerungsvorausberechnung/pflegekraeftevorausberechnung.html?nn=2086 96#engpass, Stand: 29.12.2024.

Statistisches Bundesamt (2024p): Privathaushalte: Deutschland, Jahre (bis 2019), Haushaltsgröße – Tabelle 12211-9022, URL: https://www-genesis.destatis.de/datenbank/online/statistic/12211/table/12211-9022/chart/line, Stand: 13.12.2024.

Statistisches Bundesamt (2024q): Reallöhne und Nominallöhne, URL: https://www.destatis.de/DE/Themen/Arbeit/Verdienste/Realloehne-Nettoverdienste/Tabellen/reallohnentwicklung-quartal.html, Stand: 14.12.2024.

Statistisches Bundesamt (2024r): Reine Wohngeldhaushalte, URL: https://www.destatis.de/DE/Themen/Gesellschaft-Umwelt/Soziales/Wohngeld/Tabellen/04-bl-reine-wgh-hh-Groesse.html, Stand: 21.11.2024.

Statistisches Bundesamt (2024s): Sozial- und Eingliederungshilfe nach Art der Leistung, Geschlecht und durchschnittlichem Bedarf in Euro, URL: https://www.destatis.de/DE/Themen/Gesellschaft-Umwelt/Soziales/Sozialhilfe/Tabellen/liste-hilfe-lebensunterhalt-but-insgesamt-durchschnittlicher-bedarf.html#139 2652, Stand: 14.12.2024.

Statistisches Bundesamt (2024t): Statistischer Bericht – Mikrozensus – Haushalte und Familien – Erstergebnisse 2023 – Tabelle 12211-22, URL: https://www.destatis.de/DE/Themen/Gesellschaft-Umwelt/Bevoelke rung/Haushalte-Familien/Publikationen/Downloads-Haushalte/statis tischer-bericht-mikrozensus-haushalte-familien-2010300237005-erst ergebnisse.xls x?__blob=publicationFile, Stand: 13.12.2024.

Statistisches Bundesamt (2024u): Statistischer Bericht – Personal des öffentlichen Dienstes – Stichtag 30.06.2022, URL: https://www.destatis.de/DE/Themen/Staat/Oeffentlicher-Dienst/Publikationen/Downloads-Oeffentlicher-Dienst/statistischer-bericht-personalstand-oeffentli cher-dienst-2140600227005.xlsx?__blob=publicationFile&v=6, Stand: 15.8.2025.

Statistisches Bundesamt (2024v): Verbraucherpreisindex für Deutschland – Lange Reihen ab 1948 – Oktober 2024, URL: https://www.destatis.de/DE/Themen/Wirtschaft/Preise/Verbraucherpreisindex/Publikationen/Downloads-Verbraucherpreise/statistischer-bericht-verbraucherpreis index-lange-reihen-5611103.html ?nn=214056, Stand: 22.11.2024.

Statistisches Bundesamt (2025): Einkommen und Lebensbedingungen, Armutsgefährdung Armutsgefährdung (monetäre Armut) nach soziodemografischen Merkmalen, URL: https://www.destatis.de/DE/Themen/Ge sellschaft-Umwelt/Einkommen-Konsum-Lebensbedingungen/Lebensbe dingungen-Armutsgefaehrdung/Tabellen/armutsgef-sozdem-zvgl.html, Stand: 25.7.2025.

Steinbach, Anja (2015): Stieffamilien, in: Hill, Paul B.; Kopp, Johannes (Hrsg.), Handbuch Familiensoziologie, Wiesbaden, 2015, S. 564-610.

Steuerwald, Christian (2016): Die Sozialstruktur Deutschlands im internationalen Vergleich, 3., überarbeitete Auflage, Wiesbaden.

Stuttmann, Martin (2015): Zeitenwende – Die Bestimmung der Minimalbesoldung nach dem BVerfG, in: Neue Zeitschrift für Verwaltungsrecht, Jg. 34, 2015, Nr. 15, S. 1007-1014.

Stuttmann, Martin (2020): Die Besoldungsrevolution des BVerfG – Der Mindestabstand zum Grundsicherungsniveau, in: Neue Zeitschrift für Verwaltungsrecht / Beilage, Jg. 39, 2020, Nr. 3, S. 83-89.

Summer, Rudolf (1992): Die hergebrachten Grundsätze des Berufsbeamtentums – ein Torso, in: Zeitschrift für Beamtenrecht, Jg. 40, 1992, Nr. 1, S. 1-6.

Summer, Rudolf; Rometsch, Gerd (1981): Alimentationsprinzip gestern und heute, in: Zeitschrift für Beamtenrecht, Jg. 29, 1981, Nr. 1, S. 1-20.

tbb Beamtenbund und Tarifunion Thüringen (2021): Amtsangemessene Alimentation – Gesetz beschlossen. Was im Landtag geschah, URL: https://www.thueringer-beamtenbund.de/aktuelles/news/gesetz-beschlossen-was-im-landtag-geschah/, Stand: 3.10.2024.

Thiemer, Beate (1992): Das Alimentationsprinzip – Erklärungsansätze seit den Anfängen einer finanzwissenschaftlichen Theoriebildung, Berlin.

Till, Gerhard (1979): Die Entwicklung des Alimentationsprinzips, München.

Voitl, Alexander (2016): Das Alimentationsprinzip im Lichte seiner bayerischen Wurzeln, der Fortentwicklung durch das Bundesverfassungsgericht und der personellen dienstpostenbezogenen Tradierung durch Ministerialrat Werner Leihkauff, in: Recht im Amt, Jg. 63, 2016, Nr. 3, S. 101-107.

Voßkuhle, Andreas (2008): Verfassungsrechtliche Traditionsrezeption in Zeiten des Wandels: Die institutionelle Garantie des Berufsbeamtentums (Art. 33 Abs. 4, 5 GG) und die Reform des öffentlichen Dienstrechts, in: Wahl, Rainer (Hrsg.), Verfassungsänderung, Verfassungswandel, Verfassungsinterpretation – Vorträge bei deutsch-japanischen Symposien in Tokyo 2004 und Freiburg 2005, Berlin, 2008, S. 471-493.

Weber, Klaus (2023): Rechtswörterbuch, 31. Edition, München.

Wieckhorst, Arno (2021): Die Begründungspflicht des Besoldungsgesetzgebers als zahnloser Tiger, in: Die Öffentliche Verwaltung, Jg. 75, 2021, Nr. 9, S. 361-368.

Wissenschaftlicher Dienst des Bundestages (2018): Übersicht über das Laufbahnrecht des öffentlichen Dienstes, URL: https://www.bundestag.de/resource/blob/581064/9f24b51d335abf2c22c7bf7db97b91ea/WD-6-104-18-pdf-data.pdf,, Stand: 18.9.2023.

Wissenschaftlicher Dienst des Bundestages (2019): Kurzinformation: Wochenarbeitszeit für Polizisten, URL: https://www.bundestag.de/resource/blob/677510/f11affbca93d62855e4e5de3513dc6db/WD-6-131-19-pdf-data.pdf, Stand: 18.3.2024.

Wölke, Eckhard (2020): § 112 Dienstkleidung, Freie Heilfürsorge, in: Brinktrine, Ralf; Heid, Daniela A. (Hrsg.), Beamtenrecht Nordrhein-Westfalen – Kommentar, München, 2020, S. 661-670.

Wurster, Erich; Gohla, Friedrich (1965): Bundesbesoldungsrecht für Beamte, Richter und Soldaten – Mit Rahmenvorschriften für die Länder, zweite, wesentlich erweiterte Auflage, Hamburg.

Zilsdorf, Jurij (2022): Nebentätigkeitsrecht im öffentlichen Dienst: Beamtenrecht und Tarifrecht im Vergleich, in: Zeitschrift für Beamtenrecht, Jg. 70, 2022, Nr. 7/8, S. 242-249.

Zinner, Birgit (2016): Die Entwicklung des Besoldungsrechts in Bund und Ländern – Ein Rückblick auf das Jahr 2015, in: Recht im Amt, Jg. 63, 2016, Nr. 1, S. 1-4.

Gerichtsentscheidung

Bundesarbeitsgericht (1957) .... Urteil vom 10. Mai 1957, 1 AZR 249/56.

Bundesverfassungsgericht (1958a) .... Beschluss vom 11. Juni 1958, 1 BvR 1/52, 1 BvR 46/52.

Bundesverfassungsgericht (1958b) .... Beschluss vom 2. Dezember 1958, 1 BvL 27/55.

Bundesverfassungsgericht (1967) .... Beschluss vom 11. April 1967, 2 BvL 3/62.

Bundesverfassungsgericht (1977) .... Beschluss vom 30. März 1977, 2 BvR 1039, 1045/75.

Bundesverfassungsgericht (1990) .... Beschluss vom 22. März 1990, 2 BvL 1/86.

Bundesverfassungsgericht (1998a) .... Beschluss vom 10. November 1998, 2 BvR 1057/91, 2 BvR 1226/91, 2 BvR 980/91.

Bundesverfassungsgericht (1998b) .... Beschluss vom 24. November 1998, 2 BvL 26/91 u.a.

Bundesverfassungsgericht (2005) .... Urteil vom 27. September 2005, 2 BvR 1387/02.

Bundesverfassungsgericht (2007a) .... Urteil vom 6. März 2007, 2 BvR 556/04.

Bundesverfassungsgericht (2007b) .... Beschluss vom 24. September 2007, 2 BVR 1673/03, 2267/03, 1046/04, 584/07, 585/07, 586/07.

Bundesverfassungsgericht (2008) .... Beschluss vom 28. Mai 2008, 2 BvL 11/07.

Bundesverfassungsgericht (2012a) .... Urteil vom 14. Februar 2012, 2 BvL 4/10.

Bundesverfassungsgericht (2012b) .... Beschluss vom 3. Mai 2012, 2 BVL 17/08.

Bundesverfassungsgericht (2015a) .... Urteil vom 5. Mai 2015, 2 BvL 17/09.

Bundesverfassungsgericht (2015b) .... Beschluss vom 17. November 2015, 2 BvL 19/09, 20/09, 5/13, 20/14.

Bundesverfassungsgericht (2017) .... Beschluss vom 23. Mai 2017, 2 BvR 883, 905/14.

Bundesverfassungsgericht (2018a) .... Urteil vom 12. Juni 2018, 2 BvR 1738/12 u.a.

Bundesverfassungsgericht (2018b) .... Beschluss vom 16. Oktober 2018, 2 BvL 2/17.

Bundesverfassungsgericht (2020a) .... Beschluss vom 4. Mai 2020, 2 BvL 4/18.

Bundesverfassungsgericht (2020b) .... Beschluss vom 4. Mai 2020, BvL 6/17, 7/17 und 8/17.

Rechtsnormen

DRÄndG RP .... Erstes Dienstrechtsänderungsgesetz zur Verbesserung der Haushaltsfinanzierung vom 20.12.2011, GVBl. I S. 430.

EheRG .... Erstes Gesetz zur Reform des Ehe- und Familienrechts vom 14.6.1976, BGBl. I S. 1421.

FaFöG .... Zweites Gesetz zur Familienförderung vom 16.8.2001, BGBl. I 2074.

VOÄndWoGVO .... Vierte Verordnung zur Änderung der Wohngeldverordnung vom 22.10.1985, BGBl. I S. 2009.

GmDA .... Viertes Gesetz für moderne Dienstleistungen am Arbeitsmarkt vom 24.12.2003, BGBl. I S. 2954.

GesÄndDV .... Sechstes Gesetz zur Änderung dienstrechtlicher Vorschriften vom 21.2.1985, BGBl. I S. 371.

BAföG .... Bundesgesetz über individuelle Förderung der Ausbildung vom 7.12.2010, BGBl. I S. 1952; 2012 I S. 197, zuletzt geändert am 19.7.2024, BGBl. 2024 I Nr. 249.

BayBesG .... Bayerisches Besoldungsgesetz vom 5.8.2010, GVBl. S. 410, 764, zuletzt geändert am 10. August 2023, GVBl. S. 495.

BayBG .... Bayerisches Beamtengesetz vom 29.7.2008, GVBl. S. 500, zuletzt geändert am 4.10.2023, GVBl. S. 595.

BayFwG .... Bayerisches Feuerwehrgesetz vom 23.12.1981, BayRS 215-3-1-I, zuletzt geändert am 9.12.2024, GVBl. S. 570.

BBesG .... Bundesbesoldungsgesetz vom 19.6.2009, BGBl. I, S. 1434, zuletzt geändert am 19.7.2024, BGBl. 2024 I Nr. 247.

BBG .... Bundesbeamtengesetz vom 5.2.2009, BGBl. I S. 160, zuletzt geändert am 17.7.2023, BGBl. 2023 I Nr. 190.

BbgBesG .... Besoldungsgesetz für das Land Brandenburg vom 20.11.2013, GVBl. I Nr. 32, S.2, zuletzt geändert am 16.7.2024, GVBl. I Nr. 42.

BbgBVAnpG 2022...... Gesetz zur Anpassung der Besoldung und Versorgung und zur Änderung weiterer besoldungs- und versorgungsrechtlicher Vorschriften 2022 im Land Brandenburg vom 14.10.2022, GVBl. I Nr. 23 S. 1.

BBhV .... Verordnung über Beihilfe in Krankheits-, Pflege- und Geburtsfällen vom 13.2.2009, BGBl. I S. 326, zuletzt geändert am 6.3.2024, BGBl. 2024 I Nr. 92.

BBVAnpÄndG 2021/2022 Gesetz zur Anpassung der Bundesbesoldung und -versorgung für 2021/2022 und zur Änderung weiterer dienstrechtlicher Vorschriften vom 9.7.2021, BGBl. I S. 2444.

BBVAnpG 2003/2004 Gesetz über die Anpassung von Dienst- und Versorgungsbezügen in Bund und Ländern 2003/2004 sowie zur Änderung dienstrechtlicher Vorschriften vom 10.9.2003, BGBl. I S. 1798.

BeamtStG .... Gesetz zur Regelung des Statusrechts der Beamtinnen und Beamten in den Ländern vom 17.7.2008, BGBl. I S. 1010, zuletzt geändert am 31.5.2023, BGBl. 2023 I Nr. 140.

BEEG .... Gesetz zum Elterngeld und zur Elternzeit vom 27.1.2015, BGBl. I S. 33, zuletzt geändert am 2.12.2024, BGBl. 2024 I Nr. 387.

BGB .... Bürgerliches Gesetzbuch vom 2.1.2002, BGBl. I S. 42, 2909, zuletzt geändert am 14.3.2023, BGBl. 2023 I Nr. 72.

BHKG .... Gesetz über den Brandschutz, die Hilfeleistung und den Katastrophenschutz vom 17.12.2015, GV. NRW. S. 886, zuletzt geändert am 23.6.2021, GV. NRW. S. 762.

BKGG .... Bundeskindergeldgesetz vom 28.1.2009, BGBl. I S. 142, 3177, zuletzt geändert am 2.12.2024, BGBl. 2024 I Nr. 387.

BLBV .... Verordnung des Bundes über leistungsbezogene Besoldungsinstrumente vom 23.7.2009, BGBl. I S. 2170, zuletzt geändert am 8.1.2020, BGBl. I S. 27.

BLV .... Verordnung über die Laufbahnen der Bundesbeamtinnen und Bundesbeamten vom 12.2.2009, BGBl. I S. 284, zuletzt geändert am 27.1.2023, BGBl. 2023 I Nr. 30.

BPolG .... Gesetz über die Bundespolizei vom 19.10.1994, BGBl. I S. 2978, 2979, zuletzt geändert am 6.5.2024, BGBl. 2024 I Nr. 149.

BPolHfV .... Verordnung über die Gewährung von Heilfürsorge für Polizeivollzugsbeamtinnen und Polizeivollzugsbeamte in der Bundespolizei vom 22.5.2014, BGBl. I S. 586, zuletzt geändert am 19.6.2020, BGBl. I S. 1328.

BPolLV .... Verordnung über die Laufbahnen des Polizeivollzugsdienstes in der Bundespolizei vom 2.12.2011, BGBl. I S. 2408, zuletzt geändert am 16.8.2021, BGBl. I S. 3582.

BremBG .... Bremisches Beamtengesetz vom 22.12.2009, Brem.GBl. 2010, S. 17, zuletzt geändert am 2.5.2023, Brem.GBl. S. 415.

Bürgergeld-Gesetz ...... Zwölftes Gesetz zur Änderung des Zweiten Buches Sozialgesetzbuch und anderer Gesetze – Einführung eines Bürgergeldes vom 16.12.2022, BGBl. I S. 2328.

BVAnpG HB 2022 ..... Gesetz zur Anpassung der Besoldungs- und Beamtenversorgungsbezüge für das Jahr 2022 in der Freien Hansestadt Bremen sowie zur Änderung dienstrechtlicher Vorschriften vom 18.10.2022, Brem.GBl. S. 728.

BVAnpG SH 2024 ...... Gesetz zur Besoldungs- und Versorgungsanpassung in Schleswig-Holstein im Jahr 2024 vom 19.7.2024, GVOBl. 2024, 649.

BVO BW .... Verordnung des Finanzministeriums über die Gewährung von Beihilfe in Geburts-, Krankheits-, Pflege- und Todesfällen vom 28.7.1995, GBl. 1995, 561, zuletzt geändert am 5.12.2023, GBl. S. 429, 431.

BVO RP .... Beihilfenverordnung Rheinland-Pfalz vom 22.6.2011, GVBl. 2011, 199, zuletzt geändert am 6.12.2024, GVBl. S. 405.

DBG .... Deutsches Beamtengesetz vom 26.1.1937, Reichsgesetzblatt I S. 39.

EStG .... Einkommensteuergesetz vom 8.10.2009, BGBl. I S. 3366, 3862, zuletzt geändert am 2.12.2024, BGBl. 2024 I Nr. 387.

EZulV .... Verordnung über die Gewährung von Erschwerniszulagen vom 3.12.1998, BGBl. I S. 3497, zuletzt geändert am 22.12.2023, BGBl. 2023 I Nr. 414.

GaFöG .... Gesetz zur ganztägigen Förderung von Kindern im Grundschulalter vom 2.10.2021, BGBl. I S. 4602.

GesÄndGG .... Gesetz zur Änderung des Grundgesetzes (Artikel 22, 23, 33, 52, 72, 73, 74, 74a, 75, 84, 85, 87c, 91a, 91b, 93, 98, 104a, 104b, 105, 107, 109, 125a, 125b, 125c, 143c) vom 28.8.2006, BGBl. I S. 2034.

GG .... Grundgesetz für die Bundesrepublik Deutschland vom 23.5.1949, BGBl. I S. 1, zuletzt geändert am 20.12.2024, BGBl. I Nr. 439.

GNeuBV BB .... Gesetz zur Neuregelung des brandenburgischen Besoldungsrechts und des brandenburgischen Beamtenversorgungsrechts vom 20.11.2013, GVBl. I Nr. 32, S. 1.

GüWb .... Gesetz über Wohnbeihilfen vom 29.7.1963, BGBl. I S. 508.

GVerlS .... Gesetz zur Verlängerung von Sonderregelungen im Zusammenhang mit der COVID-19-Pandemie beim Kurzarbeitergeld und anderer Leistungen vom 23.3.2022, 482.

GWK .... Gesetz zur Weiterentwicklung der Qualität und zur Teilhabe in der Kindertagesbetreuung vom 19.12.2018, BGBl. I S. 2696.

GzAdU .... Gesetz zur Änderung des Unterhaltsrechts vom 21.12.2007, BGBl. I S. 3189.

Haushaltsgesetz 2022 .. Gesetz über die Feststellung des Bundeshaushaltsplans für das Haushaltsjahr 2022 vom 19.6.2022, BGBl. I S. 890.

HBG .... Hessisches Beamtengesetz vom 27.5.2013, GVBl. 2013, 218, zuletzt geändert am 24.5.2023, GVBl. S. 348, 353, ber. S. 410.

HmbBesG .... Hamburgisches Besoldungsgesetz vom 26.1.2010, HmbGVBl. 2010, 23, zuletzt geändert am 17.11.2023, HmbGVBl. S. 361, 362.

HmbBesStG .... Hamburgisches Besoldungsstrukturgesetz vom 17.11.2023, GVBl. S. 361.

HmbBG .... Hamburgisches Beamtengesetz vom 15.12.2009, HmbGVBl. S. 405, zuletzt geändert am 11.7.2023, HmbGVBl. S. 250.

KiföG .... Gesetz zur Förderung von Kindern unter drei Jahren in Tageseinrichtungen und in Kindertagespflege vom 10.12.2008, BGBl. I S. 2403.

LAP-mftDBwV .... Verordnung über die Laufbahn, Ausbildung und Prüfung für den mittleren feuerwehrtechnischen Dienst in der Bundeswehr vom 6.3.2002, BGBl. I S. 1031, zuletzt geändert am 20.8.2021, BGBl. I S. 3932.

LBesG BW .... Landesbesoldungsgesetz Baden-Württemberg vom 9.11.2010, GBl. S. 793, zuletzt geändert am 12.11.2024, GBl. 2024 Nr. 97.

LBesG NW .... Besoldungsgesetz für das Land Nordrhein-Westfalen vom 14.7.2016, GV. NRW. S. 310, 339, zuletzt geändert am 27.5.2025, GV. NRW. S. 464.

LBesG RP .... Landesbesoldungsgesetz Rheinland-Pfalz vom 18.6.2013, GVBl. 2013, 157, zuletzt geändert am 30.4.2024, GVBl. S. 89.

LBG BB .... Beamtengesetz für das Land Brandenburg vom 3.4.2009, GVBl. I Nr. 4, S.26, zuletzt geändert am 21.6.2024, GVBl. I Nr. 29, S. 9.

LBG BW .... Landesbeamtengesetz Baden-Württemberg vom 9.11.2010, GBl. 2010, 793, 794, zuletzt geändert am 4.7.2023, GBl. S. 257.

LBG LSA .... Beamtengesetz des Landes Sachsen-Anhalt vom 15.12.2009, GVBl. LSA 2009, 648, zuletzt geändert am 7.10.2024, GVBl. LSA S. 274.

LBG M-V .... Beamtengesetz für das Land Mecklenburg-Vorpommern vom 17.12.2009, GVOBl. M-V 2009, 687, zuletzt geändert am 14.5.2024, GVOBl. M-V S. 154, 183.

LBG NRW .... Gesetz über die Beamtinnen und Beamten des Landes Nordrhein-Westfalen vom 14.6.2016, GV. NRW. S. 310, ber. S. 642, zuletzt geändert am 5.7.2024, GV. NRW. S. 447.

LBG RP .... Landesbeamtengesetz Rheinland-Pfalz vom 20.10.2010, GVBl. 2010, 319, zuletzt geändert am 24.5.2023, GVBl. S. 133.

LBG SH .... Landesbeamtengesetz Schleswig-Holstein vom 26.3.2009, GVOBl. 2009, 93, zuletzt geändert am 13.12.2023, GVOBl. S. 634.

LBVAnpG NW 2022 .. Gesetz zur Anpassung der Dienst- und Versorgungsbezüge 2022 sowie zur Änderung weiterer dienstrechtlicher Vorschriften im Land Nordrhein-Westfalen vom 25.5.2022, GVBl. 377.

LfbG .... Gesetz über die Laufbahnen der Beamtinnen und Beamten vom 21.6.2011, GVBl. 2011, 266, zuletzt geändert am 9.2.2023, GVBl. S. 30.

LlbG .... Gesetz über die Leistungslaufbahn und die Fachlaufbahnen der bayerischen Beamten und Beamtinnen vom 5.8.2010, GVBl. S. 410, 571, BayRS 2030-1-4-F, zuletzt geändert am 7.7.2023, GVBl. S. 313.

LVO-IM .... Verordnung des Innenministeriums des Landes Baden-Württemberg über die Einrichtung von Laufbahnen vom 9.7.2013, GBl. 2013, 221, zuletzt geändert am 15.11.2022, GBl. S. 540, 557.

MStDVDV .... Verordnung über den Vorbereitungsdienst für den mittleren Steuerdienst des Bundes vom 15.11.2023, BGBl. 2023 I Nr. 325.

NBG .... Niedersächsisches Beamtengesetz vom 25.3.2009, Nds. GVBl. S. 72, zuletzt geändert am 21.6.2023, Nds. GVBl. S. 110.

SächsBG .... Sächsisches Beamtengesetz vom 18.12.2013, SächsGVBl. S. 970, 971, zuletzt geändert am 6.7.2023, SächsGVBl. S. 467.

SBG .... Saarländisches Beamtengesetz vom 11.3.2009, Amtsblatt 2009, 514, zuletzt geändert am 12.7.2023, Amtsbl. I S. 810.

SFG .... Gesetz zum Schutz des vorgeburtlichen/werdenden Lebens, zur Förderung einer kinderfreundlicheren Gesellschaft, für Hilfen im Schwangerschaftskonflikt und zur Regelung des Schwangerschaftsabbruchs vom 27.7.1992, BGBl. I S. 1398.

SGB II .... Sozialgesetzbuch – Zweites Buch – Bürgergeld, Grundsicherung für Arbeitsuchende vom 13.5.2011, BGBl. I S. 850, 2094, zuletzt geändert am 23.10.2024, BGBl. 2024 I Nr. 323.

SGB V .... Sozialgesetzbuch – Fünftes Buch – Gesetzliche Krankenversicherung vom 20.12.1988, BGBl. I S. 2477, 2482, zuletzt geändert am 22.12.2023, BGBl. 2023 I Nr. 408.

SGB VIII .... Sozialgesetzbuch (SGB) – Achtes Buch (VIII) – Kinder- und Jugendhilfe vom 1.9.2012, BGBl. I S. 2022, zuletzt geändert am 21.11.2024, BGBl. 2024 I Nr. 361.

SGB XII .... Sozialgesetzbuch – Zwölftes Buch – Sozialhilfe vom 27.12.2003, BGBl. I S. 3022, 3023, zuletzt geändert am 8.5.2024, BGBl. 2024 I Nr. 152.

StaFamG .... Gesetz zur zielgenauen Stärkung von Familien und ihren Kindern durch die Neugestaltung des Kinderzuschlags und die Verbesserung der Leistungen für Bildung und Teilhabe – Starke-Familien-Gesetz vom 29.4.2019, BGBl. I S. 530.

SteFeG .... Gesetz zur Fortentwicklung des Steuerrechts und zur Anpassung des Einkommensteuertarifs vom 23.12.2024, BGBl. 2024 I Nr. 449.

SZG M-V .... Gesetz über die Gewährung einer jährlichen Sonderzahlung an Beamtinnen und Beamte sowie Richterinnen und Richter des Landes Mecklenburg-Vorpommern vom 30.6.2024, GVOBl. M-V 2024, 355.

ThürLaufbG .... Thüringer Gesetz über die Laufbahnen der Beamten vom 12.8.2014, GVBl. 2014, 472, 498, zuletzt geändert am 30.7.2019, GVBl. S. 298, 299.

ThürSchulG .... Thüringer Schulgesetz vom 30.4.2003, GVBl. 2003, 238, zuletzt geändert am 2.7.2024, GVBl. S. 204, 209.

UhVorschG .... Gesetz zur Sicherung des Unterhalts von Kindern alleinstehender Mütter und Väter durch Unterhaltsvorschüsse oder -ausfalleistungen vom 17.7.2007, BGBl. I S. 1446, zuletzt geändert am 23.5.2022, BGBl. I S. 760.

VAG .... Gesetz über die Beaufsichtigung der Versicherungsunternehmen vom 1.4.2015, BGBl. I S. 434, zuletzt geändert am 11.4.2024, BGBl. 2024 I Nr. 119.

WoGG .... Wohngeldgesetz vom 24.9.2008, BGBl. I S. 1856, zuletzt geändert am 21.10.2024, BGBl. 2024 I Nr. 387.

WoGV .... Wohngeldverordnung vom 19.10.2021, BGBl. I S. 2722, zuletzt geändert am Artikel 1 der Verordnung vom 17.4.2023, BGBl. 2023 I Nr. 102.

WRV .... Weimarer Reichsverfassung vom 11.8.1919, RGBl. S. 1383.

Anhang

Anhang 1 – Struktur der Stichprobe

Variable	Häufigkeit	
	absolut	in Prozent
Tätigkeitsebene		
Bundesverwaltung	185	5,5
Landesverwaltung	1672	49,5
Kommunale Verwaltung	522	15,4
Sonstige Verwaltung	122	3,6
keine Angabe	880	26,0
Land (außer Bundesebene)		
Baden-Württemberg	1007	29,8
Bayern	348	10,3
Berlin	107	3,2
Brandenburg	10	0,3
Bremen	30	0,9
Hamburg	45	1,3
Hessen	48	1,4
Mecklenburg-Vorpommern	59	1,7
Niedersachsen	72	2,1
Nordrhein-Westfalen	145	4,3
Rheinland-Pfalz	457	13,5
Saarland	90	2,7
Sachsen	84	2,5
Sachsen-Anhalt	13	0,4
Schleswig-Holstein	57	1,7
Thüringen	113	3,3
keine Angabe	696	20,6

Variable	Häufigkeit	
	absolut	in Prozent
Besoldungsgruppe		
In Ausbildung	47	1,4
A2	1	0,0
A3	2	0,1
A4	34	1,0
A5	48	1,4
A6	324	9,6
A7	955	28,2
A8	1255	37,1
keine Angabe	715	21,1
Geschlecht		
Weiblich	1246	36,9
Männlich	1420	42,0
Divers	3	0,1
keine Angabe	712	21,1
Alter		
unter 30 Jahre	683	20,2
30 bis 39 Jahre	881	26,1
40 bis 49 Jahre	595	17,6
50 bis 59 Jahre	433	12,8
60 Jahre und älter	92	2,7
keine Angabe	697	20,6

Anhang 2 – Fragebogen

Anmerkung:
Durch die Einrichtung von Filtern wurden Befragten jene Fragen vorenthalten, bezüglich welcher aufgrund bereits getätigter Angaben klar wurde, dass der abgefragte Sachverhalt nicht auf die Befragten zutraf.

	Vielen Dank, dass Sie an unserer Umfrage teilnehmen! *Die Befragung erfolgt anonym, verschlüsselt und ohne Rückschlüsse auf Einzelpersonen. Ihre Angaben werden vertraulich behandelt und Dritten zu keiner Zeit zugänglich gemacht. Für Rückfragen wenden Sie sich bitte an Herrn Lutz Rodermond: rodermond@foev-speyer.de* Bitte klicken Sie auf „Weiter", um die Umfrage zu starten.
Teil A	**Zuordnung zur Statusgruppe**
A1	**Zu welcher der folgenden Gruppen gehören Sie?** • Tarifbeschäftigte • Beamtinnen und Beamte • Sonstige • keine Angabe
Teil B	**Zusammensetzung des Haushalts**
B1	**Lebt in Ihrem Haushalt Ihre Partnerin/Ihr Partner?** • Ja • Nein • keine Angabe
B2	**Für wie viele Kinder erhält Ihr Haushalt Kindergeld?**
	• 0 • 1 • 2 • 3 • 4 und mehr • keine Angabe • Ich erhalte anteilig Kindergeld für ... Kinder. [Verweis auf Textfeld]
B3	**Wie viele weitere Personen, mit denen Sie verwandt sind, leben noch in Ihrem Haushalt?** • 0 • 1 • 2 • 3 • 4 und mehr • keine Angabe

B4	**Wie viele weitere Personen, mit denen Sie nicht verwandt sind, leben noch in Ihrem Haushalt?** • 0 • 1 • 2 • 3 • 4 und mehr • keine Angabe
Teil C	**Einkommen des Haushalts**
C1	**Wie lang ist die für Ihre Stelle vorgesehene Arbeitszeit pro Woche?** • 35 Stunden und mehr (Vollzeit) • 25 bis unter 35 Stunden • 19 bis unter 25 Stunden • weniger als 19 Stunden • keine Angabe
C2	**Haben Sie in den letzten 3 Jahren eine Zulage für besondere Leistungen oder Erschwernisse erhalten?** • Ja • Nein • keine Angabe
C3	**Üben Sie nebenbei noch eine oder mehrere weitere Tätigkeiten aus, für die Sie eine finanzielle Gegenleistung erhalten? (Beispielsweise einen Nebenberuf oder ein Ehrenamt)** • Ja • Nein • keine Angabe
C4	**Ist Ihre Partnerin oder Ihr Partner erwerbstätig?** • Ja, in Vollzeit • Ja, in Teilzeit • Ja, geringfügig beschäftigt („450€-Job") • Nein • keine Angabe
C5	**Erhielt mindestens ein Mitglied Ihres Haushalts in den letzten 12 Monaten eine oder mehrere der folgenden Leistungen?** Wohngeld: Ja – Nein – keine Angabe Kurzarbeitergeld: Ja – Nein – keine Angabe Arbeitslosengeld: Ja – Nein – keine Angabe Arbeitslosengeld 2 („Hartz 4"), Sozialgeld: Ja – Nein – keine Angabe

	Ergänzung des Einkommens mit Arbeitslosengeld 2 („Aufstocker“)	Ja – Nein – keine Angabe
	Grundsicherung im Alter oder bei Erwerbsminderung	Ja – Nein – keine Angabe
	Leistungen aus dem Bildungspaket	Ja – Nein – keine Angabe
	BAföG	Ja – Nein – keine Angabe
	Mutterschaftsgeld, Elterngeld	Ja – Nein – keine Angabe
	Rente, Pension	Ja – Nein – keine Angabe
	Krankengeld	Ja – Nein – keine Angabe
	Unterhalt	Ja – Nein – keine Angabe
	Sonstige staatliche Leistungen	Ja – Nein – keine Angabe
Teil D	**Ausgaben des Haushalts**	
D1	**Wie hoch sind die monatlichen Ausgaben Ihres gesamten Haushalts für Unterkunft inklusive Nebenkosten?** ***Hierzu zählen zum Beispiel Miete oder Immobilienkredit, Strom, Wasser und Heizen. Bitte berücksichtigen Sie auch Nebenwohnsitze.*** • Ich wohne kostenlos, z.B. bei Familie oder Verwandten. • Weniger als 500€ • 500€ bis unter 750€ • 750€ bis unter 1.000€ • 1.000€ bis unter 1.250€ • 1.250€ bis unter 1.500€ • 1.500€ und mehr • keine Angabe	
D2	**Wie hoch sind die monatlichen Kosten Ihres gesamten Haushalts für den Weg von und zur Arbeit?** ***(z.B. Benzin, Tickets für den ÖPNV)*** • Weniger als 20€ • 20€ bis unter 50€ • 50€ bis unter 150€ • 150€ bis unter 250€ • 250€ und mehr • keine Angabe	

D3	**Wie hoch sind die monatlichen Ausgaben Ihres gesamten Haushalts für Beiträge zur gesetzlichen und zu privaten Krankenversicherungen sowie Krankenzusatzversicherungen?** • Weniger als 250€ • 250€ bis unter 500€ • 500€ bis unter 750€ • 750€ bis unter 1.000€ • 1.000€ und mehr • keine Angabe
D4	**Wie hoch sind die monatlichen sonstigen Ausgaben Ihres gesamten Haushalts für Gesundheit?** ***(z.B. Rezeptgebühren und Zuzahlungen)*** • Weniger als 10€ • 10€ bis unter 30€ • 30€ bis unter 50€ • 50€ bis unter 100€ • 100€ und mehr • keine Angabe
D5	**Wie hoch sind die monatlichen Ausgaben Ihres gesamten Haushalts für den Unterhalt von Kindern oder geschiedenen Ehepartnerinnen und Ehepartnern?** • Es bestehen keine Unterhaltsverpflichtungen (0€). • Weniger als 100€ • 100€ bis unter 500€ • 500€ bis unter 1.000€ • 1.000€ bis unter 1.500€ • 1.500€ und mehr • keine Angabe
D6	**Wie hoch sind die monatlichen Ausgaben Ihres gesamten Haushalts pro Kind, die über die Grundbedürfnisse hinausgehen?** ***Gemeint sind Kosten für Musikunterricht, Vereinsmitgliedschaften, sonstige Freizeitaktivitäten, Schul- und KiTa-Ausflüge, Schulsachen, Schulweg, Nachhilfe, Mittagessen in KiTa, Schule oder Hort, sowie Hort und KiTa-Gebühren.*** • weniger als 50€ • 50€ bis unter 100€ • 100€ bis unter 150€ • 150€ bis unter 200€ • 200€ bis unter 250€ • 250€ bis unter 300€ • 300€ und mehr • keine Angabe

D7	**Einmal abgesehen von den Einschränkungen durch die Corona-Pandemie: Wie hoch sind normalerweise die jährlichen Ausgaben Ihres gesamten Haushalts für Urlaubsreisen?** ***(z.B. Flugtickets, Unterbringung, Aktivitäten vor Ort)*** • Wir machen keine Urlaubsreisen (0€). • Weniger als 500€ • 500€ bis unter 1.000€ • 1.000€ bis unter 1.500€ • 1.500€ bis unter 2.000€ • 2.000€ und mehr • keine Angabe
Teil E	**Persönliche Einschätzungen**
E1	**Für manche Leute ist Geld ein empfindliches Thema. Jedoch ist es für unsere Forschung wichtig, möglichst genaue Angaben zum Haushaltseinkommen zu erhalten. Sollten Sie freiwillig unsere Forschung durch diese Information unterstützen wollen, so haben Sie hier die Möglichkeit uns das Gesamteinkommen Ihres Haushalts mitzuteilen. Wie im ganzen Fragebogen sind auch diese Angaben völlig anonym.** **Wie hoch ist das (gerundete) monatliche Gesamteinkommen Ihres Haushalts nach Abzug von Steuern, Sozialabgaben und Beiträgen zur privaten Kranken- und Pflegeversicherung sowie inklusive Sozialleistungen?** • keine Angabe • Das Gesamteinkommen meines Haushalts beträgt (in Euro): [Verweis auf Textfeld]
E2	**Weiterhin ist für uns interessant, welchen Anteil Ihre Besoldung/Ihr Gehalt am Gesamteinkommen Ihres Haushalts ausmacht. Auch dies können Sie uns hier freiwillig und anonym mitteilen.** **Welchen Anteil macht Ihre Besoldung/Ihr Gehalt am Gesamteinkommen Ihres Haushalts aus?** • keine Angabe • Ich möchte den ungefähren Wert auf einer Skala angeben. • Ich möchte einen möglichst genauen Wert aufschreiben.
E3	**Der Anteil meiner Besoldung/meines Gehalts am Gesamteinkommen meines Haushalts beträgt in etwa...** • weniger als 20 Prozent • 20 Prozent bis unter 40 Prozent • 40 Prozent bis unter 60 Prozent • 60 Prozent bis unter 80 Prozent • 80 Prozent und mehr

E4	**Der Anteil meiner Besoldung/meines Gehalts am Gesamteinkommen meines Haushalts beträgt in etwa...** [Verweis auf Textfeld]
E5	**Wie sehr stimmen Sie den folgenden Aussagen zu?** **Bitte markieren Sie Ihre Zustimmung auf der angegebenen Skala.** Meine Besoldung/mein Gehalt trägt angemessen zu einem ausreichenden Haushaltseinkommen bei. • 1 – Stimme zu • 2 • 3 • 4 • 5 – Stimme nicht zu • Keine Angabe Für meine Tätigkeit ist die Höhe meiner Besoldung/meines Gehalts angemessen. • 1 – Stimme zu • 2 • 3 • 4 • 5 – Stimme nicht zu • Keine Angabe
E6	**Vielleicht haben Sie schon gehört, dass deutschlandweit die niedrigeren Besoldungsgruppen bis einschließlich A6 zunehmend abgeschafft werden. Beamtinnen und Beamte in diesen Besoldungsgruppen werden dann in die höheren Besoldungsgruppen übergeleitet.** **Wie bewerten Sie diese Entwicklung?** • Ich finde das gut, weil... [Verweis auf Textfeld] • Ich finde das schlecht, weil... [Verweis auf Textfeld] • Ich habe dazu keine eindeutige Meinung, weil... [Verweis auf Textfeld] • keine Angabe
E7	**Der öffentliche Dienst kennt zwei Statusgruppen: Beamtinnen/Beamte und Tarifbeschäftigte. Würden Sie Ihre Statusgruppe wechseln, wenn Sie könnten? Wenn Sie mögen, können Sie in dem Textfeld die Gründe hierfür erläutern.** • Ja, ich würde meine Statusgruppe wechseln. [Verweis auf Textfeld] • Nein, ich würde meine Statusgruppe behalten. [Verweis auf Textfeld]

E8	**Wie schätzen Sie es ein: Ist es in Ihrer Position eher von Vorteil eine Frau oder ein Mann zu sein?** **Wenn Sie mögen, können Sie in dem Textfeld die Gründe hierfür erläutern.** • Frauen haben große Vorteile • Frauen haben kleine Vorteile • Es bestehen keine/kaum Unterschiede • Männer haben kleine Vorteile • Männer haben große Vorteile [Verweis auf Textfeld]
Teil F	**Informationen zur Person** Das Meiste ist schon geschafft! Abschließend möchten wir Sie noch um einige Informationen zu Ihrer Person und Ihrem Dienst-/Arbeitsverhältnis bitten. Wie alle Angaben werden auch diese anonym und gemäß den datenschutzrechtlichen Anforderungen ausgewertet.
F1	**Wo sind Sie aktuell tätig?** • In der Bundesverwaltung • In der Landesverwaltung • In der kommunalen Verwaltung • In einer sonstigen Verwaltung • keine Angabe
F2	**In welchem Bundesland sind Sie aktuell tätig?** • Baden-Württemberg • Bayern • Berlin • Brandenburg • Bremen • Hamburg • Hessen • Mecklenburg-Vorpommern • Niedersachsen • Nordrhein-Westfalen • Rheinland-Pfalz • Saarland • Sachsen • Sachsen-Anhalt • Schleswig-Holstein • Thüringen • keine Angabe

F3	**In welche Besoldungsgruppe sind Sie aktuell eingruppiert?** • A2 • A3 • A4 • A5 • A6 • A7 • A8 • A9 und höher • Ich bin Beamtin/Beamter in Ausbildung • keine Angabe
F4	**In welche Entgeltgruppe sind Sie aktuell eingruppiert?** • E1 • E2 • E3 • E4 • E5 • E6 • E7 • E8 • E9 und höher • Ich befinde mich aktuell in der Ausbildung • keine Angabe
F5	**Bitte geben Sie Ihr Geschlecht an.** • Weiblich • Männlich • Divers • keine Angabe
F6	**Bitte geben Sie Ihr Alter an.** • unter 30 Jahre • 30 bis 39 Jahre • 40 bis 49 Jahre • 50 bis 59 Jahre • 60 Jahre und älter • keine Angabe
	Die Umfrage ist nun beendet. Vielen Dank, dass Sie sich die Zeit genommen haben!

Anhang 3 – Kodierung der in den Regressionen verwendeten Variablen

Zu Abschnitt 5.3, Tabelle 35, Seite 133, Haushaltseinkommen

Variable	Benennung	Kodierung
Haushaltseinkommen	Abhängige Variable	Geldbetrag in Euro, metrisch
Partner*in im Haushalt	X_1	0 = Nein 1 = Ja
Anzahl Kinder im Haushalt	X_2	0 = 0 1 = 1 2 = 2 3 = 3 4 = 4 und mehr
Anzahl weiterer Personen im Haushalt	X_3	0 = 0 1 = 1 2 = 2 3 = 3 4 = 4 und mehr
Besoldungsgruppe	X_4	1 = A1 2 = A2 3 = A3 4 = A4 5 = A5 6 = A6 7 = A7 8 = A8

Zu Abschnitt 5.6, Tabelle 55 und Tabelle 56, Seite ***Fehler! Textmarke nicht definiert.****, Zufriedenheit*

Variable	Benennung	Kodierung
Zufriedenheit	Abhängige Variable	1 = Unzufrieden 2 = Eher unzufrieden 3 = Teils/teils 4 = Eher zufrieden 5 = Zufrieden
Anzahl Kinder im Haushalt	X_1	0 = 0 1 = 1 2 = 2 3 = 3 4 = 4 und mehr
Nebentätigkeit	X_2	0 = Nein 1 = Ja
Erwerbsumfang der Partner*in	X_3	1 = Vollzeit 2 = Teilzeit 3 = geringfügige Beschäftigung 4 = Lohnersatzleistungen 5 = nicht erwerbstätig
Besoldungsgruppe	X_4	1 = A1 2 = A2 3 = A3 4 = A4 5 = A5 6 = A6 7 = A7 8 = A8
Alter (nur ausgeübte Tätigkeit)	X_5	1 = unter 30 Jahre 2 = 30 bis 39 Jahre 3 = 40 bis 49 Jahre 4 = 50 bis 59 Jahre 5 = 60 Jahre und älter
Anteil der Besoldung am Haushaltseinkommen (nur Haushaltseinkommen)	X_6	1 = weniger als 20% 2 = 20 bis 39% 3 = 40 bis 59% 4 = 60 = 79% 5 = 80% und mehr

Zu Abschnitt 5.7.2, Tabelle 60, Seite 196, Armutsgefährdung

Variable	Benennung	Kodierung
Unterschreitung der Armutsgefährdungsschwelle	Abhängige Variable	0 = Nein 1 = Ja
Anzahl Kinder im Haushalt	X_1	0 = 0 1 = 1 2 = 2 3 = 3 4 = 4 und mehr
Anzahl weiterer Personen im Haushalt	X_2	0 = 0 1 = 1 2 = 2 3 = 3 4 = 4 und mehr
Beamt*in arbeitet in Vollzeit	X_3	0 = Nein 1 = Ja
Partner*in arbeitet in Vollzeit	X_4	0 = Nein 1 = Ja
Besoldung beträgt mindestens 80% des Haushaltseinkommens	X_5	0 = Nein 1 = Ja
Beamt*in in Ausbildung	X_6	0 = Nein 1 = Ja
Haushalt erhält Unterhaltsleistungen	X_7	0 = Nein 1 = Ja
Haushalt zahlt Unterhaltsleistungen	X_8	0 = keine Unterhaltsverpflichtungen 1 = Weniger als 100€ 2 = 100€ bis unter 500€ 3 = 500€ bis unter 1.000€ 4 = 1.000€ bis unter 1.500€ 5 = 1.500€ und mehr